回憶我的父親
霍桑

U0075305

蘿絲・崔桑・拉思羅普——著

孔謐——譯

從相戀到相伴，
直至最終的告別，成堆的信件記錄著
《紅字》作者納撒尼爾・霍桑平淡卻不平凡的一生

MEMORIES OF HAWTHORNE

一幕幕美好的情景，充滿著陽光的氣息
進行著熟悉的對話，描述著充滿美感的日常生活

「當我閱讀這些信件的時候，總會感受到父親的靈魂環繞著我。
我能夠感覺到父親的形象變得越來越高大，對他的了解也越來越深入。」
——蘿斯・霍桑・拉思羅普

目錄

CONTENTS

前言

　　可以說，這本書其實是我的母親索菲亞·霍桑所寫的。從少女時期開始，她所寫的信件就具有深邃的思想與美好的情感，即使是像我這樣有著堅強意志的女兒都不忍心丟棄這些信件。我曾想要從 1820 年至 1871 年間她的文字記錄中刪除一些內容，但發現這樣做對後來人深入地了解霍桑是毫無用處的。我驚訝地發現，我幾乎無法刪除她所寫的內容中的任何一頁。這本書，只是講述了我的父母的一些朋友來到了一座古老的花園，進行著熟悉的對話，描述著充滿美感的日常生活。

蘿斯·霍桑·拉思羅普
紐約，1897 年 2 月 20 日

PREFACE

第一章　霍桑一家與皮博迪一家

皮博迪一家的沉著與冷靜激勵著霍桑一家。索菲亞・皮博迪的祖母曾是獨立戰爭期間著名的帕爾馬將軍的妻子。皮博迪一家與霍桑一家，雖然關係很密切，但要見到對方還是很困難的。索菲亞・皮博迪在家裡由她的母親和姐妹傳授了廣泛而深入的教育。她也是一位終身這愛閱讀的讀者，喜愛思想深邃的書籍。喜歡她的朋友們經常會採摘一些罕見的花朵送到她的畫室。

從 13 歲開始，索菲亞開始頭痛，從描述來看，這可能是偏頭痛。從那個年紀開始直到她結婚為止醫治都是無效的，儘管她確實設法和一位阿姨一起學習繪畫，然後和幾位波士頓地區的藝術家一起學習了藝術。

從 1833 年 12 月到 1835 年 5 月，索菲亞和她的妹妹瑪麗去了古巴，家人認為這可能會緩解索菲亞的健康問題。瑪麗曾在古巴擔任家庭教師，而索菲亞則讀書，寫作和繪畫。當她在古巴時，索菲亞的一幅風景畫在波士頓雅典娜神廟展出，這是身為一個女人的不凡成就。

幸運的是，我能夠收集到我的母親、她的姐姐、朋友們以及她的丈夫在年輕時期與中年時期所寫的各種信件。每當我閱讀這些有趣的信件的時候，總會想起過去一幕幕美好的情景，每一幕美好的情景都會讓我在沉默的思考中感受到家庭的溫馨與美好。這些信件都是充滿著陽光氣息的，沒有散發出任何陰鬱的氛圍。很多信件的內容都可以讓我們了解這個國家的許多著名人士在日常生活中的一些態度與生活方式。

當我閱讀這些信件的時候，總會感受到父親的靈魂環繞著我。我能夠感覺到父親的形象變得越來越高大，對他的了解也越來越深入。這些書信內容裡所描繪的生活通常都是美好的，但即使是這樣美好的生活，也一定會有一些悲傷或是煩惱浸染其中的。霍桑在整個過程中表現出超乎常人的忍耐力與毅力，表明了他擁有勇敢堅定的心靈與無所畏懼的靈魂。

幾年前，當我打開這些成堆的信件時，就能夠感受到這些信件對我的心靈所帶來的影響，因此我絕對會認真閱讀並保存這些信件。霍桑所關注的事情，完全可以透過信件這種間接說明的方式呈現。當然，這些信件也有來自我的母親對很多事情所做出的一些解釋，也從另一個側面印證了霍桑之所以

關注一些事情的原因。

　　母親所在的家庭總是那麼的友好，充滿了陽光的氣息。至於皮博迪家族是否吸引來自附近街道的霍桑家族，這是一個有趣的問題。因為皮博迪家人表現出來的友善舉止、得體的行為以及充滿感情的恭維，可能都是其中的原因。這有點類似於釣鮭魚，但是這條鮭魚似乎始終保持著高冷的態度。儘管如此，霍桑還是喜歡他所聽到與看到的關於皮博迪家人的一切。至於索菲亞，這位他未來的妻子，則以少女般的單純眼神看著他，等待著他溫馨的目光。

　　索菲亞的母親有著強大的心智與優雅的舉止，還有著一種強大的品格，正是這樣一種品格讓她在學校裡任教了多年，而她的孩子正是在這個過程中成長起來的。索菲亞的母親在很多方面都有著自己的看法。換言之，索菲亞就是在這樣一種良好的家庭氛圍與環境中成長起來的。

　　皮博迪女士的父親的妹妹是帕爾馬將軍的妻子。在獨立戰爭期間，帕爾馬將軍的妻子給皮博迪女士的母親寫了一封信。在這封言辭溫和的信件裡，飽含著強烈的情感：

德國鎮，1775 年 2 月 12 日
親愛的姐姐：

　　除了偶爾收到妳們家一切安好的消息之外，我們已經很久沒有收到妳們的消息了。我想妳們肯定想要知道一些最近發生的公眾事件以及相關人士的情況。這種可怕且沉悶的時候根本不適合寫信。我們所處的這種暫停狀態似乎需要我們付出所有的智慧與心力，特別是我們目前所處的狀況，更是讓我們很少看到別人到底在做什麼。

　　從帕爾馬前去國會到現在已經過去了兩週了，我們再也沒有收到關於他的消息。其他人都已經感到非常焦慮了，因為大家都想要知道他到底發生了什麼事情。

　　當然，在這樣的狀況下，我們都非常希望宗教的力量能夠堅強我們的靈魂，振奮我們的精神，好讓我們不會在這個邪惡的時代顯得懦弱與退縮。為

什麼就沒有一些與宗教或是政治相關的消息呢？我認為，這樣的力量能夠給我們帶來許多好處，這對於大家能夠增強彼此的信心與自信也是有好處的！親愛的，我真是太蠢了！我在想妳是否也會有類似的感受。但是，妳現在肯定是忙著撫養孩子的，這已經夠妳忙碌的了。請將我的愛意傳遞給他們，以及將我的愛意傳遞給我的哥哥。

　　永遠深愛著你的妹妹，

M. 帕爾馬（M. Palmer）

　　在皮博迪家族裡，文學、藝術與社交是三項優雅的神性行為，很多人都會拜訪他們家，以便更好地向他們學習。因此，很多信件以及日記的內容都會記載相關的內容。但是，我們也可以從一些零碎的內容知道當時前來拜訪之人的名字。皮博迪家族的三個女兒——伊麗莎白是一個非常有趣的人，瑪麗是一個非常聰明的人，索菲亞在畫室裡則是顯得那麼專注，每個人都想要結交她們。關於這個時期的信件，我找尋了很久，終於找到了霍桑一家人與他們建立起普通友情的證據。關於這方面的信件，是我那位過著隱士生活的姑姑艾比·霍桑（Ebie Hawthorne）遺贈給我的。

　　伊麗莎白·皮博迪經常會前往河邊釣魚，因此與年輕作家霍桑結下了深厚的友情，因為當時的霍桑在塞勒姆地區也受到了很多優秀人士的青睞。霍桑的母親與姐姐都喜歡散步與讀書。伊麗莎白經常會與很多優秀人士交流一些高深的主題，她所表現出來的簡樸的動機、無私的念頭以及陽剛之氣，都讓很多著名人士願意與他交流。可以說，她是這個領域的鑑賞家。對於這樣一位真誠的朋友，霍桑一家的女性若想繼續隱藏她們所具有的價值，這似乎是不可能的。可以說，這一家子天才若想隱藏自身的天才，這是不可能的。因為伊麗莎白能夠一眼看出來。伊麗莎白將一封信寄到了霍桑家：

我親愛的霍桑女士：

　　在我將這本書還給您之前，我可以自由地閱讀這本書，彷彿這本書在印刷廠擺放了許久一樣。除此之外，我認為應該做出一些努力，好讓外在與內

在處於一種和諧狀態。還有，我希望從某種方面表達我對此的尊敬。妳在閱讀到這些故事的時候，肯定會感到非常高興的。因為，創造出這些作品的天才顯然是不需要各種素材，而是完全依賴於一種神性的恩賜。他在這本書每一頁的內容裡都能表現出一種神聖與美德，並且將這樣的神聖與美德歸功於純粹的新英格蘭家庭所帶來的神聖影響。但在這樣的情況下，若想了解一位母親是否對此感到滿足，我認為這就涉及到一個神聖的問題了。不過，我想您肯定不會介意驅使我寫這封信給您的強烈情感。

　　尊敬您的

伊麗莎白·帕爾默·皮博迪

　　我的母親也加入這樣的討論，雖然她只對那位寡婦與她那位年長的害羞女兒感興趣。因此，若想以柔和的方式成功地表達她們的情感，同時隱藏她們的動機，肯定是需要多次的嘗試。她用彷彿將釣魚線隱藏在葉子裡的方式來表達自己的觀點：

我親愛的伊麗莎白：

　　我將最近剛剛出版的《卡萊爾文集》寄給妳了。這本文集非常值得閱讀。我的母親——她喜歡閱讀這本書嗎？我想讓布麗姬詢問一下妳的母親與路易莎的母親的頭痛到底好了沒有。其實，我今天應該親自過去詢問的，但是天刮著寒冷的東北風，因此只能作罷。親愛的伊麗莎白，明天下午，妳會與我的母親一起散步嗎？如果妳們一起散步的時候，我能夠與妳聊幾分鐘嗎？我真的很想見到妳，想讓妳看看幾個白色的花瓶已經種植著好看的花朵，這肯定會讓妳感到高興的。我希望妳喜歡昨晚的音樂會。

　　永遠忠實於妳與路易莎的

索菲亞·皮博迪

　　我認為，最能讓皮博迪家人感興趣的，是那些主動放棄選擇的人。我的母親就經常過著隱居的生活，因為她的健康狀況不是很好，對藝術的追求常常會讓她感到非常疲憊。但是，她幾乎沒有看到哪個人一整天都處於孤獨狀

態的。與此相反的是，在霍桑家裡，安靜沉默似乎是常態：之所以會出現這樣的情況，有部分原因是因為霍桑早年喪父，也有部分原因可能是一種驕傲的貧窮。這顯然與他們祖輩的約翰·霍桑法官在那一場「塞勒姆審巫案」中所扮演的不光彩的角色相關。家族歷史的這一個汙點是始終無法抹去的。還有部分的原因可能是他們天生的一種優越感。我認為，這是霍桑家族在那個時期表現出安靜與沉默的主要原因。

她們的哥哥喬治就在自己的房間裡待了一年，最後慢慢因為過度運動所帶來的身體消耗而去世了。喬治是一個有著龐大體格與高尚面容的人。我的母親日後在談到哥哥的時候也是飽含著深深的慈愛。她這樣寫道：

「我們都沒有充分意識到喬治當時的疾病到底有多麼嚴重。他根本沒有表現出一個病人應該表現出來的各種症狀。他的聲音始終是那麼充滿活力，他沒有說出任何一句抱怨的話。他也沒有因為疾病而產生任何不良的幻覺。每當他遇到誰，始終都會露出微笑，積極地與別人交流……瑪麗與我經常會與深愛的家人在一起。他是一個面容英俊且樂觀的人，跟我們講述了關於強納森·史威夫特的滑稽事蹟。在星期五的時候，他站起來的體型似乎還比之前更加結實呢！伊麗莎白在午茶之後給他帶來了馬蒂諾女士的著作。這種做法當然是非常友善與美好的。我決定在這週前去見她。整個早上，我都躺在床上閱讀希羅多德[001]的著作……我發現母親已經帶著詹姆斯，前去灌木叢裡勘查了。這是母親多年以來一直都想去的灌木叢，但她從未找到任何友善的朋友可以幫助她剷除這些灌木叢。」

在我母親所寫的許多信件裡，經常都會流露出極高層次的思想與行為。我們可以想像一下，一位古希臘的未婚少女正在懷著愉悅的心情崇拜著眾神的雕像。比方說，在上文所提的那位哥哥尚未患病前，她寫給他的一封信裡這樣寫道：

「喬治，我不喜歡聽你說你鄙視別人的話。要是你有時候會忍不住這樣說的話，這對你來說是沒有任何好處的。可以說，鄙視別人是一種非常危險的

001　希羅多德（約西元前 484～西元前 425 年），古希臘作家、歷史學家。他把旅行中的所聞所見，以及波斯阿契美尼德帝國的歷史記錄下來，著成《歷史》一書，成為西方文學史上第一部完整流傳下來的散文作品。

心靈態度。你也知道，正如華茲華斯[002]所說的：『那些喜歡鄙視別人的人，肯定有一些他始終沒有好好利用的功能。』」

瑪麗·皮博迪的一封信表明了赫伯特大街與查特大街的這兩個家庭的關係是多麼地緊密：

我親愛的伊麗莎白：

妳無法出去外面步行，這的確讓我感到非常遺憾，但我希望能夠在週二的時候前去看望妳。喬治現在的身體變得越來越虛弱了，我們都知道他接下來會面臨什麼的狀況。還有，我認為有必要在力所能及的時候出去外面做一些鍛鍊。但我們都沒有將各自內心的恐懼與擔心告訴索菲亞，我們都希望能夠讓她盡可能地保持愉悅的心態。妳能夠讓妳哥哥明天過來與我們一起用餐嗎？伊麗莎白（當時的伊麗莎白正在波士頓教書）希望能夠在她回來的時候可以見到他。我們可以在週日的中午十二點一起用餐。

永遠真誠於你的

瑪麗·皮博迪

這些信件與日記的部分內容的確讓我們了解到霍桑當時的感受，也讓我們了解到他即將喜歡的那個女人。

塞勒姆，1832 年 10 月 22 日

我在古老的塞勒姆已經生活了十天了。貝蒂與我在七點鐘的時候回到了我們的房子裡。當我們走進房子裡的時候，我彷彿感受到自己似乎正在慢慢地失去呼吸，因為這裡的牆壁像要坍塌了似的，天花板似乎要壓到我的頭頂。但是，這裡生活著我心愛的母親，她的頭髮已經花白了，她的臉龐洋溢著歡喜與愛意。在她的懷抱中，我們感受到無限的愛意。在 9 月還是 10 月的時候，我過著非常好的生活。我能夠以一種抽象的方式去感受一切，就像一片秋天的葉子那樣慢慢掉落一樣。我從我的紅磚房裡走出來，成為這個充滿著光彩與活力的地方的一部分。

002　華茲華斯（William Wordsworth, 1770-1850），英國浪漫主義詩人，曾當上桂冠詩人。

親愛的貝蒂：

　　我忘記告訴妳，母親的花園已經一切都打點好了。她對此感到非常高興。父親在驅除雜草與種植植物的時候，還帶著另一個男人。這個男人是我們之前沒有見過的。他看上去非常的友善，顯得非常紳士，穿著一件呢絨衣服，打著一個麻紗領結。在走進穀倉消失了幾分鐘之後，他出來的時候已經變成了一個渾身髒兮兮的工人了，但他的面容與氣質還是能夠展現出來。他使用非常得體的語言說話，對於墳墓前面的那一片灌木叢表現出了極大的情感（因為這個墓地距離房子本身就很近）。我真的很想了解他的內心到底在想些什麼？也想要知道他到底是做什麼工作的……已經爬到我窗戶邊的鐵線蓮正在慢慢地發芽。還有附近那些挺拔的樹木 ── 這些樹木彷彿代表著永恆森林的一種象形文字 ── 這些樹木與花朵都在不斷地生長著青綠的葉子，歐亞鴝則在樹枝上不停地歌唱。

　　艾倫‧巴斯托回來的時候，給我帶來了一束深紅色的玫瑰花，她希望以這樣的方式來表現自己。當時，我正躺在床上。在接近喝茶時間的時候，我看到了她與奧古斯塔一起跑過來。艾倫發現我就站在窗戶前，於是大聲地喊著我的名字，然後跑了過來。當她們快步走上樓梯的時候，我能夠聽到艾倫大聲地說：「奧古斯塔，把你的手放在後面。」她們走進我的房間時，雙手都藏起來放在身後，臉上洋溢著笑容。當她們走到我身旁的時候，突然將她們放在身後的手拿出來，將美麗的花朵放在我前面。原來她們每個人都給我帶來了一束深紅色的玫瑰花。當時，我發出的感嘆聲似乎深深滿足了她們的願望。此時，我想要知道，培養出像我這樣一個擁有如此神性內在的人，是否值得花費十五年來的辛苦與教育呢？我感覺到了這神聖的一刻，也為自己能夠獲得他們如此神聖純粹的情感而感到自豪。哦！這絕對不是所謂神祕的天意，而是純粹的美好情感。世界上任何一個天平都無法衡量如此美好的情感，這可以說是疾病所帶來的最美好的一種補償了！我認為，任何痛苦本身都不是值得我們去追尋的東西，相反的，我們所追求的是痛苦之後所帶來的各種美好的東西。我的房門是敞開的，誰會出其不意地從瑪麗的房間走出來呢？是伊麗莎白‧霍桑與瑪麗一起走出來。我很高興見到她，希望她能夠前

去我的畫室，但是瑪麗急著要出去外面散步。霍桑女士看上去是一個非常有趣的人。她們外出愉悅地散步後，她在回來的時候送給一些岩石上面的海藻作為禮物，這些海藻是她專門去大海那裡幫我找到的。這些海藻就像下垂的羽毛一樣。我走到了喬治的房間，想要得到他的讚許，但是喬治卻堅持這些海藻是非常難看的。不過，我還是很高興看到霍桑女士有這樣的一份心意。

我碰巧來到了三樓，當時孩子們已經回家了（瑪麗當時還教導著兩三個小女孩），她們與瑪麗一起前往我的畫室。這些小女孩用虔誠尊敬的口吻說話，給我留下了深刻的印象。她們說：「看看這個吊床！看看那幅畫！看看這裡的花朵！哦，皮博迪小姐，這是一張床嗎？哦，這裡的一切是多麼的好看啊！索菲亞出去外面了嗎？」我無法用語言描述這些小女孩說話時的那種聲調與情感，她們說的每一句話都顯得那麼的有趣動人。

今天早上，瑪麗過來這裡，送給我一束美麗的鮮花，這是我一直以來都想要得到的，因此我馬上起床了。接著，我在畫室裡作畫了一段時間。之後，瑪麗悄悄地過來探望我，她帶給我更多的美麗的鮮花，其中就包括蘇格蘭玫瑰以及其他罕見的花朵，這一切就像一場夢。道蒂先生（就是那位同意教索菲亞繪畫的先生）也過來了，他還是一如既往地笑容可掬。涼爽的微風加上美麗的花朵，這一切都讓他的心情顯得非常愉快。他說，能夠坐在環境這麼好的畫室裡工作，實在是一種奢侈的享受。他在畫布上描繪出一個明媚的太陽，陽光照射在波光閃閃的河岸邊。接著，羅素先生也過來了，他來到了我的畫室。他認為這樣一個美麗的畫室以及這樣的工作肯定能夠治好一個人的頭痛。接著，我準備出去外面拜訪其他人。但當我正準備出去的時候，喬治·希拉德先生卻過來了，他是一個那麼友善的人，我不願意就這樣離開他而外出。希拉德先生是一個非常有意思的人。他曾風趣地說，劍橋地區的郵政局長里德先生的生活簡直就是一場「折磨」。里德先生是一個年老之人，傳說他的年齡大約已經一百四十歲左右，但他總是讓喬治想起一個尖尖的點。喬治說，里德先生有時候會說一個有趣的笑話，就是對每一個想要寄信的人說，他們必須要支付給他 50 美分的錢。如果對方真的信以為真，準備拿出五十美分給他的時候，他就會哈哈大笑，說這是一個笑話而已。在希拉

德先生離開之後，薩利・加德納也手捧著一束玫瑰花過來了，她將這束玫瑰花送給我，這是他從花園裡採摘來的。她剛剛從米爾頓地區回來，顯然仍然沉醉於那裡的美好與壯觀的景色。

　　永遠忠誠於你的

索菲亞

　　索菲亞這位偶染疾病的小藝術家受到了很多人的讚揚與欣賞。為了證明這個有趣的事實，我想要引用索菲亞的姐姐瑪麗寫的這封信：

波士頓，1833 年 6 月 19 日

我親愛的：

　　昨天下午，我前去錢寧博士的家，順便將妳的畫作帶去給他看。錢寧博士非常欣賞妳的畫作，讓我將妳的畫作放在他那裡，好讓他再次仔細欣賞。錢寧博士身穿著條紋外衣，他高貴的靈魂充滿著美感。他用最感性的話語說：「這是一項非常偉大且高尚的事業，她肯定能夠為我們創作出更多的傑作。」接著，錢寧博士以非常莊重的方式靜靜地欣賞著妳的畫作，他的臉上流露出了非常讚賞的神色，似乎已經沉浸在妳的畫作當中。簡而言之，錢寧博士非常欣賞妳以及妳在畫作中所要表達出來的情感。（也許，妳的畫作能夠表達出很多語言都無法表達出來的情感吧！）錢寧博士還特別詢問了關於妳的情況，然後給我看了一些他剛剛從英國收到的一些新出版的書籍，他認為閱讀這些書籍是一件艱苦的事情，因為這些書籍都非常的厚。此時，愛德華（錢寧博士的弟弟）走了進來，他們兄弟倆關係非常友好對話著。在思考過愛德華的想法之後，錢寧博士說：「愛德華，你看上去顯得有點粗魯，你應該更好地啟發自己的智慧啊！」接著，錢寧博士將一本厚厚的書遞給了愛德華。錢寧博士說：「你看看這本書，這本書的作者的思想深度要比一個大水桶的深度還深，可以說，這位作者是我所見過最有思想深度的人。」愛德華看上去顯得有些不安，低聲地回覆說：「錢寧，我不認為你是評判誰是最具有思想之人的合適人選。上週，我看到了一個身材瘦削之人，今天，我的頭與臉

麗似乎都要膨脹起來了。」錢寧博士有著簡樸的心靈，從來都不會將別人戲謔的話放在心上，就像柏拉圖所說的那樣，只是針對一些事情，而絕對不會針對人。

永遠忠誠於妳的姐姐

瑪麗

　　1838 年，索菲亞給當時居住在波士頓的伊麗莎白寫信，談到了她的日常生活。這封信的節選內容如下：

　　「我感覺自己與色諾芬[003]一起待在吊床上（這張吊床就在我的畫室裡）。我認為，蘇格拉底是繼耶穌之後最具神性的人，因為他能夠做到知行合一，始終讓自己的行為與自身的行動相吻合……在晚餐之後，瑪麗出去外面『呼吸一些新鮮的空氣』，想要與霍桑女士一起散步，從而結束這個下午的時光。我則交給瑪麗一項任務，那就是在她回來的時候，記得將霍桑女士與他的弟弟一起帶會我家來。如果霍桑準備要離開的話，我準備送給他一些芳香的紫羅蘭……」

　　「霍桑女士過來這裡散步，對瑪麗說我送給她弟弟的番紅花是多麼的美麗。瑪麗也告訴霍桑女士，那些番紅花是我送給他的。霍桑女士回答說：『這是一個非常美好的故事，霍桑本人是從來不會跟我說這些事情的。』」

　　「在晚上七點的時候，霍桑過來了。他看上去是那麼的英俊瀟灑……他的到來肯定會讓妳記憶深刻的。當他對你有所了解或是交談之後，他會顯得非常溫順。因此，我認為，妳與他相比，肯定是更加出色的那一個。」

　　一天晚上，她說，「她給他看了薩拉·克拉克（Sarah Clarke）在島上的照片。在一些講述中國書籍裡可以看到的那種龐大的花朵，據說在古巴那裡也可以見到類似的參天大樹。接著，我將那些印有難看小鳥圖畫的書頁快速翻過去，轉移他的注意力。不過，霍桑認為這些都是值得研究的事情……」

　　「那天下午，我準備出發去見一下他的姐姐伊麗莎白，霍桑肯定聽到了這

003　色諾芬（約西元前 427～西元前 355 年），雅典人，歷史學家，蘇格拉底的弟子，代表作《希臘史》等。

17

樣的消息。他詢問我是否會過去，然後表示如果涼爽的春風不會對我的前來有所影響的話，他肯定等待我的到來。我說我會過去的。他想要知道我是否能在第二天過去。我想要去拜訪瑪麗，但霍桑表示他不會在那裡停留太久，以委婉的方式否定了我的這個建議……（除非他能夠單獨與索菲亞見面，否則他不會停留太久的。）」

「昨天晚上，霍桑過來找瑪麗，希望瑪麗能夠與他一起前去伯里女士的家（這是他們每週都會聚在一起的俱樂部）。瑪麗表示不願意前去。我認為，瑪麗拒絕霍桑的要求是很不好的。我走下樓梯看了霍桑一眼。霍桑當時的那種猶如天國般美好的形象，在我的內心留下了不可磨滅的印象。」

「孩子們剛剛來過，給我帶來了一束芳香的紫羅蘭。這天下午，我前去拜訪了喬治。與此同時，我不得不與頭痛做一番鬥爭。喬治問我：『妳現在的感覺如何？』我回答說『還好。』我沒有像往常那樣說『還過的去。』任何有點經驗的人都不會相信我的話，因為痛苦的感受是難以隱藏的。」

1838 年 5 月

午睡醒來之後，我來到了赫伯特大街，手裡拿著一本書。當我打開霍桑家的大門時，一位頭戴著帽兜的年老女人走出來，她是霍桑的阿姨。只見她當時正彎著腰，在花園播種。她抬起頭，臉上露出了微笑。要是她再年輕幾十歲的話，她的笑容肯定會迷倒很多人。她對我說：「皮博迪小姐，妳好啊？」在這之前，我從未見過她。她懇求我進去屋裡坐坐，但我拒絕了，只是將那本書留下來，並且順便附帶了感謝的字條。

永遠忠誠於你的

索菲亞

1838 年 5 月 14 日

今天，我有一種強烈的衝動，想在房間裡走來走去，想著如何去布置房間裡的花瓶，讓各種擺設更加合理，讓整個房間給人更好的感覺。相較於之前，我感覺自己現在要更容易感到疲倦了。今年二月分，當我前去城堡山的

旅行的時候，都沒有讓我產生如此疲憊的感覺。但是，我現在就連步行到霍桑家這麼短的路程，都會感到非常疲憊。在妳回來的時候，霍桑拒絕了與妳一起用餐，但他表示願意在晚餐之後見妳。當他回來的時候，我碰巧是第一個準備走下樓梯的人。他的第一個問題就是：「伊麗莎白在哪裡？」他絲毫沒有掩飾看不到你時所感受到的失望感。他認為這「實在是太糟糕了」、「難以忍受」或是「不公平」的，還在努力想著這到底是為什麼呢？我告訴他妳給出的理由，還說妳有一封信給他的信件，瑪麗很快就將這封信遞給他了。霍桑沒有打開這封信就放入了口袋。他看上去非常英俊，臉上始終露出微笑。我向他保證每天早上是進行創造性活動的最佳時候。霍桑表示，他即將要前往南塞勒姆地區。「難道妳不會過去嗎？」他這樣問我。但是，現在的春風還是非常猛烈的，我的身體實在是吃不消呀！

　　我親愛的莉茲：現在我的腦海裡能想到的人，就只有查爾斯·愛默生。他現在的身體狀況給我的心靈蒙上了一層厚厚的陰影。我希望妳能在明天告訴我，他現在是否處於病危的狀態？沃爾多之前來拜訪過我們，那是夜鶯還在樹上歌唱的時候了。查爾斯露出的美好笑容，他那如音樂般富有旋律性的話語，他所表現出來的冷靜沉著，都代表著生命的一種最原始的本質。他表現出來的簡樸精神——只需要認真思考一下這些東西，就可以知道我能夠見到與聽到他的聲音，是一件多麼榮幸的事情啊！他非常喜歡我們給他看的一切東西。他用非常神聖的情感談論著拉斐爾所創作的《聖母瑪利亞》的畫作。我當時只能呆呆地坐在那裡，徒勞地在腦海裡進行著一番想像，盡量將他的每一句話都記在腦海裡，讓他感覺到我正在感受著他那如大海般的沉著冷靜。但在第二天，就有人告訴我，他的身體正處在非常危急的狀態。在他離開我們的當天晚上，我就告訴過瑪麗。我感覺自己失去了一塊寶石，這就是我當時唯一的感覺。我不知道瑪麗想要從他身上學到什麼東西，但我能肯定，要是我能夠從他身上學到更多的話，肯定能夠讓我更好地描繪出古巴地區的天空，將那裡熱帶的氣候的每一縷陽光都生動地表現出來。他帶給我的感覺，只有艾麗莎·德懷特（Eliza Dwight）之前讓我產生過，當時的德懷特女士看上去是那麼美麗與充滿活力。我能夠感覺到她的美感似乎瀰漫了整個

房間，而我則置身於那個房間裡，因此我也是充滿美感的。這一切似乎都是沃爾多的靈魂所散發出來的美感。我就此擱筆了。

索菲亞

1838 年 6 月 1 日

　　一天下午，伊麗莎白‧霍桑來約瑪麗一起出去散步，但瑪麗不在家，母親陪著伊麗莎白外出散步。這是伊麗莎白第一次來到我的房間，她似乎對我房間的擺設感到非常滿意，她特別喜歡房間窗戶外面的那些榆樹。她看上去是一個非常風趣的人。母親帶著她前去古老的清泉附近散步，她們在回來的時候，手上捧著藍色的紫羅蘭，還有一些子柱花。她們在清泉附近遇到了約翰‧金先生與他的女兒，金先生他們也在採摘野花。母親則向他們介紹了霍桑女士。但是，霍桑女士只是抬著頭，並沒有過多地回答。雖然金先生在返程的時候一直陪著她們，但霍桑女士幾乎沒有說話。金先生送給母親一些子柱花，然後說：「我親愛的朋友，我必須要讓你的花束變得像皮博迪女士一樣美麗。」於是，他將一些花放到了霍桑女士的手上。

　　在霍桑在中午時分前來看望我們家的小姐的前一天，我從未見過一個如此充滿著陽光氣息的人。他對我說：「索菲亞，妳們的愛情故事很快就要修成正果了 —— 可能會是明天或是後天啦！」當時，我對別人了解我們的事情感到有點驚訝，事實上我也一直希望看到這樣的情況。霍桑向瑪麗提出建議，希望能夠在同一天前往海邊，瑪麗同意了。霍桑說他沒有跟他的姐姐談論這件事，但他在回家之後會馬上告訴她的。想像一下這樣的進展，他在中午的時候過來，並且希望能夠和我一起散步！

　　他說，他有一封快要寫完的信件，這封信是寫給你的。但在你寫信給他之前，他不願意冒然地將這封信寄給你。他似乎迫不及待地想要收到你的來信，表示自從你回來之後，就一直沒有收到你的來信。瑪麗前去赫伯特大街，想邀請霍桑女士一起散步，但卻沒有見到霍桑女士。她的母親說，伊麗莎白不想出去，因為現在的風很大，陽光又太猛烈了，而且南邊還積聚著烏雲呢！（我認為，這是世界上天氣最美好的一天了！）我真的很想打她一耳

光！當瑪麗在第二天帶著鬱金香回來的時候，路易莎告訴她，伊麗莎白為昨天無法一起散步的事情感到非常遺憾。

與艾比·霍桑的一次偶然的成功會面，讓索菲亞感到非常高興。索菲亞在信件裡這樣寫道：

「她是一個非常隨和的人，還不辭勞苦地將一些雕刻的頭像拿來給我看，其中就包括華茲華斯的頭像，這是我之前從來沒有見過的。

「伊麗莎白還特別詢問了喬治的情況，讓我給喬治送去幾本書。她問我們有沒有非常想念她。我應該會在這裡逗留兩三個小時。她與我一起走向樓梯，走出了大門，然後在門廊上聊了一會兒，她的阿姨正在花園裡種植著什麼？」

伊麗莎白·皮博迪的來信始終是直白地表現出友善的情感，並且還表現出了許多美好的情感。她在信中表示，麵包與思想都是同等重要的。下面這封信就能夠將她的這一觀點呈現出來：

波士頓梅爾特大街 53 號，1838 年
我親愛的索菲亞：

妳充滿著友善情感的來信值得我馬上給妳回信。今天晚上，雖然外面刮著風暴，喬治與蘇珊·希拉德還是去了音樂學校學習，讓我一個人在家裡自娛自樂。我希望霍桑能夠過來。但我到現在還沒有見到他呢！昨晚，我與薩利·加德納以及傑克森小姐一起品茶，傑克森小姐非常喜歡妳畫的那幅弗拉克斯曼的畫作。為什麼妳們這些塞勒姆地區的人沒有雞籠能將那些雞都關在裡面呢？五六隻雞所生下的雞蛋可以滿足妳一年中對雞蛋的需求。我想要得知關於霍桑的一些消息。今天，我與卡彭先生就談論了關於霍桑的一些事情。卡彭先生也掛念著霍桑。我希望妳們的事情能夠盡快公之於眾。

始終忠誠於妳的

伊麗莎白·皮博迪

索菲亞這樣回覆：

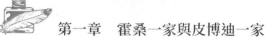

1838 年 7 月 23 日

　　威廉·懷特在週六到了這裡。為什麼妳不透過他將斯圖亞特的《雅典》送到這裡來呢？他表示自己聽人說，愛默生正在期待著另一個救世主。妳對愛默生的那篇演說所做的粗略的總結，足以喚醒那些死人。所以我知道愛默生原先的演說會震撼人心到什麼程度。我對瑪麗說，我認為愛默生的說法是正確的。瑪麗大聲地說：「妳簡直就是在褻瀆！」我回答說：「妳真的認為這是褻瀆嗎？」瑪麗回答說：「「沒有啊！按照妳的說法，這就是福音書啊！」難道這不是一句非常有水準的話嗎？當女僕在伯里女士家裡為她跑腿的時候，她看到了霍桑進入她家，也許是要向她們道別的拜訪。霍桑當時看上去容光煥發。霍桑說他準備帶上我的日記（這是在古巴的時候寫的），然後再帶回來。但是，我有那麼多的作品，他不可能都帶上路啊！

　　伊麗莎白·皮博迪在冬天回到塞勒姆地區之後，就開始對隱居在赫伯特大街的一些人進行了情感攻勢。當她寫下下面這封信的時候，臉上肯定會露出不同於尋常的表情：

1838 年 11 月 10 日，星期六
親愛的路易莎：

　　妳知道我想要編織這些鞋襪與修補這些鞋子 —— 我想我會在有空的時候，前去妳家做好這項工作 —— 我還要感謝妳為我購買了這些材料。請妳告訴我這些材料花費了妳多少錢，我會原價給妳的。我認為在漫長冬天花四到五個晚上，我就能完成這項工作了。

　　當伊麗莎白醒來的時候，請給她留下這張紙條，還要放好玫瑰花與書籍。當納撒尼爾·霍桑過來吃晚餐的時候，記得給他這張我寫給他的信條。霍桑說他今天要進行寫作，因此我希望能夠讓他安心寫作，不希望打擾到他。我們都不希望在他進行偉大的創作時打擾到他。我在想，如果晚上在大家玩惠斯特橋牌的時候，霍桑要對此進行怎樣地一番準備，才能更好地得到靈感女神的垂青呢？

永遠忠誠於妳的

伊麗莎白‧皮博迪

當霍桑打開這張紙條，閱讀之後，我們可以想像一下，霍桑這位像蕨類植物那樣過著隱士生活之人的內心會產生多大的震動。這樣的情景真的很有趣。這一切彷彿松鼠被喚醒了，貓頭鷹也被叫醒了，狐狸被驚醒了，這些動物都會紛紛對霍桑的內心震撼產生憐憫之情。路易莎可以說是三個人當中健康狀況最好的人了，她的手腳非常靈活，可以迅速地進行縫紉與刺繡的工作，因此在別人生病的時候，她會大方地為別人縫製衣服。可能，當路易莎看到這封信的時候，不會感到暈眩或是產生強烈的情感。但是，霍桑的母親雖然平時已經過著隱士一樣的生活，但她若是看到了這封信之後，肯定也會將自己裹得更加嚴實了。伊麗莎白那雙美麗的眼睛看上去肯定會更加美麗了。不過，為了證明這三個人是否躲在「蕨類植物」之後（正如事實證明的一樣，霍桑本人對此並沒有什麼想法），我想要將路易莎更早期的一封信引述下來。

給緬因州瑪麗‧曼寧的一封信，請讓理查‧曼寧先生代為轉交

塞勒姆，1831 年 3 月 3 日

我親愛的阿姨：

薩米叔叔已經從波士頓回來了，目前正住在羅伯特叔叔的家裡（羅伯特是他的弟弟，早年與霍桑是好友）。當我們看到他的時候，他比我們想像中更好一些。我們都很高興見到他，我們也會想辦法讓他在這裡過得開心的。我們所住的地方相距不遠，因此他可以隨時得到我們的幫助與陪伴。納撒尼爾也會過去探望他，很多時候我也在那裡待著。整個冬天，母親都會過去那裡探望他。我記得當時天空刮著惡劣的暴風雪，道路根本不通。路上的積雪也幾乎跟房子一樣高了。我想要跟妳寫更多的話，但我的時間已經不夠了。所以就此擱筆了。

始終尊敬妳的

瑪麗亞‧路易莎‧霍桑

　　克服內心的羞澀，勇敢地向人表達友善的情感（即使只是在某種程度上這樣做）的行為，可以透過下面這封信得到一些驗證：

親愛的伊麗莎白：

　　當妳在週六晚上外出的時候，我希望妳能夠很快回來，並在第二天晚上與我們聚在一起。妳可以做到嗎？要是能夠見到瑪麗的話，我肯定會非常高興的，雖然我真的很盼望能夠見到她，但我沒有足夠的勇氣去詢問索菲亞，也許妳可以幫我這樣做。請一定要告訴我關於你父親的情況，我們都急切地想要了解他的健康狀況，我們都想要知道喬治現在的情況到底怎樣了？我就此擱筆了。

　　永遠忠誠於妳的朋友

伊麗莎白·霍桑

我親愛的伊麗莎白：

　　我想，在那些女生們都離開之後，我無法過去妳那裡與妳一起度過這個晚上了。妳知道的，明天會出現月蝕的現象。我希望妳能夠在下午的時候過來我這裡。，墓地那裡是一片廣闊的地方，可以看到月蝕的現象，我會很高興妳能夠過來陪我一起欣賞這個天象。昨天，我收到了納撒尼爾·霍桑的消息了。在下雨的那一天，他與另一位先生被困在伯克郡的一家旅館裡。可以說，他沒有被雨水淋到，這是非常幸運的一件事。

　　永遠忠實於你的

伊麗莎白·皮博迪

　　在伊麗莎白·皮博迪回到波士頓之後，索菲亞繼續寫了很多信件給她：

　　我並不認為我成為了自己想像的俘虜。當我知道某個想法是錯誤的時候，我就會想辦法拋棄這樣的想法。當我忠實於自己內心的想法時，我會感覺自己彷彿置身於天使所處的天堂。我想要去探望親愛的伯里女士，她給我寄來信件，表示希望我能夠過去看望她。伯里女士堅持要陪著我走向樓梯，她費盡力氣地陪著我走路，最後為我打開房門，接著非常恭敬地向我致意，

彷彿我就是尊貴的維多利亞女王，或是霍桑本人一樣！我透過雙手描繪出來的伊布拉欣的面容看來表達了許多情感（當時，索菲亞剛剛完成了《一個溫和的男孩》這本書的插圖，受到了很多人的讚賞）。

那天下午，瓊斯·韋里前來喝茶。他一開始感到很苦惱，但我們都紛紛安慰他。他與喬治的對話是非常神聖的，他們似乎能夠感受到天國世界裡的光芒，因為他滿臉笑容地看著喬治。每當他看著喬治的時候，他的臉色都非常好。我們跟他說，我們非常喜歡他所創作的十四行詩。韋里微笑著，然後說，除非我們真的是因為在閱讀這些詩歌的時候，感受到了上帝的聲音，否則這一切都是徒勞無功的。他對我說：「既然我給妳們看了我所寫的十四行詩，我想妳也應該讓我看看妳創作的畫作了吧！」瑪麗將我的圖畫本以及《艾斯奇勒斯》（這是我用弗拉克斯曼的顏料所創作的一幅不錯的畫作）。韋里非常喜歡這幅畫。我跟他說了我所創作的《伊布拉欣》這幅畫，他說他非常喜歡《重講一遍的故事》[004]這本小說，也非常喜歡裡面的這個人物形象。昨天，霍桑過來了。他說：「我即將要去伯里女士的家，但妳絕對不能過去。因為現在的天氣還是比較寒冷的。在這樣寒冷的天氣下，妳絕對不能外出的。」我對霍桑說，我本該要去的，但對自己的身體抱恙而無法前去感到遺憾。霍桑哈哈大笑起來，說我不應該有這樣的想法。但是，我始終堅持自己的想法。霍桑知道要是我去的話，肯定會生病的，因為外面的天氣實在太寒冷了。與此同時，我穿上了厚厚的衣服。父親用柔和的方式告誡我，我也用柔和的方式進行反駁。當我準備好了之後，霍桑說他為我能夠前去而感到高興。瑪麗當時也將行李打包好了。當時，我感覺整個人都充滿了活力，感覺自己的狀態比之前在俱樂部度過的許多個晚上都更好。霍桑表示，這肯定是一種相互對比的精神狀態，才讓我有這樣的想法。我對他說，這只是一個簡單的事實而已。我們走路的速度比較快，因為我感覺自己的雙腳似乎都踩在空氣裡，走起路不需要什麼力氣。這可能是因為我在白天的時候沒有感到太過疲憊。這晚的月光非常皎潔明亮。除了我的拇指與臉頰感到有些寒意

---

004 《重講一遍的故事》（*Twice-Told Tales*），霍桑的一部短篇小說集。1963 年，美國導演西德尼·薩爾科將其拍成了恐怖題材的電影。

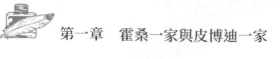

之外，其他的身體部位都沒有感到任何的寒冷。霍桑說，要不是他的鼻子感覺到有點冷的話，那麼這一切將是非常完美的。他從來不相信上帝會讓人類處於一種痛苦寒冷的狀態，只相信上帝會透過適度的考驗方式來讓人類變得更好一些。「因為上帝會讓天空刮起這樣的風，但他也讓羊毛為我們提供了溫暖的衣服。當妳外出的時候，我們都希望是一個溫暖的天氣。」霍桑的話是不是很甜蜜呢？霍桑和我一起走到了客廳，伯里女士見到我們之後顯得非常高興。霍桑是一個非常隨和的人，他與伯里女士交談了一番，看上去是那麼的友好、高興與富有美感。伯里女士拿出一些植物的標本，讓瑪麗與我好好地欣賞一番。霍桑則走到桌子旁邊，將光線調的更亮一些。但是，我們真的非常想念妳啊！伯里女士也是這麼說的，我也能夠感受到她當時內心的想法。他們真的對韋里先生缺乏足夠的了解。當我們準備離開的時候，霍伊斯先生對霍桑說，他希望沒有任何事情能夠影響到他下個週六再度前來的信念。「哦！不會的。」霍桑回答說：「這已經成為一種習慣了。要是我不過來的話，我肯定會感到不習慣的。」霍桑這麼會說話，伯里女士聽了肯定會感到非常高興的。我也為霍桑能夠這麼說而感到高興。當我們走出伯里女士的家，天氣變得沒有那麼寒冷了，我們兩人都懷著愉悅的心情回到了家。霍桑說他希望能夠在週五的時候跟我一起外出散步，但他也擔心散步可能會對我的健康造成不良的影響。我對他說，我們都為晚上要與他分別而感到失望，霍桑聽了哈哈大笑起來。他說，他無法在今晚去見韋里，因為他還要閱讀一些書，因為他在週一與週二晚上都已經有約了，因此沒有時間閱讀這些書。我對此感到很遺憾。

　　永遠忠實於妳的

索菲亞

第二章　訂婚的歲月

　　霍桑與索菲亞訂婚了，但卻在一年之後才公布這件事。在索菲亞拜訪波士頓的朋友時，霍桑也前去波士頓拜訪他的朋友。華盛頓·奧爾斯頓對索菲亞的才華表示深深的欣賞。伊麗莎白前往康科德拜訪愛默生，並將這個地方描述成一個天堂般的地方。班克羅夫特先生告訴愛默生，霍桑的文學才華是與眾不同的。霍桑常常給索菲亞寫信。索菲亞在感受到了幸福的愛意後，滿懷熱情地進行繪畫。當霍桑與索菲亞公布訂婚的消息後，朋友們都感到非常高興。

　　現在，霍桑與他未來的妻子已經訂婚了，這已經成為了一個既定的事實了，但他們只對一兩個人透露了這個消息而已。索菲亞悄悄地前去探望她在波士頓的朋友。但是，伊麗莎白當時居住在牛頓地區。索菲亞給伊麗莎白寄去了這樣一封信：

波士頓西大街，1839 年 5 月 19 日
我親愛的伊麗莎白：

　　兩天前，霍桑來了。他說當他來到我們家的時候，發現小鳥都已經飛走了，這實在是一件讓他感到非常驚訝的事情。他說在敲門之前的半個小時裡，他一直都坐在走廊上，因為他認為我能夠感覺到他的到來，肯定會自己走下樓梯來迎接他的 —— 最後，霍桑厭倦了等待。「哦！發現你不在這裡了，這實在是一件不好的事情。」可以肯定的是，要是我見不到他的話，這肯定會讓我感到難受的。我很高興你為他的到來感到高興。他跟我說，他應該在第二天早上前去畫廊（索菲亞每天都早過去，以避開擁擠的人群）。我在早上八點鐘的時候見到了他。他和我冒著刺骨的春風一起回到家，他也知道這麼做會讓我生一個星期的病。晚上，他再次前來看望我，關心寒冷的春風是否讓我感冒了，但我並沒有感冒。卡羅琳正忙著照顧著她的孩子，因此在接下來的半個小時裡都沒有下樓。當她下樓的時候，她顯得非常隨和，霍桑也顯得非常隨和。卡羅琳非常欣賞霍桑。霍桑說他在今天早上的時候應該前去畫廊的。我在八點之前出發，發現畫廊裡空無一人，只是發現威廉·拉塞爾先生。霍桑大約在九點鐘的時候過來，因為當時外面的天空非常陰沉，

他就認為我可能不會過來了。但是，當他到達之後，天空卻掛著高高的太陽。在十點鐘左右，畫廊裡的人越來多，我們就出去了。霍桑接著用專斷的口吻說，我應該去騎馬。

華盛頓・奧爾斯頓[005]非常欣賞索菲亞的藝術才華。伊麗莎白在拜訪愛默生的時候，就在一封信裡提到了這點：

麻塞諸塞州康科德，1839 年 6 月 23 日

我感覺自己終於來到耶穌的山峰了！但是，我更像耶穌基督的門徒那樣，滿身灰塵地匍匐在地上。我在波士頓的時候感到非常疲憊。於是，我在週一早上前去雅典娜圖書館的畫廊。在晚上的時候，霍桑過來了，他說想要在週六下午前去奧爾斯頓的畫廊。我在週二晚上前去奧爾斯頓家裡。當時，奧爾斯頓顯得非常高興，興致非常高，就像夏日的晚風那樣柔和。當他聽到妳已經擺脫了疾病所帶來的痛苦之後，感到非常高興，急切地想要知道妳最近又創作了什麼畫作。我說妳目前正準備要創作好幾幅畫，但妳不願意透露自己的具體計畫。奧爾斯頓說，如果是這樣的話，那麼妳肯定會勇敢地將這些計畫變成現實的。他還說，同時產生創作幾幅畫的念頭是非常好的，因為妳可以在創作不同畫作的時候得到一種變換，這可以給妳的心靈帶來一些休息。我帶給他《重講一遍的故事》這本書，用來交換我沒有看過的書。他說他一直都渴望能夠富有想像力的寫作，每一個閱讀到這樣書籍的家人都會感到非常高興的。此時，我才突然想起，我忘記隨身帶來《紀念物》這本書了，因此只能讀一些《美人魚》與《困擾的心靈》這兩本書的部分內容給大家聽。在昨天的茶會之後，我幾乎都沒有機會坐下來。直到愛默生先生讓我談談對霍桑的看法，並且告訴我班克羅夫特[006]說霍桑是海關官員中最高效率與最優秀的人。請你將班克羅夫特這樣的評價告訴居住在赫伯特大街的霍桑。愛默生似乎對霍桑有著非常友好的態度，但是他沒有閱讀過霍桑的作

---

005 華盛頓・奧爾斯頓（Washington Allston, 1779-1843），美國畫家、詩人。美國風景畫浪漫派的領軍人物。代表畫作：《海上風暴》、《午夜月升》等。

006 班克羅夫特（George Bancroft，1800-1891），美國歷史學家、國會議員、美國海軍部部長。曾是霍桑在波士頓海關局工作時的同事和好友。代表作：《美國歷史》、《美國憲法創建史》等。

品。當時，愛默生的心情非常好，我希望在一兩天之內能夠說服他，讓他能夠去閱讀霍桑所創作的所有書籍。當時，愛默生處在一種非常愉悅的狀態，雖然還沒有從去年冬天的過度勞累中完全舒緩過來，但他卻始終保持著勤勉的態度。愛默生沒有對奧爾斯頓說出任何一句不好的話，所說的都是一些美好的話 —— 並且還談到了奧爾斯頓身上所具有的最高價值。愛默生說，韋里[007]不允許別人修改他的詩歌。即使如此，愛默生還是選擇了韋里的一些詩歌，然後勇敢地將其組合起來。愛默生說：「這將會變成一卷非常有文學價值的書。但是，霍桑表示，韋里經常說這樣做是徒勞無功的。我發現自己無法忘記你經常說的這句話。但是，他總是經常重複這樣的話。事實上，他的詩歌還是很有文學價值的。」之後，愛默生還背誦了一些韋里的演說內容，談論了韋里是如何處理文字語言的。看來，我之前的想法還是太愚蠢了，感覺自己一直在錯誤的思想中被蒙蔽了兩個月的時間！愛默生真是一位非常睿智且大度的人。哦！他是那樣的優秀、傑出與美好！

　　永遠愛著妳的姐姐

伊麗莎白

　　索菲亞在塞勒姆地區的時候給予了以下的回信：

1839 年 6 月 29 日

　　對於妳在畫廊裡沒有見到霍桑，我感到很遺憾。但我為妳見到了奧爾斯頓先生感到高興。他對我健康狀況的關心是多麼的友善與讓我感到鼓舞啊！我很高興得知，愛默生先生對於我們的造物主沒有說出任何所謂的異端邪說。因為對於像愛默生這樣的傑出人物來說，他始終是緊跟著這個時代的潮流，而不是生活在過去的時代，因此他是絕對不會說出任何違背基督教基本原則的話的。

　　當其他拜訪者都離開的時候，霍桑過來了。當時天空刮著猛烈的春風，

007　瓊斯・韋里（Jones Very, 1813-1880），美國詩人、散文家、牧師，超驗主義運動（Transcendentalism）積極參與者。也是威廉・莎士比亞作品研究者。

因此他不願意讓我外出，擔心這會讓我再次生病。但是，我們還是達成了一致的看法，那就是他獨自前去伯里女士的家裡做客。要是我們不說的話，妳肯定不知道霍桑為此做出了多麼大的犧牲！如果妳明白事實真相的話，就絕對不會指責我們兩人沒有顧及到別人的感受。我跟霍桑說了班克羅夫特對他的評價，霍桑臉紅了，回答說：「班克羅夫特先生實在是過譽了！」在霍桑離開之後，我閱讀了貝蒂納・馮・阿爾尼姆[008]的作品。我認為，阿爾尼姆這個人是我們不應該去進行評判的，相反地我們應該接受她與相信她。她是一個天才，熱愛著生命，追求著愛意與鼓舞。如果任何人在我面前批判她的話，我肯定會主動遠離這樣的人。因為這樣的批判彷彿將我推向了懸崖，後面則是深不可測的大海。週二，我的「惡魔」會前來畫室，給予我一些輔助性的幫助。

7月5日。昨天是重要的一天（因為7月4日是美國的國慶日），但是這座糟糕的城鎮卻沒有為舉辦慶祝活動撥出任何經費──甚至連敲響鐘聲的活動都沒有！於是，憤怒的民眾都紛紛將國旗降下半旗，然後宣布他們將會去教堂敲響鐘聲。接著，民眾就在中午與日落時分分別敲響了鐘聲。教堂的鐘聲非常洪亮，我在下午聽到教堂的鐘發出的響亮聲音。每一個美國人都應該為慶祝國慶日而感到高興，因為這一天紀念著這個國家歷史上最偉大的一天！也因為一些美國人的心靈已經處於一種沉睡麻木的狀態，因此他們需要被鐘聲、鼓聲或是充滿愛國主義情懷的演說所喚醒。

今天，「惡魔」表示希望完成聖喬治與烏娜這兩幅畫，要求我不斷地釋放自己的繪畫才華，因此我整個上午都在繪畫。在繪畫的過程中，我的腦海裡突然閃現出一匹馬的形象。我在想要是我將這匹馬畫出來，他會有什麼樣的感想。喬治說，這樣的構思是非常棒的。我的想法就是讓聖喬治整個人物的輪廓展現出一種最為深沉的冷靜、展現出無比的自信以及沉著，但是這匹馬的形象則應該是充滿活力與力量感的，讓馬匹的鼻孔用力地呼氣，表達出

---

008 貝蒂納・馮・阿爾尼姆（Bettina von Arnim, 1785-1859），德國浪漫派作家、出版家、作曲家、歌手、視覺藝術家和社會活動家，其兄克萊門斯・布倫塔諾與丈夫阿西姆・馮・阿爾尼姆皆為海德堡浪漫派的代表人物。代表作：《歌德與一個孩子的通信集》、《國王的書》、《致已經解散的普魯士國民議會》等。

一種難以馴服的傲氣。我說，整幅畫應該表現出一種權力的力量以及權力的冷靜的感覺。如果我成功地創作出這幅畫，你肯定要對此好好地評論一番。到目前為止，烏娜這幅畫的形象已經比第一稿的形象更加豐滿一些。妳無法想像我在創作這幅畫的時候內心是多麼悠閒，下筆是多麼從容。在那樣的狀態下，我感到自己能夠畫出任何我內心想要畫出的人物形象。下週，如果這些畫的輪廓還沒有完成的話，那麼我就要開始用油畫的方式去創作了。我感覺自己正處在創作的巔峰期。哦！我感覺自己是如此的幸福！但是，從週二到現在，因為天氣的原因，我都還沒有騎過馬呢！親愛的貝蒂，我這樣牢牢地抓住著希望的尾巴，是否有點太過一廂情願了呢？但是，請妳看看這樣的希望會將我引領到什麼地方吧！在我過去生病期間的那些天馬行空的想像力，始終都無法超越這樣的一種命運。在我的人生裡，我的內心始終堅持這樣的信念：「今天很好，但明天會更好的。上帝知道明天應該要給我帶來什麼。」如果妳認為我過去認為我們不應該為了別人而過上忙碌的生活，那麼妳就是誤解我了。這是一種自然的過程。我們應該了解自身的想法。在我看來，我們應該更好地專注於當下，過好每一天，然後將其他的事情都交給上帝。

　　現在，我才真正深刻地意識到被愛著是一種什麼樣的感覺。愛意的聲音會以一種最為柔和的方式呈現出來，因為對愛意的否定其實就是對整個世界的否定。愛意的氣息能夠讓我們的身體以及靈魂的羽翼變得更加豐滿，然後我感覺自己能夠在天國光芒的照耀下翩翩起舞。

　　下面，我將霍桑的一封信裡的內容節選如下：

下午六點鐘

　　這是多麼美好的一種視野啊！感覺就像夢幻天使一般。妳用手上的畫筆在追隨內心想法的過程中所創造出來的畫作，的確可以算得上是一種奇蹟啊！這似乎是天國中的一個幽靈，擁有著天使般臉龐與軀體，而不單純只是畫在紙上的繪畫而已。在我看來，這幅畫的人物形象彷彿就是我們的守護天使，匍匐在上帝的腳下，指著我們所生活的這個地球，不斷向上帝懇求賜給

我們更多塵世與天國的祝福 —— 懇求上帝讓我們不再長久的分離，而讓我們能夠相聚在壁爐旁邊……

波士頓，1839 年 9 月 9 日晚上八點半

今天，我不在長碼頭上，而是在一個比較遠的地方。我的上司已經下達命令，要求平息一艘煤船上的船長與鏟煤工人所爆發的抗爭……好吧！我已經平息了這樣的反抗，並且宣布既往不咎。因此在明天的時候，我就要回到我想去的長碼頭的辦公室了。我不是要回到之前的那艘鹽船，現在這艘船已經不准啟動了，而是要去往另一艘船，我可能要在那裡待上兩個星期左右。鹽船上的鹽非常雪白，我認為鹽這種東西存在著一種神性。

波士頓，1839 年

妳的智慧不在這個世界之上，而是已經超過了其他人的想像，以一種噴湧的方式展現出來。因此，我認為當自己收到妳的作品時，感覺這是上帝賜給我的啟示的說法，這是非常妥當的。顯然，妳所閱讀的書以及讓妳深有感觸的書，肯定也會讓其他人有類似的感想。但是，前人的想法卻根本不會改變妳自己的想法，因為每個人都有屬於自己的一些想法，誰也不應該想辦法去改變別人的想法。妳依然是我親愛的索菲亞·霍桑，妳的靈魂與智慧所散發出來的氣息就像野花散發出來的芳香一樣。我認為，這是一種只有上帝才能散發出來的美好，絕不是凡夫俗子所能夠做到的……如果整個世界都在找尋著一個名字的話，我認為任何其他名字都無法比妳現在這個名字更加適合妳了。妳就像野花那樣的美好。妳應該天生就擁有這樣的名字 —— 只是我需要付出巨大的努力與犧牲之後，才能將我的姓氏冠在妳的名字前面。

當妳的名字變成了索菲亞·霍桑的時候，這個名字會讓我的靈魂感到震撼。有時候，我會情不自禁地重複這個名字，總是會給我帶來一種全新的美好感覺。我想我可能沒有用非常清晰的文字表達自己的想法，因為我從一大早就起來開始辛苦的工作了。妳比我更加聰明，妳肯定知道我想要表達的意思……

納撒尼爾·霍桑

霍桑與索菲亞訂婚的消息在一年之後才公布，之所以推遲這麼久才公布，是因為他們一開始也認為這需要一段時間來準備，還要盡量避免這個消息在赫伯特大街引起其他人的驚愕。因為霍桑已經習慣了過去的隱居生活，因此要他做出任何方面的改變，改變單身的狀態，進入婚姻的生活，置身於別人的評論當中，這必然會讓他產生一種恐懼感與挫敗感。

我稍微從霍桑的日記裡往前找一下，就在一份名為《1839 年剪貼簿》的皮革封面的備忘錄裡找到一篇日記。這個剪貼簿記錄著霍桑在這個時期作為波士頓海關的過磅員的工作。這個職位是當時的海關稅務徵收員班克羅夫特任命他的。

1839 年 2 月 7 日。昨天與前天，我都在對聖約翰地區過來的湯瑪斯‧羅德號縱雙桅縱帆船上的煤炭進行稱重。這是一艘黑色的骯髒船隻。船上的煤炭堆滿了整個船艙，堆積起來的煤炭看上去就是一大堆黑色的礦物質。船長貝斯特是一個面容英俊的年輕人，他的同伴正在快速地說著一些含糊的英文 —— 我認為，他可能是說著類似於英文的語言 —— 總之，他說了一大堆話 —— 但他的話都混淆起來了，我根本聽不清意思。愛爾蘭工人正在將煤炭鏟入海關的兩個燃燒室裡，然後運送到船上，其他人則利用手推車將煤炭搬到馬車上。第一天，我走到碼頭，絲毫沒有感受到任何的寒冷。昨天，我坐在船艙裡，可以透過防水壁的空隙看到裝載著煤炭的貨倉。這個貨倉的景象真是讓我大吃一驚！無論從哪個方向走，船艙的距離都不足三步左右，裡面裝滿著各種木桶，沒有一個是乾淨的，裡面可能都裝著適用於船隻航行時使用的糧草，還有很多水壺、木製小桶、廚師所用的用具，還有廚房用品 ——這一切看上去都是那麼的骯髒，沾滿了煤炭的灰塵。船上還有兩三層左右的臥鋪以及一些毛毯，這些都是我之前所沒有想到的。船艙裡有一個煮東西用的火爐，火爐裡面還有一些煤炭正在燃燒著 —— 煤炭真是一種極好的燃料，能夠像木頭那樣自然地燃燒，同時不像新堡地區的煤炭那樣在燃燒時會造成瀝青的燃燒。這艘船的廚師是一個滿臉鬍子的中年男人，他一邊留意著煤炭燃燒時的火勢，一邊正在水裡洗著碗碟。但是這些水似乎是之前清洗過骯髒事物之後剩下來的 —— 都是排水溝水槽裡面的水。在他們暫停工作休息的

時候，船艙裡的愛爾蘭工人就會透過開闊的視窗船舷窗伸出頭，大聲地喊著「廚師！」——他們想要一杯水或是菸草來抽菸——此時，廚師就會拿出一根較短的黑色菸管，然後將一些煤炭放在裡面，然後將這根菸管塞進這位愛爾蘭工人的嘴裡。我坐在靠近火爐的長凳上，船艙裡的其他人幾乎都是裝卸工，他們的工作就是要將船上的煤炭搬運到岸上去，然後讓馬車運走。船艙裡排列著厚厚的木板——木板上面有著我們所能想像到的最為骯髒的東西，但是乘客就是搭乘這樣的船隻從新布藍茲維抵達這裡的。今天的氣溫大約在零度左右，有時候也會讓我感到寒冷。不過，整體的感覺還是很舒適的——在回家的路上，我不得不經過幾條人群擁擠的街道，而我的臉上還沾著一些煤炭的灰塵。對於那些在碼頭上有生意往來的人來說，碼頭管理員的辦公室是他們必須要去的地方之一，這也是他們在開始工作之前必須要先來的一個地方。他們一般會在這個辦公室待上一到兩個小時。辦公室裡有一個烤箱，還有一張放著許多文件的桌子，還有幾張椅子，因為一些船隻的經紀人經常會過來，這些東西就構成了整個辦公室的所有傢俱，當然這裡還有一份報紙。

1839 年 2 月 11 日。在海關辦公室談論著關於酗酒的問題。吉布森談到了他哥哥腳痛的情況，最後因為腳痛而做了截肢手術。格拉夫頓少校特談論了他們的祖先於 1632 年定居在塞勒姆地區的事情。他表示自己從小就會觀察祖厝那裡的一個麻雀窩。在過去三十年裡，每當他回到塞勒姆地區的時候，都會去專門看這個麻雀窩。這個麻雀窩就在房子的屋簷下，他當年將雙手放在這個麻雀窩裡，還曾經輕撫著那些小麻雀。最後，他發現那個麻雀窩不見了，還為此感到非常悲傷呢！當我聽到他這樣說的時候，內心忍不住產生了一個疑問，那就是那個麻雀窩裡面的麻雀是否還是原先建造這個麻雀窩的那些麻雀的後代在居住呢？如果真是這樣的話，那麼這些麻雀後代所表現出來的生命力，足以媲美絕大多數人類的堅韌了。

1839 年 2 月 15 日。在海關辦公室，帕克先生講述了一個有點恐怖的故事，這是關於在塞勒姆地區的海格大街上發現的一具沒有頭顱的人類骸骨，這件事大約是八年前發現的。我認為這是他們想要建造一棟大樓時，在挖地基的時候發現的。這具屍體的殘骸大約埋在地下四英尺左右。帕克曾向居住

在附近八十多歲的老太太打探消息。這位老太太來到了殘骸挖掘出來的地方看了之後，然後用手撫著頭，大聲地說道：「這麼說的話，他們終於找到了那位可憐的法國人的殘骸了！」接著，這位老太太興奮地告訴旁邊的人，大約在七十五年前，有一位年輕的法國人曾與船長一起出海，與船長一起居住在塞勒姆。據說，這位法國的年輕人非常富有，衣著也非常符合那個時代的潮流。在一段時間之後，這位年輕的法國人就不見了，船長表示，這個年輕人是去了其他地方，並在那個地方被人殺害了。在之後的兩三年裡，人們都發現這位船長突然變得富裕起來，但是他卻將自己的財富全都揮霍在花天酒地的習慣上，最後在窮困潦倒中死去了——現在，當年那一代的人幾乎都已經去世了。在許多年之後，一些人曾在這位年輕人生前所居住的周遭進行挖掘，一些工人發現了一具人的骸骨，很多人都認為這就是那位年輕法國人的殘骸，當時很多人都認為他就是被那位船長所謀殺的。但是，他們並沒有想要去找尋其他的殘骸，之後也就沒有再發現任何關於這方面的線索了，直到帕克先生碰巧發現了這一個事實。在這些骨頭殘骸裡，最先被發現的是一條腿。根據帕克的描述，這條腿的殘骸被發現的時候，是水平放著的，因此殘骸的頭部應該是在埋在房子的某個角落裡。現在，我回想起來了，當他們在進行新一輪挖掘的時候，就挖了一口淺井。最後，他們將找到的所有骨頭殘骸都拼湊起來，顯得很不完整，但是整個人體殘骸形狀還是顯而易見的。在整個挖掘過程中，我們都沒有發現任何衣服的殘骸。

　　帕克接著說，一位追求真理與受人尊重的女士——她是一位教會成員——曾向他斷言，自己見到過鬼魂。這位女士說，她當時與一位老先生坐在一起，當時這位老先生正閱讀著報紙。此時，她看到了一個女人模樣的人走到這位老先生後面。這位女士於是叫這位老先生轉過身來看看四周。這位老先生有點惱怒地照做了，然後說：「妳到底想要我看什麼啊？」那個女人模樣的人要不是突然消失了，不然就是迅速地離開了整個房間。接著，這位老先生繼續閱讀著報紙。但這位女士又看到了剛才那個女人模樣的人走了過來，看著這位老先生的肩膀，然後低頭對著這位老先生。這一次，這位女士沒有說話，而是想盡一切辦法去吸引這位老先生的注意力。但是，這個幽靈

般的女人卻又再次消失了。等到那個幽靈般的女人第三次進入房間的時候，悄悄地走到那位老先生的座位上，我心想，如果我沒有記錯的話，她是在向我點點頭，或是做出一些手勢。但是，至於這個幽靈般的女人是如何消失的，我真是記不清楚了。但是，當我跟這位老先生說起這件事的時候，這位老先生卻冷冷一笑，說我這是無中生有。不管怎麼說，他在遠方的妻子應該就是在這個時候去世的。我認為，那個三次前來看望這位老先生的女幽靈，應該正是這個老先生的妻子的化身。

帕克是一個不相信鬼神存在的人，他自己也曾有過相似的經驗。按照他的說法，一天晚上，他看到一個男孩的臉，這個男孩的臉龐的清晰度就跟他在日常生活中所見到的其他事物完全一樣，都是極為逼真的。此時，這個男孩正在盯著他看。他說他還遇過另外兩三次類似的情況，他看到了一個男人在諾曼大街一動不動地站了半個小時，而那個沒有頭顱的鬼魂似乎還能走路。

1839 年 2 月 19 日。帕克先生是一位個子不高的人，但身體非常結實 —— 他的情緒比較容易激動。他的前額有一個印記，這個印記雖然較大，但覆蓋的面積卻不大 —— 我的意思是，他沒有一個看上去平滑寬闊的額頭。他的臉龐有點黑，給人一種氣色不好的感覺。但他卻是一個友善隨和的人，經常能用強而有力且深刻的方式表達自己的觀點。他有著一頭黑色且濃密的的粗硬頭髮。可以說，他給人的感覺是比較沉著而睿智的。他有哮喘病，除此之外，他有時候還會遭受中風疾病的侵擾。這樣的疾病迫使他有時候要坐立著睡覺。如果他平躺著身子在床上睡覺的話，那麼他肯定會受到中風疾病的侵擾。當他醒來的時候，就會感覺自己的頭部正變得越來越大，好像即將要爆炸一樣，這會給他帶來巨大的身體痛苦。此時，他會有著清醒的意識，但卻無法大聲叫喊別人來給予他幫助，或是透過喉嚨發出任何聲音。在這個時候，除非他能夠得到別人的幫助，否則他肯定會死去的。在經歷了一番劇烈的身體顫動之後，一旦別人將他扶起調整到一個坐立的姿勢之後，那麼他就會從剛才的疾病發作中恢復過來。如果他在家裡的時候發病了，那麼別人前來幫助他的機率就會大大降低了，因為就算任何人聽到他發出的聲音，也不大可能認為這是他在疾病發作時的求救聲。對於任何一個普通人來說，這兩

種疾病都會讓一個人感到痛不欲生，但是，他卻始終保持著積極樂觀的心態，嚮往著生活的各種美好。

他是一名衛理公會派教徒，有時候也會在教堂的布道講臺上發表演說。他始終虔誠地相信，自己能夠從神性中得到必然的救贖。上個週日，他說他前去州立監獄裡為那些犯人做了一場布道演說。

談到他的政治傾向，他表示自己在見到任何人的時候，都不會對別人懷有惡意。他說自己沒有憎恨別人的能力，內心有的只是強烈的情感 —— 他經常說的一句話就是「每個人都肯定有一位母親的，而這位母親深愛著他。」他就是一個如此堅韌、頑固但又天性善良的人。

城市的叫賣小販正在用一種老套的方式對前來收稅的審查員說話，進行著各種推託的行為。他們對這些收稅人員說了一大堆話，其中還夾雜著自己的一些看法。接著，這位叫賣小販似乎在腦海裡思索著什麼，看看自己是否有遺漏了什麼重要的事情，他突然想到自己的孩子不見了。「我們失去了一個孩子。」他說。他說出這句話的時候，希望別人能夠憐憫他，從而能夠得到別人的安慰。接著，他告訴自己見到的每個人說，要是人們見到那些走失的孩子，千萬不要將這個孩子留在家裡過夜，而要將這個孩子送到這個辦公室裡。他說：「因為，要是你們將孩子們留在家裡過夜，那麼失去孩子的父母就會心急如焚，這是一件非常殘忍的事情。」他對別人說，自己的肺部已經出現了問題，但他還是要盡一切努力將這個事實說出來。他完全從自身的角度去看待公眾，認為這是他與公眾進行交流的方式 —— 當然，這些都是他自己認為重要的事情，但其他人肯定也有他們認為重要的事情。

一位老人帶著一根三四英尺長的釣竿在長碼頭上釣魚 —— 這根釣竿的魚線剛好能夠進入水面。這位老人穿著打著補丁的衣服，這是一件陳舊的黑色外套 —— 他的表情似乎表明了他根本就不抱希望能夠釣到什麼魚，只是將釣魚當成打發時間的一種消遣活動而已。整體來說，他看上去應該是一個過著貧窮生活，需要別人急切幫忙的人。他整個下午都在釣魚，但是他所釣上來的也只有一兩條比目魚，這些比目魚都在太陽底下烤乾了。有時候，他會手腳利索地將魚線拉上來，結果拉上來的是一條杜父魚。很多男孩會圍在他的

身旁，專心地看著他的一舉一動，然後對他的運氣不佳說出一些憐憫或是不恰當的話語 —— 但是，這位老人對此根本毫不理會，而是依然沉著冷靜地釣魚。過了許久，這位老人收拾好魚餌還有那條被太陽烤乾的比目魚，站了起來 —— 此時，你會認為他可能會要回家了 —— 但是，你錯了，他只是想要到碼頭的另一邊去釣魚罷了。他將魚線拋到一艘船下面，然後仍是像之前那樣靜靜地等待著魚的上鉤。他的臉上始終都沒有什麼表情，始終顯得那麼平靜，似乎整個世界都與他毫無關係一樣。他沒有做其他事情，也沒有表現出多大的喜悅，而只是在長碼頭的一端走到另一端，然後找個位置坐下來，將魚線拋到水面下。他也沒有什麼所謂的釣魚技巧，反而顯得有些笨拙。

碼頭上有很多讓人無法忽視的東西 —— 比如堆積如山的一大堆棉花包，這些都是一艘新奧爾良船隻運送過來的，這些棉花包堆積起來的高度足足有一座房子那麼高。當然，碼頭上也堆放著亞麻籽油的盒子。還有一艘船運送過來的鋼鐵。過磅員站在秤磅前面，認真地記錄著這些東西的重量。站在一艘船的甲板上看著這個碼頭的時候，你可以看到整個碼頭彷彿都被堆滿著許多卡車與手推車，這些運輸工具都是專門用於搬運這些船隻所卸下來的貨物，或是將這些商品運送到城市的各個商店裡。長碼頭裡的各種工作是繁忙的，而且也是非常辛苦的，這代表著生活中一些不是那麼優雅的一面，但這樣的工作卻能夠給每個人帶來日常生活的必需品，比如鹽、醃製魚、油、鐵、糖漿之類等東西。

在長碼頭前方的位置，有一艘破舊的單桅帆船，這艘單桅帆船已經被改造成了一間小商店，專門用於販售木製品，這些木製品都是在欣厄姆地區製造的。這艘單桅帆船就漂浮在水面上，有時候也會停靠在碼頭邊 —— 當另一艘船想要靠過來的時候，就得停在碼頭的中央位置。這艘船在那裡經營商店已經好幾年了。商店的主人在船上生活與睡覺。

相較於其他船隻來說，縱帆船往往會有著諸如貝蒂、莎拉與愛麗絲等名稱 —— 這些可能都是船主人的妻子、女兒或是情人的名字。當然，這些都是他們內部的事情，但是每個人都抱著看戲的態度來看待這些事情。當然，一位商人的高桅船，就顯得比較大氣與氣派，這位商人也對此感到高興。但

是，他就沒有這樣命名自己的船隻，似乎他對這樣的家庭情感不是很重視。現在，貝蒂、莎拉、安等名字在過去似乎是家人的名字，但現在都變成了類似於奶羊的名字了。

長長的平底船在將鹽裝載到船上之後，就會沿著梅里馬克河運到到新罕布夏州的康科德。在這艘船上，有一個身體結實，來自鄉村地區的年輕人第一次見到這樣的港口，顯得非常興奮。但是，他的行為舉止則顯得非常精明與老成。他的另一位朋友已經跟隨著船隻去過每一個港口。他們一邊交談一邊工作。

那艘名為提比略號的雙桅橫帆船是從英國的一個港口來的，船上大約有七十多個的工廠女工，他們是從那邊被運到這裡的工廠工作的。一些女工的臉色顯得比較蒼白，但面容還是清秀的。其他一些女工看上去有點儀容不整。這些船隻裡的人往往是透過碼頭樓梯來上岸的。之後，這些工廠女工就搭乘出租馬車或是大眾運輸工具，前往伍斯特火車站。她們紛紛向帶他們過來的約翰告別。她們不斷地揮舞著手帕，告別了這一段漫長的海洋旅程。

一位有點無禮且粗俗的年輕職員總是戲弄其他人，經常會咒罵著搬運工與那些勞工，當然這些搬運工與勞工也都絲毫不尊重他。我覺得，這個年輕人肯定也是不那麼正派的人。

一艘燒煤船上的一個船員，腰部繫著一條腰帶，在腰帶上的皮革護套裡還放著一把小刀。也許，他是用這把刀來吃飯的，又或許這把刀只是他防身的武器。

一位年輕人的水手用熟練的雙手將錨收好 —— 這是一個很沉重的錨，他的手腕與胸部有海軍徽章的紋身。他穿著一件天藍色的絲質短外套，還佩戴著一個天鵝絨領結，別著一枚胸針。

一位大約七十多歲的老水手，他曾在英國海軍服役過七年時間（因為他出生在英國），在我們國家生活了九年時間。他曾經到達過世界上的每個地方 —— 比方說，我就問過他是否曾經到達過紅海，他說自己在 1803 年的時候，駕駛著一艘單桅帆船，帶著伊頓將軍曾經去過那裡。他的頭髮是棕色

的，但沒有一根白髮。因此，要是別人不知道他的年齡，肯定只會認為他的年齡在五十歲左右而已。他是一個很有風度的人，為人比較安靜，但他的雙眼卻觀察著所有事情，經常會進行思考。可以說，他是一位穿著短袖上衣與水手服裝的哲學家。他給人一種忠於職守的感覺，始終兢兢業業地履行自己的職責，將完成職責視為自己的全部職責。他似乎對世界上正發生的大事不是很感興趣，因為他是一個沒有孩子的鰥夫。但他對很多事情保持著友善的心態，能夠從中立的角度去看待事情。他總是抱著一種平和的心態看待世界各地發生的很多事情，他不會執著於一些事情，也絕對不會讓這些事情影響到自己的心情。他曾說，希望自己能夠死在海上，因為如果那樣的話，別人就不需要為埋葬他而操心了。他是一個懷疑主義者。當我問他是否希望能夠再活一次的時候，他用疑惑與冷漠的方式回答我們。他說，他在他的祖國英國的約克郡待過兩三年，發現他哥哥的孩子都過著非常貧苦的生活，於是他就將六十枚金幣都給了他的侄子們。他說：「我的身邊有太多這樣的貧窮朋友與親人了，而這也讓我始終過著貧窮的生活。」這位老人代表他的船長記錄著阿爾弗雷德・泰勒船上的貨物，勤奮地記錄著一整天的貨物。每當搬運下來六捆貨物的時候，他都會說：「記下來了，先生。」他經常會向那些搬運工、手推車車夫以及那些鏟夫們打招呼 —— 有時候，他也會分給他們一些小玩意兒，有時候會是一把錘子，有時候則是一些鐵釘 —— 有時候，他還會從船上帶來一些糖漿 —— 後來，船長責備他不要將這些東西分給別人。當他在記帳的時候，同時還要與別人進行這樣的交談，這讓他顯得很忙碌。他在船的甲板上靜靜地走來走去，似乎他這個人完全屬於這艘船，而不屬於任何其他地方。接著，他會坐下來，與別人談論著關於天氣的情況，談論著他最近或是之前的一次航海經歷，還有許許多多的有趣事情。我們都躲在主桅杆下面的陰涼處，靜靜地聆聽著他說的故事。

　　索菲亞從米爾頓地區給霍桑寫了以下這封信：

1841 年 5 月 30 日，週六上午

我最親愛的：

寒冷的天氣讓我今天沒有去教堂……從我看到你在布魯克農場那裡，整天與農場那些人生活在一起的時候，我就希望與你組建一個我們的家庭。這是你值得擁有的一個神聖的家，每個人都需要這樣的家。絕大多數人都不喜歡農場那裡的生活方式，但是你那得體的舉止與隨和的性格，讓你可以包容那裡的一切。我可以清楚地知道，你現在過的生活並不是你想要的生活。可以說，當你與那些優秀的朋友在一起的時候，你臉上表現出來的甜美笑容與友善的行為，給我留下了深刻的印象。但是，這是你作為旁觀者或是傾聽者所表現出來的行為，而不是作為他們的朋友所表現的。要是我能夠感受到你身上表現出來的最高級最驕傲的情感，這肯定會其他的美感都黯然失色。

M.L・斯特斯（M. L. Sturgis）在一本日記裡，就記錄了索菲亞在那一天的生活情況：

「今晚，我看了《一個溫和的男孩》一書，我真的非常喜歡這本書。妳是否經常看到霍桑呢？那晚在農場的時候，他沒有說更多的話，這實在是太可惜了。只要想想那晚水面上倒影的美麗月亮以及那些美麗的樹木，就讓人感到無比激動。」

當霍桑與索菲亞訂婚的消息傳播出去後，艾倫・霍伯[009]描述了大家對霍桑的看法：

「你所寫的日記，需要擁有一種擺脫日常生活的心情去寫。我沒有親眼見過霍桑，但我讀過他寫的書。我非常喜歡他對那位朋友（指書籍）表現出來的柏拉圖式的情感。他似乎離我很近，因為他不僅是一個夢想家，而且還是一個務實之人，他會醒過來，向那些大家都不關心的人表達自己的問候。我很高興得知他現在的健康狀況良好，因為我真的非常欣賞他的才華。可以說，他是這個世界上唯一一個不能被稱為傻瓜的人！」

---

009 艾倫・霍伯（Ellen Sturgis Hooper, 1812-1848），美國女詩人，美國「新英格蘭超驗主義運動俱樂部」成員。

索菲亞在創作詩歌方面的才能，讓她給自己未來的丈夫寫下了這首詩歌：

上帝給予一個人最大的恩惠，
就是讓他慢慢地等待心靈的釋放，
讓他祈禱自己能夠實現更高的自我控制，
以優雅的方式讓所有的雜音都變得和諧。
沒有誰比他描繪的世界更加美好
他的情感慢慢地感染著每一個讀者。
天國般純粹的情感彷彿從他身上流淌而過。
我的朋友，你已經進入了最高的思想，
感受到了永恆法則的核心內容。
你那充滿韻律的直覺散發出光芒，
彷彿帕特莫斯島上的約翰所領略的一切。
我懷著謙卑之心，
希望能夠得到你的認可。

索菲亞在塞勒姆的時候給伊麗沙白寫了一封信，講述自己的夏日遠足旅行已經結束了。

「自從我回到家到現在，就從來沒有拿起過畫筆。我現在仍能毫髮無傷地站在母親面前，這讓我感到無比感恩。在我的一生中，母親始終是那個最關愛我的人，始終那麼友善地對待我。對我來說，母親所做的很多枯燥的事情，或是可以被稱為勞累的事情，對我來說都是非常具有美感的。我發現，沒有比我們的愛意無法表達出永恆的美感，更加讓我們感到可惜的了。」

 第二章　訂婚的歲月

第三章　婚後的早期生活

霍桑與索菲亞的婚姻得到了所有人的祝福。寫給加勒・福特女士與索菲亞的母親的信件，描述了霍桑夫婦在康科德老教區的生活情況。烏娜[010]的出生。愛默生、梭羅與霍桑在老教區附近結冰的河流上滑冰，表現出了不同的品格。麻塞諸塞州冬天的活力與壯觀的景色是非常美麗的。霍桑開始在晚上為妻子閱讀經典書籍，並且一直持續下去。外面的朋友經常會前來拜訪。拜訪在波士頓與塞勒姆地區的親戚朋友。瑪麗・皮博迪成為了賀拉斯・曼的妻子。索菲亞描述了烏娜對塞勒姆與波士頓地區的一眾朋友的友好印象。返回老教區居住，這重新喚起了他們享受自然與平和生活的樂趣。

在索菲亞與霍桑於 1842 年 7 月 9 日結婚之前，索菲亞在老教區的房子裡給當時居住在塞勒姆地區的加勒・福特寫了下面這封信：

7 月 5 日

我親愛的瑪麗：

妳之前說，當我回到自己的家之後，妳就再也收不到我的來信了，這實在是大大地誤解我了。我要告訴那些對我來說很重要的人，我依然深愛著他們。今天，我感覺自己就像一隻要騰飛的鳳凰！

霍桑已經過來這裡了，他看上去就像帶來了天啟的天使，他是那麼的充滿力量與柔和。這一切的事情彷彿讓我感覺到自己實現了只有詩人才能實現的夢想。只要想像，當我可以讓他欣賞我所創作的畫作以及我的雕刻工具的情景吧！這就讓我感到無比幸福。霍桑是一位那麼公正且嚴格的評論家。可以說，他是我見到過最為真誠與優秀的評論家！康科德地區的另一位「天使」就是伊麗莎白・霍爾，她是最為合適的人選了，因為牧師本來的意思就是上帝的天使。她對每一個細節都充滿了濃厚的興趣……

永遠忠誠於妳的

索菲亞

下面這段記錄是索菲亞的一些朋友們所寫的，真實地記錄著他們的婚姻所帶來的幸福：

010　烏娜（Una Hawthorne, 1844-1877），霍桑夫婦的第一個孩子，大女兒。

親愛的索菲亞：

　　妳知道的，我這個人並不習慣告訴別人我對於他們的感受，但我內心強烈的情感迫使我不得不要告訴妳我對妳們婚姻的感受。妳與霍桑先生的婚姻結合，可以說是這個世界上最充滿美感的事情了，這是我們每個人都希望看到的，也是我一直以來希望看到的。雖然我沒有親眼看到過妳的丈夫，但我非常關心他的一舉一動。他肯定是一個舉止得體，充滿著虔誠精神的人，彷彿他在自己家裡表現出來的克制精神一樣。也許，妳現在正沉浸於新婚所帶來的快樂當中，而忽視了我這位朋友所送來的祝福。也許，我們以後見面的次數會越來越少，因為我們之前見面的次數就不多。但是，我始終都關注著妳們的幸福！

　　永遠忠誠於妳的

E.S. 霍普（E. S. Hooper）

　　霍桑夫人（也就是前文的索菲亞）在老教區房子居住時所寫的信件與日記，向我們描繪出了一幅美好的生活情境：

康科德，1842 年 12 月 18 日
我親愛的瑪麗（指的是塞勒姆地區的加勒·福特女士）：

　　在我回到家，回到我們美好的「天堂」之前，我希望能夠再次見到妳。我想要簡明扼要地跟妳說說我現在的快樂生活。在我們回來這裡之後，我親愛的丈夫就認真地投入到寫作當中，我也獲得了難得的休閒時間。因為在我們聚在一起吃晚餐之前，我都無法見到他。在這段時間裡，我必須要認真地縫紉衣服，因為我在整個夏天到深秋時節，都沒有碰過繡針，也沒有拿起過畫筆在畫布上進行過任何繪畫。在這段時間裡，沒有任何人打擾我們，只有伊麗莎白·霍爾[011]女士偶爾會前來拜訪我們。除了伊麗莎白·霍爾女士之外，愛默生先生偶爾也會過來看望我們。可以說，我們都非常希望他們能夠經常過來看望我們，因為與他們的交流是非常愉悅且富有價值的。愛默生先生所

011　伊莉莎白·霍爾（Elizabeth Sherman Hoar, 1814-1878），美國超驗主義運動雜誌《刻度盤》的編輯，著名政治家塞繆爾·霍爾之女，查爾斯·愛默生的未婚妻。

說的話，給人一種非常舒適自然的感覺，彷彿日落那樣隨和，或是像百靈鳥發出的優美歌聲一樣。

　　一天晚上，也就是我們回到老教區房子的兩天之後，喬治‧希拉德[012] 與亨利‧克利夫蘭過來坐了十五分鐘左右。他們是在前往尼加拉大瀑布的旅途中順便過來的。當他們看到這附近的美麗花朵與古色古香的教區老房子的時候，都感到非常羨慕。他們非常喜歡我們掛在牆壁上的那些聖母像，還參觀了霍桑的書房，沿著外面那條寬闊的道路走了一圈。我們完全不介意他們過來參觀，因為他們沒多久就要離開了。我們始終都表現的非常熱情好客。我們沿著那一條波光閃閃、靜靜流淌的河邊散步，四周都顯得非常安靜與孤獨，整個世界似乎只有我們這幾個人是具有生命的。我們坐在參天樹木的陰影下面，感覺我們是那座古老的大修道院的合法繼承者，因為這座修道院的歷史已經非常悠久了，一代一代地傳承到了我們手上。樹梢在微風的吹拂下，不斷地晃動著，似乎在歡迎我們，成千上萬的葉子發出沙沙聲，彷彿我們的頭頂上就有一條潺潺流動的小溪。但是，自然界的美麗與芳香對我們來說仍是次要的，雖然我們都非常喜歡這些自然景色。但在我丈夫的臉上以及雙眼中，我能夠看到一個更加美好的世界，在這樣一個世界裡，任何其他的世界似乎都只是一個不完整的複製品而已。在這種幸福、平和與休閒的生活的影響下，我沒有向大家繼續描述霍桑的短篇小說《莉莉的追求》中的女主人公「莉莉婭‧費伊」。我們一起漫步到樹林深處。女僕莎拉是一位有品味的人，因此我們有了一位好的同伴。當我們跑到大路上的時候，或是我伴著音樂盒發出的聲音跳舞的時候，莎拉都會說，看到我們兩個人像孩子般快樂，這也讓她感到非常快樂。

　　12 月 30 日。我親愛的瑪麗，從我上次給你寫信到現在，已經過去兩週時間了。我真的認為我會在今天完成這封信，但我真的不敢百分百地肯定。我那位在樓上的「魔術師」依然還在認真地從事著寫作的工作。在下午與晚上的時候，我會與他一起待在書房裡。可以說，這間書房是我們整個家最美好

---

012 喬治‧希拉德（George Stillman Hillard, 1808-1879），美國律師、作家、編輯。

的地方了。我們會一起欣賞著金黃色的夕陽慢慢地沉入西邊的山丘，欣賞著河流在整個過程中所發生的景色變化。最近，我們一起來到了那一條現在已經冰封起來的河流。我的丈夫在河面上滑冰，我認為他滑冰的技術非常好，他會以輕盈的身姿在冰面上滑來滑去。他裹著一件外套，看上去非常的優雅。他會繞著一個圈子來到我跟前，然後又繞到另一個地方，他滑冰的速度很快。我們果園裡的草地就像一片小小的冰封海洋，我們經常在這片冰封的海洋上玩著一些遊戲。有時候，我們會在陽光漸漸消失的時候，在冰面上玩著一些體育遊戲，飄落的雪花散發出乳白色的光澤，天空中彷彿就漂浮著寶石一樣。在太陽完全消失之後，這才是欣賞美好景色的最佳時候。我們呼吸的空氣是那麼的清新，這裡的氧氣是那麼的充足！在很多時候，也會有其他的滑雪者——其中就有不少年輕人與男孩——他們與我的丈夫一樣，在自然面前，都沒有了往日的羞澀，就像國王那樣來去自如地滑動。一天下午，愛默生、梭羅與霍桑一起來到了結冰的河面上。亨利·梭羅是一位經驗豐富的滑冰者，他甚至能夠在冰面上跳舞，還能做出一些跳躍動作。他的滑冰能力是毋庸置疑的，但我卻認為他的一些動作還不是很熟練。霍桑跟在梭羅後面，他穿著一件外套，就像那些動作笨拙的古希臘雕像，顯得有點嚴肅。最後是愛默生。顯然，愛默生看上去有點疲憊了，因為他甚至無法在冰面上挺直身子，差點就摔在冰面上。最後，愛默生來到一旁休息，他對我說，霍桑就像一頭老虎、黑熊或是獅子——簡而言之，他認為霍桑是一位類似於希臘神話中的森林之神薩堤爾，看上去永遠都不會感到疲倦，要是換成其他人，肯定會累個半死的。接著，愛默生臉上露出了讓人印象深刻的微笑說：「霍桑是一位真正意義上的紳士，他能夠優雅地面對一切事情。」

在第一場暴風雪之後，當積雪還不是很深的時候，我們一起步行到樹林。冬天的樹林非常美麗，我們在沉睡谷裡找到一個雪梯，馬上就變成像孩子一樣。我們還是像往常那樣玩的非常開心，這樣的快樂時光實在太美好了！有時候，在吃早餐之前，霍桑會在結冰的草地上滑冰。昨天，在他外出之前，他說天氣不是很好，有點陰沉，他認為可能會下暴風雪。但在半個小時之後，奇蹟出現了。天空上的烏雲完全散去了，出現了燦爛的太陽。在太

陽還沒有從山丘上升起來的時候，整個天空彷彿變成了一朵龐大的玫瑰花。無論從東西南北哪個方向來看，每一個方向都像慢慢成熟的玫瑰花。我馬上跑到書房，冰封的草地也彷彿變成了一朵玫瑰花，倒映著天上紅彤彤的太陽。我的丈夫見到這樣的景象之後，馬上就衝出房子外面，欣賞這樣的美妙景色。這樣的畫面讓我們感覺自己彷彿置身於天堂。

在晚上的時候，我們聚在一起，欣賞著漫天的星星。因為我們的頭頂上有這些懸掛著的星星發出的星光，這些星光壟罩在月亮上，彷彿一疊放著暗黃色的白紙。霍桑坐在壁爐旁，認真地閱讀著有趣的書籍，客廳還擺放著好看的銅製花瓶，花瓶裡放著一些蕨類植物。除了愛默生先生有一次過來拜訪之外，沒有其他人會在晚上前來打擾我們的。接著，霍桑會讀書給我聽。現在，我們只閱讀那些過去的英國作家所寫的作品。我們發現，這些英國作家所創作的作品，為我們當代作家的創作提供了許多靈感與素材。可以說，過去那些作家都是非常具有思想的，而不是在一本書裡只表達一種思想而已。莎士比亞的偉大是毋庸置疑的，史賓賽的作品則充滿著音樂的韻律。只有當米爾頓到了天國之後，我們才敢說不喜歡米爾頓的作品。我們認為米爾頓所描述的天堂肯定與上帝的天堂存在著一定的區別。可以說，霍桑的智慧與才華有著一種洞察一切的清晰眼光。現在，我才慢慢了解他的這種能力。我之前只是看到他的表面而已，現在我能夠像撥開穀物的殼那樣，看到裡面的精華了。當他給我閱讀書籍內容的時候，他會做出最為深刻的評論。他的聲音是那麼的洪亮，在我的耳朵聽來就像美妙的音樂！即使是在他閱讀一些悲傷的內容時，但透過他的聲音，還是讓我感覺到這是最高尚的思想。在霍桑閱讀自己的作品時，妳就能明白霍桑到底是一個怎樣的人！但是，真實的霍桑是無法從他的作品中完全了解的，因為作品裡只能描繪出他的影子而已。他的真實一面並沒有完全展現在他的作品裡。

始終忠於妳的朋友

索菲亞·霍桑

附注：霍桑也希望將他的問候傳達給妳的丈夫。

康科德，1843 年 4 月 6 日

我最親愛的瑪麗：

昨晚，我收到了妳在 4 月 2 日寄來的信件。可以說，妳的來信觸動到了我內心最為柔軟的部分，讓我的內心深感共鳴。親愛的瑪麗，妳簡直是世界上最了解我的人。妳這種感知別人心靈與理解別人的能力，簡直就是上天賜給妳的。妳有著多麼純潔的靈魂啊！要是按照史威登堡 [013] 所說的，妳簡直就是一顆美麗的星星。我從來不懷疑妳就是從天國慢慢沿著階梯來到塵世的，就像雅各當年也是沿著梯子慢慢下來的。妳能夠像那些夢境裡的天使那樣，可以進入天國，也可以下凡到俗世。

親愛的瑪麗，請妳想像一下我的丈夫在現實生活中的情況吧！因為他的為人在很多時候都被他的作品所掩蓋了。可以說，我的丈夫就像一口不斷冒出清泉的泉水，有著孩童般純真的情感，他的情感是非常熱烈的，就像太陽鍛造出來的寶劍，能夠穿透一切，能夠看清人世間的百態。他在對待任何事情時，都會放下成見或是黨派的狹隘利益，就像小鳥那樣自由自在。因此，他擁有著更為宏大的智慧，他就像上帝所創造出來的狂風與陽光那樣不偏不倚與公正。他的嬉戲玩耍就像米爾頓所描述的「天國裡那些純真的年輕人」一樣。但我不需要刻意地描述他所擁有的智慧，我也無意專門去探尋他的智慧。當我冷靜下來思考的時候，我會認為他的智慧代表著某種最基本的力量，這是一種始終在創造的能力，雖然我們無法說清楚這一切的創造是從什麼時候開始的。他有著真誠、坦率且優雅的舉止。關於他這方面的優點，我無法一一跟妳說清楚。他的寬宏大量、力量以及柔和的性情能夠自如地轉換，這始終讓我感到心醉。可以說，他是一個具有非凡人格魅力的人，一個有著堅韌意志與不屈不撓精神的人。

我們非常愉悅地度過了這個冬天，經常會相互閱讀書籍給對方聽，最近我們在學習德語。我對德語只有一點點的了解，剛好能讓我了解基本的大意，表達的時候還有時會顯得很不恰當。不過，我在德語發音方面比較好。

---

013 伊曼紐・史威登堡（Emanuel Swedenborg, 1688-1772），瑞典科學家、哲學家和神學家。代表作：《天堂與地獄》、《真實的基督教》等。

但是，我的丈夫始終耐心地幫助著我，幫我走出語言障礙的迷宮。因此，我們以最為有趣的方式相互學習，我將這稱為通往知識的康莊大道，對他說這條康莊大道終於被我們所發現了。整個早上，霍桑都在書房裡進行寫作。妳最近有沒有看到《民主評論》雜誌上的文章呢？在 3 月刊的那本雜誌上，就刊登有霍桑所寫的《人生的進步》一文。喬納森・菲力浦斯告訴伊麗莎白說，他認為這是一篇非常優秀的文章。從他閱讀了這篇文章之後，就開始收集我丈夫之前所寫的文章來閱讀了。霍桑在 4 月的《民主評論》雜誌上發表了《天上的鐵路》一文，這篇文章是非常獨特的，裡面包含著深邃的思想。能夠親耳聽到他用真實的情感朗誦自己的手稿，這實在是我的一大幸運。

整個冬天，伊麗莎白・霍爾女士只過來與我們喝過一次茶，我也很少見到她本人。妳也知道的，在冬天的鄉村地區，道路是非常崎嶇難行的，只有那些穿著高筒靴的人才能應付這樣的路況。要是某人在走路的時候一不小心，就可能會一腳陷入了「天國的世界」，而另一腳則踩在了「月亮」之上。因此，在很多時候，我的活動範圍也僅僅局限在大路上，我那位童心未眠的丈夫會為我打掃積雪，讓我可以走在一條平坦的道路上。這段時間，梭羅經常過來做客，他是一個非常有趣的人。從一月分開始，愛默生先生已經前去南方了。因此，我們已經將近三個月都沒有見到他了。

除此之外，我最近一直饒有興趣地教導我那位愛爾蘭天使閱讀與寫字。她的進步也回報了我的努力。她是那麼的可愛與溫柔，能夠在家裡見到她那張可愛的笑臉，這是讓我感到非常開心的事情。

霍桑對我說，我必須要告訴妳，若是他能夠在天國裡見到妳的話，他肯定會感到非常開心的。但他希望妳能夠在夏天的時候過來與我們共度一週。他說，這是妳了解他的最好方式了。

在給當時居住在波士頓地區的皮博迪夫人的一封信裡，索菲亞這樣寫道：

5 月

我親愛的母親：

　　我發現，除非我能夠給妳送去一大束子柱花，否則我的內心是無法得到滿足的。於是，我拿出了我的糕餅盒子，將子柱花塞在裡面。霍桑與我在晚餐之後常常都忙著在河岸邊採摘這些花朵，這裡距離過去獨立戰爭的地點只有兩塊地的距離。現在，當我回想起這件事的時候，才發現這原來也是莉茲最喜歡的野花。每當我想到妳們倆現在每天只能待在書房裡，就讓我的內心感到很不好受。不過，因為伊麗莎白喜歡在鄉村地區生活，這裡的男女對她來說就像野花，但我不知道那些真正的野花是否會在山丘或是斜坡上長出來。但是，妳所居住的地方就有一個花園，那裡的花朵在妳照料下肯定會開放的非常美麗。今天，我們收到了路易莎·霍桑寄來的一封信，她在信裡說那隻名叫巴里西占卜（Beelzebub）的貓已經死了。我們準備讓這隻貓的表親皮格溫（Pigwiggin）來為牠哀悼（霍桑與他的家人一樣，都是非常喜歡貓的，那隻死去的貓的名字就是霍桑取的。）

　　在寫給福特女士的一封信裡，霍桑夫人這樣寫道：

8 月 11 日

親愛的瑪麗：

　　在我前去拜訪希拉德一家人期間，妳的長信寄過來了。我擔心妳現在抱恙的身體，但妳始終都沒有忘記我，我始終深信著妳對我的愛意是不會因為疾病而受到半點影響的。

　　任何流行性感冒或是傳染性疾病都沒有入侵到我們這間古老的房子裡，雖然這些疾病經常會在康科德的村莊裡蔓延開來。我認為，這是天使揮舞著她那雙充滿治癒力的翅膀，攪動著貝塞斯達的湖水，讓我們周邊的空氣都變得純潔起來。我們的這個夏天過的非常開心。最初前來拜訪我們的是我的父親，他在這裡停留了一週時間。他做事情喜歡講究秩序，喜歡在室外工作，他將覆蓋著苔蘚的木板都拿到房子外面，然後發揮自己在機械方面的天賦去進行創作。除此之外，父親還準備了一些黏土，我可以用這些黏土來製作成人或是一些英雄人物。於是，我開始製作霍桑的半身雕像。接著就是安娜·

肖 [014] 女士前來拜訪。她沒有紮著一頭金髮，而是讓這些頭髮在她的脖子與臉龐上拂動，看上去就像戴安娜女神，或是像奧羅拉。一切事情都發生的剛剛好。在她到來的那一天，愛默生也前來我家一起吃晚餐。愛默生所散發出來的影響力與容光煥發的安娜相得益彰。愛默生對安娜美麗的頭髮讚不絕口，他說出了安娜頭髮的幾大美麗之處。在愛默生離開之後，天氣變得溫暖起來，於是我們走到樹蔭下的草地上。安娜伸展四肢，睡在草地上，將手臂靠在一個板球上。在太陽下山的時候，我們來到了河岸邊的階梯上，然後一起漫步到沉睡谷。之後，我們再次回到草地，此時星星已經在我們的頭頂上閃耀著明亮的星光了。此時，安娜再次躺在草地上，用手指著天上最閃亮的星座。現在，我們真的每天都期望著路易莎・霍桑的到來。除了我們的朋友過來拜訪所占用的三週時間之外，在其他時候我們都沒有什麼訪客。7 月 9 日是我們的結婚紀念日，這一天的天氣非常好。在晚上的時候，天上的月亮發出皎潔的月光，奧爾斯頓先生就是在這天晚上去世的。連自然都以這樣美好的景色來向奧爾斯頓先生告別。

最近，霍桑沒怎麼寫作，而是將大部分時間都用於打理花園上了。妳應該可以想像得到，霍桑種植的蔬菜是非常可口的。親愛的瑪麗，我可以坦白地說，我從未吃到過如此可口的蔬菜。試想一下，當阿波羅要去牧羊或是耕種土地的時候，那麼我們完全有理由相信這樣的食物是無比可口的。我則會培育花朵，這些花朵也非常漂亮。我們經常會乘船在河流上遊覽，有時候還會採摘一些睡蓮，最近我們會採摘紅花半邊蓮，這些花朵的邊緣有著深紅色的斗篷。

我最近剛剛讀完了蘭克 [015] 所著的《教皇史》一書。我也是偶然間讀到這本講述關於教會歷史的書。我跟丈夫說，希望他能夠從書房裡找到一本關於這方面的書籍，最後，霍桑為我找到了一本名為《改革家路德》的書。於是，我就接著閱讀這本書了。我從神學圖書館裡借來了幾本書閱讀。在閱讀的時候，我一直對那些所謂的偉大神學家的著作裡透露出來的狹隘宗教思想

---

014 安娜・肖（Anna Howard Shaw, 1847-1919），美國婦女選舉權運動領袖、著名醫生。

015 蘭克（Leopold von Ranke, 1795-1886），德國歷史學家，也是西方近代史學的重要奠基者之一，被譽為「近代史學之父」。他主張研究歷史必須基於客觀地搜集研讀檔案資料之後，再如實地呈現歷史的原貌。代表作：《教皇史》、《奧圖曼與西班牙王國史》等。

感到反感。最後，我還是選擇專門閱讀蘭克的著作。蘭克的著作顯得思想更加全面與豐富，讓我對整個歐洲大陸的宗教歷史有一個比較全面客觀的認知。

當蘇珊·希拉德在這裡的時候，伊麗莎白·霍爾也過來了，她還是像玫瑰那樣美麗，雖然比起之前瘦了一些。埃勒里·錢寧[016]與伊麗莎白都住在這條道路上的一座小村莊裡，他們擁有一畝地，埃勒里經常在那裡辛勤的工作。E負責管理一所招收了幾名學生的學校。他們都過著快樂的生活，埃勒里是一個非常有魅力的人，也是一個非常隨和的人。

10 月 15 日

親愛的瑪麗：

昨天，我收到了妳為皮博迪夫人所作的《安魂曲》（這與霍桑女士沒有什麼關係，而與慈善家喬治·皮博迪有關係）。之後，我就想著要馬上給妳回信了。我們談論了天國的情況以及塵世的陰影，但誰也沒有太過當真。大家都認為，如果我們都篤信的仁慈天父突然間變成了一種黑暗力量，散發出一種陰鬱的力量，那麼我們馬上就要面臨死神了，讓我們的靈魂在另一個層次裡獲得解脫了。在此時此刻，當耶穌基督的精神存在於泥土的時候，這能夠讓每個人都能夠感受到小天使與神性的存在。只有上帝知道我是否懷著最為虔誠的心去信奉他。相比於我現在所過的生活，天國的生活可能都會顯得黯淡失色。我無法想像出要脫離當前的生活，而讓自己的靈魂盲目地相信另一個世界的存在。我感覺自己此時此刻就身在天國的世界裡。哦！我對此沒有絲毫的懷疑，因為如果我能夠有絲毫的懷疑，那麼陰影就會蒙蔽我的雙眼。

我現在的健康狀況非常良好。在早餐之後，我連續作畫了兩三個小時。現在，我正在抄寫愛默生所寫的那一篇《恩底彌翁[017]》的作品。在晚餐後，我與霍桑一直散步到下午五點鐘。

下面這封信就談到了索菲亞的姐姐瑪麗，此時的瑪麗已經成為了賀拉斯·

---

016 埃勒里·錢寧（William Ellery Channing, 1818-1901），美國著名詩人、作家、牧師、宗教思想家、社會改革者。

017 恩底彌翁（英語：Endymion），古希臘神話人物之一。常年於小亞細亞塔莫斯山中牧羊和狩獵。其事蹟見於古典作家之著述。由於與月神相戀而受到宙斯懲處。使他永遠處於沉睡狀態。

曼 [018] 的妻子了。

親愛的瑪麗：

　　我不知道妳是否感覺到，我對妳這位親愛的姐姐從小到大所給予的特別愛意。看到妳現在如此幸福，我也感到非常開心。我對妳的愛意始終是那麼的熱烈與深沉。妳的無私與大度、妳那默默的奉獻精神，還有妳追求真理與仁慈的心靈，都對我造成了深遠的影響！當我看到妳因為年復一年地辛勤勞作，而變得越來越消瘦的時候，我就感覺內心彷彿被刺刀穿過了一樣。但是，妳那顆勇敢的心靈卻從未說出一句抱怨的話。但是，我對妳的敬意卻是那麼的強烈。我看到了妳失去了往日輕盈的步伐，變得越來越嚴肅與悲傷，但我卻不知道該怎麼做才能讓妳恢復往日的精神！直到最後，我才發現妳一直以來獨自背負著多大的壓力。當我得知妳訂婚的消息之後，我感覺自己身上的「翅膀」都要張開了，讓我的整個身體都變得輕盈起來。

　　賀拉斯·曼夫人前去歐洲進行新婚度假之後，回到了家。霍桑夫人給她寫了下面這封信：

11 月 7 日
親愛的瑪麗：

　　昨天中午，我親愛的丈夫去了村子裡回來沒多久，我就收到了妳即將要回到家的消息了。那艘蒸汽船即將要載著妳回來了！請妳想像一下我當時的興奮之情吧，我簡直無法用言語去表達。我敢肯定，妳一定會過來看我的。愛默生先生特別委託我，邀我那位親愛的姐夫賀拉斯·曼前去康科德的演講廳發表演說。愛默生說，霍爾先生告訴他，他從未聽過比賀拉斯·曼先生那樣的演說更加震撼人心的了。他說：「因此，每個人都希望賀拉斯·曼能夠來發表演說。」請妳事先告訴我，妳的丈夫有沒有特別喜歡吃的食物，如果有的話，我可以特意為他準備一些。可以說，我現在忙著去做各種事情的忙碌

---

018 賀拉斯·曼（Horace Mann, 1796-1859），美國教育家、政治家、教育改革者，被譽為「美國公立學校之父」。

程度，可能只有押沙龍[019]忙著躲避他的追捕者的程度可以相比。

　　永遠愛著妳的

索菲亞

　　在此期間，索菲亞寫給母親的信件就一直沒有停過：

11 月 9 日

我最親愛的母親：

　　印第安人這片土地的夏天真是非常美麗啊！這裡清新的空氣與安靜的氣氛都讓我感到心曠神怡。今天早上，我們起床的時候，就看到了乳白色的日出，天空上掛著的星星在慢慢升起的太陽光輝下，變得漸漸慘白起來。當然，變得越來越慘白的，還有天上掛著的那一輪圓月。我們在五六點鐘起床的時候，整個天空彷彿都變成了一片接近純白的銀黃色，天空的一切事物彷彿都在這樣清澈且充滿芳香的空氣中漂浮著。我是一個習慣早起的人，因此當太陽升起來的時候，我已經做了許多事了。

　　我希望妳能夠過來看看，我丈夫的書房現在是多麼的美好啊！今年冬天，當我們放棄在客廳裡待著的時候，我在丈夫的書房裡掛著兩幅畫，其中一幅是描繪《科莫湖》的畫，一幅是描繪《洛蒙湖》的畫。這兩幅畫都是我專門為丈夫所描繪的。書房的中央擺放著一張桌子，桌子上面擺放著一盞用深紅色布料覆蓋的燈。有一天，那張具有一定歷史的桌子在我丈夫有力的手臂壓迫下，終於破碎了。不過，霍桑修好了這張桌子。在牆壁的一邊還掛著《克瑞斯》（穀物女神）的畫像，在畫像的對面就是瑪格麗特·富勒女士送來的銅製花瓶。下午，當太陽的光線照射在書房的時候，我們可以清晰地看清楚這些畫的每個細節，那樣的感覺實在太美好了。晚上，當天上的星星與月亮取代了太陽的時候，柔和的月光與星光會灑進我們的書房，讓我們彷彿感受到了基督教世界最為美好的東西。在一張雕刻著花紋的古老椅子上（據說，這張椅子是當年跟隨五月花號一起漂洋過海來到這片大陸的，之後一直

---

019 押沙龍（英語：Absalom），《聖經》中是大衛王的第三個兒子，以色列國王，他被認為是全國最英俊的人。他的外孫女瑪迦是猶大王羅波安的妻子，以色列太皇太后。

由霍桑家族所有）。每當我抬起頭，就可以看到天上的兩顆星星就在我的眼皮底下，它們散發出來的光芒，讓我產生了一種愛意與憐憫之心。在這種充滿著智慧盛宴的環境下，誰能夠想像出更加幸福快樂的生活呢？這種柔和與持久的幸福感覺，那位無所畏懼的詩人所表現出來的堅持與努力，必然會將生活中一切的疲憊與倦意都一掃而光。這樣的念頭讓我們感受到了一種全新的美好，讓我們感受到了內心的純潔與純粹。像我丈夫這樣的人，擁有著神聖的使命與高尚的情操，必然會讓我們感覺每天都似乎生活在天國的世界裡。可以說，我的思想距離丈夫的思想深度還有一大段的距離。

　　12月。不管其他人過著怎麼樣的生活或是有著怎麼樣的活動，我根本不在乎。在我們這間溫馨的小屋裡，我每天都可以穿上天鵝絨長袍，在頭髮上佩戴著珍珠，能夠得到我丈夫的欣賞與讚美，這一切已足矣。可以說，這就是一個真正的妻子的世界。晚餐後，我的丈夫前去雅典娜圖書館。當他回來的時候，他會坐在客廳裡，閱讀霍勒斯·沃波爾[020]所寫的一些文章。之後，他還會前去木柴房劈柴。此時，我透過窗子，看到喬治·布拉德福德[021]正走在大街上。他是前來一起喝茶的。布拉德福德有著美好的品格，這讓他始終都深深吸引著我們。正如我丈夫所說的，我們可以透過布拉德福德本人去觀察自然的世界，而且這樣的觀察不會產生任何的折射或是得到錯誤的效果。今天早上，我感覺到水是非常冰涼的，而不像往常的那樣寒冷，我知道那些小頑童肯定從井裡偷去了一些水。女僕從愛默生夫人那裡拿來了一本名叫《巴黎的神祕故事》書籍，我花了整個晚上都在閱讀這本書。我已經見到過了埃勒里·錢寧夫人，她是一個非常美麗的人。她的一條小狗名叫羅密歐。我從埃勒里女士那裡借來了一本講述神聖女性的書籍。在《民主評論》雜誌上，有我丈夫所寫的一篇名為《祭壇之火的崇拜》的文章。我真的迫不及待地想要閱讀刊登在這份雜誌上的這篇文章。我丈夫的才華就像火焰那樣顯得那麼的微妙與妙不可言。今天早上，當我起床的時候，再次看到了月亮掛在

---

020 霍勒斯·沃波爾（Horace Walpole, 1717-1797），英國藝術史學家、文學家、輝格黨政治家。他以倫敦西南部特威克納姆草莓山莊（Strawberry Hill House）這棟建築作為背景，創作了著名的哥特小說《奧特蘭托堡》。

021 喬治·布拉德福德（George Bradford, 1845-1887），美國土木工程師、攝影師、自然史學家。

天邊，隱約地發出一些亮光。接著，我繼續做著縫紉衣服的工作，直到瑪麗給我帶來了一些純淨的水。直到太陽完全出來之後，月亮才最終消失不見了。今天，我穿著棉衣、帶著暖手筒並披著披肩前去畫廊。在喝完茶之後，我丈夫閱讀了瓊斯·韋里關於莎士比亞劇作《哈姆雷特》的評論。今天早上的天氣非常好，陽光灑在一片白色的土地上，就像紅寶石發出的光芒照在珍珠上面。我丈夫非常喜歡與欣賞這樣的自然美感。可以說，我丈夫很少會對天氣、事情或是一些人感到完全滿意的。每當我看到丈夫流露出快樂的表情時，我也必然會感到非常高興。可以說，任何不完美的事情都不會讓他的內心感到滿意。在他看來，六翼天使怎麼可能是不完美的呢？在早餐後，因為外面的道路還有一些積雪，因此我沒有外出散步，而是決定認真履行一名家庭主婦所應該履行的責任。我丈夫在外面用鐵鏟將一些積雪鏟走（他將一大堆雪都鏟走，這其實也考驗著他的力量）。接著他又要到木柴房裡鋸木與劈柴，接著，就為我從水井裡打上來一些水。可以說，對於我丈夫這位「六翼天使」來說，讓他做這樣笨重的粗活，就像一隻迷途的羔羊一樣。我一直繪畫到了下午一點鐘。此時，天邊的陽光由紫色慢慢變成了金黃色。今天，在吃完晚餐之後，霍桑前去村子裡走了一圈，回來的時候帶來了《塞勒姆公報》這份報紙。在這份報紙上，一些人竟然厚顏無恥地將我丈夫說成是「柔和的納撒尼爾·霍桑」。我簡直無法想像到底是誰竟然如此厚顏無恥對我的丈夫進行如此評價。毋庸置疑，我的丈夫霍桑的確是一個柔和之人，但柔和一詞所具有的狹隘意思並不能全面地代表我的丈夫。因此，這樣的描述很容易給讀者們留下一個錯誤的印象。與往常一樣，在太陽下山之後，霍桑去戶外活動身體，直到天完全黑之後才回來。接著，當我在縫紉衣服的時候，他閱讀了《暴風雨》的部分內容。在晚上的時候，霍桑跟我說起了他小時候在緬因州拉姆福德地區的童年生活。他還讓我喝了一些布里奇先生帶來的名酒。今天，我丈夫閱讀了《維洛那二紳士》的部分內容。不過，我不是很喜歡這本書的內容。我猜想，當莎士比亞在創作這個劇作的時候，內心肯定也會產生一種詭異奇怪的心情。不過，莎士比亞創作這個劇作的本意也有可能只是覺得有趣而已。我寫信給佛倫女士了，告訴她我的丈夫準備創作《孩子的朋

友》的故事。這個故事是講述蘭克先生的人生，並且還提到了他創立主日學校的故事。可以說，只要我的丈夫認真去寫一些故事，那麼他就能化腐朽為神奇，讓這個故事深入到讀者的智慧與精神領域當中。我一直在客廳裡為丈夫縫製寬鬆的上衣，直到黃昏。今天，女僕不在這裡，我們可以充分地享受二人世界。霍桑幫我在壁爐裡生好了火。我則在廚房裡熱了一下米飯，然後滿心愉悅地吃著丈夫做的麵包。霍桑大聲閱讀了《愛的徒勞》[022] 這本書的內容，然後說這齣戲劇在自然界裡根本沒有任何可以支撐的基礎。今天只是偶爾出現了一會兒太陽，但很快就被烏雲遮擋住了。霍桑煮了一些馬鈴薯來當早餐。請妳想像一下，霍桑低著頭在廚房的爐火邊忙著，而他的雙眼始終都要盯著那個爐子的情景吧！不過，霍桑煮的馬鈴薯可以說是我吃過最好吃的馬鈴薯了。在晚餐的時候，我們沒有再加熱過早上做好的馬鈴薯，但這些馬鈴薯還是可以吃的。除了馬鈴薯之外，我們還吃了一些肉、乳酪與蘋果。今天是聖誕節，我認為這一天是一年當中最為神聖與充滿美好祝福的一天。當太陽從東邊升起來的時候，東邊的天空似乎冒出了一大團黑色的烏雲團，這讓我覺得這一天的天氣可能不會太好。但是，我的想法錯了，因為事實證明這一天的天氣異乎尋常的好。在這一天，和平似乎降臨在世界各地。沒有任何人願意去做著發動戰爭的事情，大家都似乎遵循著自然的規律，響應著「保持安靜，做好我們自己」的原則。我想要在晚餐的時候，為丈夫做一碗巧克力醬，但是霍桑建議說，我們在聖誕節這一天，最好不要煮東西吃。下午一點鐘的時候，我們一起去到村子裡，霍桑去雅典娜圖書館，我則前往愛默生夫人的家，當時的梭羅正在愛默生夫人家裡吃飯。在回家的路上，我看到遠處似乎有一個人正在走過來。最後，我們的晚餐吃了蜜餞、麵包與牛奶，這一頓晚餐非常豐盛與美好。我的丈夫真是太好了！無論處在什麼樣的環境，或是面對任何情形的困境，他始終都能夠保持一顆優雅的靈魂，始終都沒有表現出任何的不滿或是不悅。在下午的時候，他給我帶來了一些信件，其中一封信是伊麗莎白·霍普女士寄過來的。她在這封信裡講述了她在閱讀我丈夫所寫的《祭壇之火的崇拜》一文之後的感想。我們的座右銘是「為了

022《愛的徒勞》（*Love's Labour's Lost*），莎士比亞早年的一部喜劇。

你的爐子去奮鬥！」而我們所唱的歌曲就是《蘇格蘭古戰歌》。這的確是非常美好的一天。之後，女僕回來了。

今天早上，當我們醒來的時候，發現窗外下著很大的雪。外面的樹木都掛著厚厚的白雪，整個大地都是白雪皚皚的一片。在下午的時候，有人敲了我們家的前門。當時，我感到非常吃驚，因為在下這麼大雪的情況下，道路非常難走，怎麼還會有人過來呢？當時，我認為這肯定是政府那邊的官員。當我打開門的時候，我聽到了有人說：「霍桑在嗎？」來者是埃勒里·錢寧博士。此時，霍桑從書房裡走出來，我們一起坐下來交談。錢寧博士表示，他喜歡下大雪帶來的感覺。不過，錢寧博士的樣子有點像蓬鬆的熊，但是他的臉上與往常一樣，洋溢著笑容。他帶來了幾本小說與評論雜誌。當我們在下午三點鐘吃飯的時候，錢寧博士不肯留下來一起用餐，執意要走。

今天，當我在畫室裡繪畫的時候，風又刮起來了，呼呼的風聲吹著世間萬物，天上的烏雲遮蔽著陽光。這樣的天氣著實讓我感到精神有些疲倦。最後，我不得不在十二點半的時候放下手中的調色板，走上樓梯，來到書房找我的丈夫。當時，霍桑正在認真地揮筆寫作。我為打擾到了他的工作而感到內心很不好受。之後，我們一起外出散步，一位鄰居邀請我們搭乘雪橇前去城鎮。我接受了鄰居的這個邀請，但我的丈夫卻表示拒絕。當我們經過鄰居家的時候，幾個小頑童又出現了。之後，我發現一個有點像賈維斯先生的人站在山丘上。我們一起前去郵局，我丈夫在那裡閱讀了希拉德先生寄來的一封信。我們在雅典娜圖書館一直待到下午兩點鐘，之後迎著狂暴的風回到家。這天晚上，我們沒有大聲地閱讀，因為外面的風發出的聲音變成了噪音。

1844 年 1 月 1 日。今天早上，一切終於安靜下來了。之前一直在咆哮的風聲終於沉寂下來了，彷彿就像過去一年沉重的呼吸那樣，在午夜時分終於慢慢消失。今天，當我從雅典娜圖書館回家的路上，我遇到了巴特利特先生。巴特利特先生大方地邀請我一起搭乘馬車。在路上，他談到了喬治·布拉德福德對霍桑的崇拜。今天早上，我在畫室度過了一段愉快的時光。我感覺一切事情都朝著正確的方向發展，感到自己內心盼望的事情都在慢慢實現。我相信，我的丈夫肯定能夠在這個早上有更多的收穫。當他從書房出來

一起吃飯的時候，他說他從沒有像今天這樣盼望著開始寫作。不過，在這之後，愛默生前來拜訪。

1月9日

我親愛的母親：

　　我將愛默生先生寄來的信件都記錄下了的日期。我的丈夫要幫希拉德先生送去一份預算表格，裡面裝著他準備寄給《格拉漢姆雜誌》的編輯格里斯沃爾德[023]的一封信。當格里斯沃爾德擔任這本雜誌的編輯之後，就寫信給我的丈夫說，希望他能夠為這份雜誌撰稿，表示他希望這份雜誌的品味能夠更高一些。他表示，正是出於這樣的考量，他才鼓起勇氣來希望我的丈夫成為這份雜誌的撰稿人。他承諾給我丈夫的稿費報酬是一頁五美元，並且表示在這些文章出版之後，可以隨時交付稿費。現在，《民主評論》雜誌的經營狀況不佳，無論撰稿人寫的文章多長，最多也只能給二美元的稿費。因此，霍桑再也無法繼續為《民主評論》雜誌撰寫較短的小說故事了。除此之外，《民主評論》雜誌還經常拖欠稿費，這實在讓人感到失望。霍桑上一次所寫的那篇文章真是充滿了天才的才華，這篇文章也才四頁而已。但是，霍桑認為，這篇文章最好應該刊登在《民主人士》這份較為嚴肅的雜誌上，而不是在其他刊物上。為什麼妳沒有將最近寫的一篇文章寄過來呢？霍桑對這樣的問題感到很不耐煩。我也希望能夠再次閱讀霍桑講述一個有著冷漠之心的人故事。就算到現在，我也不知道霍桑現在到底寫了多少文章了。因為我從一開始就給自己定下了一條規則，那就是絕對不去詢問關於他寫作方面的事情。因為，當我進行繪畫的時候，我也不喜歡別人打擾我。不過，霍桑會經常跟我說起這些事情。有些時候，當他大聲朗讀一些故事給我聽的時候，還是會將一些內容不朗讀出來。我完全能夠理解他這樣做的原因，因為他在進行一種藝術創作的時候，內心肯定是會有所保留的，不願意將自己所想的一切都透露出來。我能夠感覺到，丈夫的創作其實與我的繪畫沒有什麼區別，只是他用語言去描繪人物的輪廓，然後讓人物的輪廓形象慢慢地豐滿起來。整個

---

023 格里斯沃爾德（Rufus Wilmot Griswold, 1815-1857），美國選集編撰家、編輯、記者、詩人、批判家。

過程是非常鼓舞人心的，也需要我們擁有極大的靈感與天賦。但是，只有極少數人能夠像我的丈夫這樣，始終保持足夠的耐心去這樣做。我認為，霍桑正是以這樣的方式去創作，才讓他沒有在語言的風格與素材的選用方面給讀者一種華而不實的感覺。霍桑不願意看到自己內心世界裡那一副清澈且真實的畫面，因為語言或是其他原因而變得模糊或是畫面不清了。他希望將遮蔽著讀者眼睛的簾幕能夠拉上來，讓讀者能夠看到自然的微觀世界，然後用嫻熟的手法將這樣的世界一一展現出來。因此，我可以說，霍桑在藝術品味方面有著自然的天賦，是我認識的人當中最沒有瑕疵的。現在，請妳認真地看看吧！以後必然會有很多評論家談論著納撒尼爾·霍桑的文學天才！

我親愛的母親，路易莎·霍桑給我寄來了一些上等的絲質法蘭絨，讓我做一些襯衫，但這些衣服的布料似乎不夠做襯衫。這些布料的價格是一美元一碼。愛默生夫人說，妳可以在特雷蒙特大街的雅各商店裡買到那樣的布料。我真心希望自己能夠穿上這樣優質的衣服。我還要耗費很多時間來縫補我的長襪裡出現的破洞。

1 月 21 日。要是那些郵差沒有迷路的話，我想在今天寫信。現在，寒冷的天氣彷彿讓整個地面都冰凍起來了，我的丈夫不同意我走出家門口，於是我只能在這個快樂的「籠子」裡，做一隻歌唱著的快樂小鳥了。我想在長長客廳裡來回走動（此時，猛烈的狂風透過窗櫺吹了進來），這似乎彌補了我不能外出所帶來的一些遺憾，至少我可以感受到外面的一些空氣了。昨天，我感覺自己似乎見到了鑽石的顏色，因為當陽光照射在冰柱的時候，我能夠看到折射出來彩虹般的顏色。我在畫布上描繪出了《恩底彌翁》的人物畫像。我的丈夫以極為文雅的語言咒罵著咆哮的狂風以及極為寒冷的天氣。不過，我的丈夫更多感受到的是一種非難，是源於道德層面上的，而不是身體不適方面的。他就像手持著大馬士革利劍的人，勇敢地在這寒冷的氣候下披荊斬棘地前進。我從未見過任何人有著像他這樣好的體魄，因為他不是單純身體上的健壯，也不是那種擁有野蠻的力量，而是因為他身體的每個部位都處於一種極為和諧的狀態，就像快樂歌唱的小鳥一樣。如果我的丈夫現在的健康狀況很糟糕，我肯定會有點擔心他的，但他現在的健康狀況實在是太好

了，因此我也沒有什麼好擔心的。如果我還能繼續活著，如果太陽還能繼續從天上露面，那麼我肯定能夠在本週內完成《恩底彌翁》這幅畫像。（這幅畫是用淡棕色的單色調來畫的，展現出了較為完整的形象，表現出了畫家的功底）。我會讓我的丈夫將這幅畫帶去波士頓，除非我那位傑出的姐夫賀拉斯·曼在進行演說的時候，想要帶上這幅畫。這幅畫比較輕，但不能交給那些馬車夫來保管。在這幅畫裱好之前，我不希望任何人看到它。達格特必須要迅速完成這項工作，但他就像一頭驢那樣頑固與脾氣暴躁。但是，除了他之外，沒有誰能夠像他那樣做出好的畫框了。除了畫框之外，請他來做的工資就高達一百美元。我很高興出這筆錢，因為這能夠表達出我內心的想法。當我將這些快樂與充滿希望的日子都記錄下來的時候，這是多麼幸福的一件事啊！我能夠感覺到恩底彌翁的臉上彷彿閃耀著燦爛的笑容，他的身體似乎處於一種沉睡的狀態，但他的靈魂似乎沐浴在陽光之下，他的每一條身體曲線似乎都展現出一種完美的美感 —— 從某種意義上來說，這代表著我的生活。但是，為了《恩底彌翁》這幅畫，我肯定要向人借一點錢的。（因為她的丈夫是絕對不會讓她去賣這幅畫的。）

3 月 16 日

我最親愛的母親：

　　妳那華麗的箱子已經送到了，裡面的熟牛肉是我最喜歡的，還有妳寄過來的薄餅也非常可口，霍桑非常喜歡。昨天早上，烏娜前去看望她的父親。保姆說她看上去就像一朵白色的玫瑰花那樣美麗。霍桑在見到她的女兒之後，感到非常驚喜！我的丈夫希望父親能夠找那些雜誌經紀人談談，肯定能夠訂閱到《民主評論》這本雜誌，記得告訴這些經紀人，父親是在免費訂閱的名單當中的。在過去三個月裡，這本雜誌都沒有寄來，他們已經停止刊印《聖誕節宴會》這個欄目了。父親應該可以訂閱三月分左右出版的《格拉漢姆雜誌》吧！裡面就有霍桑所寫的《地球的大屠殺》一文。如果妳們得到了那本雜誌，可以寄來給我們看看嗎？因為我們到現在都沒有看到呢！

8 月

　　在妳離開我們之後沒多久，孩子就上床睡了三個小時。在這三個小時裡，我們做了很多事情。我們吃了馬鈴薯、玉米、紅蘿蔔、歐洲藍莓做成的布丁，這頓飯還是很豐盛的。我丈夫充當廚師。他有著一雙明亮的眼睛，拱形的眉毛，還有散發出光澤的頭髮。他宣布晚餐正式開始，說話的口氣彷彿他創造出了整個世界一樣。我一手抱著孩子，不時地看著他。除了一個印有枝葉圖案的碟子被打碎了之外，沒有發生其他事情。我發現霍桑在這個全新的「工作」中做的不錯，雖然他將那把象牙柄的小刀放在水中的做法不是很好，還有將銀製盤子留在最後清洗，而不是一開始清洗的做法不是很對之外，其他都做的很好。我用嬰兒車將烏娜推到了大街上，她顯得非常高興。在凌晨四點鐘的時候，烏娜醒了一陣子。當我第一次睜開眼睛看著她的時候，她的雙腳似乎都「翹到了天上」。我整理好餐桌上的東西，然後為丈夫煮牛奶與熱水。在吃早餐的時候，烏娜坐在嬰兒車上，顯得一臉愉悅。喬治·普雷斯科特（George Prescott）從他母親那裡帶來了一些印第安人做的蛋糕，當時我們正在餐桌上吃東西。在霍桑完成了他在廚房裡的工作之前，霍爾上校與他的小兒子也過來看望他。上校大約停留了一個小時，並沒有與我們一起共用晚餐。當晚，我們煮了一些羊肉以及一些帶殼的大豆與玉米。

　　8 月 20 日。妳的船隻終於在昨晚抵達了。我真的很想找一位黑人來做女傭的。我丈夫表示，他不希望我繼續找這樣無辜的人來做女傭，因為之前找的黑人女性都被奴隸主帶回去了，這是一次非常慘痛的經歷。霍桑說，那些年老的黑人女性在被奴隸主帶回去之後，可能會遭遇更加慘痛的虐待。如果妳找到了一些想在我們這樣貧苦家庭裡做女傭的黑人女性的話，那麼我會在九月分的時候僱用她的。當霍桑現在充當我的廚師與傭人的時候，我不好意思叫親愛的瑪麗過來拜訪我們。現在，霍桑都不允許我進入廚房半步了。誰都知道煮東西與洗碗碟等工作是沒有半點詩意可言的。我也絕對不允許霍桑為了除了我之外的任何人做這樣的工作。現在，我們唯一能夠賺錢的方式就是想辦法省錢了。霍桑表示，他現在存的錢應該能夠支撐到九月左右。在這

之前，我們都將過著比較安靜的生活。可以說，這樣的生活雖然貧苦，但卻讓我感到非常的知足與快樂。我可以向你肯定一點，霍桑在所供職的海關辦公室的工作，絕對不是一個掛名職務。他在那裡是實際地做了許多工作。當我在樓上坐著的時候，或是帶著孩子外出散步的時候，我都感覺自己就像一個女王，因為我的丈夫始終都充當著我的傭人。我們根本無法支付到其他地方旅行的費用。你也知道，我們無法過上比現在更加節儉的生活了。

　　霍桑夫人還給加勒·福特女士寄去了一封信：

來自美妙的天堂
我親愛的瑪麗：

　　在我認識的人中，妳是我最想要送畫的人（索菲亞之前給瑪麗送去了自己畫的一幅畫作為禮物）。妳的來信給我帶來了最為純粹的樂趣，因為這讓我感覺自己讓妳我的心靈都感到了快樂。哪怕一個人一輩子只能做一次這樣的事情，那也是值得的……我們度過了最為幸福的冬天。在每一個漫長的夜晚，我的丈夫彷彿就像神奇的莎士比亞那樣，將我所有的沉悶與無聊都全部打發走了。霍桑每天都為我閱讀莎士比亞的戲劇作品。我可以坦誠地說，我之前對莎士比亞的作品並不怎麼了解。我的丈夫很高興地告訴我，他本人也對莎士比亞不是很了解，雖然他一輩子都在認真閱讀著關於戲劇方面的作品。在丈夫的閱讀與幫助下，我以一種全新的方式感受到了這些作品中的宏大、美感、智慧以及幽默。每一頁裡面的人物形象都是充滿生命力的，而不是乾枯乏味的。在霍桑大聲朗讀的時候，我則在一旁認真地縫紉。每當我縫完一件衣服的時候，就會拿起這件衣服。此時，我的臉上就會洋溢著微笑，然後調皮地瞥霍桑一眼，說：「你猜，這件衣服是為誰做的呢？」

　　因為早餐是在九點鐘吃的，所以在下午三點鐘的時候我們才開始吃午餐，而且沒有喝茶，因此我們在晚上九點鐘的時候才吃晚餐。在第二天，我也打破了之前對水果的禁口，只吃水果當成午餐。在晚上，我們吃了一些非常可口的食物。臉上總是洋溢著燦爛笑容的愛默生，臉上散發出光芒的埃勒里·錢寧博士以及伊麗莎白·霍爾女士都會偶爾過來做客。即使如此，我也從

來不會覺得在物質上有任何匱乏的地方。我那位始終保持著甜美笑容且聰明的僕人，也就是我的丈夫在做這些家務活的時候，始終是那麼的開心，哼著優美的小調。我不知道未來有什麼在等待著自己，但我知道上帝肯定在未來指引著我前進，我也從來不擔心自己會失去什麼，也從來不會杞人憂天，認為一些不好的厄運會降臨在自己的頭上。我還記得泰勒神父[024]所說的下面這一段激動人心的話語：「天國距離我們並不遙遠，我們就像茫茫大海中的一個小水瓶。永恆、天國與上帝其實就在我們身邊，我們每個人身上都充滿了上帝所具有的神性。讓那個薄薄的水晶破碎吧！那麼我們就能融入這個汪洋大海裡面了。」上週，賀拉斯·曼也前來康科德這裡發表演說。他看上去是世界上最為幸福的人。當他娶了瑪麗這樣賢慧的女子為妻子的時候，他還有什麼可求的呢？

　　我永遠都是忠實於妳的朋友。

索菲亞

　　霍桑一家離開了教區老房子前去拜訪他們的親戚。霍桑比妻子提前一些來到了塞勒姆地區。索菲亞在寫給霍桑的信件說道：

波士頓，8 月 15 日

　　……昨天，你的來信簡直讓我高興的彷彿置身於天國的世界裡 —— 可以說，這樣美好的天國世界是任何偉大的詩人都無法想像的……你沒能待在這邊，實在是一件很遺憾的事情，因為艾瑟頓先生在那晚八點鐘的時候前來拜訪，他希望能夠見到你。皮爾斯[025]先生也在這座城市裡，他同樣非常渴望見到你。當我帶上烏娜去拜訪的時候，烏娜馬上認出了艾瑟頓先生，還希望艾瑟頓先生跟她玩老鷹捉小雞的遊戲。在這之後，一個送信的人送來了一張卡片，上面寫著給「烏娜·霍桑」。接著，就是威廉姆斯女士前來拜訪。她希望我能夠傳遞給你她對你的無限仰慕之情。她希望我們能夠在八月的時候前去

024　泰勒神父（Edward Thompson Taylor, 1793-1871），美國著名牧師、禁酒主義者。

025　皮爾斯（Franklin Pierce, 1804-1869），美國政治家、民主黨人、第 14 任美國總統。霍桑與皮爾斯為一生的朋友。

緬因州拜訪他們。我已經帶著烏娜來到大街上好幾次了，她總是在找尋著嬰兒或是小狗的身影。她是如此的美麗，每當我看到她的時候，總是會忍不住地驚嘆起來。烏娜是上帝創造出來最完美的生物，就像拉斐爾所描繪的最為完美的嬰兒。今天早上，伯爵給你寄來了一封信（這位伯爵就是約翰·奧沙利文，霍桑一家經常以他的頭銜來稱呼他），他在信中也提出了一些很好的建議。還有一些「明目張膽的野獸」（這是霍桑對一些出版商的稱謂）寄來的信件。但是，我會幫你回信的。感謝最近新推出的規定，我的回信不需要耗費我們任何金錢。

霍桑夫人在赫伯特大街待了幾天之後，給她的母親寫了下面這封信：

塞勒姆，11 月 19 日

……一直以來，父親都給予我們無微不至的照顧，直到我們上了馬車之後，最後才回去。戴克先生與我們同行。我對他說，他是否想要去見見烏娜，如果想的話，他可以跟著我們並坐在我們後面。戴克先生同意了，然後在馬車上始終與烏娜進行著交流。烏娜看上去是那麼的美好與端莊，她的那雙眼睛非常深邃，簡直是深不可測的。不過，戴克先生有著極大的憐憫之心，臉上露出了微笑說，這樣的情況總會讓她的父親說：「這位極優雅的女士！」戴克先生旁邊的一位老人問他，烏娜是不是他的孫女！烏娜似乎很喜歡這個老人，每當他說話的時候，她臉上都會露出微笑。當我們抵達塞勒姆地區的時候，戴克先生就前去尋找我的丈夫了。不過，我遠遠地看到了一大堆人，其中一些人還在耳朵上掛著珍珠耳環，這些珍珠耳環看上去很優雅，耳環下面吊著一個很大的類似蓋子的東西。在這個過程中，戴克臉上的臉上始終露出微笑。

在我丈夫的記憶裡，這是他第一次與他的母親吃飯！這可以說是一個孩子所能創造的一個奇蹟！烏娜的祖母抱著她，好讓我們其中一個人能夠順利地吃飯，當我吃完晚餐之後，輪到我抱著烏娜，讓母親可以吃飯。烏娜的祖母認為她是一個美人胚子。我相信，烏娜的容貌肯定不會讓她感到失望的。她的祖母還說，烏娜是她所見到過的嬰兒中最為美麗的。烏娜第二天早上醒

來的時候，臉上露出了燦爛的笑容，她的笑容彷彿深入了她的祖母以及伊麗莎白阿姨的內心深處。我丈夫此時感覺到靈感的閃現，因此馬上就前去寫作了。我丈夫從未像現在看上去這般英俊。今天，烏娜穿著非常好看的衣服，去拜訪她的姨婆。路易莎表示希望烏娜長大之後，要做到內外兼修，不僅要容貌美麗，也要做到心靈美麗。我認為路易莎的說法是非常美好的。這裡的一切都是那麼美好，大家都非常喜歡烏娜。

在塞勒姆地區的時候，索菲亞給霍桑寫了下面這封信：

波士頓，12 月 19 日

……如果我捫心自問，今晚是否應該給你寫信的話，我的回答可能是斬釘截鐵的不該。當我們的孩子入睡之後，我們都需要利用這段安靜的寶貴時間去做許多有用的事情……我發自內心地感謝上帝賜給我如此美好的命運。你滿足了我對這個世界的一切要求……現在，烏娜與她的阿姨伊麗莎白一起下樓了，她看上去是那麼的美麗可愛。當她靠近一張椅子的時候，就用雙手扶著椅子，保持身體的平衡。有時候，她會突然放開雙手，享受接下來短短幾分鐘的平衡狀態，然後她就會跌倒在地面上。與安娜·肖已經過來見過烏娜了。昨天，我將烏娜帶到了威廉·史都瑞[026]先生的家裡，史都瑞先生認為烏娜的雙眼是極為美麗的，並且說他還從未見過有著如此美麗雙眼的孩子。他甚至表示，烏娜的眼睛是這個世界上最為美麗的眼睛，能夠表現出極為豐富的情感。史都瑞最後說，烏娜的雙眼就像拉斐爾在油畫作品中創作出來的那些完美的嬰兒一樣。

克爾頓先生再次過來這裡，想要見到你。也許，你現在不接受任何人的拜訪的做法，是非常有先見之明的，因為這樣的話，就不會有誰可以打擾到你了。你什麼時候回來呢？希拉德先生說你答應過他會再次回來的。不用過多久，你肯定會回來的。

永遠深愛著你的妻子。

索菲亞

---

026 威廉·史都瑞（William Wetmore Story, 1819-1895），美國雕塑家、藝術評論家、詩人和編輯。

　　在回到家後，索菲亞這樣寫道：

康科德，1845 年 1 月 26 日
我最親愛的母親：

　　那些珠寶正是我最想要的東西。人們都喜歡用這些寶石或是珠寶當成珍貴的禮物，這實在是有點讓人費解。但在這樣的場合下，足以證明世人做出這樣的選擇是正確的。普雷斯科特夫人現在每天都在給予我一些幫助，並且不允許我付給她任何金錢。當然，她所給予我的幫助，也是我無法用金錢可以回報的。普雷斯科特夫人始終是一位有著強烈責任心的人，但是這樣的責任感似乎也讓她背負著沉重的負擔。她親自打掃我的廚房，為我煮一些可口的食物，甚至不允許我以任何方式回報她。從這些方面來看，科特夫人真是一位倔強的人，就像以色列人一樣。她送給我們一些印第安人的蛋糕以及牛奶麵包，或是她碰巧得到的一些精美的小玩意兒。喬治也非常大方地幫我做一些跑腿的工作，因為我不能叫那些頑童去做，而且他還很好地照顧了那隻名叫利奧的狗，每天都讓這條狗吃的很飽。因此，當我們回來時，這隻狗看上去非常健壯，現在牠只需要擁有一顆英雄般的靈魂，就能成為狗中的霸王了。真正讓我感到驚喜的是烏娜的茁壯成長。每個早上，當她醒來的時候，都會伸出小手，指著《聖母瑪利亞》的畫像，接著她會用小手指著《洛蒙湖》這幅畫（我之前已經將這幅畫搬到了我的房間裡），然後才是《亞博斯福》。當烏娜在觀察著這些圖畫的時候，都會看著我的臉龐。我雖然感覺自己的回覆是如此愚蠢，但我還是盡自己的能力做到最好，因為我認為自己現在已經不是一個孩子了。烏娜的另一個動作，就是將她的手指放入我的嘴裡，希望我能夠親吻她。她經常將她的手指放入自己的嘴巴，自己親自己。接著，她的臉上會露出一種洋洋自得的笑意 —— 用她父親的話來說，就是自鳴得意。某天晚上，當外面的樹木都變成了白皚皚的枝形吊燈之後，天色慢慢地暗了下來，我們在屋內點燃了柴火。在那個時候，我們看到了一輪明月從山丘上慢慢爬了上來，正對著我們的房子，讓那些白皚皚的樹木彷彿成為了我們通向月亮的一條大道。請妳想像一下當時的那種壯觀的景象吧！結

冰的水晶閃耀出來的刺眼光芒彷彿讓星星都墜落,然後被這些樹枝全部困住了,彷彿有一千多輪閃亮的半月形刀在發出光芒。烏娜碰巧看到了這樣的景象。我真的希望能夠將烏娜當時臉上的驚喜與笑容描述給妳!當月亮越深越高的時候,烏娜伸出雙手,依然興致勃勃地談論著之前的月亮。那天晚上,我們沒有點燈。第二天早上,我問烏娜,月亮去了哪裡,烏娜將頭轉向窗戶邊,臉上露出了疑惑的表情。昨晚,我的這位小天使伸展四肢躺在地板上,自娛自樂地玩耍起來。現在,烏娜就像一頭小獅子那樣健康,每當我想到這點,內心的喜悅就會讓我隨時跳起舞來。你給我的那半片玻璃,讓我的丈夫非常著迷,表示這肯定是上帝創造出來的傑作。

在給福特女士的一封信裡,索菲亞這樣寫道:

感覺置身於天堂,1845 年 5 月 4 日
我親愛的瑪麗:

我要說,丈夫與我都非常期望能夠見到妳。但我建議妳在街道兩旁的樹木都長出了青綠的葉子後再過來。因為我希望妳能夠看到我們這一片安靜的伊甸園在夏日的裝扮下所呈現的美感。隨著季節的變遷,這一切都會自然而然地發生變化。這裡的麥加樟樹會不斷長出青綠的葉子,還有那些白楊木也會蓬勃生長。在每個溫暖的早晨,我們都可以看到植物的黃色葉子彷彿在散發出金黃色的光芒。不過,因為這是我們最後一次在這座古老的房子裡居住了,妳一定要在最好的季節裡前來參觀。樹木下的草地已經是一片綠油油了,在陽光的照射下,彷彿一大堆綠寶石在閃爍發光。妳肯定想要過來看看我親愛的小寶貝在綠草地上奔跑的樣子吧!希望看到她在草地上大聲歌唱的有趣樣子吧!烏娜認為這就是世界上的天堂,而她的父親則是世界上的亞當,而她則擁有著整個地球。現在,烏娜已經慢慢脫離了之前的幼稚狀態了。

1845 年 12 月 7 日

我很高興得知那封信給妳帶來了滿足感。事實上,任何語言都無法描述烏娜臉上散發出來的美妙光芒。她現在話已經說得很清晰了,話語中表現出

來的智慧讓人非常震撼。她的父親某天說，烏娜就像一本啟示錄。有時候，我會模仿故事書裡面的人物對她說：「我的小寶貝，放下妳的奶瓶。」烏娜在聽我說了幾次這句話之後，就開始自言自語地說：「我的心肝寶貝，放下烏娜的牛奶。」如果我在說那句話的時候，漏掉了她的名字的話，那麼她肯定會糾正我的。她經常說：「鮑比‧沙夫托已經出海了[027]，叫他快點回來，然後娶了烏娜！」她說這話的時候臉上露出詼諧的表情。她的父親告訴他，他絕對不允許鮑比娶他心愛的烏娜。

027 鮑比‧沙夫托已經出海了，源自一首英文兒歌：
「Bobby Shafto's looking out,
All his ribbons flew a bout,
All the ladies gave a shout,
Hey for Bobby Shafto!」

第四章　在塞勒姆的生活

塞勒姆再次成為了他們的家。喬治‧威廉‧柯蒂斯在歐洲期間寄來信件。索菲亞在給霍桑的一封信裡表達了她對目前生活完全滿意的想法，表示雖然過著貧窮的生活，要面對許多生活上的小煩惱，但她依然能夠感受到無限的愛意。丹尼爾‧韋伯斯特在塞勒姆發表的演說。奧爾柯特的獨白。梭羅的演說。一些講述霍桑遭到一些不明真相之人錯誤認為是民主黨人或是官員而被攻擊的信件。霍桑就這個問題給賀拉斯‧曼寫信。最優秀的公民們都積極地想要維護霍桑的聲譽。

　　霍桑一家再次回到了塞勒姆地區，在此又居住了幾年。

1846 年，華盛頓的生日

我最親愛的母親：

　　雖然外面刮著咆哮的暴風雪，但妳的禮物還是安全送到了。能夠收到妳的來信，我的內心真的無限感恩。因為我在報紙上讀到了關於賀拉斯‧曼先生步行來到碼頭的消息，擔心他可能會在此行之後患病。當我得知他在這次出人意料的洗禮之後，依然健康狀況良好的消息，緊繃的心才放了下來。我原本以為，在他進行了許多場演說之後應該會感到疲憊不堪，因此進行這樣的洗禮活動可能會給他的健康造成不良影響。我始終懷著簡樸的信念，相信上帝可能會拯救他。我的丈夫找到了《聖誕宴會》這本書，但是他拿到的是這本書的第二卷，我會將這本書送給目前在紐約的父親，然後讓他交給妳。事實上，這本書的第二卷是優先印刷出來的，因為他構思出全新的故事或文章集被選入第一卷的寫作，所以定稿後於第二卷。關於大家對我丈夫才華的質疑聲，我從來都是充耳不聞，因為他始終是一個具有文學天才的人。我很高興地看到，這些散落的文學珠寶現在終於收集起來了。

　　祖尼人的圖像出現在了橢圓托盤的茶具之上，這些都是從國外引進過來的。烏娜在用手端起茶杯時，顯得非常的熟練與優雅。上週，路易莎‧霍桑、我與戴克夫人聊了一整天，在此期間，烏娜的表現就像一位成熟的淑女，雖然她有時候抑制不住孩童的玩耍一面。戴克夫人給了烏娜一些好看的銀色玩具，烏娜將這些玩具擺成了茶具的樣子。蕾貝卡‧曼寧（烏娜的小表

妹）也在那裡。烏娜擺弄著想像中的茶具，然後開始與蕾貝卡談論著她在康科德那邊的生活。烏娜說：「在康科德，祖尼（其實就是烏娜）會走到果園裡，將採摘下來的蘋果放在她的那個小籃子裡，然後帶回去給爸爸媽媽吃。」接著，烏娜帶著一副勝利者的面容與口吻說：「還有爸爸的小船！」

喬治·威廉·柯蒂斯[028]寫的下面這封長信，就可以清楚地讓我們了解這些人有趣的個性：

羅馬，1847 年 1 月 14 日
我親愛的朋友：

在陽光明媚的夏日航程當中，每當看到大西洋的海水就像瓦爾登湖的湖水那樣波光粼粼，或是像地中海上的月光倒映在鏡子般的海水上，我都會感觸良多。我想像著我們一路上就是以這種滑行的方式前往法國、義大利以及瑞士的。在航程的某一天，我們經過了直布羅陀海峽 —— 這是我們在連續二十八天的海上航程中第一次見到陸地。我們距離那片陸地是那麼的近，但船隻行駛的速度很快。即使如此，我們還是能夠清晰地看到西班牙土地上那些深灰色的棕櫚樹以及圓圓的塔樓，這些塔樓都是古代西班牙人防備摩爾人的進攻而建造的。而在另一邊，則是非洲大陸上那些孤獨險峻的山脈輪廓。在接下來的幾天晚上，我們依然在廣闊無垠的大海裡航行，但那樣的陸地景色卻始終出現在我的夢境世界裡，揮之不去……在第四十五天的時候，我終於踏上了法國的土地。當我離開這艘船的時候，我的內心還有一些遺憾不捨之情。有一位船員的年齡與我相仿，我在船上的時候就經常借助他的手錶來記錄星星隱沒的時間，因此我與他成為了很要好的朋友。當我們來到馬賽的時候，這裡的一切都是那麼的古色古香……當然，我在這樣一座城市裡也看到了所有城市的共同要素：許多人、許多房子、許多街道、許多廣場，但是這裡的人與其他地方的人的表情不太一樣。晚上，我與那位水手朋友一起穿過了幾條狹小的街道，其中一些街道是就像不規則的宮殿。在一間規模最小

---

028 喬治·威廉·柯蒂斯（George William Curtis, 1824-1892），美國作家、演講家、政治家。代表作：
　　《華盛頓·歐文傳》等。

商店的門口兩邊坐著幾位女士，她們一邊聊著八卦一邊在編織衣服。離她們不遠處，還有一位年老的法國商人，他穿著一雙長筒靴子與一條天鵝絨短褲。這條大街的寬度剛好能讓馬車通過，他們都在那裡談論著什麼。這裡的一切就像世外桃源那樣美好與愉快。在佛羅倫斯的每一天，我會前去畫廊裡欣賞畫作，這裡的畫廊對每個人都是免費開放的。在這裡，我可以看到拉斐爾所創作的最偉大作品。他在畫作中所表現出的女性陰柔的母性與溫柔，這是任何複製品都無法表現出來的。當然，我也無法用言語去真實地表達那樣的感受。正是從拉斐爾的畫作當中，我才對完美的母親產生了一種概念——這是一種帶有人類母性與天國尊貴氣質的結合。當然，其他一些聖母像的畫作也很優秀，但是這些畫像描繪的只是一些母親與天使。不過，只有當你欣賞拉斐爾的畫作時，才能夠感受到畫中男性的形象都帶有一些女性的柔和與彈性。拉斐爾有著一雙洞察一切的慧眼，正是透過他的這雙慧眼，我們才能夠欣賞到凡人所無法欣賞到的天國世界。

　　我可以寄給你這封信，這實在讓我感到太高興了！我離開那個地方之後，反而感受到了大家給予我的強烈愛意與關懷。我已經給霍桑夫人回信了，感謝她寄來充滿善意的信件。這樣友善的信件永遠都不會來的太遲，我也為收到克勞福德的信件而感到高興。他想要表達他對霍桑夫人的敬意，表示他應該給她寫一封信。請記得將我的名字告訴烏娜，因為在烏娜對康科德草地的遙遠記憶裡，她可能會將我當成一尊半人半羊的農牧神。某天，喬治·布拉德福德寄來了一封非常有趣的信，這讓我對我們的老家最近發生的事情有所了解。每當我想起老家的時候，過往的記憶是那麼的美好與柔和。我很期望能夠讀到埃勒里·錢寧博士的新書，但我肯定他是無法抽空前來羅馬待十六天時間的。我不得不就此擱筆了，我對此深感遺憾。

喬治·威廉·柯蒂斯

　　在前去看望母親的路上，霍桑夫人給她丈夫寫了下面這封信：

波士頓，7 月

　　……昨天，我終於收到了你極為友善的來信。我不需要從遠離日常生活的角度就能知道，我們的命運是多麼受到上帝的祝福。每個母親都沒有我這樣的待遇，因為不是每個母親的孩子的父親都像我丈夫這樣。因此，當我有了這樣的優秀丈夫之後，我身上的擔子輕了許多。難道我不是一個身體健康、臉色紅潤的人嗎？即使是當我的那兩個小孩大聲尖叫時，我也不會為此擔心，因為我的丈夫會幫助我解決好這樣的事情。現在，我更能夠感受到當我是個孩子的時候，母親所經受的各種煩惱了。當時，你肯定每天都在為我們的健康與正常的生活而感到煩惱或是焦慮吧？你天生是樂觀的人，任何苦難與痛苦都無法改變你這樣的天性，你的存在就是為了讓這個世界變得更加光明與美好。烏娜有時候也會經常想起你。「哦！我必須要回家看望爸爸！哦！媽媽，我們什麼時候才能夠回到塞勒姆呢？」烏娜與我一樣，都為見不到你而感到悲傷。朱利安 [029] 現在還不會走路，但他似乎也懂得一些事情，現在已經開始牙牙學語了。

　　霍桑夫人在早年常與一大幫朋友們開心地互動交流，全身心地投入到藝術與文學方面的創作，這與她在成為母親之後過著貧苦生活的賢妻良母形象形成了鮮明的對比。在寫給皮博迪女士的一封信裡，她就談到了那個時期的幸福快樂生活：

塞勒姆，1848 年 9 月

　　朵拉·戈爾登（朱利安的保姆）會將這封信帶給妳的。她為了方便我，推遲了前往波士頓的行程。因為霍桑想要前往坦普爾地區拜會米勒將軍。但是，霍桑最後又沒有去那裡。霍桑將會在伊麗莎白的書上寫一篇文章，但不會收取任何費用。瑪麗·查斯（Mary Chase）帶著烏娜與我一起去看看蕾貝卡·金斯曼（Rebecca Kinsman）的小屋。這是一個溫馨的小屋，小屋坐落在山頂上，能夠俯瞰一望無際的大海。烏娜來到這裡之後，就像飛翔的海燕一

029　朱利安（全名：朱利安·霍桑，Julian Hawthorne, 1846-1934），美國作家、記者。霍桑夫婦的兒子，也是他們的第二個孩子。代表作：《霍桑和他的圈子》、《朱利安·霍桑回憶錄》等。

樣，到處亂蹦亂跳。她的頭髮在陽光的照射下，就像漂浮起來的黃金在閃閃發光。而海面上那些海燕的羽毛則是灰色的。妳說的很對，我現在感覺到非常幸福，我無法要求太多了。任何藝術或是美感都無法超越我現在的日常生活，因為我有這麼好的丈夫與孩子，他們每天都在向我詮釋著藝術的真正含義。我根本沒有任何想要離開家，到外面找尋任何美好東西的念頭。這不是因為我不喜歡到其他地方去欣賞各式的美感，而是因為當我回到家之後，我每時每刻都能感受到這樣的美感，因此我並不會特意去追求這些東西。

1848 年 11 月 19 日

　　上週的每一天，我都想要前去波士頓，卻因各種狀況而一再延遲。其中一個原因，就是丹尼爾·韋伯斯特[030]要來這裡發表演說。我認為必須要等到聆聽過他的演說之後再出發。我很高興自己做了如此決定，因為韋伯斯特的演說的確震撼人心，某些演說內容甚至讓人耳目一新。他的演說主題是關於憲法的——這是一個比較崇高的話題。妳知道，韋伯斯特就是以憲法的解釋者而聞名的。他就像古埃及的柱形物那樣站在講臺上，身材魁梧，沒有任何花花公子的矯情，而是充滿著尊嚴與冷靜的氣質。他簡要地講述了我們聯邦政府組建的事實。在演說行將結束的時候，他的聲音突然高亢起來，他那雙深邃的眼睛突然發光。他慷慨激昂地表示，建國時期的那些年輕愛國者們是多麼具有政治遠見與常人難以比擬的智慧，創造了這樣一個偉大的國家！韋伯斯特就像一頭雄心壯志的獅子在講臺上走來走去，他的聲調中似乎飽含著一種被壓抑的憤怒。當他提到那些反對憲法的人時說：「如果這些人不是瘋子，那麼他們就是最邪惡的人！」。韋伯斯特摘下帽子，放在手上，然後一直用手握著帽子。他只做出了一個手勢，那是在當他談到了美國鷹徽旗的時候。那時，他抬起手，指向天空，彷彿一隻老鷹正在空中自由地翱翔。他說：「誰會去區分麻塞諸塞州的老鷹，伊利諾州的老鷹、維吉尼亞州的老鷹或是新罕布夏州的老鷹呢？難道他們不是美國的老鷹，不是美國的旗幟嗎？無論誰想要放棄這面旗幟，請讓他站出來！」韋伯斯特在說出這些字眼時的聲音就像

030　丹尼爾·韋伯斯特（Daniel Webster，1782-1852），美國政治家、曾兩度擔任美國國務卿。

一串猛烈的炮彈，瞬間，臺下的聽眾爆發出一陣雷鳴般的掌聲。霍桑作為這個講座的負責人之一，在週一的時候去到了西牛頓地區，聆聽了賀拉斯・曼在那裡的演說。

索菲亞在寫給當時居住在華盛頓的賀拉斯・曼夫人的一封信裡這樣說：

「現在的國會議員難道不是比過去變得更加糟糕了嗎？現在的國會議員在國會裡總是說著一些恬不知恥的謊言，總是想著抓住別人的把柄來攻擊對方。在我看來，從新一屆的國會開會到現在，這樣的情況就持續到了現在。不過，我們的國會議員倒也不像法國國會那些議員那樣，不會做出類似於猴子那樣的愚蠢行為。一兩週前，喬治・皮博迪夫人舉行了一個盛大的晚宴，她邀請我們前去參加。我聽說皮博迪先生已經將穆里略那一幅美輪美奐的畫放在一個光線最好的地方，並且還搭建了一個臨時的演講臺，開放他們家的圖書館，方便訪客可以隨時閱讀。當我走進這個圖書館的時候，裡面就像黑夜那樣一片漆黑。我唯一能夠看到的物體，就是在臨時演講臺那邊有光線照著的《聖母瑪利亞》畫像。這代表著一種宣告。可以說，這幅畫裡面的每一抹色彩都具有神聖感。這幅畫所展現出來的神奇以及力量，就代表著這幅畫本身所具有的特性與傑出之處。畫中的瑪利亞眼神是那麼的清澈，她的雙手交叉在一起，放在胸前。這些畫面彷彿就是真人般，似乎根本不是畫在油畫布上面的。畫中的瑪利亞所展現出來的精神力量與神聖的美感是那麼的強烈。可以說，這是我見過最偉大的一幅畫了。」

索菲亞的一封信裡的部分內容也談到了一場演說以及一次偉大的革新。

「我丈夫買了一張票，然後與我一起前去！奧爾柯特[031]先生在大約一週前與我們共度了一個美好的晚上。因此，在我的要求下，他也饒有興致地談到了他在年輕時候的一些生活以及在大街上販賣東西的情況。在上週一晚上，大約有六名女士與紳士前來。他們都在史東先生的家裡集合。漢娜・霍奇女士（Hannah Hodges）、J.C. 李夫人還有另外兩名我不認識的夫人。在場的還

---

031 奧爾柯特（Amos Bronson Alcott, 1799-1888），美國作家、教師、哲學家和改革家。同時也是廢奴主義者和女權擁護者。經典文學作品《小婦人》的作家露意莎・梅・奧爾柯特是奧爾柯特先生的二女兒。代表作：《與孩子關於福音書的對話》、《學校紀律》和《康科德歲月》等。

有弗羅辛漢姆[032] 先生、威廉・希爾西比（William Silsbee）先生、夏克福德先生、帕克先生、斯特里特先生還有我的丈夫，當然在場的還有史東先生以及他的兒子。奧爾柯特先生表示，他會首先從耶穌的出生地說起，然後閱讀了米爾頓的一篇頌歌。接著，奧爾柯特先生退回到一角，在接下來的大約一小時三刻鐘裡，大家都在交流著各自的思想。接著，史東先生就談到了『藝術性』一詞所具有的價值。因為，在他看來，『藝術家』一詞與『工匠』一詞是存在著巨大的差別的。我認為，他這樣自言自語的獨白式言論是很有趣的，而且他說話的邏輯思考是非常清晰的。這天晚上，梭羅也要發表演說，然後與我們聚在一起。梭羅之前的演說是那麼引人入勝。他在演說中將大自然一些極為微妙的細節都展現出來了，比如將灌木叢、松樹、陽光、晨霧、陰影、露水、春天的氣息、松樹在微風吹拂下所發出的美妙聲音等等。梭羅的演說讓我的耳朵彷彿在聆聽著美妙的自然音樂。我彷彿感覺自己置身於一片灌木叢與清淨的幽谷當中！在演說過程中，梭羅克服了自身傲慢的舉止，始終表現的那麼柔和、簡樸與充滿了曠野的氣息，表現出了一個天才所應該具有的品質。在演說中，他那雙藍色的眼睛彷彿在閃閃發光，似乎在窺探著自然界每一個隱藏的美好細節。要是在以前的話，我肯定會覺得他這樣的眼睛是非常奇怪的。」

　　霍桑夫婦的一些信件，能將他們遭遇到的公眾誤解而承受的壓力表現出來。但是任何錯誤的公告或是判斷都沒有擾亂他們平靜的心靈。在下面這封信裡，我們就能感受到霍桑夫人在寫下這封信的時候，內心所處的一種激動狀態。

1849 年 6 月 8 日

我親愛的父親：

　　今天，霍桑透過電報得知了一個消息，那就是他被上級輕率地解除了職務。我已經給母親寫信了，告訴了她這個消息，因為我擔心她可能會從其他管道了解這件事，然後會對此感到擔心。我們根本沒有為收到這個消息感到

---

032 羅辛漢姆（Nathaniel Langdon Frothingham, 1793-1870），美國牧師、超驗主義者。

半點沮喪，我們更也不會為此感到半點焦慮。你可以從我給母親的那封信裡看到，我們對這件事抱有多麼樂觀的態度，對未來充滿著多麼強烈的希望，我們始終都在期望美好的事情會出現在生活當中。現在，雄雞已在午夜啼鳴了，我必須要上床睡覺了。我之前已經給母親寫了一封長信了。我們現在一切安好。

永遠深愛著你的女兒

索菲亞

索菲亞寫給母親的那封信沒有完整地保存下來，但我們還是找到了部分的內容：

……今天，我們收到的一封電報。這份電報會讓我們打算在雷諾居住的計畫變得更加容易接受，因為我們可以完全憑藉自身的努力在那裡生活——因為那位老將軍（指當時新上任的美國總統泰勒）已經罷免了霍桑的測量員職務。千萬不要對這個消息感到任何困擾，因為我們都沒有為這個消息感到任何的困擾。霍桑從一開始就不怎麼喜歡這份工作，因此當他得知了自己被罷免的消息之後，反而覺得大大地鬆了一口氣。因為，他的內心深處也始終相信會有更加適合他的工作出現。至於我本人，妳知道我始終是一個充滿希望與信念的人，只要我擁有我的丈夫以及我的孩子，那麼我始終感覺自己就像擁有了無限的精神財富。但是，當我們懷著一種興奮的心情去欣賞這個鄉村的夏天景色。我們可以讓烏娜在田野裡玩耍，這也是烏娜一直期盼著要做的事情。與此同時，新的測量員還沒有任命，因此霍桑現在還沒有完全離開這個職務。

自從這個消息傳來之後，我從沒有見過比霍桑如此的快樂。在過去很長一段時間裡，他都感覺自己似乎受到了諸多的束縛。他認為自己作為一個男人，始終都不應該為從頭再來或是重新振作這樣的事情而感到任何恐懼——或者我應該說，他始終相信著自己的智慧與頭腦——因為他的腦袋裡面裝著許多金子，或者說有一個尚待挖掘的寶礦。正如瑪格麗特‧富勒女士所說的：「我們都是大海裡面的一滴水。」我們現在都非常好，過著無比幸福的生

活。「我們的內心充溢著信心，對未來充滿著希望，能夠更好地應對任何人的目光。」（莎士比亞的這段話似乎就是為我們而說的，當然，我忘記了他的原文是怎麼說的，這裡只是說出一個大意。）

畢竟，這似乎是以一種不可避免的天意的形式降臨到我們身上（無論一些人會對這樣的惡行做出怎樣的回應，但這些人肯定是為罷免霍桑做出了一些努力的）。在面對不可避免的天意時，我始終都不會以一種無可奈何的方式去接受，相反的我會懷著一種愉悅的心情去接受。毫無疑問，這是發生在我們身上最為美好的事情了 —— 在這之後，我們就能再這樣的基礎之上，重新去創造我們的生活，就像神話故事裡面的那位少女一樣，始終懷著最美好的希望。

我親愛的母親，我就寫到這裡了。妳千萬不要為我們的遭遇而感到任何焦慮。此時此刻，我也許不應該告訴妳這樣的事情，就是怕這會讓妳擔心。但是，我擔心妳會從報紙或是其他人口中得知這個消息，因此我認為最好還是由我來告訴妳吧，這樣的話，妳在得知這個消息的時候就不會感到那麼震驚了。

永遠深愛著妳的女兒

索菲亞

6 月 10 日

我親愛的父親：

下面我要跟你說一個內幕消息，這是霍桑一位友好的輝格黨成員在無意中告訴他的。也許，你也知道現任總統在當選為總統之前，就曾表示他絕對不會無故地解雇任何人，就算是要解除任何人的職務，也只會因為此人的不誠實或是不忠於職守。因此，所有在現任總統做出了這樣的承諾之後選擇投票給他的人都認為他會信守這樣的承諾。你也知道，在美國的歷史上，還從沒有過像泰勒總統這樣，在上任之後就隨意解除別人職務的情況吧 —— 即使是在傑克森擔任總統的時候，這樣的情況也沒有出現。但是，現任總統之所以解除一些人的職務，就是因為他們屬於輝格黨成員，而不是因為這些人的

品格或行為有任何不端正。這就是民主黨人當政之後所採取的行為，因為政治原因而解除別人的職務。輝格黨始終不同意這樣的行為，始終表示任何公職人員只有在行為不端或是不誠實的情況下，才應該遭受解僱。因此，在以前，每當某個公職人員遭到解僱的時候，那麼人們往往會認為他是一個詭計多端的人或是一個缺乏誠信之人。就目前的情況來看，針對霍桑的這些指責都是空穴來風、無中生有的。因此，那些想要解除霍桑職位的人，就想辦法編造了一份極為荒謬的報告，並且讓一些他們同黨之人簽名，然後祕密地送到內閣。還有一些不知廉恥的報紙也宣揚這樣的事情，說霍桑之前經常會在雜誌與報紙上寫一些政治文章。

每個人都知道，霍桑一輩子從來沒有寫過什麼政治文章 —— 可以說，他的筆從來沒有寫過任何一個與政治相關的文字。當然，霍桑所在城鎮的居民對此是非常了解的。但是，真正會讓你感到驚訝的是，這些報紙上所捏造的事實以及很多人昧著自己的良心去作偽證。這些人在誹謗霍桑的文件上簽名。最讓人感到不齒的就是那位 C. W. U. 先生，他的行為已經徹底證明了他是一位騙子與最無恥的虛偽之人，因為他過去總是表示自己是霍桑最友善的朋友。他出面證實了那份報紙的報導內容是真實的，還有塞勒姆地區的三十位所謂的紳士也簽名認可了這份報紙的內容。其中就有 G. D.，年輕的 N. S. 以及 R. R. 先生。你能夠相信嗎？這些人都知道報紙上的報導是不真實的，因為這些報導都是完全錯誤的，但是，這些人為了所謂的黨派利益，為了要解除霍桑的職務，竟然昧著良心去作偽證，讓這位總統相信解除霍桑這些人的論點是有理有據的。他們根本沒有想到這樣的事實會被別人發現。但是，地方檢察官看到了這份報紙，他是一位輝格黨成員，他與霍桑是文學層面上的朋友。這位地方檢察官告訴塞勒姆地區的一位輝格黨成員的人，此人也是霍桑的私人朋友。因此，那些人的「陰謀詭計」就這樣在同一個黨派更有良知之人的揭發下敗露了。

霍桑以非常沉著與冷靜的態度面對著這一切，因為他知道自己作為民主黨人，早就預料到了這樣的結果。但在昨天，當他前往波士頓，了解事情的來龍去脈之後，他內心的憤怒之情被激發出來了。他說，這種針對他品格的

攻擊是懦夫行為，並且還以這種陰謀詭計的方式去做，更是讓他感到無比憤怒。他決定用自己的筆去揭露這樣的事實，揭穿這樣的謊言，將這件事的來龍去脈告訴公眾。

永遠深愛著你的孩子
索菲亞

我最親愛的母親：

　　妳在 11 號寄來的充滿愛意的信我已經收到。妳能夠用「塞翁失馬焉知非福」的心態去看待我們的遭遇，這是一種非常積極的心態。我感覺「在災難的視野與願景之上」，肯定會有更美好的事物在等著我們（正如伯里克里斯[033]對阿斯帕西婭[034]所說的）。因為，我丈夫能夠滿足我內心的最高理想，而上天的仁慈又始終保佑著我的孩子。只要他們能夠安好，其他的一切都是很其次的。正是這種永恆的生命才讓水仙花在我的人生道路上不斷綻放，這是任何人粗魯的踐踏都無法扼殺的。我為我的丈夫感到自豪。他始終站在道德的制高點上，鄙視著那些以卑鄙行為來陷害他的人。那些為了黨派利益而陰謀陷害他的人，必然會陷入但丁所描述的煉獄裡的絕望泥潭裡。他們想要試圖製造更多的傷害，只會讓他們更深地陷進去。我經常會想，那些陰謀詭計之人這輩子是否能夠再次洗淨自己的臉。我的丈夫認為他之所以遭到解職，就是因為他是一個民主黨人（妳很清楚他一直都是一位忠實的民主黨人，而不是那些牆頭草）── 因為，他始終認為這樣的事情其實就是政治方面的鬥爭。但這樣的方式還是讓我感到驚訝，因為泰勒將軍在競選總統的時候，曾經承諾過不會因為政治觀點的原因而解除任何人的職務，只會解除那些不誠實或是不遵守職責的公職人員。正是有了泰勒將軍這樣的競選承諾，霍桑那些輝格黨朋友以及他的民主黨方面的朋友，都認為他是不會受到大選影響的。霍

---

033 伯里克里斯（英語：Pericles，約西元前 495 ～西元前 429 年），雅典黃金時期具有重要影響力的領導人。他在希波戰爭後的廢墟中重建雅典，扶植文化藝術，現存的很多古希臘建築都是在他的時代所建。他的時代也被稱為伯里克里斯，是雅典最輝煌的時代，產生了蘇格拉底、柏拉圖等一批知名思想家。

034 阿斯帕西婭（Aspasia，西元前 470 ～西元前 400 年），雅典政治家伯里克里斯的情婦、當時雅典社會的活躍人物。她的智慧為蘇格拉底所賞識。

桑不可能主動參與到這樣的政治鬥爭中，他根本不會主動招惹任何政界方面的人 —— 他也從未出於政治原因而寫過什麼政治評論文章或是發表過關於政治的演說。但就算如此，那些陰謀詭計之人還是暗地裡實行他們的陰謀。他們將莫須有的指控加在我丈夫頭上，然後將這樣的文件送到華盛頓，並且還有塞勒姆地區 30 名違背了良心的人在上面簽名，希望能夠任命別人來取代霍桑的職位。

6 月 21 日，星期四

我最親愛的母親：

　　妳沒有收到我之前寄給妳的信件，這真的讓我很失望。但是，這件事的發展形勢讓我顧不得那麼多了。因此，我現在必須要告訴妳一些事情。現在，整個國家的輿論都站起來了，他們紛紛表示反對解除霍桑的職位。我有一個好消息要告訴妳，那就是霍桑被解職的建議在華盛頓那邊暫停了，因此霍桑要不是能夠恢復原職，不然就是就能在一個更好地職位上任職了。在華盛頓，政府遭到了欺騙，他們根本不知道這些人想要做的事情就是要解除霍桑的職位 —— 塞勒姆地區的那四個人的行為是如此隱蔽與狡猾！我簡直無法跟妳詳細地講述這樣一個讓人感到厭惡的故事。不過，這一切都已經不重要了。那些人的陰謀詭計全部落空了，他們的計畫失敗了。霍桑的名字在這片土地上家喻戶曉。現在，所有支持他的人都紛紛站出來了，霍桑也感覺到自己出名了。薩繆爾·霍伯[035]之前就一直為霍桑而奔走。忙於處理這件事也讓霍桑從弟弟去世的悲痛情感中走了出來，因為他弟弟是非常崇拜與尊敬霍桑的。我是在膝蓋上給妳寫封信的，因為我得要一邊照看朱利安，而今天也可以說是一年中最熱的一天。現在，我只能跟妳說再見了，我懇求妳在山中度過炎熱的七月分。因為要是妳繼續居住在西大街的話，那對妳來說實在是太熱了。我們現在一家人都很好。當我見到妳的時候，我會跟妳詳細地講述這件事的。到目前為止，霍桑沒有離開海關辦公室，而新任官員的任命也還沒有抵達。

035　薩繆爾·霍伯（Samuel Hooper, 1808-1875），美國實業家、國會議員。

永遠深愛著妳的孩子
索菲亞

　　附注：為了將表面上受人尊重之人的卑鄙陰謀伎倆展現出來，我必須要告訴妳，U 先生從華盛頓那邊帶回來了一份文件，然後他複製了原始的文件。然後，他讓塞勒姆地區的商人都同意支援讓米勒擔任收稅員。霍桑作為港口的測量員，他了解這些商人。霍桑曾說過：「在我看來，最好的人選是」這樣的話。當時在場的都是一些有頭有臉的商人，也是負責任之人。在複印版本裡，U 先生則刪除了霍桑的那句「在我看來，最好的人選是」的話，而將這說成是塞勒姆地區所有商人的一致決定。史蒂芬·C·菲力浦斯[036] 沒有在文件上簽名。於是，U 先生就拿這份文件來證明霍桑缺乏誠信，害他遭受彈劾！U 先生還試圖尋找我丈夫阻礙米勒上校這個任命的任何政治行為，但他是不可能找到的。最後，他想要找一個所謂的汙點證人。妳之前聽說過有人是以如此可悲的方式去逃避責任的嗎？可以說，我們根本無法形容這個人的骯髒程度。正如我丈夫所說的，此人是他見過最無恥的小人，因為他在每個方面的行為都無恥到了極點。最後，在 U 先生回到華盛頓之前，政府就已經恢復了霍桑的職位，而他本人也遭受到了嚴重的質疑。我相信埃弗雷特先生將會明白這件事的前因後果，知道他收回第一封信就是犯下了一個不公正的行為。查爾斯·索姆奈[037] 參議員在談到 U 先生的時候：「那是一個油嘴滑舌、口蜜腹劍的小人！」

　　霍桑在某個時候寫信給了當時在麻塞諸塞州西牛頓地區的賀拉斯·曼先生

塞勒姆，1849 年 6 月 26 日
我親愛的先生：

　　我剛剛收到了你的來信。你在信中表示希望重新恢復我作為測量員的職位。

036　史蒂芬·C·菲利浦斯（Stephen C. Phillips, 1801-1857），美國政治家、眾議院議員。

037　查爾斯·索姆奈（Charles Sumner, 1811-1874），美國政治家、律師、演說家、參議院議員、共和黨人、廢奴主義者。

當我跟伊麗莎白說那些事情的時候，我是非常認真誠懇的。我真的不願意看到你介入的原因而與 K 先生或是 U 先生達成什麼協定，或是與當地的黨派成員達成什麼協定。但是，當我回到這裡的兩三天之後，我發現事情的發展與我之前預想的不大一樣，輿論都非常支援我，都希望能夠達成有利於我的協議，至少那些原本反對我的人也不得不要做這樣的打算。昨天出版的《埃塞克斯日報》（The Essex Register）上，就談到了希望政府能夠給我提供一個比之前他們剝奪我的更好的職位。現在，我認為若想保存我的尊嚴，我不能接受任何形式的妥協。因為，要是我接受一個更好的職位，那麼空缺出來的職位肯定會透過解除另一位民主黨人的職位來騰出來的。如果真有這樣的空缺職位，這樣的指控肯定又會針對我。因此，只有恢復我之前的職位，才能讓我完全伸張正義。這也是政府最容易做到的一件事，因為他們現在已經暫停了我的繼任者之任命。就算最後達成了妥協，但這樣的妥協也不應該是跟我達成的，而應該是跟派特納達成的，透過給他在海關安排一個職位 —— 而且他的職位比我現在職位的薪水更高一些。我有理由相信，海關收稅員會同意這樣的安排。也許，我這樣的想法有助於恢復梅雷迪恩（Mr. Meredith）之前的職位。

我不想將你牽涉進這件事來，我也不希望我的任何朋友在這件事情上為我出頭。但從整件事來看，要是你能夠按照米爾斯的建議那樣做，那麼我也非常感激。當然，當你利用自身的影響力去幫助我的時候，我也感覺到自己必須要接受原先的職位。我希望你能夠相信一點，那就是我不允許你為我說半句好話。即使我知道自己沒有能力去完全反駁官方的不當行為，我也不願意別人替我這樣做。

索菲亞與孩子們都很好。演講臺的經理們都想要知道，在國會開會之前，你是否有空前來這裡發表兩場演說。

永遠忠誠於你的朋友
納撒尼爾·霍桑

塞勒姆，1849 年 7 月 2 日

　　我親愛的先生：

　　從我目前所掌握的各種可信消息，我認為輝格黨的一些成員以及我的一兩名下屬正準備捏造一些針對我的全新指控。你給政府部門寫一封信，要求他們給一份這些指控內容的影本，好讓我有機會可以及時地進行回應，這難道不是公正的做法嗎？（除了這些莫須有的指控之外）我根本沒有什麼需要去解釋、辯護或是去否認的。我想過要透過報紙的形式去駁斥這些指控，但這會引發持續時間較長的爭議，即使最後能夠證明我的清白，也會讓我恢復原職變得更加困難。因此，我認為最好的方法就是以這樣的方式去應對這些指控，如果你能夠幫我找到這樣的指控文件的話。

　　給你帶來這麼多的麻煩，實在讓我過意不去。但是，你必須要記得，一開始你主動提出要幫助我的，而不是我強求你這樣做的。

永遠忠誠於你的朋友

納撒尼爾·霍桑

　　下面這封信的內容不是很完整，因為信件裡提到了一些名人簽名收集者的要求。

　　……在昨天送去了這些文件之後，我突然想到，我應該告訴你一些關於簽署這些文件的先生們在政治品格方面的一些細節。簽名的人包括 B·巴斯托爾（B. Barstow），他現在是民主黨城鎮委員會的成員。威廉·B·帕克（William B. Pike）則是民主黨縣委員會的主席。T·伯奇莫爾（T. Burchmore）則是民主黨眾議院地區委員會的主席。B·F·布朗（B. E. Browne）在官方文件上的簽名，表明他是民主黨州立委員會的成員。他們都在我們當地的政壇上很活躍，並且非常熟悉政界裡面的……（下面的簽名有點模糊，無法辨認）。

　　關於伯奇莫爾寫給我的信件，我想要說幾句。伯奇莫爾先生在過去二十五年裡，一直在海關辦公室任職。在過去很長一段時間裡，他雖然只是名義上的海關總管，但他實際上卻是這個機構的創辦人。正是因為他傑出的業務能力以及對海關營收方面所有細節的精通，所以他才能夠將海關管理得

越來越好。他是一位正直且受人尊重的人……（下面的內容有些較為模糊，無法辨認）。因此，我希望能夠與政府的相關人員就這方面達成一些共識，希望你們能夠盡量以好的方式去對待他們。當然，他的信件可能已經送出去了，但是信件的內容最好不要提及他與海關辦公室之間的關係。因為他是在海關辦公室裡擔任職務，因此政府很有可能不會認為他是一位真正有官級的人。

我的繼任者還沒有到來，我的敵人現在也顯得比較平靜，我對於他們下一步的動向可以說是一無所知。

賀拉斯・曼夫人給索菲亞的來信今天送到了。

附注：上面提到的諸位先生都有著較高的社會地位，在政治領域內也有著崇高的威望。比方說，你可能還記得塞勒姆演講臺的副主席巴斯托先生，他曾經介紹過你。

塞勒姆，1849 年 8 月 8 日
我親愛的先生：

我的情況其實很簡單。即使我們從現有較少的資源中所能夠看到的直接證據去看，都應該可以對這件事有一個大致的了解。我認為自己在這段時間保持緘默一事，並不能因此而遭到別人的排斥或是成見。我希望能夠以盡量簡短的方式告知這件事的來龍去脈。

U 先生指責我因為幾位巡視員拒絕支付黨派費用，就暫停了他們的職位，並且斷言我透過一位信使將這封暫停他們職務的信件送過去了。U 先生還表示，當這幾位巡視員繳納了黨派費用之後，我收回了暫停他們職位的請求。

我可以證明這是一個直接跟我相關的問題 —— 身為海關辦公室的主要負責人，若是從收稅員辦公室的角度去看，我們應該要了解財政部的那封來信所要傳遞出來的動作，正是財政部的親自下指令才讓我們臨時暫停了這些巡視員的職位。我們有兩位官員在那個職位上，他們都是民主黨人，都是有一大家子要養活的人，並且沒有其他的經濟來源。作為官員，他們的行為是

無可指摘的。正是出於這樣的原因，我不願意看到他們失去目前的職位。因此，為了能夠順應財政部下達的命令，同時又不毀掉這兩個人的前程，我選擇了在一年中比較清閒的時候暫停了他們的職務，但並沒有因此而解除他們的職務。透過這樣的方式，他們能夠重新回到正常的工作狀態，並且透過工作成績來證明自己的能力。我專門下達了一道與此相關的命令，這些命令的本意並不是要馬上執行的，而是首先要與副收稅員以及海關總管商量。海關總管在知道這件事之後，他認為出於各方面原因的考量，這兩位官員應該繼續留在原職，等待財政部那邊下達的進一步的命令。至於責任承擔方面，我們完全是按照收稅員部門的規章去做，我對此沒有任何反對的意見。在我看來，這件事應該就此結束了。

　　但是，有人說，我是在某些人的慫恿之下，才決定暫停這兩位官員的職務，並且指出了此人的名字。我已經要求此人做出相應的解釋，他立即公開宣稱，這是一次深思熟慮的行為，而且他與那兩位官員的關係也非常良好，因此他認為自己有責任告訴他們。但是，他卻以最為鮮明的方式表示，他在這樣做的時候沒有得到我的允許或是知會我一聲。他表示，如果我要求他這樣做的話，他隨時都可以出來作證。我並不想知道他與那兩位官員之間到底都聊了些什麼，因為我將他所說的證據視為可以洗脫我任何嫌疑的證據，因為這些事情都是發生在他與那兩位官員之間的事情。但是，我的想法是（當然，我的想法可能是一種誤解，但這是基於對一些勢利政客的認真觀察以及對海關關於黨派利益方面嚴格自律方面的了解之上），真的存在某種陰謀的行為，希望能夠趕走那些拒絕服從權威的巡視員，他們採取的方式就是透過緊急要求辭職或是暫停職務的方式。其中一位巡視員違背了自己的良心，在U 先生與他的同黨的威脅與恫嚇下，將所謂的罪名線索直接引到了我身上。U 先生在他寫給財政部的備忘錄裡，就認定且完成了這樣的謊言，似乎表明我就是這背後一切的始作俑者。但是，我認為U 先生得到的這些「證據」根本不能證明我有什麼過錯。

　　海關總管（也就是我之前寫信給你談到的那位伯奇莫爾先生）在一週之前就站出來了，高興地表示自己願意在任何時候都站出來，證明我做出那些

決定背後的立場。其他一些人據說在海關辦公室充當信使的人依然還在職位上，此人是一位過磅官與檢量官，其年薪大約在一千五百美元左右。他是一個貧窮之人，但他在這個職位上也只做了大約兩年左右，但是他的收入全部都用於償還他曾為他人充當背書人所欠下的債務。他現在希望得到幾百美元，好可以前往加利福尼亞州，或是讓他在其他地方有一個更好的開始。儘管如此，如果我去找他的話，他依然會幫助我的。當然，他寧願等待自己遭到解職的那一天，這件事顯然會在國會開會前發生的。與此同時，我在這些事情上根本沒有任何要達成的目標，也沒有任何重大的目標需要他做出這樣的犧牲。我已經失去了測量員的職位，我對於恢復原職也沒有抱著很大的期望，我也沒有想過能夠繼續在這個職位上做下去，我的目標其實很簡單，只要能夠在參議院為自己辯護，從而讓參議院否決對我繼任者的任命，這會讓公眾明白我是因為一些不充分的理由而遭到解職的。如果 U 先生能夠給我這樣解釋自己的機會，或者如果他不給予我這樣的機會，那麼我也會盡自己最大的努力去做，利用新聞報紙來公開這件事，從而還自己一個清白。我相信自己最後肯定能夠成功。

我很快就會順從你友善的邀請，前去看望你。我這次旅程並不是要談論上述這些事情，而是因為我想要寫一本教科書 —— 整體來說，這是一本寫給年輕人的書 —— 因此，我想認真聆聽你的意見，這對我來說非常重要，這樣我才能更好地完成這本書。只要有可能的話，我會盡快找到一個健康、有趣且廉價的住所 —— 搬到鄉村地區去生活，然後永遠與可惡的城市生活告別。現在，我的母親已經不在這裡了，因此我也沒有了繼續在這裡居住的原因了。

索菲亞與孩子們現在都一切安好，請將我最美好的祝願送給賀拉斯·曼夫人。

我永遠都是你們忠誠的朋友

納撒尼爾·霍桑

附注：請原諒我給你寫了一封篇幅如此冗長的信件，但我很高興看到你能夠了解這些事實，這會讓你不會受到外界資訊的影響。

在這裡，我會插入與此事相關的一些信件，雖然這些信件是寫於 1884 年的。

羅德島普洛敦維士，9 月 15 日
親愛的拉思羅普夫人：

……關於紀念噴泉，或者說紀念碑（慶祝《鎮上的水泵》一書）的儀式，由於布魯克斯夫人的去世，因此我們無法前往，但我相信妳們肯定能夠圓滿地完成這件事情。我的一個計畫可能已經比較成熟了，但這些年來卻因各種原因始終都無法採取實質性的行動。也許，我們最好還是要繼續等待。畢竟，只有在那些誹謗中傷你父親的可悲之人從這個地球消失之後，一切真相才會自然大白。讓我們對此保持足夠的耐心吧！那些惡意中傷別人的人都會迅速消失的，「他們的怒氣所噴射出來的惡意」必然會讓他們自取滅亡。這些人根本不了解妳的父親，因此他們都會選擇性地對此失明或失聰。惠特蘭博士表示，在現在的塞勒姆大街，只有一些對事實真相一無所知之人才對妳的父親懷有惡意。但是，妳的父親卻一點都不像我

> 「他是一個沒有什麼自我意識的人，
> 彷彿就在森林裡遊蕩，想著去追逐野兔，
> 最後卻來到了黑暗的巢穴入口
> 他聽到了黑熊發出低沉咆哮聲音
> 最後在血肉之軀中躺了下來。」

順便說一下，我曾經發現薩維奇女士完全忘記了霍桑在談到關於海關辦公室工作經歷的事情，沒有提及到鎮上水泵的事情。因此，我將《紅字》一書放入了我的旅行袋裡（她的這本書不見了）。兩三週之前，我前去她家做客，為她閱讀了這本書的部分段落。之後，我就前去拜訪穆麗特先生，我將這本書留下給他。因為他已經好多年都沒有看這本書了。我認為妳肯定想要看到他寫給我的信件，於是我就將他寫給我的信件隨信寄給妳。

永遠忠誠於妳的朋友

喬治·亨利·霍爾登[038]

親愛的拉思羅普女士：

昨天晚上，當我在搜尋文章的時候，無意中發現了我們那位「雙眼明亮」且內心高尚的朋友穆麗特寄來的一封信件，我相信你肯定會想要閱讀他的信件。因此，我將他的這些信件隨信寄給妳了。穆麗特先生的聽力不是很好，因此他很少出去。在我居住於塞勒姆地區的十二年時間裡，我可以肯定我從未見過他走出過大街一次。事實上，我認為我之前從未聽過他這樣一個人，直到我搬到了普洛敦維士居住之後，才知道有這樣一個人的存在。某天，我在《公報》辦公室裡聽說了他這個人，於是就想辦法去了解這個人的一些資料。我了解到，他是一位很了不起的讀者。《哈帕》雜誌曾經寄過關於羅爾夫所寫的關於莎士比亞劇作的評論給我，我發現其中有三四處的評論都是一樣的。因此，我希望穆麗特先生能夠接受這樣的文章。穆麗特先生並不是那些透過喋喋不休地談論著莎士比亞或是拿破崙，從而會讓你父親感到厭煩的人。相反的，他是非常欣賞著名劇作家的人。他擁有著許多關於劇作的書籍，一旦有時間就會認真地閱讀。穆麗特非常喜歡閱讀過去英國詩人的作品（當然，我並不是指喬叟或是史賓賽那個時代的英國詩人）。我認為，他能夠依靠記憶背誦上千句詩歌。因為我每次敲他家門鈴的時候，都沒有機會見到他，因此我只能透過信件的方式去描述他。

請記得提醒我跟妳說說穆麗特先生之前跟我說的那個關於非洲神物的故事，這個故事與妳父親生前的一些事情有關聯。

永遠忠誠於你的

喬治·亨利·霍爾登

---

038 喬治·亨利·霍爾登（George Henry Holden, 1848-1914），美國博物學家。

塞勒姆，1884 年 9 月 10 日

親愛的霍爾登先生：

在 1850 年，我有幸能夠獲得《紅字》這本書以及「作者本人所寫的祝福話語」。當然，這份禮物是非常珍貴的。但這本書的命運與很多書的命運都如此一致，就是被人借了之後就再也沒有歸還了。關於這本書的最初版本到去年所發行的最新版本的歸宿，都證明了我還是有必要過上一種隱居的生活。在過了這麼多年之後，我仍然感覺到自己在閱讀那本書的時候，感受到了真正意義上的閱讀樂趣。當時，閱讀這本書的樂趣源自於我對之前關於海關辦公室章節的熟悉。整個閱讀過程彷彿讓我感覺回到了那個時代，並重新又活了一次。作者以那麼嫻熟的手法描述了那些場景，讓我有一種歷歷在目的感覺。當我閱讀這本書的時候，經常會停下來為一些精妙細緻的描寫而哈哈大笑。霍桑在這本書進行的生動描述與敘述，讓我能夠對書中的人物形象有一個極為細緻的感受，因為這些人物形象與創作這些人物形象的作家一樣，都非常鮮明生動。我甚至可以更為直觀地說，當我閱讀這本書的時候，就感覺書中的內容彷彿就發生在昨天。霍桑的〈家長制的老人〉（*patriarchal body of veterans*）是多麼的真實啊！〈向後傾斜椅子〉（*tipped back in chairs*）與〈有時入睡〉（*at times asleep*）等文章是多麼生動細緻啊！當然，我們偶爾也會聽到一些人對此發表一些鄙視的看法。但是，這些文章或是書籍裡的生動描寫，會讓那些批評者就像那些不願意閱讀作品的懶惰之人。不管別人在閱讀這本充滿幽默情感的書時有怎麼樣的感受，那些多年如一日觀察生活的人必然能夠感受到其中的精妙與詼諧之處。關於《經驗豐富的船長》（*veteran shipmaster*）的故事，正如霍桑所說的，「每一天，作品都會讓我發笑或是發出由衷的讚嘆，因為他作為一名講述故事之人表現出了無與倫比的天賦。」霍桑所談的正是書中那位名叫史蒂芬·伯奇莫爾的船長，他是一位商店的老闆。關於他們的故事都是一些離奇的故事。霍桑正是擁有這種「無與倫比的講故事能力」，才讓讀者愛不釋手。我已經知道很多人都會在閱讀這本書的時候哈哈大笑，每個人都對霍桑的文學才華表達由衷的敬佩。

永遠忠誠於你的

喬治·W·穆麗特（George W. Mullet）

我親愛的霍爾登先生：

你希望我能夠就「為了霍桑而犧牲自己利益這件事的一些細節內容」詳細地談論一番。

在所有人事安排已經完成之前，霍桑是絕對不會與海關辦公室的任何人進行特殊的往來。理查·林賽（Richard Lindsay）得到了上級的任命，將要擔任測量員，而我則前往海關辦公室裡工作。所有這些必要的文件都已經送到了華盛頓，一切都是按照正規的程序去完成的，因此我們隨時可以等到任命確認的通知。

在之後的某個階段，有人提出要讓霍桑擔任測量員。很多人都想要急切地促成此事。為了達到這個目標，林賽必須要想辦法退出原先的職位。最後各方都一致同意了，我則成為了最後一個「絆腳石」。林賽與我本人是非常要好的朋友，我們的關係始終都非常好。他願意為霍桑騰出這個職位的做法，是我之前沒有想到的，如果他一開始就有此想法，這肯定是有問題的。我在這件事情上處理得非常小心，因為我之前一直在當地收集關於支持他擔任測量員的聯署的事情。因此，我自願提出放棄在海軍辦公室任職的請求，以支持霍桑擔任測量員。但我必須要說明一點，在整個過程中沒有任何私下交易。

最後，為了盡快完成這個迫切的目標，我提議，林賽與我本人都同時退出，讓別人來代替我們。我希望我的朋友能夠明白，我從來不要求別人與我一樣做出犧牲。我的退出請求遭到了很多人反對，說這是毫無必要的。但這是我得出的最後結論。無論在任何情況下，我都不會改變自己在這件事情上的立場。之後，我還要想辦法去說服林賽，讓他對這樣的安排感到滿意。我表達了自己的退出只是權宜之計，否則讓霍桑擔任測量員的目標就不會實現。

現在，我們要做的只是寫信華盛頓方，要求撤銷我們的候選人資格，然後對霍桑擔任測量員以及霍華德擔任海軍軍官的提議表達支持。在他們的任

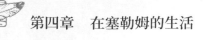

命下來之後沒多久,林賽與我本人就被任命霍桑手下的巡視員。

在那個時候,我將對霍桑的任命視為一項順應黨內意志的行為,以及與一位文人之間友情的展現。因為當時已經有越來越多人欣賞他的文學才華,而他也逐漸成為文學天空裡一顆冉冉上升的星星。

我從未為當初放棄自己的任命感到半點遺憾。在接下來將近四年的時間裡,無論是在工作上還是在生活上,我都能近距離地觀察他的言行舉止。霍桑留給我的美好回憶遠遠勝過我當初做出的一些卑微犧牲。霍桑的沉著冷靜、對抽象事物的洞察力以及他那柔和與愉悅的聲音 —— 他說的話可以說是人類最為悅耳的 —— 都經常在我的腦海裡迴盪。

永遠忠實於你的朋友

喬治·W·穆麗特

第五章　從塞勒姆到伯克郡

霍桑想要在海邊安家，但最後卻來到了伯克郡的高山上，但他依然能過著快樂的生活。詹姆斯·拉塞爾·洛厄爾的來信。塞奇威克是這個世界上最友善的朋友。在霍桑夫人寫給她母親的一封信裡，赫爾曼·梅爾維爾重新恢復了人生的鬥志。霍桑夫人寫給丈夫的一首詩歌。

霍桑一家人做好了要回到鄉村過安靜生活的計畫，他們懇求霍雷肖·布里奇 [039] 幫忙尋找一處靠近大海的房子。因為霍桑始終希望能夠與大海為鄰居。布里奇在一封寫給霍桑的信件裡就談到了這件事：

美國新罕布夏州樸茨茅斯海軍船塢，1849 年 8 月 6 日

我親愛的霍桑：

……我幫你找尋到了一座房子，我想你應該會喜歡的……這座房子能夠看到美麗的海景。如果你能夠租下這座房子的話，那應該會讓你感到非常滿意的……現在，我們都忙著在這邊裝修新屋，如果能夠再次見到你，我們肯定會感到非常高興。布里奇女士與我都熱烈歡迎你與霍桑夫人能夠前來這裡居住。請將我的愛意傳遞給烏娜與尚未出生的朱利安。

永遠忠實於你的朋友

霍雷肖·布里奇

布里奇夫人的下面這封信並沒有標明寫信的年份，這封信可以說是這個時期霍桑其他朋友的一些來信中的一封比較典型的信件：

費城，7 月 1 日

我親愛的霍桑夫人：

昨天，我從非洲郵局那邊得知，妳沒有收到我今年夏天放在溫斯羅普家裡的一封信。妳之前肯定一直認為我可能忘記了這件事，但我是絕對不可能忘記這件事的。我應該確認妳為我寄來每一本書的消息。我發自內心地感謝妳寄來的書籍，這給我帶來了無限愉悅的感覺。我知道霍桑作為一名作家所

---

039 霍瑞修·布里奇（Horatio Bridge, 1806-1893），美國海軍部將軍，與霍桑、朗費羅是在鮑登大學時代的同學，也霍桑文學作品的忠實讀者。

擁有的名聲，我也曾為他所創作的《一個溫和的男孩》的傷感情節而落下眼淚。當我閱讀這本書的時候，深深為其中的情節所打動，我甚至讀給我們家那位年老的保姆聽，她多年來都是我們全家的一位耐心的聆聽者。多年來，我一直都過著清心寡欲的生活，但是當我閱讀霍桑的這本書時，我感覺內心的想法全部都被激發出來了。我開始懷疑自己是否可以冷靜地閱讀接下來的一頁。此時，那位年老的保姆用滑稽的憤怒口吻說：「那些可怕的人類！」當她拿下眼鏡，擦拭眼睛的淚水時，我也會哈哈大笑起來。我們從閱讀中感受到了更為真實的人性，我也能夠安然地面對很多事情。我非常喜歡霍桑先生的作品，因為他的作品會讓我發出笑聲，也會讓我哭泣。布里奇經常提到霍桑先生的大名。順便說一下，布里奇今年九月分就要前往地中海了，我希望到時候能夠跟他一起去。

　　永遠忠誠於妳的朋友

夏洛特·馬歇爾·布里奇

　　當霍桑一家面臨困境的時候，霍桑夫人馬上收到了一位最親密朋友寄來的一封信件。我將這份信件節選如下：

史泰登島，1849 年 9 月 10 日

　　我親愛的索菲亞，感謝妳的來信。最近，我一直思念著妳，也很高興得知妳們接下來一段時間的計畫。在我收到妳的來信之前，我就對「泰勒將軍」以及他的一些忠實追隨者感到憤怒，因為他們的很多做法都是出於政治利益以及黨派利益去考慮的，而根本沒有顧及到公眾的利益，這必然會給很多人帶來不幸的結果。我很高興妳們要前往雷諾克斯這個地方，因為那是一個美麗的地方，我在那裡有很多親密的朋友。我親愛的索菲亞，人生就像一場悲傷的戲劇，至少我是這樣認為的……我們認為，鮑勃（也就是羅伯特·蕭上校 [040]）需要擺脫這樣的家庭影響，因為他沒有任何兄弟，也不願意將他

040　羅伯特·蕭上校（Colonel Robert Shaw, 1837-1863），美國南北戰爭期間，服役於聯邦軍（北軍）的軍官，最終官階為上校。在擔任上校期間，率領由黑人組成的麻塞諸塞州第 54 志願步兵團，參與攻擊聯邦軍（南軍）所掌控的南卡羅萊納州。1863 年 7 月 18 日，在攻打華格納要塞時陣亡，年僅 26 歲。電影《光榮戰役》即描寫蕭上校。

送到普通意義上的學校。於是，我們幫他選擇了靠近紐約福坦莫的耶穌會學院，那所學院裡有一百五十名學生，還有很多神父去教授他們知識，照顧他們的日常生活起居。我將弗蘭克寄給我的一張支票隨信寄給妳，他希望霍桑先生能夠接受他的這點心意，因為他知道如果他面臨這樣的命運，霍桑先生肯定也會毫不猶豫地這樣做。他並沒有懇求妳接受他的這份心意 —— 因此，如果妳們真的不願意接受這份心意，那麼妳們可以寄回來。我只是希望他的這筆錢有一千美元，我親愛的索菲亞，當我想到像妳丈夫以及其他這樣優秀的人，卻因為缺乏金錢而不得不過著悲苦的生活，這讓我感到非常憤怒。如果這樣的考驗最終能夠給人們帶來好處，那麼這樣的考驗還是可以接受的，但很多時候這樣的考驗會徹底扼殺一個人。莎士比亞就曾對此感同身受，他曾這樣說：

> 「我厭倦了工作，我真的希望一個安樂的死亡
>
> 但是，我從小就出生在貧苦家庭，
>
> 因此，我無法得到任何可以讓我感到歡樂的東西。」

我親愛的索菲亞，願上帝保佑妳。儘管泰勒將軍給妳們家帶來一些考驗，但這一切都會過去的。請相信我永遠都是忠誠於妳的朋友。

S. B. S.

伊麗莎白·霍爾女士與愛默生的弟弟查爾斯訂婚了，但查爾斯在很年輕的時候就去世了。伊麗莎白·霍爾女士就霍桑一家要離開康科德一事寫了一封充滿遺憾之情的信件。

……記得讓霍桑以及美麗的烏娜記得我。妳們三個人在康科德已經度過了一段美好的歲月，我也曾與妳們一起度過歡樂的時光，這些我都無法忘懷。無論發生什麼事情，請保證我們都不會失去聯絡。

永遠忠誠於妳的

伊麗莎白·霍爾

……我真的很想見到妳與霍桑先生，還有妳那可愛的烏娜以及她的小弟弟。我之前在塞勒姆地區的時候，就曾兩次前去拜訪妳們，但都沒有見到妳們。當《苔蘚》一書出版的時候，我身在紐哈芬。當時，我的所有朋友幾乎都在閱讀這本書。我發現自己就像一頭獅子，因為我了解霍桑的作品。正是在他的影響下，我下定決心要成為一名作家。我希望能夠講述發生在老教區居民的生活故事，講述一些其他書籍所沒有談到的內容。父親非常喜歡霍桑的作品，曾經專門寫信跟我談論這件事。請將我的敬意傳遞給霍桑先生，我真的非常感謝他創作了這本書。從 5 月 6 日到 30 日，愛默生都將會在巴黎地區，之後則會前往倫敦發表六次演說，看望那裡的朋友與欣賞那裡的景色。我對此感到衷心的高興。

永遠忠誠於妳的

伊麗莎白·霍爾

羅威爾女士長期以來都是我母親親密的朋友，她也給母親寄來了一封充滿情感的信件。我本想要做一些節選，但其中的部分內容實在賦予了強烈的情感，因此我無法捨去：

「我們是多麼的幸福啊！上帝始終讓我們感受到了持久的愛意，讓我們重新回歸到了一種純真無邪、慷慨大度以及充滿信念的狀態……我已經看到了關於公告的一張照片，瑪麗當時正在閱讀著關於救世主即將到來的話語……瑪麗是所有女性中最為典型的。我非常喜歡羅馬天主教散發出來的那種情感，而這樣的一種情感也始終對她有非常強烈的吸引力。這樣的一種情感應該是每個人最深層次生活原則的根基……詹姆斯現在一切安好，他說他現在很快樂，每個了解他的人都知道他有著愉悅隨和的性格……當我感覺良好與自身強大的時候，我會有一種非常好的自我感覺，這種感覺就像觀看地圖冊一樣，彷彿整個世界都在自己的眼前……我喜歡用自己的雙手去工作，喜歡釘釘子、黏貼物品、擦拭東西或是挖掘東西。這些工作彷彿能夠滿足我內心對去做某些看得見的事情的一種渴望。我的母親經常告訴我，我命中注定就該嫁給窮人做妻子，因此我必須要掌握許多技能，從而應對日後的艱苦生活。」

　　……難道六月分不是一年當中最美好的月分嗎？難道六月分不是自然界舉行嘉年華的月分嗎？在六月，大自然的一切都是那麼的美好，充滿了無限的生命力。每一棵樹似乎都剝落下代表著過去的那些陳舊皮膚，綻放出美麗的花朵。當空氣中沒有微風吹過的時候，樹枝彷彿都在因為自身散發出來的生命力而微微顫動。因為這些樹木本身充盈著強大的內在生命力，它們都在因為自身的生命愉悅而顫抖，它們能夠感受到充沛的樹液不斷從肥沃的土壤裡噴湧而出。在這樣的日子裡，難道妳不會歌唱著「美好的愛意」嗎？在這樣的月分，難道大自然不像妳的貼身侍從，只是希望讓妳的心靈感受到每一種妳所能想像到的歡樂情感嗎？大自然表現出來的這種持久哼唱與熾熱的生命活力，深深地滿足了我的內心盼望，讓我的整個軀體彷彿都充滿了無限的力量。我感覺到某些事物正在這個世界上悄然地出現，否則為什麼這一切都顯得那麼喧囂，甚至連平時不起眼的野草此時也處於它們最佳的狀態，還有那些一望無際的綠色小草或是龐大的橡樹，似乎都在發出綿長的音調。大自然的一切事物彷彿都在歌唱和跳舞。在空氣中飛舞的小昆蟲以及漂浮在水上的那些長腿蜘蛛，此時都專注於覓食。即使是微不足道的螞蟻或是甲蟲，它們都在像勤勞的人類一樣在囤積著食物，不斷地跑來跑去，有時候甚至毫無緣由地玩耍，只是為了樂趣。總之，空氣中的一切都似乎充滿了無限美好的氣息。在我看來，甲蟲似乎總是過著一種愉悅的生活，因為牠們在出生之後的兩三年裡，都是以吃地下的腐爛東西為生，最後才長出翅膀在空中飛舞。但是，牠們在成長中覓食的過程，也為那些樹木的蓬勃發展帶來了許多養分。一想到這樣互利共生的情景，就讓我的內心感到非常欣慰，因為我們這些人類都必須要透過殺戮動物才能滿足食慾，而自然界透過這樣一種完美的循環告訴了我們，還有比我們更為高級的一種生存方式。我親愛的索菲亞，這的確是一次非常漫長的散步啊！我之前承諾過要將詹姆斯所寫的十四行詩隨信寄給妳，因此我現在將這首十四行詩也一併寄給妳。

　　永遠忠誠於妳的

瑪利亞‧懷特

喬治・斯蒂爾曼・希拉德給霍桑寄來了以下這封信。在信封上，我的父親寫著希拉德名字以及「紅字」，表明他對於朋友的批評與讚美有多麼感興趣。在信封的另一面則寫著「信仰」。可以說，沒有誰比我的父親更加忠誠於他的朋友了。

波士頓，1850 年 3 月 28 日
我親愛的霍桑：

你真的寫了一本非常優秀的書！若是從文學才華的角度去看的話，你的這本書超過了你之前創作的每一本書。這是一本充滿了強烈悲劇力量的書，包含著你深刻的洞察力、成熟的創作技巧以及對人類心靈的真實了解。我認為，這本書肯定會在美國的文學領域裡占據重要的地位，甚至可以被稱為是「悲劇的開山鼻祖之作」。若是從智慧的角度去看，你則讓我感到非常困惑。你作為一個身心健康之人，到底是怎麼培養對人類如此病態的心靈觀察能力的呢？你到底是怎樣獲得這樣的認知呢？在閱讀你這本書的過程中，我有時候會想你的內心肯定還有很多隱藏起來的悲傷情感，你的靈魂深處肯定始終存在著一個憂鬱的角落。這樣的角落是你平時絕對不敢進入的。當我看到你的時候，你給我的印象就是像亞當在伊甸園那樣的健康快樂。就我的閱讀品味來看，我真的希望你能夠更多地生活在更加光明的世界裡，能夠與更多人進行輕鬆的交流，欣賞一些讓人內心發笑的畫面。這會讓你創作一個類似於《鎮上的水泵》這樣的故事。但是，當我急切地等待著你這樣的作品時，必須要感謝你創作出的《紅字》散發出來的悲傷且不同尋常的情感，這樣的情感是最吸引我的，讓我在閱讀過程中愛不釋手。

永遠忠誠於你的

喬治・斯蒂爾曼・希拉德

霍桑在雷諾克斯所租房子的房東也給霍桑夫人寄來了一封表達歡迎的信件。

親愛的索菲亞：

　　自從我們來到這裡之後，我就一直找尋著妳內心所想要找的房子，我希望妳選那間紅色的房子，因為雖然這間紅色房子的建築面積不是很大或是沒有那麼便利，但這座房子有一個小花園。妳之前對想要租的房子有一個整體的描述，泰潘先生也專門問過霍桑先生，我希望能夠告訴妳關於這間房子的詳細情況。這間房子的二樓有四個光線充足的臥室，但是沒有壁爐，不過在冬天的時候，可以透過煤爐來取暖。這間房子所處的位置非常好。妳也知道，這座房子能夠看到一個湖。平時通向這座紅色房子的道路上來往行人並不多，因此也不會有什麼人前去打擾妳們。也許，妳與霍桑先生都想要親自過來看看這座房子，如果妳們真有這樣的打算，我們將會很高興歡迎妳們的到來。我只能說，這裡的一切都如此的美好。我要表達我們對妳們即將到來的歡迎之情。

　　永遠忠誠於妳的

卡羅琳・泰潘

　　霍桑一家希望能夠在風景宜人的山丘或是草地上尋找一座新房子，房子所處的位置必須要遠離城市街道以及喧囂的人群。在他們眼中，這才是最為理想的生活居住地。霍桑一家搬到雷諾克斯的事情很快就落實了，他們也選中了那間紅色的房子。我想要引述一段關於描述這座房子以及在房間裡所能看到風景的文字。因為斯托克布里奇地區的一份報紙不久前就曾對霍桑當年居住的這棟紅色房子做了一番描述：

　　「站在斯托克布里奇一座古老的酒店的階梯上，可以看到一座由橡木做屋樑的房子被燒毀後殘存的木頭，但是，這些被燒毀的木頭卻像黃金那樣被當地人所珍視。每一個經過這個地方的遊客都會停下腳步，饒有興致地欣賞一番。貼在殘存木頭上的一張標語解釋了這一切發生的理由：『此處是納撒尼爾・霍桑當年居住的房子』霍桑當年居住的這座房子距離斯托克布里奇大約有一公里左右。這座房子是在兩個月前被大火燒毀的。這原本是一座一層半的房子，坐落在一個空曠的農場之上。在這裡居住的是一位老農民，他是一

個書蟲。當他居住在這裡的時候，這座房子不知道為什麼就著火了。於是這座房子就成了這個地方的一個地標，因為納撒尼爾‧霍桑在1850年至1851年在這裡生活了一年半的時間。很多人都會專門前來這裡一睹霍桑居住過的房子，雖然他們現在來只能看到這座房子被燒毀之後的廢墟。

「沿著斯托克布里奇西邊的一座豪華的宅邸走六百公尺左右，就是一條經過一座典型的新英格蘭城鎮的彎曲小路。道路的兩旁都栽種著松樹，每當微風吹過，就會可以聽到松海發出的聲音。很多蘋果樹都已經成熟了，結出了很多紅色的蘋果。在果園中間的山坡位置，可以俯瞰著名的『斯托克布里奇碗』──這是一個圓形的山中小湖，四周都是一些山丘。在這些地下室壁與磚製的地基之上的，正是一座不起眼的房子──這就是納撒尼爾‧霍桑所住的房子。現在，這座被燒毀的房子所留下的廢墟並不起眼。平時，不會有很多本地人前來這裡看這樣的廢墟，但是每到節假日，就會有一些人專門從紐約、波士頓或是西部一些城市的遊客在經過這個地方的時候，都會讓馬車停下來，下車欣賞一下霍桑當年所居住的這座房子，雖然這座房子的廢墟已經漸漸地埋在了綠色的青草之下了。」

從塞勒姆前往雷諾克斯，這是一段截然不同的人生選擇。這是從之前充滿歷史感的一個地方轉移到了一個充滿美麗自然景色的地方。我父親在這裡所寫的書也表達出了一種純真、平和以及充滿榮耀的情感，讚美著這片天空與土地。可以說，當我父親在這個地方生活時，他構思出一些複雜的故事情節，彷彿像找到鵝卵石一樣容易。他遠離了之前那些自以為是之人的長篇大論，轉而面向了安靜的大自然世界，獨自聆聽著大自然所發出來的聲音。他按照自然教導他的原則去做，聆聽著比人類總結出來的自身格言更加偉大的原則，這比很多人所表現出來的行為更具美感。他說，當他身在這座「紅色房子」時所看到的美景，讓他很難保持專心去創作。當然，這裡的景色可能會讓他產生一種無法言喻的神聖感。但是，如果我的父親將他的那種人性力量以上帝的視角表現出來的話，那麼他能更好地將自己內心的想法表達出來。我們都可以從他的作品中嗅到自然的芳香，欣賞到自然的景色。當然，這只有當我的父親生活在這樣的小城鎮或是小村莊裡時，才能創作出這樣的文字。

即使當霍桑夫人感到焦慮的時候，她所寫的一些信件依然會給她的家人帶來快樂，依然能夠讓我們感受到她所具有的人生智慧：

我親愛的莉茲：

　　我剛收到妳的來信，我感到非常高興。妳在信中說，母親可能會在今晚過來。我真的希望她能夠在今晚平安地到達這裡。但是，我們這裡每天早上的霧氣很重，因此在波士頓地區可能會下雨。現在，我就要寫信給父親，希望父親能夠前去橡樹廳，給霍桑買兩個亞麻袋。可以說，霍桑現在簡直沒有一件像樣的衣服，他也不讓我逼著他去穿什麼衣服─當然，我在這方面是無能為力的。但是，他也認為有必要添加一些衣服了。如果母親在週一還不能過來的話，那麼這件事就肯定能夠做好，否則這件事就無從說起了。

　　關於那幾本書，我真的很抱歉。但是，我也沒有得到任何人的幫助。蒂克諾出版公司 [041] 已經請人幫他們繪製圖畫了，霍桑認為他們已經開始了這項工作，並且已經花費了部分金錢了，因此現在若想該改變這個計畫已經為時已晚。霍桑說，他只能遵守這樣的協議，無法做出任何的改變。但是，如果妳想要在不需要霍桑改變主意的情況下完成這件事，並且出版方願意接受的話，霍桑肯定也是沒有意見的。菲爾茲 [042] 先生也對《神話故事》一書沒有任何意見，因此我不知道霍桑現在是否想要進行創作。我從來不過問他在文學創作方面的事情，但我知道他在這麼熱的天氣下，是不怎麼願意進行創作的。

　　願上帝保佑妳們所有人

索菲亞

---

041 蒂克諾出版公司（Ticknor & Co.），1832年由美國威廉‧蒂克諾出資成立的一個小型出版社，後來詹姆斯‧菲爾斯加盟，成立了「蒂克諾＆菲爾茲出版社」，也是美國第一個向國外作家支付版稅的出版社，良好的企業聲譽招攬了當時眾多知名作家，其中包括有丁尼生、霍瑞修、阿爾傑、查爾斯‧狄更斯、拉爾夫‧愛默生、納旦尼爾‧霍桑、亨利‧朗費羅、哈麗特‧比徹‧斯托、亨利‧戴維‧梭羅和馬克‧吐溫等。

042 菲爾茲（James Thomas Fields, 1817-1881），美國出版家、編輯和詩人。蒂克諾＆菲爾茲出版社合夥人。

週日

我親愛的母親：

對於孩子們來說，這實在是沉悶的星期天，因為要是這一天沒有燦爛的陽光，他們總是鬱鬱寡歡的。我已經給他們講了故事，給他看看我在油畫布上所畫的《伊利亞德》、《奧德賽》以及《海希奧德》等畫作。我希望妳有空過來看看，然後扮演「失望巨人」與「冷漠夫人」。現在，孩子們坐在背靠著大門口的椅子上。朱利安擺出一副漠不關心的樣子。烏娜也處於一種心不在焉的狀態。他們都正在談論著他們的「囚犯」，他們用非常粗啞的聲音說：「好了，那我們應該怎麼處置他們呢？」「每天都狠狠地打他們！」這兩個人的小身體加上他們有趣的說話方式，與他們稚嫩的臉龐一比較，就讓我感到非常滑稽可笑。我聽到烏娜告訴朱利安關於基督徒的捆鎖是「淘氣的捆鎖」。一到週五，朱利安就彷彿立即變成了哥倫布，跑出門外去找到一些木頭，然後在他發現的一個所謂的「小島」上建造一個十字架。朱利安說：「當我下船的時候，我雙手要拿著的那把寶劍在哪裡呢？」（此時的朱利安大約四到五歲左右）

星期六，20 號

今天下了一場非常猛烈的暴風雪。今早，我給孩子們閱讀了史賓賽[043] 所創作的《聖喬治與烏娜》、《烏娜與獅子》、《亞瑟王》與《灰姑娘》的故事。孩子們一邊騎著木馬，一邊認真地聆聽著我的故事。朱利安騎在木馬上，像是一個真正意義上的國王。烏娜則站在朱利安一邊，介紹著神仙的食物。在下午的時候，我給他們閱讀了安徒生所著的《天使與孩子》、《养猪王子》以及《小伊達的花兒》等故事。孩子的父親則給他們閱讀了《黑色的阿姨》的部分內容。晚上，丈夫為我閱讀了蒙哥馬利所著《亞當與夏娃之死》的部分內容，還閱讀了克拉布所寫的一些故事內容。

週二，22 號。今天的天氣終於放晴了，陽光燦爛。孩子們都帶上他們的草籃子，想去外面採摘花朵。他們出去了一段時間，在回來的時候帶回了一

---

043 史賓賽（Edmund Spenser, 1552-1599），英國著名詩人、桂冠詩人。代表作：《仙后》等。

大束美麗的鮮花 ── 其中就包括野草莓樹的花朵、銀蓮花以及紫羅蘭。

　　這天下午，孩子們與他們的父親一起前往樹林與山丘上散步，帶著一些野草莓花回來了。其中朱利安給我帶回了月桂花，讓我做一個花冠戴在他父親的頭上。

　　23 號。朱利安將他收集到的貝殼與一些動物的殘骸放好，就像一頭野狼那樣用錘子敲打著什麼。然後，他講了自己收集這些東西的故事，幫我整理床鋪，為我帶來了一些棉花來填充布料，然後看著泰潘先生所種的那些年幼的樹木。當他的父親從樓上的書房下來之後，就與他一起玩耍。整個晚上，在丈夫給我閱讀《懶散城堡》[044] 一書的時候，我便在一旁一直編織衣服。

我最親愛的莉茲：

　　塞奇威克夫人對我在這邊的生活充滿了友善且強烈的興趣。她與她的丈夫都會經常來我們這裡做客。塞奇威克先生給霍桑送來了許多報紙。我希望妳能夠告訴我，妳認為高大的安是否可以幫我們做些工作。但是她談到自己現在無法參加教會的活動以及領聖餐。我知道她是無法離開這些宗教活動的。當她在這裡生活的時候，肯定會感覺自己彷彿置身天堂。在一年中的多數時候，這裡的天氣都非常好。我經常會想：

　　「時間彷彿倒流，最後卻帶來了黃金般的回報。」

　　這裡的一切都是如此美好。現在，天空中出現了金黃色玫瑰般的黃昏。遠處的山丘沐浴在一片蔚藍色霧氣中。湖面是那麼的平靜，偶爾會出現一些漣漪。現在是割晒甘草的時候了，孩子們都喜歡走出家門，與那些晒乾草的人在一起玩耍 ── 哦！對孩子們來說，這真是非常快樂幸福的時光啊！空氣中彷彿彌漫著那些即將被晒乾的三葉草與青草散發出來的芳香。現在，朱利安的皮膚都被晒成了深棕色。可以說，他現在的膚色就跟栗子色沒什麼區別了。我們在這裡的生活是如此的舒適幸福，我想像不到比現在更加舒適與滿足的生活了。上週六下午，我們一起前往那座湖泊欣賞風景。烏娜與我找到

---

044 《懶散城堡》（*The Castle of Indolence*），為蘇格蘭詩人、劇作家詹姆斯·湯姆森（James Thomson, 1700-1748）詩歌集。

了一些月桂花，然後編織成一個桂冠。烏娜將這頂桂冠戴在她父親的頭上。湖面四周的山丘上都長著許多月桂樹。現在，我們養了十二隻小雞。我們每天都會餵兩次小雞。我們在出發的時候，往往都是以縱隊的方式前進。霍桑將今天稱為是秋分。我們也給每隻小雞進行了命名：它們分別是雪蓮、王冠、王后與公主。那只名叫雪花蓮的小雞看上去很可愛，長著白色的茸毛。

霍桑夫人的母親在收到來信之後很快就進行了回覆：

1850 年 6 月 8 日

我親愛的女兒：

伊斯特·斯特里奇昨天給我帶來了妳的信……我希望妳有時間可以去盡情享受美好的天氣。每當我想到妳現在過著悠閒、舒適與幸福的生活，就讓我的內心感到非常的快樂。雖然妳現在肯定也有自己要面對的各種煩惱與憂慮，但我希望妳能夠用更多的快樂與美好去消除內心的煩惱。我希望更多美好的精神能夠將妳丈夫內心的困擾全部趕走，讓他的靈魂充斥著各種神性的祝福與美好的情感！霍桑必須要繼續進行文學創作 —— 因此，妳也必須要更加尊重那些卑微之人，因為幫助這些人的命運，能更好地減輕那些有天賦之人所背負的重擔。每當我想到那些在廚房工作的女傭的地位要比我更低的時候，我的內心就充滿了羞恥感。要是沒有那些卑微之人為我們這些人做麵包的話，那麼那些有識之士或是有天賦的人又能做出什麼來呢？請替我親吻可愛的孩子們。告訴他們外祖母每天都想念著他們。告訴他們外祖母每天都希望能夠與他們一起散步，一起去採摘美麗的花朵，一起前去樹林、山丘或是田野上欣賞風景。我希望他們能夠從小就感受到神性的精神，感受到星光璀璨的天國世界，希望他們能夠懷著美感的心靈去審視旭日與夕陽。願上帝保佑妳們所有人。

永遠深愛著妳的母親。

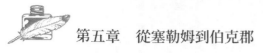
8月1日

我最親愛的母親：

在過去兩週時間裡，霍桑都不讓我去做任何事情，而讓我靜靜地休息，這讓我的內心感覺很不好受。因為霍桑根本不允許我感受任何煩惱或做任何體力工作，而是堅持要自己一個人做好。霍桑說，在仲夏如此炎熱的天氣下，他無法靜下來專心地進行創作。現在，他只是將腦海裡閃過的一些思想迅速記錄下來，之後再慢慢地進行深究。除此之外，霍桑依然沒有恢復到原先精力充沛的狀態。過去這一年對霍桑來說是充滿考驗的一年，對我來說也是如此（因為政治誹謗方面的事情）。我也還沒有再次找到自己的最佳狀態，霍桑現在的文學創作似乎也處在一種壓抑的狀態。但是，大自然的神祕力量肯定會慢慢地讓我們恢復到最佳狀態。霍桑認為之前在塞勒姆地區生活時期的很多事情依然困擾著他……是的，我們在這裡生活也能找到許多極為友善的朋友。其中，塞奇威克一家人所表現出來的偉大品格，可以稱得上是最為真實的朋友了。他們一家人都是非常樂觀的，喜歡歡笑，他們就像夏日的陽光那樣充滿著熱情與歡樂。他們真的非常照顧我們在這裡的生活，彷彿他們就是我們的母親、父親、兄弟與姐妹。我們也融入到這種友善的愛意中。當我們在面對一些緊急情況的時候，要是沒有他們的幫助，真的不知道該怎麼辦才好。我知道告訴妳這些情況，會消除妳對我們在這裡生活的一些擔憂。泰潘先生是一位天生樂善好施的人，有著最令人愉悅的品格，他那雙羞澀而深色的眼睛似乎總是對我們閃耀著熱情好客的微笑。可以說，有他這樣的朋友，我們每天都過的非常舒適愉悅。唯一讓我感到有點遺憾的，就是我現在所住的地方離妳有點遠。我希望妳能夠過來這裡住一段時間，這樣的話，妳就不需要忍受那邊的酷暑了。在這裡，我們可以每天早上為妳煎一個新鮮的雞蛋，還有新鮮的牛奶。妳還能喝到從蜂巢裡採集的新鮮蜂蜜，我們的果園裡還種植了新鮮的蔬菜，這裡的紅加侖肯定能讓妳乾燥的嘴唇變得紅潤起來。除此之外，妳在這裡還能過上平和的日子，獲得充分的休息，可以在涼風徐徐的樹林中安靜地散步。也可以坐在三葉乾草的穀倉旁邊，看看妳那可愛的外孫在空地上玩耍，享受天倫之樂。妳可以看到我們給孩子們吃通

心麵時的有趣畫面，聽到孩子們爽朗的笑聲與低聲的嘟噥聲。這些肯定會讓妳的內心感到非常愉悅的。

　　上個週六晚上，奧沙利文先生來我們這裡做客！我們上次聽到關於他的消息時，他當時還在新奧爾良，患上了黃熱病。因此，他當時前往古巴的行程也不得耽擱數月了。現在，他正在保釋期，還要在 12 月的時候回來受審。奧沙利文先生在那天晚上回到了斯托克布里奇。在週一的時候，一輛馬車過來了，載著我們前去菲爾茲夫人的家裡，因為菲爾茲夫人也是奧沙利文先生母親的一位老朋友。我們受到了極為熱情的招待。烏娜與我在這裡待了一個晚上，奧沙利文先生帶著霍桑與朱利安回去了，因為霍桑不想留下來過夜。我之所以想要留下來，就是想要前往一個冰穴裡參加一個火炬的狂歡節，但相比於這個狂歡節，我更想要見到奧沙利文先生。我們的這一趟旅程是非常有趣的。菲爾茲夫人帶著我前去欣賞小說《薝普‧萊斯里》[045] 中的艾弗爾（Everell）當年犧牲的地方，因為這個地方距離她家不是很遠 —— 這個山丘上生長著許多月桂樹 —— 艾弗爾犧牲的地方就在靠近山頂處的一塊岩石。孩子們都非常喜歡這趟旅程，也都表現得非常乖巧，似乎沉醉於這樣的景色當中。大人們都認為，世界上沒有比朱利安更好的男孩子了，也沒有比烏娜更優雅的女孩子了。「他們既不是太羞澀，也不是太粗魯，而是剛剛好。」這句話是菲爾茲夫人說的。那裡有一頭體型龐大的紐芬蘭犬，這條狗的名字就叫英雄，朱利安非常喜歡這條狗。他想要騎在這隻狗的後背上。另外一條雪白色的狗則叫費伊，看上去也是一條非常活潑與有趣的狗。菲爾茲夫人的家面積很大，有著天然橡膠裝飾的房間。按照奧沙利文先生的說法，這裡能夠容納許多客人一起前來過夜。可以說，這充分體現了菲爾茲夫人的熱情好客。這座房子就位於樹蔭下面，在樹蔭後面是一個四周環繞著樹林的小谷地，谷地上面則是桂冠山。可以說，這裡到處都帶著濃郁的鄉村氣息。這裡還有許多彎曲的美麗小路，能夠看到河流，這條河流就像平原上面的一粒珍珠。整幅畫面可能沒有足夠的視野或是豪邁的氣息，但這也是我們所能想像到最為

---

045 《薝普‧萊斯里》（*Hope Leslie*），美國女作家凱瑟琳‧塞奇威克（Catharine Sedgwick, 1789-1867）的小說。

美好與最為有趣的畫面了。晚上，奧沙利文先生帶著我前去看望塞奇威克夫人。塞奇威克夫人是一位優雅的女性，臉上總是閃耀著光芒。我之前一直沒有機會見到她，現在可以說是終於達成這個心願。

　　我們來到一座大橋上，看到手上舉著火炬的人群已經走出了冰穴，整個畫面就像一大群的星星從天空中掉落下來了，然後碎成了許多個發著光的碎片。奧沙利文先生也說出了與我內心想法一樣的話。我們一直等到這群人走過來。我們看到了查爾斯·塞奇威克小姐和她那些友善的女同學登上了一輛公共馬車，前往雷諾克斯。她們都手舉火炬，火光燃亮了她們清秀的臉龐。她們都穿著顏色鮮豔的衣服，看上去是那麼美麗。這些女生看上去就像一束束豔麗的花朵。當她們一一道別時，很多年輕的紳士都紛紛發出歡呼聲，紛紛舉起手中的火把大聲喊著「萬歲！」查爾斯小姐真是一位可愛的女生，她的臉龐紅了起來，看上去非常羞澀 —— 就像她手中舉著的火把一樣 —— 總之，她是那麼的可愛、友善與快樂，彷彿是一朵充滿生命力的玫瑰花。在她們之上，就是清澈的天空中安靜閃耀著光芒的群星了，這些星星彷彿都圍繞著地平線，感受到了這些火把所發出來的熱量。月光從東邊的天空升起來了。而在天空的北面，極光就像一朵龐大的百合花迅速地綻放。這真是非常罕見的奇景。之後，我們來到了哈利·塞奇威克小姐身旁。她就站在那裡，接受著參加這個活動其他人的問候。每一位年輕紳士的手上都拿著一支火把，他們的臉龐都被火光照得像是一朵朵鮮紅的玫瑰。他們如此年輕，就應該充分享受這樣的快樂時光。這些年輕人所散發出來的活力與歡樂，就是年輕本身最好的證明！此情此景，便是這次旅行的意義所在。我發現，斯托克布里奇的每個人都喜歡著我們的朋友奧沙利文先生。在這些人心目中，他就是一個非常友善且受歡迎的人。正是透過奧沙利文先生，我們才有機會認識他們這些人。

　　永遠深愛著妳的

索菲亞

9 月 4 日

我最親愛的母親：

　　今天，霍桑與梅爾維爾[046]先生前往皮茨菲爾德一起吃飯。是泰潘先生用自己的馬車載著他們去的。早餐後，我前往海伍德，想要找一輛馬車。因為泰潘先生之前表示，如果我們會駕駛馬車的話，就可以使用這輛馬車。我發現詹姆斯坐在馬車前面的座位上，心想這次是沒有機會了。但是，當我定睛一看，泰潘先生剛剛準備前往皮茨菲爾德。他非常熱情地對我說，他回來是要接一位先生的。對某些人來說，這並不是什麼特別的禮節。但對泰潘這位性情羞澀的先生來說，他不希望自己被介紹給梅爾維爾先生。聽著泰潘先生這樣說，我覺得非常有趣。我相信，那個人在認識梅爾維爾先生之後，肯定會認為梅爾維爾先生與他之前想像的完全不一樣，他肯定會認為梅爾維爾先生是一位友善且有趣的人。因為，我們就認為梅爾維爾先生是這樣的人。梅爾維爾先生是一個有著真誠且溫暖心靈的人，有著充滿智慧的心靈 —— 他是一個真誠、勇敢且有敬畏心的人，待人柔和與謙虛。我認為梅爾維爾先生是一個偉大的人物，但我不敢保證別人也有類似的看法。或許，我應該說，我不敢肯定他是一個偉大的人。當然，在我看來，這只是我個人的觀點而已。梅爾維爾先生是一位有著深刻洞察力的人，但真正讓我感到驚訝的是，他的雙眼看上去不是很大也不是很深邃。但他似乎能夠以非常精確的方式去觀察世間萬物。至於他是如何充分運用他那雙不是很大的雙眼去觀察事物，我也不是很了解。他的那雙眼睛看上去不是很銳利，也沒有什麼特別之處。他的鼻子很挺拔，相貌看上去很英俊，他的話語能夠讓人知道他是一個充滿著理智與情感的人。梅爾維爾先生的身材魁梧，身板挺直，給人一種隨和、勇敢卻又充滿男人氣概的感覺。當他與別人交流的時候，他經常會做出各種手勢動作，表達自身的力量，有時候甚至會陷入自己所談論的主題不能自拔。可以說，梅爾維爾先生在這方面沒有什麼優雅可言。他的活力有時候會變成一

046　梅爾維爾（Herman Melville, 1819-1891），美國小說家、散文家和詩人，也擔任過水手和教師。代表作：《白鯨記》、《泰皮》、《比利·巴德》等。其中《白鯨記》被譽為世界文學的經典之一。與霍桑是一生的好友。

種安靜的眼神，我從未見過有人露出那樣獨特的眼神。那是一種內向且暗淡的眼神，會讓妳感覺到他能感受到妳內心最深層次的情感。那是一種奇怪且懶散的眼神，但那個眼神透露出來的力量卻是獨一無二的。那種眼神似乎並不是要穿透妳的心靈，而是將妳帶入他的內心世界。昨天，我看到他用那樣的眼神看烏娜好幾次。他說，馬修斯先生正在為《文學世界》期刊撰稿，因此他準備前去伯克郡。馬修斯在發表於下期雜誌上的文章裡，將霍桑稱為「高尚的憂鬱先生」。妳也知道，妳所讀到的內容只是引言。那麼多人都堅持認為霍桑是憂鬱的，這也著實是一個有趣的現象，因為現實生活中的霍桑根本不是這樣的人。也許，霍桑是一個喜好沉思的人，但是所有喜歡沉思的人都是這樣。特別是對於像霍桑這樣一個「內心始終燃燒著智慧火焰的人」（我這裡是引述霍桑自己說的話）更是如此了。因為霍桑能夠看到人類所遭受的諸多苦難，並對這樣的苦難表達了自己深深的憐憫之心。在我看來，霍桑似乎總是處於某種未來遙遠的情緒中，就像一個迷途的六翼天使。雖然他這一生從未體驗過任何邪惡，但他卻有著神性的智慧，能夠看到所有邪惡，並為這些邪惡的存在而感到悲傷。

（在母親早年寫給父親的一些信件裡，就有她親自寫在老式的紙張上的一首詩歌，這首詩歌顯然表達了她內心的情感。）

六翼天使與鴿子

一個六翼天使從更高的空間裡迷失了，落到了地球上。
受到內在的那種微弱卻又強大衝動的刺激，
他不知道自己應該從哪裡離開人群，
不知道應該從哪些人中尋找世界的眼淚。
但是，他身上擁有著神性，內心沒有任何恐懼。
他遵循著內在純真無邪的衝動
他向芸芸眾生歌唱天國的聲音。
他從不認為這是他的本事。
而是認為這是來自更高法則的一種展現。

他的雙眼有著天國美好的色澤，

隨時展現出光芒，帶來美好的祝福。

當他知道上帝派他下來的原因之後，

就像一顆星星脫離了原先的層次。

他是孤獨的，他遠離著人群。

他簡樸的性情無法解決凡人面臨的複雜關係。

他只想過這種充滿愛意與讚賞的生活。

凡人忘記了上帝是他們一切力量的泉源。

他的心靈世界充滿了無限的靈感，

他感知到了天國美好的世界，回想起美好的家園。

他知道自己不會受到空間的束縛，

但他等待，且相信創造萬物的愛意。

看吧！一隻白鴿飛到了他的手臂上，扇動著翅膀。

白鴿的雙腳似乎從來都不需要休息：

六翼天使將白鴿放入他的懷裡，

當他感受到白鴿帶來的溫暖，他露出了微笑，說：

「是的，天父！上天只能讓那些志同道合的人在一起。」

（「超凡脫俗的小鴿子」是我的父親給母親取的一個昵稱。因為父親曾經找到了一個刻有白鴿形象的印章。母親在與我交流的時候，經常會笑著談到這件事。母親則叫父親「我們的陽光」、「我那位魔術師」。）

霍桑的生活幾乎沒有受到俗世的玷汙，這只能是因為霍桑是一名預言家，他知道什麼是罪惡。也許，只有朱利安那顆天使般的心靈以及純潔的生活，才可以與他毫無罪惡之心的心靈相比較。這也是我覺得那種認為「人只有經過了罪惡的重大考驗之後才能擁有智慧或是善良本性」的觀點是非常荒謬的。我認為這樣的觀點是一種褻瀆神明以及無可饒恕的罪惡。這樣的觀點其實就是人為地放棄了上帝在我們每個人內心世界裡所發出的聲音。我們在上週六並沒有如期收到《文學世界》的期刊。我真的很想閱讀那篇《高尚的憂鬱先生》的文章。可憐的阿姨啊（指的是霍桑夫人的阿姨），我從不認

為，當人們在文章裡將莎士比亞與霍桑並列起來，就是對莎士比亞的一種貶低。不過，他們倆人也根本沒有進行比較的必要性，雖然任何兩個偉大的人物都有被進行比較的許多理由。畢竟，在那些擁有著創造性靈魂之人當中，其實是沒有什麼本質的區別的，因為他們都有著相似的天才直覺，都追求著上帝的真理，都能夠感受到上帝的靈魂。我認為另一個莎士比亞不可能在這方面做得如此的圓滿。即使是我 —— 這樣卑微的我 —— 也曾將自己的思想與莎士比亞進行過比較。但是，請妳千萬不要跟阿姨談論這件事。因為她並不相信思想是一種絕對意義，因此她要不就認為是我發瘋了，不然就是過分自大了。

　　永遠深愛著妳的

索菲亞

第六章　雷諾克斯

雷諾克斯那邊的朋友經常會前來拜訪或是寄信過來，當時有一個文學團體要求霍桑離開這裡，但霍桑對於這些愛挑剔之人的做法根本不感興趣。霍桑在創作《帶有七個尖角閣的房子》一書的時候，會大聲地朗讀給他的妻子聽。霍桑給威廉·B·帕克寫了一封長信。赫爾曼·梅爾維爾雖然住的地方不是很遠，但他給霍桑寫了一封非常有趣的長信。

在伯克郡居住期間，霍桑的作家朋友中最要好的就是曼斯菲爾德[047]了。他曾跟霍桑夫人談到了與霍桑之間的友情給他帶來的樂趣。從這封信裡，我們可以見到看似無聊沉悶的時間是如何變成美好時光。我引述他這封信裡一些段落：

家裡，1851 年 1 月 15 日
親愛的霍桑夫人：

妳如此關心我的作品，實在讓我有點受寵若驚。在此，我要說，我非常欣賞妳對我寄給妳的那篇〈彭迪森的信件〉（*Pundison Letters*）的評論觀點。雖然這已經是很久之前的事情了，但我現在終於有時間讓自己無所依附的心靈找到其他消遣的活動。《鄉村的信件》可能會在當代有所影響，但絕對不可能流芳百世。最近，我一直在閱讀巴特勒主教[048]所寫的《宗教的類比》一書，我每天都在思考這本書裡表達出來的思想。我不敢確定霍桑所寫的《帶有七個尖角閣的房子》一書是否會將我的專注力從那本書裡轉移出來……巴特勒主教的這本書非常好，我希望在冰霜覆蓋大地之後，自己仍在閱讀這本書。可以說，我與大自然一樣，始終過著忙碌的生活。

某天，在給某位女士寫的一封信裡，我讀到了一些人評論霍桑的《帶有七個尖角閣的房子》一書的情節的看法，這讓我忍不住大笑了許久……這些人認為「《帶有七個尖角閣的房子》一書的情節只是為了表達出深層次的詛咒思想……妳談到了「深紅色的日出，還談到了金黃色的日落」等等。我很高興能夠從如此優秀的作家霍桑家中了解到日出的時候是有著不同的顏

047 曼斯菲爾德（Lewis William Mansfield, 1816-1898），美國作家、詩人、散文家。代表作：《清晨一瞥》、《鄉村的信件》等。
048 巴特勒主教（Bishop Butler, 1692-1752），英國聖公會主教、神學家、護教家及哲學家。

色。在我的那本小書裡，我談到了「清晨升起了夾雜著銀白色與玫瑰色的旭日」……我的妻子要我將她的愛意傳遞給妳，她也妥善地保管好了妳之前的來信。她將妳的來信保管在一個任何人都無法找到的地方，她是有點小嫉妒，但不管怎麼說，她都想要霍桑的親筆簽名。請將我的敬意轉達給創作出《帶有七個尖角閣的房子》一書的作者。

　　永遠忠誠於妳的

劉易斯・威廉・曼斯菲爾德

家裡，1 月 22 日
親愛的女士：

　　我認為，要是霍桑知道了我準備給他寫一封慰問的信件，他肯定會露出微笑的。當然，我並沒有這樣的本意。但是，我對於《教會評論》上的一篇文章還是有點不滿。不管霍桑是否在乎我的觀點，我對此事表達出自己的觀點，還是會讓我的內心得到緩解與感到滿足。我不認為霍桑能夠完全生活在自己的世界裡，而不去理會他的朋友所感受到的冒犯。這件事就涉及到我之前給妳寄過去的《鄉村的信件》裡的內容。現在，我要說一點（我是兩萬名受尊重之人當中，敢說出同一個事實的人），那就是霍桑在這兩種情形下所添加的個人描述與內容 —— 這讓我對霍桑的文章產生了十倍的興趣。因為霍桑是那麼的謙遜與真誠，有著那麼細膩的描寫。閱讀他的文章，會讓我感覺到那些無法理解他的人的愚蠢之處……

　　請原諒我給妳寫了一封長信，請相信我永遠是妳真正的朋友

劉易斯・威廉・曼斯菲爾德

在此期間，我的母親每天都在記錄著發生的事情：

　　1 月 2 日。今天早上，東邊的天空出現了一塊雲團，看上去就像靠近地平線上的一條金魚。接著，我與孩子們一起建造雪屋，一起用鏟子來鏟出一條路。

　　1 月 5 日。在日出的時候，我與孩子們一起外出散步去見他們的父親。在

119

路上，我給孩子們講了聖女熱納維耶芙 [049] 的故事。

1 月 10 日。在晚餐前，我與孩子們一起沿著道路散步，跟他們講述了蘇格蘭女王瑪麗的故事。

1 月 11 日。我丈夫給我閱讀了《重講一遍的故事》第三版本的前言。當然，霍桑的閱讀仍然是完美的。

1 月 12 日，週六。我丈夫在下午三點鐘從書房走出來了。能夠見到他，真的讓我感覺非常好。我帶著親愛的朱利安一起走到了威爾科克斯的穀倉。朱利安和我都非常享受那裡的景色。山丘在微弱陽光的照射下，散發出柔和的色澤，白雪在清晨陽光的照射下反射出銀白色光線，而在夕陽的照射下則反射出紫羅蘭的顏色。朱利安彎下身子，舔著雪的味道，然後大聲地叫喊著：「哦！這白雪的味道實在太好了！」我發現朱利安非常喜歡這些閃爍著光芒的白雪球。「媽媽，這些雪花彷彿就漂浮在空氣中！」朱利安說。霍桑接受了別人的懇求，寄去親筆簽名並開始思考別人要他創作自傳的請求。

1 月 13 日。在這天晚上，我丈夫說他準備為我閱讀他的作品《帶有七個尖角閣的房子》的內容。這讓我的內心產生了一種難以言喻的快樂。

1 月 14 日。當孩子們都上床睡覺後，我丈夫再次拿出他的手稿。我始終為丈夫能創作出深邃的作品而感到驕傲。我盼望著霍桑能夠繼續閱讀這本書，好讓我能繼續深入的思考。霍桑的閱讀是那麼的形象化，那麼的具有力量，彷彿有一種優雅與魅力貫穿其中，聽的我有點神志恍惚。霍桑擁有著像愛麗絲那樣的視野，有著敏感的思維，對現實卻有著那麼真實的感知！那位堅強、英俊且強大的莫爾（《帶有七個尖角閣的房子》的主角）雖然面臨著無法改變的命運，但仍然發出了「無辜之人要為罪惡承受痛苦」的話語。這句話聽上去是那麼的陰暗，但卻又如此的真實！

1 月 15 日。我整天都在家裡縫紉衣服，腦海裡一直想著莫爾所說的那一句話！今天的夕陽非常壯觀，就像一個熾熱的大火球掛在天邊。晚上，霍桑

---

049 聖女熱納維耶芙（Genevieve，約 422 ～約 502 年），法國巴黎的主保聖人，聖女熱納維耶芙還是個小女孩時就已經決定終身過貞節的生活，而且把時間都用在祈禱和沉思上。在其父母過世後，聖女熱納維耶芙來到巴黎，照顧貧窮及生病的人們。

再次閱讀了他的手稿，這給我帶來了難以名狀的快樂感受！在我丈夫那雙極具洞察力的雙眼中，世間的一切是那麼的明朗清澈。我丈夫始終能夠從混沌的水裡撈上來無價的珍珠！

1月16日。今天的太陽就像一個巨大的紅色火球，彷彿變成了三伏天的太陽了。朱利安整天都待在家裡，因為他的天然橡膠已經用完了。我整天都在盼望著丈夫在晚上為我朗讀他的手稿，因為霍桑的朗讀每次總能夠給我的心靈帶來強烈的震撼。但讓我感到遺憾的是，他已經將手稿讀完了，因此沒有其他手稿可以繼續朗讀了。今天早上，朱利安坐在一張小椅子旁邊，然後走到他父親的膝蓋前。朱利安說出了一句非常有趣的話：「我想要成為爸爸的一顆傘菌！」我丈夫提出今晚要閱讀《塔拉巴》[050]這本書。我對此感到很高興，雖然我一直以來都不是很喜歡騷塞的作品。但我喜歡那些熟悉的東西。不管我丈夫給我閱讀什麼內容，只要能夠聽到他那音樂般的聲音，總是能夠讓我的心靈感到無限滿足。今天，塞奇威克女士也前來拜訪我們。

1月18日。今天早上，我帶著孩子前去路德家。我們來到了穀倉，終於找到了他。當時，路德正在穀倉那裡磨燕麥。孩子們看到那匹馬要拉著踏車推動著磨坊，這讓他們既感到悲傷又憤怒。

1月22日。今天的天氣不冷不熱。早上，安娜·格林出現在我的家門口。我很高興能夠見到她。她在我家待了兩個小時後就離開了。在晚上的時候，赫爾曼·梅爾維爾過來了，安娜也再次過來我家做客。

1月23日。安娜·格林很早就過來了，希望我們能夠跟她在這一個溫暖與燦爛的日子裡一起外出散步。我們帶著孩子們前去湖邊，一路上有著非常有趣的對話。晚上，安娜與卡羅琳·泰潘過來了。我們喝了一點香檳酒和吃了煎雞蛋，她們都以為香檳酒就是普通的飲料而已。卡羅琳說她希望整個冬天都能夠喝到這樣的飲料。

1月24日。這天晚上，我丈夫給我閱讀了德·昆西[051]的一些作品，這讓

---

050 《塔拉巴》（*Thalaba*），英國浪漫派詩人勞勃·騷塞（Robert Southey, 1774-1843）的作品。

051 德·昆西（Thomas De Quincey, 1785-1859），英國著名散文家和批評家，被譽為「少有的英語文體大師」，作品受到大衛·赫伯特·勞倫斯及維吉尼亞·吳爾芙等諸多後世文壇大家的讚譽。代表作：《一個英格蘭鴉片吸食者的自白》等。

我的內心感到了無限的滿足。

1月26日，週日。我親自閱讀了《帶有七個尖角閣的房子》一書的全部手稿。

1月29日。今天下起了一陣暴雨，誰能想到在這樣的天氣下，薩拉·蕭竟然敲響了我家的大門。安娜·格林之後也過來了。我簡直無法說出自己見到她的時候是多麼的高興。在與薩拉·蕭分別了四年之後，能夠再次與她進行有趣愉悅的對話，這實在是太好了。

2月1日。這天晚上，我的丈夫給我閱讀了狄更斯[052]所著的《塊肉餘生記》部分內容。我簡直無法表達自己內心的喜悅情感，因為我丈夫的聲音似乎總是有一種神奇的魔力，讓我深深地陷入其中，無法自拔。霍桑的朗讀技巧也很棒。在他的閱讀下，書中每個人物的形象是那麼鮮明，他的聲音抑揚頓挫，將人物最為深刻的一面都呈現出來了。我認為，霍桑的胸口可能藏著一把加百列的豎琴[053]。每天晚上，沒有比聆聽我丈夫的閱讀更加美好的事情了。

2月5日。我丈夫回覆了來自肯塔基州的羅伯特·奧戴爾（Robert Adair）的一封信。奧戴爾在來信裡任命霍桑為普雷斯科特文學協會的名譽會員。我還與孩子們一起散步到了湖邊。

2月9日。霍桑所著的《帶有七個尖角閣的房子》一書的兩個樣章已經寄過來了，我懷著強烈的興趣再次閱讀了一遍。可以說，沒有比霍桑的這本書更加具有經典個人寫作風格的了。

2月12日。今天，我們全家人一起外出散步，包括霍桑、烏娜一起湖邊。朱利安與我則來到了房子裡可以被陽光曬到的一邊。今天的夕陽散發出金黃色，非常美麗。

2月19日。我丈夫帶著孩子來到了結冰的湖面。晚上，他大聲地給我朗

---

052 狄更斯（Charles Dickens, 1812-1870），英國作家。代表作：《塊肉餘生記》、《匹克威克外傳》、《霧都孤兒》等。

053 加百列的豎琴（Gabriel's harp），加百列是一個傳達天主資訊的天使。加百列第一次的出現是在希伯來聖經但以理書中，名字的意思是「天主的人」、「天神的英雄」、「上帝已經顯示了他的神力」、或「將上帝之秘密啟示之人」。他也被認為是上帝之（左）手，靈活的手將豎琴彈奏地出神入化，這裡藉以形容霍桑的聲音極具磁性魅力。

讀了《力士參孫》[054] 一書的部分內容。

　　3月3日。今天是烏娜的生日。她已經七歲了，我丈夫在晚上開始給我閱讀《華倫斯坦》這本書的部分內容。

　　3月5日。蒂克諾先生（Mr. Ticknor）將霍桑的五個雕刻頭像寄過來了，頭像上霍桑的表情顯得那麼的憂鬱。

　　3月8日。泰潘先生認為霍桑的肖像看上去更像丁尼生本人。

　　3月10日。塞奇威克女士為我帶來了伊麗莎白·巴托爾的一封信。這天晚上，我的丈夫為我閱讀了波普的《書信錄》。

　　3月12日。赫爾曼·梅爾維爾在黃昏時分從皮茨菲爾德過來了。他非常喜歡我們家的香檳酒、煎雞蛋、麵包等食物。他邀請我們明天與他一起外出，一起度過美好的一天。我丈夫決定帶著烏娜和梅爾維爾一起外出。

　　3月13日。今天下起了暴風雪。我丈夫已經前去皮茨菲爾德。當他與烏娜搭乘著馬車離開家後，朱利安在人生中第一次想念他的父親，然後開始撕心裂肺地哭泣起來。為了安慰他幼小的心靈，我告訴他，我會為他講《黑熊與斯克拉特爾》[055]、《山姆與好鬥的年輕人》（*Sam, the Cockerel*）等故事。我講的這些故事讓朱利安很快就哈哈大笑了，然後他就用雙手擦拭眼睛裡的淚水。在我講完故事後，朱利安又故態復萌了，說他見不到烏娜的時候，不知道該做什麼事情。於是，我跟他說，他應該要有一棟瑞士房子，擁有珍珠以及天鵝絨式的傢俱。我的話讓朱利安感到非常興奮。在吃晚餐的時候，朱利安一直在談論著絕望巨人以及基督徒。朱利安還一邊玩著球，一邊即興創作了一首悲傷的詩歌。這首詩歌的其中一句是：「我大聲哭泣，為自己感到

---

054 《力士參孫》（*Samson Agonistes*），英國文學家約翰·米爾頓（John Milton, 1608-1674）所著的長篇詩歌，創作於 1671 年，取材於《舊約（Old Testament）》的《士師記（Book of Judges）》。以色列的大力士參孫被情人非利士人大利拉出賣，當時以色列人的統治者是非利士人，參孫因頭髮被剪，力量全失，被敵人關在監裡推磨；雖然心中懊悔，卻也無計可施。後來，他的頭髮又漸漸長了起來。一次，非利士人把參孫從牢裡帶出來，在他們的廟裏戲耍他。此時參孫向上帝懺悔，求上帝再賜給他力量，果然他的神力奇蹟般的回來了；他抱住廟中兩根主要支柱，身體盡力往前傾，結果神廟倒塌，壓死了 3,000 多人，參孫自己也犧牲了。參孫充滿獻身精神，輕率的婚姻導致了不幸，雖雙目失明卻毫不屈服，這些使人們聯想到作者本人的經歷，以及作者在復辟時期內心的痛苦和決不屈服的鬥志。這首詩歌以希臘悲劇為典範寫成，突出地表現了人物的內心感受，具有震撼人心的力量。

055 《黑熊與斯克拉特爾》（*The Bear and the Skrattel*），《格林童話》中的一個故事。

可憐。」此時，朱利安已經停止玩耍了，因為一些羔羊已經在窗戶外面開始吃草了。看到這樣的景象，朱利安又說，要是他有一隻羔羊作為寵物羊就好了。此時，窗外下著很大的雪，我根本看不到那個湖，更看不到湖邊的那些樹木。在茫茫的大雪下，羔羊看上去也只是一片雪白，因為牠們的身上都覆蓋著雪花。朱利安想要找到他的板岩，他找到了一塊比較光滑的板岩。在午夜的時候，某些東西（可能是一條狗、一個人或是其他我們不知道的東西）將那些羔羊全部嚇走了，朱利安提醒我說，我之前答應過要為他講《黑熊》的故事，於是我履行了自己的承諾，根據故事本身所營造的氣氛適時地發出一兩聲尖叫。之後，朱利安說：「爸爸與烏娜不在這裡，我感到非常孤獨。」在完成之後，朱利安要求我為他閱讀威廉·菲普斯爵士[056]的故事。當我將他放在床上，朱利安說，天使們就躺在他的床邊。

　　3月14日。今天的天氣太好了！但是，朱利安與我也只能在家裡耐心地等待。當我為朱利安穿衣服的時候，朱利安的嘴巴沒有一刻閉上過，一直在不停地嘟囔著。我也允許他這樣做，因為他的父親與烏娜都不在這裡，他們不會被朱利安絮絮叨叨的話語所困擾。在吃早餐的時候，我們的心情都不算好。朱利安一直在盼望父親能夠快點回來，他盼望父親回來的程度要遠遠超過他盼望烏娜的程度。朱利安說：「我親愛的媽媽，爸爸不在家裡的時候，我感覺自己彷彿孤身一人置身於茫茫的高山之上。」我已經用剪刀幫朱利安剪去了一些較長的捲髮，朱利安會將這些剪下來的捲髮都小心翼翼地保存在一個盒子裡，之後再送給他的一些小朋友。吃過早餐後，我為他穿好衣服，一起外出。朱利安表達了希望能夠見到父親的強烈願望，想要搭乘馬車去找父親。但在他邁出家門前，我就從書架上拿下了《重講一遍的故事》這本書，然後看著霍桑的那些頭部雕像。之後，我們母子倆一起認真欣賞這些人頭像，我與朱利安都樂在其中。最後，朱利安突然產生這樣的感慨，說：「這個雕刻頭像雖然不會說話，但他始終對著我微笑，這與爸爸很相像。這就是我那個真正的爸爸！」此時，朱利安已經跑到外面玩耍了，我也只能跟在他後

056　威廉·菲普斯爵士（Sir William Phips, 1651-1695），美國首任麻塞諸塞灣區行政長官、將軍、尋寶者，雖出生牧羊童，但一生傳奇，後人把他的一生傳奇編撰成故事。

面。每當我抬起頭的時候，就能看到可愛的朱利安。這樣的感覺實在美好。

喬治·威廉·柯蒂斯曾經給霍桑寄來這封信：

波士頓，1851 年 3 月 19 日

我親愛的霍桑先生：

我在這封信裡，一併給你寄去了這本書（指的是《霍瓦吉的尼羅河筆記》[057]）。我想要透過這封較長的信來打破之前的沉默。我不應該一直等到回來之後才再給你寫信的，因為我當時每天都過得很快樂，反而讓我忘記給你寫信了。我認為，自己過去一段時間的狀態就像一個年輕人，認為自己活在世界上最快樂的時光裡。在這本書裡，我想要表達出這種體驗中所感受到的滿足感。我認為，每個像我這樣的人都需要前往尼羅河體驗一番。

但是，你應該相信 —— 如果你依然相信我 —— 我手上現在拿著的一份報紙，才得知自己之前給你寄過去的旅行遊記信件沒有送到你的手上。我希望某天能夠與你見面，親自跟你講述這些事情。

我只會在波士頓待一段時間，因為暴風雨的關係，我只能整天都待在家裡，也沒有見到過什麼朋友。我認為你現在應該在雷諾克斯居住了，在我的記憶裡，那個地方似乎一年四季只有夏天。我真的希望自己能夠置身於那樣一個只有夏天的地方，不過你在那裡居住肯定只能感受到春秋分時候的涼爽天氣。霍桑夫人是否還記得曾送給我一根打開克勞福德畫室的金色鑰匙呢？我從來都沒有忘記這點。這是一件能夠代表她心意的禮物，也代表我們在康科德地區生活的美好時光。

我永遠都是忠誠於你的朋友

喬治·威廉·柯蒂斯

在很多朋友的來信中，有一封信是從劍橋地區寄過來的：

---

057 《霍瓦吉的尼羅河筆記》（*Nile Notes of a Howadji*），美國作家喬治·威廉·柯蒂斯的一部遊記，於 1851 年出版。

我親愛的霍桑先生：

杜伊金克 [058] 先生與他那位來自紐約的朋友比克曼閱讀了你的《重講一遍的故事》，他們都對你能夠創作出這樣一本傑作而感到由衷的欽佩。他們都希望能夠認識你。因此，我很高興能夠讓你們相互認識。

永遠忠誠於你的朋友

朗費羅

6 月 30 日

喬治・佩恩・雷恩斯福德・詹姆斯 [059] 先生是一位居住在距離霍桑的家不遠的小說家，但他也會給霍桑寫信：

麻塞諸塞州斯托克布里奇，1851 年 7 月 4 日
我親愛的霍桑先生：

前晚，我收到了兩本厚厚的書（這些都是塞奇威克小姐的學者朋友所寫的文章）。昨晚，我想要放棄閱讀《帶有七個尖角閣的房子》這本書，因為閱讀這本書彷彿將我的骨頭與肉體都分離出來了。就我之前所閱讀的內容來看，我覺得這本書雖然在風格與語法方面有一些不精確的地方，卻能展現出你的原創思想。至少在我看來，你的這本書是充滿創新精神的，不像其他小說家那樣只是鸚鵡學舌般的跟風。我的兒子與女兒跟我說，你無法帶著你的孩子們在週三過來與我們一起晒乾草，這實在讓我覺得遺憾。但是，他們也以你的名義向我做出了保證，說你之後有時間會帶著孩子們過來與我們度過一天。我相信你肯定能夠做到的。如果你無法信守諾言，或是無法盡快實現這個諾言，那麼我就會認為你是一個不夠義氣的人啦！

永遠忠誠於你的朋友

喬治・佩恩・雷恩斯福德・詹姆斯

霍桑夫人在一封信裡這樣寫道：

---

058 杜伊金克（Evert Augustus Duyckinck, 1816-1878），美國出版商、傳記作家。
059 喬治・佩恩・雷恩斯福德・詹姆斯（George Payne Rainsford James, 1799-1860），英國小說家、歷史作家，曾被英政府派駐美國和美洲大陸多年。

我最親愛的莉茲：

　　妳寄過來的這份禮物實在是太奢華了！如果妳因為要給我送這樣的禮物，而弄得自己沒有錢去做其他事情，那麼我真會感覺到被冒犯了。現在，妳不僅沒有床可以睡覺，也沒有房子可以住，沒有什麼東西可以吃，整天都要忙著縫紉衣服，還要親自洗衣服！我對妳現在所過的生活感到不開心，但我認為我不應該說一些抱怨的話，因為這只會增添妳的煩惱，因為我也不知道怎麼做才能更好地解決這件事。只要父親還在這裡居住的話，我就不打算讓別人前來做客。這樣做也是為了霍桑著想。因為要是家裡來了太多人的話，這肯定會影響霍桑的藝術創作以及正常的家庭生活。事實上，霍桑沒有其他的生活 —— 他從來都不主動去什麼地方，與公眾事務也沒有什麼牽連。我認為，只有我才能估算出當一位陌生人前來我們家做客，會給他帶來的巨大損耗，特別是在我們這樣狹小的房子裡。當然，一兩週的時間可能尚且可以容忍，但是幾個月的時間則肯定是不行的……妳知道霍桑剛剛踏進隱士生活的門檻，他現在還不是一位真正意義上的隱士。

　　霍桑在給他的一位終生朋友寫信的時候這樣說：

雷諾克斯，1851 年 7 月 24 日
親愛的帕克：

　　我本應該早些時候就給你寫信了，我已經收到了你寄過來的杜松子酒，本應及時表達對你的謝意，但我那段時間一直忙著創作，因此沒有及時給你回覆，實在感到萬分抱歉。關於你寄過來的杜松子酒，我現在還無法說出是好是壞，因為我們現在都還沒有機會打開酒瓶來品嘗一下呢！也許，我們要等天氣寒冷之後才會打開酒，喝上幾口。不管怎麼說，我真心非常感謝你的熱情與慷慨。

　　我要跟你說的最重要事情是（如果你之前沒有聽說過這件事），就是我們已經有了第三個孩子了，她現在已經兩個月了。她是一個健康且快樂的孩子，與一般的健康孩子沒有什麼區別。當然，我認為相較於與她相同年齡段的孩子，我更加關注她的事情。鑑於我現在的年齡，而我的孩子又還這麼

小，因此我認為這應該是我們最後一個孩子了。你在來信裡談到了你所感受到的孤獨感，這也讓我非常為你感到難過。現在，我已經無法感受到你在信中所表達出來的那種孤獨感了，我衷心希望你能夠採取一些措施，更好地解決這個問題。你可以透過與其他你喜歡的小姐結婚來解決這樣的孤獨問題。如果我像你這樣已經養成了獨自垂淚的習慣，那麼我就會想辦法在現有的情況下去做到最好。你不應該遠離自己的家人或是疏遠之前的朋友。

　　每當你認為那樣的孤獨感變得無法忍受的時候（我真的不希望你再次體驗到這樣的感受），記得過來找我。順便說一下，如果我以後還能繼續在文學領域取得一些成就，我應該就能積攢到一筆錢去買一座房子，如果你知道哪些房子的價格在一千五百美元到兩千美元之間，我希望你能夠隨時幫我留意一下。我希望能夠居住在海邊，或至少距離海邊不是很遠。可以說，我現在還沒有找到這種適合的房子，但我想要一座較為寬闊的房子，有足夠的室內空間，並且不需要為重新裝修而耗費很大力氣。現在，我覺得自己在這些山丘的環境下已經找不到舒適自如的感覺了，也不想要一直居住在這個地方。除了在深冬時節之外，我一般都能迅速適應某個地方的全新氣候環境。現在，我經常會罹患感冒，不像我之前在海邊居住的時候那麼健康了。我的妻子也面臨著同樣的情況，我的孩子們現在都一切安好。但是，我認為他們在靠近海邊的地方居住會更好一些。如果你找到了這樣一個可能會適合我的房子，請務必記得告訴我。到了十月分，我應該就會前往塞勒姆地區。也許，到那個時候，你應該已經幫我物色好了這樣的房子。

　　我之前不是給你寄去了《帶有七個尖角閣的房子》這本書嗎？為什麼你不在來信裡表達你對那本書的一些看法呢？我覺得，你可能認為表達出自己不同的觀點會傷害我的情感。但是，你根本不需要有這樣的顧慮。無論是受到讚美還是友善的批評，我都會一樣高興的。當然，我肯定更加希望收到來自你的讚美之詞。不管怎麼說，這本書賣的很好，似乎讓很多讀者都感到滿意。我必須要坦誠一點，我本人就是這些讀者當中的一員。這本書其實代表著作者的品格。因此我在創作這本書的時候感到非常自然，要比我在創作《紅字》一書的時候更加地發自於內心的情感。但我想要寫一個浪漫的故事，

會以某個社區作為背景，然後將自己的一些經歷放進去，透過一些故事情節來表達我在布魯克農場的一些體驗以及個人的觀察。自從《帶有七個尖角閣的房子》一書出版之後，我又寫了一本適合孩子們閱讀的童書，這本書應該很快就要面世了。

　　我的妻子要帶著小女兒與烏娜前去南部看望她的母親，並在那裡待上兩三週時間。我認為我的岳母可能挨不過這個寒冷的冬天了。我與朱利安則繼續留在這裡。如果你能夠從苦悶的海關辦公室工作中抽出時間的話，我希望你能夠過來看望我。雖然我的妻子之後肯定會責備你為什麼要在她不在家的時候前來拜訪。但是，我真的希望能夠見到你，與你談論一下關於這個世界以及來世的許多事情。我很高興看到你對精神體驗所抱持的支持態度。我之前也讀過關於這方面的書籍。在我看來，精神體驗是我聽說過的最為奇怪與最讓人困惑的事情。其實，我很願意相信那些心靈感應之人能夠在相隔遙遠距離的情況下，依然能夠感知彼此心靈的事實。不過，雖然我與那些能夠就這個話題敞開心扉的人進行了最為真誠的交流，但還會有很多方面讓我感到困惑。因此，你絕對要允許我對這個話題持保留意見，除非我能夠了解你的精神體驗的一些相關細節。

　　在收到你的來信之後，我寫信給朗費羅，希望他能夠為你寄去一些有助於你成長進步的書籍。朗費羅到現在都還沒有告訴我他是否已經這樣做了。我希望他能夠將這些書寄到你在塞勒姆地區的住宅。我希望你能夠學習拉丁語、法語、德語或是世界上其他一門語言，因為世界上還有比用瑞典語更加方便去接觸世界的語言。但不管怎麼說，這都能夠給你帶來閱讀的快樂與自我的提升。只要你能夠達成這個目標，那麼這一切就是有價值的。我擔心（你會認為我作為你的朋友過分直白地表達了自己的觀點），在接下來的許多年時間裡，你可能會在這個世界上默默無聞，我也希望你能夠保持足夠的耐心去做好一件事。不管怎樣，這絕對不是你的過錯，而是整個大環境的過錯。你的天賦花朵注定不是在這個世界上綻放的，我希望能在另一個世界裡看到這朵鮮花的美麗綻放。

　　我還有很多話要跟你說，但我此時想不起該說些什麼了。還有，在一封信

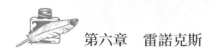
裡想要說些更加親密的話，這是不切實際的。我希望你能夠盡快過來看望我們。

永遠忠誠於你的朋友

納撒尼爾‧霍桑

附注：請原諒我在信中潦草的字跡，但我已經習慣在了寫信的時候不注重字跡的工整，希望你能諒解。

帕克算是那種介於出世與入世之間的人，他就像花崗岩的山丘一樣，完全有能力展現出自己的美感。當我們近距離進行觀察，就會感受到這樣的美感是出乎我們的意料之外的。我曾經看到過他與我父親走過附近的一片小松樹林，那是我們從英國回來之後的事情了。帕克的身材不高，但顯得很結實，乍看起來是一個比較不苟言笑且平凡的人。我對於父親在與他一起散步的時候那麼開心而感到很驚訝，之後我才感覺到他的行為舉止方面所表現出來的紳士品格，聆聽到他那抑揚頓挫的聲音，還感受到了他謙卑的靈魂。帕克所寫的一兩封信件已經印刷出來了 —— 這些信件都是沒有任何刪減的完整版本。這些信件充分表明了帕克是一個擁有著某種微妙洞察力的人，雖然他容易受到外界影響的干擾，就像公牛一樣容易受到一隻蜜蜂的干擾，但蜜蜂卻始終都不會在乎它的存在。這表明了帕克是有著某種休閒狀態下的大智若愚，有足夠的智慧之火去表達他的內心想法。這就好比雕刻家手上的泥土是灰色的，而他手上的大理石是白色的。對於像帕克這樣一位有著微妙洞察力的人來說，任何細微的衝動或是堅毅的目光都肯定是不少的，因為這肯定會與他長時間的觀察融合起來，然後彷彿一個可望而不可即的願望那樣迸發出最為純潔情感。當然，任何能夠吸引一位思想家的，肯定都是一些不同於尋常的東西。帕克可能願意過著普通人那樣的生活，因為只有當他過著普通的生活時，才能更好地去理解真理，就像吟游詩人那樣表達著愛意，在人生的最後時刻表現出自己光輝的人生思想。

赫爾曼‧梅爾維爾在一封我父親將時間標記為「1851 年 7 月 24 日收到」的信件裡，就表達了非常有趣的思想。只有當我們多次閱讀這封信，才能明白背後的意思。顯然，他所寫的很多話語都是有隱喻的 ——

週二下午

我親愛的霍桑：

　　這不是一封信，甚至不是一張便條，只是我在你的花園大門口處跟你說的話。感謝你寄來的那封充滿愉悅情感的長信（我昨天就收到了）。你在信件裡表達的美好情感，彷彿洞穿了我的心靈，讓我整個人的精神都為之振奮。現在，我正陸陸續續地忙著很多事情，但這些事情需要我經常去處理。現在是堆積乾草的最好時節了，我的那匹老馬正在將牠冬天要吃的糧草都拉回了穀倉。雖然我現在還不是一個有很多閒暇時間的人，但我應該很快就能忙完這一切了。與此同時，要是我有足夠的閒暇時間，我希望前去看望你。之後，我們可以趕在秋天到來之前，出去外面過上一段流浪生活。我們可以前去格雷羅克（Graylock）這個地方，在那裡過上一段自由自在的生活。但在出發之前，我們必須要挖一個深坑，將過去所有的煩惱與沮喪情感都全部埋葬掉，告別過去所有的悲傷與痛苦……再見了！

　　赫爾曼·梅爾維爾在另一封寫給霍桑的信件裡這樣寫道：

皮茨菲爾德，週一下午

我親愛的霍桑：

　　人們經常說，如果一個人經受了什麼苦難，那麼他就應該獲得什麼回報。但就我而言，哪怕我經歷了最為嚴峻的考驗，我也只會乖乖地坐在一個角落，然後舒適地吃著我的晚餐而已 —— 為什麼會這樣呢？這只是因為我完成每天艱巨的工作之後，不應該得到什麼額外的獎賞 —— 我現在不是已經擁有了內心平和的獎賞了嘛？難道我所吃的晚餐還不夠美味可口嗎？我親愛的霍桑，我的平和內心以及我美味的晚餐就是對我的獎賞。因此，你給我寄來的那一封充滿歡樂與友善情感的信並不是辛苦忙完一天的工作之後的獎賞，而是上天賜給我的額外獎賞 —— 因為沒有比得到他所欣賞之人的欣賞與認可更加讓人感到幸福的事情了。欣賞！認可！難道愛意不需要被欣賞嗎？從亞當到現在，誰沒有明白他那個偉大的寓言所傳遞出來的意思呢？是所有的世人嗎？難道我們這些卑微之人就必須要安於字面上的意思，然後進行錯誤的

131

理解嗎？我必須要說，你的讚美之情就是對我最為榮耀的獎賞。這是我以驕傲與謙卑的方式展現出來的——就像一個牧羊王那樣——我就像克里米亞一座孤獨山谷裡的主人，但你現在卻給我戴上了印度總督的王冠。但是，當我試著去戴這樣的「王冠」時，我發現這頂「王冠」卻遮住了我的耳朵，讓我整個人顯得非常滑稽——因此，只有那些真正適合戴上王冠的人才能有資格戴上這樣的王冠。

　　昨晚在前往莫爾伍德先生家的路上，我收到了你的來信。我當時就閱讀了你的來信。要是我當時在家的話，我肯定會立即坐下來，馬上打開閱讀。就我本人而言，神性的寬宏大量是自發產生的——只要你有感受的能力，應該就能感受得到。這個世界在不停地轉動，很多事情都紛紛冒了出來。因此，我現在無法寫出自己當時的感受。但我仍然能夠感受到當時的那種激動之情——能感受到你的心跳彷彿就在我的肋骨與你的肋骨上跳動，而且還在上帝身上的跳動。當我知道你能夠理解這本書的時候，在那個時刻我產生了一種難以言喻的安全感。我之前寫了一本不道德的書，但我感覺自己就像羔羊一樣無比純潔。我正在與一些難以用言語形容的優秀之人成為朋友。我想要坐下來，與你一起共進晚餐，與古羅馬萬神殿的那些眾神進行對話。這是一種奇怪的感覺——本身沒有任何希望，因此也不會帶來任何的絕望。我的內心只剩下滿足，沒有任何不負責任的內疚感，也沒有任何放縱自我的內心傾向。此時此刻，我正談論著我所感受到的最深層的自我存在感，而不是談論一種偶發的情感。

　　霍桑，你什麼時候會過來呢？你似乎總是能夠洞察我的內心世界。當我將生命之酒放在嘴邊——看吧！這些酒彷彿都是屬於你的，而根本不是我的。我感覺神性就像晚餐桌上的那些麵包一樣，被分解得支離破碎，讓我們都變成一個個不完整的存在。因此，正是我們每個人心中存在的無限兄弟情義，才讓我們對你所創作的這本書深感共鳴。你根本不在乎這些書能夠賣出多少，但你知道內心始終有某種強烈的情感會驅動著你去完成這本書——最後，你透過書籍將自己內心的想法表達出來了，你獲得了讀者們的讚美。難道事實不是這樣嗎？你就像一個完美的大天使，有資格去鄙視那些不完美之

人，但你同時又擁抱他們的靈魂。一旦你擁抱了醜陋的蘇格拉底，這是因為你看到了他們說出了充滿激情的話語，聆聽到了他們內心的湧動 —— 對你來說，這是一種熟悉的聲音，你能夠認清這樣的聲音。因為你在自己平時孤獨的時候經常能夠聽到這樣的聲音。

我親愛的霍桑，我現在感覺一種懷疑主義的思想正慢慢潛入自己的心靈，這會讓我覺得寫這麼長的信件給你是否是一種正常的行為？但是，請你相信我，我絕對沒有瘋，而是變成了高尚的費斯圖斯。但不管怎麼說，真理不會那麼有連貫性，始終需要我們去苦苦追尋。只有那些擁有寬廣心靈的人才能聚集在一起，而他們聯合起來之後所造成的衝擊也必然不會平淡無奇。再見吧！我親愛的朋友。你在回信的時候，不要寫任何關於這本書內容的話。因為這會剝奪我在苦悶時候閱讀你這本書所感受到的樂趣。我為自己寫信跟你談論這些瑣碎的事情倍感遺憾，因為我的這些事情的確是無足輕重。我經常會祈禱，我們什麼時候才能徹底完成這樣的成長呢？只要我們認為自己還有更多事情要做，那麼我們就不會去做任何事情。因此，讓我們將白鯨放入我們的祝福裡面吧！畢竟，海中怪獸不是最龐大的魚類，我聽說挪威傳說中的北海巨妖才是最為龐大的。

到目前為止，我已經給你寫了一封很長的信件了，但是你沒有必要一定要回覆這封信。也許，如果你真的回覆了，請直接將收信人寫成赫爾曼・梅爾維爾，這樣的話，你就不會寄錯人了 —— 有時候，我會有這樣的感覺，那就是讓我們揮筆疾書給朋友寫信時的最原始想法，往往很難能夠直接透過信件去表達出來。我經常會祈禱，我們什麼時候才能夠做出這樣的改變呢？啊！要想做出這樣的改變，需要經歷一個漫長的階段。因為在這條道路上，我們看不到一個可以讓我們停下腳步來休息的旅館，而夜晚很快就要降臨了，我們又感到飢腸轆轆，渾身發冷。但是，倘若我能夠與你一起結伴出發去走這趟旅程，那麼我的內心肯定會感到無比的滿足與快樂。我寧願將整個世界都拋在腦後，因為了解你這個人能夠給我帶來更加深沉的滿足感。我感覺，對你的了解甚至要比《聖經》更能讓我實現永恆。

你之前給我寄來了那封樸實無華的信件，而我卻在回信裡跟你嘮嘮叨叨

地說了這麼多，這實在是我的不對。請將我的問候傳遞給霍桑夫人以及你們的孩子。再見了我的朋友，願上帝保佑你們。

赫爾曼‧梅爾維爾

附注：寫到這裡，我還是無法停下筆。如果整個世界都是由魔術師組成的話，我會告訴你我應該會怎麼做。我會在一間房子的一端做一個造紙廠，然後用無數個圓錐形紙帽的絲帶掛在我的脖子上。我可以在這些絲帶上寫下自己上千種思想——甚至是上百萬或是上億個思想，然後我可以將這些思想整合起來，然後透過信件寄給你。你身上能夠散發出神性的磁性，我的磁石也會對此給予回饋。世界上到底什麼才是最為龐大的呢？這是一個非常愚蠢的問題——世界本來就是一體的。

再附注：我認為你最好還是不要回覆我了，因為你始終會得到我這樣冗長的回覆的——這樣會讓我們都只能坐在案桌前進行回信。這是毫無意義的。我也不會始終回覆你的信件的，你也可以按照自己的心情去回覆。

當霍桑夫人帶著孩子前去看望她的母親時，霍桑在家獨自待了幾天。在這幾天裡，霍桑寫了下面這封信：

雷諾克斯，1851 年 8 月 8 日

我親愛的菲比：

昨天，我給你寫了一封信，然後交給科尼利厄斯（Cornelius）去送信。但是，他忘記這樣做了。因此，我只能再次給你寫一封信了。如果你下週四從西牛頓出發的話，那麼我應該能夠在皮茨菲爾德那裡見到你。當然，如果我在那個時候出發，應該也同樣能夠見到你。

朱利安現在一切安好，他一天到晚都玩的很開心。我希望烏娜在她外祖母那裡也能夠每天過的非常開心。請將我的愛意傳遞給她……

永遠忠誠於你的

納撒尼爾‧霍桑

8月9日，週六

　　昨天，我收到了你的來信。你在信中談到了你可能要延遲幾天才能回來。如果你現在有事在身，你可以按照你處理事情的速度來決定什麼時候回來，不需要為此而著急的。朱利安現在過得很好，我之所以熱切地希望你能夠盡快回來，是因為我感覺無法見到你，會讓我的日子變得非常難熬。你可以寫信告訴我，你決定什麼時候啟程回來嗎？但是，除非我能夠收到你的進一步消息，否則我就要在一週後的週六前往皮茨菲爾德了。但是，如果你認為有必要繼續在你母親那裡搭更長時間，那麼你也可以多逗留幾天時間。

　　昨天，朱利安與我以及赫爾曼·梅爾維爾以及另外兩位先生一起外出騎馬，大家都玩的很開心。

　　皮特斯夫人就像一位天使一樣，有著美好善良的心靈。

　　永遠忠誠於你的

納撒尼爾·霍桑

　　皮特斯夫人是那種有著自我尊嚴的黑人女性，她是霍桑家裡一位女傭人，有著善良的心靈，但經常會感到憂鬱。我的母親在回到雷諾克斯之後，就經常談起她，說她總是能夠輕而易舉地圓滿完成許多家事，很好地照顧我們這些孩子。皮特斯夫人的畫像給我留下深刻的印象，她就像霍桑在小說《賽普迪莫斯·菲爾頓》（*Septimius Felton*）裡塑造的凱西亞阿姨那種印象。皮特斯夫人在平時的工作中可以說是一位「專制者」，就像一個火藥桶。她經常會說：「如果妳敢這樣做的話，請別怪我不客氣。因為妳要做的事情肯定是致命的！」我的父母則非常欣賞皮特斯夫人表現出來的性格，因此他們都非常尊重皮特斯夫人。所以，皮特斯夫人平時對待我們的時候總是非常的友善與親切。

　　霍桑夫人在寫給她母親的一封信裡這樣寫道：

　　在週日，薩繆爾·格雷·沃德[060]先生前來看望我們。他為霍桑的《神奇

---

060 薩繆爾·格雷·沃德（Samuel Gray Ward, 1817-1907），美國詩人、作家、超驗主義運動參與者。同時也是一位銀行家和美國大都會博物館創建人之一。

故事集》帶來了海伍德門廊這幅畫，他說這幅畫是他讓伯里爾·柯蒂斯繪製的。我們將這幅畫送給了菲爾茲先生。在週一，柯蒂斯前來拜訪，他將我們都進行了一番素描，然後說他在今年秋天的時候就要回去歐洲了。就在剛才，霍爾姆斯博士與厄帕姆先生的兒子查爾斯搭乘馬車前來做客。首先過來的是霍爾姆斯博士，他透過房子的窗戶窺探著那個湖 —— 因為他不放心那匹已經用繩索拴好的馬匹。接著，他出去外面找到了查爾斯，讓他進來。霍桑堅持表示要幫他們牽好馬匹，好讓他們兩人都進來。當霍爾姆斯準備要回去的時候，看到霍桑正對著他那匹馬的馬頭時，忍不住哈哈大笑起來，說：「在整個美國，還有誰能夠像我擁有這麼大的榮耀，可以讓《紅字》一書的作者幫我牽馬的嗎？」請將我的愛意轉達給家裡的每個人。

　　永遠深愛著妳的女兒

索菲亞

第七章　從雷諾克斯到康科德

霍桑給泰潘女士的信件充滿著許多有趣的驚喜。霍桑夫人對雷諾克斯美麗的房子進行了一番描述。他們搬到了西牛頓，最後決定在康科德定居。霍桑夫人對奧爾柯特先生進行了一番有趣的分析。奧爾柯特先生給霍桑夫人的信件。愛默生在早期給霍桑夫人的一封信。瑪格麗特·富勒女士寄來的信件。霍桑夫人描述威賽德這個地方。所羅門·麥克尼爾將軍揮舞著他那把友善的寶劍。愛默生就像至高無上的國王統治著這座小鎮。

下面的這些信件主要談論的，都是霍桑一家人在平時生活中所遇到的一些瑣碎事情，但這些瑣碎事情都表達出了他們美好的情感以及深刻的思想。靠近「紅屋」的果園似乎突然間賜給了這座房子原先的女主人一種魔力。他們總是能夠以一種幽默的心態去面對生活中的各種不如意。我的父親在下面這封信裡就展現出了這種愉悅與歡樂的情感：

9 月 5 日

我親愛的泰潘夫人：關於所有權邊界的問題，無論是關於國家與國家之間，還是個人與個人之間的，都是非常棘手的問題。我認為最好的方式還是透過書信往來的方式去解決這個問題。因為我平時有很多閒置時間，所以我能夠抽出時間跟你就這個問題進行交流，最後我們肯定能夠找到一個大家都較為滿意的解決方案。現在，索菲亞每天都非常忙碌，因此她無法參與解決這個問題。妳是一個非常友善的人，因為妳允許我能夠以一種幽默樂觀乃至是友善的態度來給妳寫信。我現在給妳寫這封信就是一個證明。我將會以最為坦率的態度來跟妳通信，表達出自己的一些想法。

首先，請允許我提及妳向索菲亞提出的那個問題，不管她是否感受到了妳的善意，還是認為她也有相關的權利，總之我不知道她會做出什麼樣的回覆。但至於我本人，我對一般人的人性脆弱性以及個人身體健康不佳的認知，我知道很少有人能夠真正感受到妳的善意，也很少有人能夠真正懂得去尊重別人。正是這樣一種情感，讓我認為我與泰潘先生之間應該明確訂立租金的條款。我們現在所面臨的棘手問題，其實只是證明了我所持有的原則，也會讓我在日後面臨類似的情況能行事得當，更好地保護自己的一些權益。

毋庸置疑，當泰潘先生同意從我這裡獲取租金的時候，他的確讓渡了部分權利給我，其中最為明顯的一部分權利，就是我認為自己暫時擁有果園裡這些水果的所有權。要是一個花園沒有了紅加侖果樹以及其他果樹，這還能稱得上是一個花園嗎？去年，我們並沒有就這個問題產生過什麼爭論，我們所擁有的權利似乎也得到了妳們的默認。如果妳們宣稱擁有對其他莊園的所有權，那麼這其實是不關我的事情的。今年，當泰潘詢問我想在花園的哪個位置來種植果樹，我認為他這樣問，只是想讓科尼利厄斯來幫忙鬆地 —— 因為科尼利厄斯也很願意這麼做。但是，我根本沒有想到，我會因為去年沒有在這個果園裡種植什麼果樹而失去對這塊領地的所有權。如果果樹因為我疏於管理而沒有什麼收成，那麼泰潘先生說我幾句還是可以理解的，但這根本無法成為他將我所租的果園從我手上搶走的事實的理由的。與此同時，泰潘先生始終都沒有做出任何的解釋，甚至事先也沒有告知我一聲。我之前也根本想像不到他有這樣做的意圖。

　　不論怎樣，索菲亞和我都認為我們擁有對那個果園的一部分所有權，當然也有權利收成園裡的果樹。這麼簡單的道理可以說是從伊甸園裡的亞當與夏娃的時候就已經確立好的。這就是我們在這件事情上的觀點。妳之前看到過瑪麗・比克曼女士手裡提著一個裝滿水果的籃子。妳上前攔住了她，查看了籃子裡面裝著什麼，然後詢問這些水果是從哪裡來的？妳詢問她，這些水果是別人給的，還是買的？妳以這樣的方式去檢查這些水果的來源，妳認為索菲亞與皮特斯女士聯手起來掠奪屬於妳的財產。

　　之後，妳還給索菲亞寫了一封充滿抗議意味的信件。妳在信中說，索菲亞的行為不僅是拿走了一些水果，而是假定索菲亞將這些水果拿來為我們所用。現在，讓我們思考一下這個完美的平行例子。沃德夫人應該親自打理她在海伍德果園裡的水果。難道泰潘夫人會像沃德夫人那樣，以更為柔和的方式來肯定索菲亞在這方面擁有的權利嗎？我並不這樣認為。我看不出來妳會這樣做。如果妳真的這樣做，這肯定也是完全出於妳內心仁慈的善意以及良好的本性，而絕對不是因為沃德夫人做出那樣的舉動是否得體。

　　最後，關於妳昨晚寄過來的一封信，妳在信中清楚地告訴我們，說我們

在這裡沒有任何其他權利。請允許我這樣說，正是因為出現了目前這樣的僵局，才讓我靜下來進行沉思。我認為釐清一點很重要，那就是我用租金買下了屬於自己的權利，而與我們從像妳與泰潘先生如此慷慨大度之人手中獲得的權利沒有什麼關係。我們用金錢購買下來的權利是受到法律的保護。這是一個講求公平交易與買賣的世界，沒有比想要破壞這樣的規矩或是誠信行為更加荒唐的事情了。

關於造成雙方不愉快的蘋果（事實上還有李子、梨子與桃子，或是其他的水果），我們真誠地希望妳想拿走多少水果，妳就拿走多少水果。只有在這這樣的基礎下，這些水果品嘗起來才會更加鮮甜。如果妳選擇用強硬的方式來做，想要將果園裡全部的水果都搶走，我們也不會進行武裝抵抗，我們也不會進行任何抗議。但是，請妳想想，讓我們放下這個關於權利的微不足道問題，然後讓我們發自內心地將這些水果送給妳們，這不是更加明智的行為嗎？我們絕對不是要逃避「禮物」這個詞語，雖然我們碰巧是雙方當中比較貧窮的一方。因此，要是妳以這樣的方式來對待我們，「禮物」一詞才是比較可疑的。或者說，如果妳對這樣的安排感到不滿意，妳可以給我們一些小禮物作為回報妳從果園裡得到的水果，說不定我們會永遠記得妳的善意呢。

除此之外，不要忘記一點，我們千萬不要因為這件事而彼此產生隔閡，因為這樣的酸性思想會讓讓果醬變味，這樣當妳在餐桌上品嘗果醬的時候，也不會覺得果醬有多麼好吃。不管怎麼說，妳想要拿什麼，妳就盡快拿什麼吧！我們所爭論的也不過是一些腐爛的李子而已。

請將我的善意傳遞給泰潘先生

納撒尼爾‧霍桑

霍桑夫人給她的姐姐伊麗莎白‧帕爾默‧皮博迪寫了這封信：

我之前已經將泰潘先生的回信寄給妳看了，他的回信充滿高尚大度的情操。霍桑也給他回覆了一封非常友好的信件。霍桑在回信裡說：「親愛的先生：我相信妳的來信是不會給索菲亞增添更多煩惱的。因為索菲亞並不像我那麼看重這件事情的嚴重性。妳的來信體現了你個人大度的品格，讓任何思

想狹隘或是無知的情感都顯得微不足道，而是表達出了一種普遍的仁慈與良好的善意。我必須要坦誠一點，只要這個世界還有像你這樣仁慈大度之人，那麼這個世界就不應該稱為一個到處都是買賣的世界。

　　我是永遠尊敬妳的，納撒尼爾·霍桑。」

　　霍桑夫人在給皮博迪夫人的下面兩封信裡，就描述了雷諾克斯當地的景色：

9月7日，週日
我最親愛的母親：

　　今天的天氣簡直不能再好了！今天是屬於主的一天，現在最小的孩子已經入睡了，烏娜在海伍德，朱利安在玩耍，我也有時間可以回覆妳之前寄過來的那封充滿美好情感、智慧且溫柔的來信了。昨天與今天的天氣都非常炎熱，如此天氣下，這裡的景色依然非常美麗。我感覺，在這樣的天氣裡，我們才能過上真正意義上的生活，並且感受到上帝的仁慈。我希望妳喜歡這樣天氣，而不會因為這樣炎熱的天氣而感到倦怠。也許，妳還記得每當氣溫達到攝氏三十三度的時候，我的身體是最為強壯的。每當我想到，妳與我一樣都非常期望能夠前往寬闊的山谷，欣賞像圓形劇場的山丘景色時，我的內心就感到非常快樂。即使是現在，妳也可以在門廊上欣賞夕陽西下的壯美景色。但是，妳那裡沒有我這邊這個美麗的湖泊，我也不認為妳那裡有美麗的紫色霧氣籠罩著沉睡的山丘。

　　在陽光燦爛的日子裡，霍桑就在一棵樹的樹蔭下面躺著。烏娜與朱利安則會用長長的草葉覆蓋住霍桑的下巴與胸口，讓他就像一個龐大的巨人，這個巨人看上去有著綠色的鬍鬚！當最小的孩子還在睡覺的時候，我出去外面走了一下。烏娜在門口處大聲對我說：「我多麼希望喬治能夠在這裡」（烏娜指的是她的表妹）。而可愛的朱利安似乎也能夠欣賞眼前如夢如幻的山川景色。因此，朱利安的玩耍只會讓我更好地感受到這無與倫比的一天的美好之處。我之前從未見過烏娜在享受著父母都在她身邊的時候，竟然還想要找其他玩伴玩耍的情況。最小的孩子蘿斯已經在嬰兒車坐了幾週了。某天，我

們帶著她前去湖邊散步。我希望妳能夠看到她在樹林裡,我舉起她雙手的情景。她的臉龐會露出持久的微笑,望著周圍的樹木以及平靜的湖面,聆聽著樹林發出的沙沙聲,直到她最後慢慢地睡著。「狠狠地親吻她。」「好好地抱著她。」「將她攬在懷裡。」這些都是我每次帶她外出時都會做的行為。每個人,哪怕是嬰兒,他們對自然景色的這種發自內心的愛意是多麼的強烈啊!也許只有死亡與毀滅的陰影才能夠摧毀這一切。朱利安現在已經開始跟嬰兒說話了。他有時候會大聲地說:「哦!我親愛的!」然後將她抱到他的嘴邊,然後用無限溫情的眼光看著他的妹妹。那樣的場景肯定是妳希望看到的。每當朱利安想要打擾妹妹睡覺的時候,我總是希望天使能夠從天而降,讓朱利安安靜下來。有時候,我們會前往附近的樹林散步,嬰兒則坐在嬰兒車上,聆聽著樹木發出的沙沙聲響與蟋蟀聲,接著慢慢地入睡。此時,烏娜與朱利安就會用一些較小的樹枝來做一些小玩意兒。他們的爸爸與媽媽則會坐在一旁,認真地欣賞著皎潔明亮的月亮。但在月亮出來之後,天氣就有點涼意了。過去這兩天還是很暖和的,我的心靈似乎「也像玉米與甜瓜那樣不斷地膨脹與成長」。我記得所有美好的行為、高尚的舉止以及宏大的思想。整個宇宙似乎都融合成為了一種對「更高法則」的單一且連續的認可當中。在我眼前看到的如此美好且公平的世界裡,難道真的存在什麼錯誤、欺騙、不公、殘忍或是戰爭嗎?難道真的只有當城市解體之後,人們才能走出喧囂的街道,來到曠野感受自然的愛意與美好,感受到沒有爾虞我詐的世界嗎?在鄉村裡,人們會發現陽光會安靜地灑在每個人的身上,沒有人需要為獲取更多的陽光而爭鬥。森林裡的樹木也不會不平等地對待每個人,任何花朵都不會因為另一朵更加美麗而心懷嫉妒。當我這樣寫的時候,夕陽已經下山了,月亮悄悄地爬上了天空,彷彿用柔和的月光展現出大自然美妙的輪廓。烏娜與朱利安以及蘿斯都處於一種安靜狀態。除了我現在揮筆給妳寫信發出的沙沙聲之外,沒有其他聲音了。當然,窗外傳來了蟋蟀發出的聲響,但蟋蟀的聲音反而讓我產生了一種安靜與平和的感覺……當我們來到雷諾克斯之後,竟然發現這裡比在塞勒姆地區更能成為社交活動的中心,文學界的很多人士都會前來拜訪,這著實我們之前所沒有想到的。但是,當這些人都在

這裡固定下來居住之後，我敢肯定我們早已經逃之夭夭了……我現在看到的畫面是，朱利安正躺在房間那張長軟椅上，看著一副描繪著古希臘珍珠的畫像。就在剛才，他的內心還充斥著憤慨的情感，對給那位大力士海克力斯[061]送去有毒衣服的人感到憤怒，因為他在腦海裡想像著「正在忍受痛苦的海克力斯」的痛苦畫面。朱利安說，他希望那個毒死海克力斯的人已經死了。我用肯定的口吻對他說，那人已經死了，早就死了，因此他再也不可能將有毒的襯衫拿給別人穿了。不過，那個毒死海克力斯的人恰好是一位女人，但我心想還是不要告訴他送毒衫的德伊阿妮拉[062]以及邪惡的涅索斯[063]的故事。烏娜正在切削著什麼東西，但她很快就要跑去幫助瑪麗·比克曼去做一些事情了。霍桑已經回到了他的書房裡進行創作。我親愛的母親，現在三個孩子們都已經入睡了，我也要就此擱筆了。請將我的愛意轉達給我的兄弟姐妹們！

永遠深愛著妳的孩子

索菲亞

我最親愛的母親：

今天，我帶上朱利安出去散步。他一直說要等一下，讓他跟當時正在田野裡勞作的泰潘說上一句話再去。朱利安撿起一束束的燕麥，拿到泰潘面前，然後大聲說：「泰潘先生！泰潘先生！這就是你的燕麥！」泰潘最後轉過頭，露出了微笑，感謝朱利安的幫忙。這天下午的天氣很好，自然界裡的一切似乎都像一頂金色皇冠上鑲嵌的完美珍珠。晒乾了的黃色乾草，可愛的孩子，還有他那長長的捲髮與深邃的眼睛（指的是泰潘）── 這裡的所有事

---

061 海克力斯（Hercules），希臘神話中最偉大的半神英雄，男性的傑出典範。後因穿上妻子送來的被邪惡的涅索斯的血浸染過的毒衫而被毒死。

062 德伊阿妮拉（Dejanira），希臘神話中海克力斯的第二任妻子，因聽信丈夫愛上了別人的傳言，將用邪惡的涅索斯死前的血塗上的罩衫送給了丈夫，她輕信了涅索斯死前的話，說是穿上就可以使男人回心轉意，其實是件毒衫。

063 涅索斯（Nessus），希臘神話中的半人馬，本性惡毒。曾假裝願意運送德伊阿妮拉橫跨一條流速很快的河流，這樣海克力斯就可以游泳過去。但涅索斯實際上是本性邪惡的半人馬，並打算趁海克力斯還在水裡時綁架德伊阿妮拉。當海克力斯到了對岸並發現真相時，他憤怒的用蘸過勒拿九頭蛇毒血的箭射殺了涅索斯。為了復仇，涅索斯在臨死前將自己的血交給德伊阿妮拉，欺騙她自己的血可以讓變心的男人回心轉意。

物都像一幅連牟利羅[064]都無法描繪出來的畫作。我一直等待著朱利安朝我這邊跑過來。當我們來到自家庭院的時候，看到了一個年幼的女孩正坐在嬰兒車上，穿著蔚藍色的長袍，看上去就像藍色天空中一顆白色的星星。我們回到了餐桌，轉頭向窗外看去，真是一幅壯觀且美麗的畫面──可以看到清澈的湖面、綠色的草地、蜿蜒的高山，而這個畫面似乎始終都處於一種動態。現在，這幅畫彷彿沐浴在秋日的陽光下，就像我丈夫所說的，彷彿這個世界已經空無一物了。孩子們一邊吃東西一邊欣賞著外面美麗的風景。烏娜吃完之後，就走上樓梯去見她的祖母。朱利安則坐在我的膝蓋上，因為他之前已經玩累了，而且只吃了一塊不熱的蕎麥蛋糕，他呆呆地望著外面的景色。突然，朱利安興奮地叫喊著：「媽媽。媽媽，妳看那個湖面！」朱利安真是一個聰明的孩子啊！湖面的景色是那麼的美麗，是用任何形容詞都無法去形容的。我心想，「幸好你還有這樣的慧眼。」最後，他對這樣的玩耍感到非常疲憊，就伸展著腰躺在地板上，最後他吃了一些蕎麥蛋糕。接著，我就將他放到床上睡覺。他將那雙小手緊緊地纏繞著我的脖子，然後用力地親吻著我，我們幾乎都要因為這樣的親吻而失去了呼吸。他的眼神裡透露出友善的目光，接著巨大的睡意就讓他的雙眼慢慢地閉上了，很快就與天使為伍了，一直睡到第二天早上。接著，我就開始給妳寫這封信。我親愛的喋喋不休的烏娜──她對他父親的愛意每一天都變得更加強烈，因為她的理解能力以及內在的心靈都變得越來越大──有時候，當她的父親沒有陪她一起前去湖邊散步，她就會感到悶悶不樂。她的父親沒有陪在她身邊讓她的臉龐彷彿都失去了陽光。當我詢問她為什麼不太喜歡跟朱利安一起散步，而喜歡跟她的父親散步的時候，烏娜回答說：「哦！朱利安並不像我那樣深愛著父親。」但是，當我們到達湖邊之後，看到她的父親就坐在一塊岩石之上，烏娜的臉上與整個身軀似乎立即從尼俄伯[065]變成了愛蘭歌娜。在我將朱利安放在床上睡

---

064 牟利羅（Bartolomé Esteban Murillo, 1618-1682），巴洛克時期西班牙畫家。以畫人物和風景畫著稱。

065 尼俄伯（Niobe），希臘神話中的女性人物之一。父為坦塔羅斯。曾多次吹噓其子女，後為勒托之子阿波羅所盡殺其子女而悲痛化為石頭，後移至弗里吉亞之西皮洛斯山。後來她化為一塊石頭而仍舊流淚。後人用「尼俄伯的悲傷」形容永無休止的悲傷。其事蹟常反映於相關文學作品之中。

覺後，我出去穀倉查看那裡的小雞，烏娜也懇求與我一起前往。此時，她看到她的父親就坐在乾草上，這就像一塊磁鐵那樣深深地吸引著她，然後她懇求能夠見到父親久一些，陪她坐一會。此時，烏娜已經感到疲憊不堪了，她的全部精力似乎都在慢慢地沉入到一種夕陽即將要下山的狀態，因此她慢慢地閉上眼睛，上床睡覺了。當我們看著她的雙眼時，有什麼美好的事物是不可以期望的呢？某天，我聽到烏娜與朱利安一起談論著他們父親的笑容，當時他們也在談論著泰潘的笑容。接著，烏娜說：「但是，朱利安，你知道嗎？這個世界上沒有人擁有像父親那樣的笑容！」「是的，的確是這樣的。這個世界上沒有人像父親般擁有那樣的笑容。」烏娜似乎對任何事情都有著如此本能的強烈洞察力，因此我對於她對父親的觀察所做出這樣的結論也沒有什麼好奇的。雖然烏娜還無法說出到底她父親的什麼特性強烈吸引著她，但是她的母親能夠感受到強烈的共鳴 —— 並對此深有感觸。

　　妳可以去購買最近兩期出版的《文學世界》[066]，閱讀關於霍桑的最新評論。我終於看到有人對霍桑做出了一種恰如其分的評價了。我之前從未看到過有人在評論文章中對霍桑進行過這樣的評價。我現在已經對有人將他與華盛頓・歐文[067]以及其他美國作家做對比感到非常厭倦與煩惱了，而且那些人在將霍桑與這些人進行對比的時候，總是將霍桑放在一個比較次要的位置。現在，終於有人能夠站出來，將我內心經常所想的一些念頭表達出來 —— 那就是只有霍桑才能夠與艾汶河畔的天鵝（也就是莎士比亞）相比了，因為他們兩人都有著偉大的心靈以及勇敢的智慧。我知道妳肯定會像維吉尼亞州的那位堅定的作家一樣表達出這樣的觀點。但是，看到霍桑尚不清楚自身的心靈以及智慧的程度，這的確是比較有趣的事情。

　　最後，他們決定回到波士頓那邊的鄰居那裡。在一段較短的時間裡，整個家庭都待在了西牛頓地區。

---

066 《文學世界》（*The Literary World*），美國著名文學週刊，1847 年 2 月由紐約的奧斯古德公司創辦，被譽為美國第一本刊載美國文學作品書摘、書評等文章的文學雜誌。

067 華盛頓・歐文（Washington Irving, 1783-1859），美國著名作家、短篇小說家、律師。代表作：《李伯大夢》、《沉睡谷傳奇》、《喬治・華盛頓傳》、《穆罕默德傳》等。

11 月 28 日

我親愛的伊麗莎白：

　　我們終於來到了瑪麗·曼的家裡了。我帶著孩子們一起搭乘雪橇，在感恩節這一天前去看望他們的外祖母皮博迪。母親在看到我跟孩子們的時候，臉上露出了非常美好的笑容。烏娜給她的外祖母閱讀了《神奇故事集》的部分內容。母親說她向來都喜歡烏娜給她朗讀的內容，從來都不會對此感到厭倦。

　　永遠忠誠於妳的

索菲亞

西牛頓，1851 年 12 月 25 日

我親愛的路易莎（霍桑）：

　　今天早上，我決定再次給妳寫信，想要詢問妳為什麼沒有回覆我的信件，不過在這之後我收到了妳的來信。孩子們好多天來都盼望著妳的到來，他們要是能夠見到妳過來的話，肯定會感到非常高興。我真心希望妳能夠在 1 月的第二週能夠到這邊來。格蕾絲·格林伍德[068] 已經在這裡待了兩三天了，我們一起相處得非常愉快。菲爾茲先生從巴黎那裡寫信給霍桑說，霍桑的書在法國與英國都賣的非常好，說霍桑在英國現在的名氣非常大。他在信中還說，白朗寧曾說，霍桑是英語文學領域裡多年來所出現的最為優秀的文學天才。

　　永遠忠誠於妳的妹妹

索菲亞

　　附注：（霍桑所寫的）我已經出版了一卷全新的故事集，但除非妳想要一本，否則妳無法買到這本書的。

納撒尼爾·霍桑

---

068 格蕾絲·格林伍德（Grace Greenwood, 1823-1904），美國著名女作家、詩人和演說家。也是積極的社會改革家和爭取婦女權利及權益的社會活動家。

附注（霍桑夫人所寫的）《重講一遍的故事》的全新版本在週四已經出版了。就在昨天，蒂克諾先生告訴納撒尼爾·霍桑，他已經賣出了一千本書了，而且整個市場還處在一種供不應求的狀態。

　　下面，我將引述這封信。我相信這封信肯定會讓當時的霍桑感覺像是聽到了畫眉鳥清澈的聲音，因為這封信的措辭是那麼的純潔，但表達的情感卻又是那麼的強烈。

布魯克林，1852 年 7 月 7 日
親愛的霍桑先生：

　　你曾經表達出一種非常友善的希望，那就是你希望你的作品能激起那些與你一樣對相同出生地的強烈情感。我們都不需要為我們這樣的心願而向任何人闡明歉意，我也可以輕易地說服自己，對我來說，單純從自己內心的想法去評價你是不恰當的。因為，你對自身的文學天才表現出來的自信以及你享受創作的那種高尚的情感，這些都會讓你變得更加神聖，讓你能夠表達出更加強烈的愛意，感受到人生最為珍貴的禮物。

　　在早些時候，你出版的《重講一遍的故事》一書深深地打動著我的心靈深處，彷彿在我的內心世界裡奏響了一首永不消散的樂曲。當我的心靈從一種深沉的悲傷情感中走出之後，我閱讀了你在《古宅的苔蘚》一書中的引言。我非常欣賞你的文字，你的文字就像一棵樹，能在狂風暴雨中反而獲得不斷蓬勃生長的能量，也能在柔風細雨中汲取柔和陽光的照耀。這讓我的內心始終都充盈著無限的快樂。

　　現在，在我的內心經歷了揮之不去的悲傷以及漫長的焦慮後，我認為終於來到了你在書中所談到的第二個青春。我可以說，你在《紅字》一書裡所表達出來的神奇美感以及無與倫比的內容描寫，都給我帶來了無限的閱讀快樂。因為你有著深刻的洞察力，能將人性最為深處的情感以及模樣都呈現給讀者。當我想要放下自己作為凡人每天都要承擔的重擔時，想要忘記「所有人類的自由都只不過是一種自我克制或是自我的意願」的時候，我就會想起

海斯特·白蘭[069]悲傷地將她那飄逸的長髮聚攏起來，然後放下的過程，只是為了能夠重複她過去所感受到的羞愧情感。至於那個年幼的菲比 —— 她有著極為親切的友善情感以及樂觀的話語 —— 我的內心總是懷抱著這樣的希望，那就是她可能幫助我擺脫一些始終困擾著我的病態傾向（也許，這最後關於道德的教訓不應該摧毀一開始所接受的道德教育）。一旦這些悲傷的情感被完全克服了，那麼人的存在就不會失去與其對等的滿足情感。

　　我曾經居住在「老霍桑家族的房子裡」，不管著你之前是否曾在這裡居住過，但是當我走入那個門檻，彷彿就能感覺到過去的傳統並沒有直接給你的心靈帶來什麼。也許，當你還是個孩子的時候，曾在這裡生活過一段時間。如果一個人的精神每隔七年之後就會重新恢復一遍，正如人的身體那樣會更新一次的話，那麼那些年輕人的靈魂可能就會依然停留在那裡，可以與我們一起分享著更加空靈的樂趣，雖然他們可能會對我們的一些平凡乏味的活動直搖頭。至少，對於某些人有這樣想法的人來說，能夠與第二個孩童時期關聯起來的想法之前就已經提及了，因此這必須要和我在別人談論這個問題時所感受到負罪感的愚蠢程度有關。一個人就其身體的存在來說，對我而言是一種完全的陌生感。因此，我對此是一無所知的。

　　不過，我親愛的先生，我謙卑地懇求你能夠原諒我這樣的愚蠢，懇求你絕對不要讓塞勒姆地區的魔法影響到你。

　　我永遠是忠誠於你

瑪麗·波爾特

　　在霍桑於「7月18日回覆的信件」裡，這封信是眾多被丟棄的信件中保留下來的一封信件。霍桑夫人之前跟我談到瑪麗·波爾特的時候，說她是一位真正的朋友。母親說，瑪麗·波爾特是一位有著細膩情感以及良好常識的人，這讓她與很多過分追求華麗辭藻或是詭異文學風格的作者形成了鮮明對比，因為瑪麗·波爾特在信中經常能夠表達出自己深邃的思想以及對文學的見解，同時不會在信件裡以過分唐突的放肆表達出來。同時，她也會以委婉

069　海斯特·白蘭（Hester Prynne），霍桑小說《紅字》中的女主人公。

含蓄的放肆表達對霍桑夫婦的讚美之情。不管怎麼說（雖然與我在上面所提到的那些人進行交流，通常都能夠得到最為真摯與友好的對待），但瑪麗・波爾特卻始終沒有被霍桑一家人所忘記。

我的父親與母親都非常喜歡他們在威賽德地區的生活，關於這方面，有很多他們的書信可以作為證明。但是，如果他們無法在這裡感受到一個充滿美感的空間，那麼這可能會讓他們在重新回到朋友當中或是空靈幽深的山谷時，內心無法感到真正的愉悅。他們的內心始終沒有忘記的一個地方就是雷諾克斯。對他們來說，每當夕陽西下，夕陽的光芒就會照在威賽德與西部地區之間草地上，顯露出非常具有美感的景色。若是從經濟角度來看的話，他們不應該頻繁地從一個地方轉移到另一個地方。但是，他們現在已經在這裡買下了一座房子（土地證書是存在的，並且還寫著愛默生與他妻子的名字）。因此，霍桑一家這樣的漂泊似乎就要走向盡頭了。我也保存了來自康科德地區的朋友給父母寄來的一些信件，當然這些信件的日期是比較早的。為了展現出霍桑在一座鄉村裡生活時的個人經驗，有必要將這些信件展現出來。

奧爾柯特 [070] 先生是一位著名人物。當霍桑夫人還是個女孩的時候，就已經從母親皮博迪那裡知道了詹姆斯・弗里曼・克拉克[071]用非常有趣的方式談論著學校預言家的一些想法，並且這樣寫道：

「奧爾柯特先生表現出來的那種莊嚴的簡樸以及靈魂的深度，讓我無法找到任何嘲笑他的理由。我無法想像出為什麼別人就不能理解他們，或是始終像一個孩子那樣保持謙卑的精神呢？我認為，他絕不是一個自鳴得意之人。我認為若是從自然屬性的角度去看，他對每一個真理的看法都必然能夠看到他那顆簡樸靈魂的身影。我認為，要是他有著與此不相對稱的靈魂，那麼他是無法產生那樣的思想與觀點的。」

---

070 奧爾柯特（Amos Bronson Alcott, 1799-1888），美國教師、作家、哲學家和改革家。作為一名教育者，奧爾柯特開創了新的和年輕學生交互的方式，即通過一種談話式的方式，而不是傳統的懲罰。他希望完善人的精神，為此提倡盡可能的素食。他同時是一名廢奴主義者和女權擁護者。他的女兒露意莎・梅・奧爾柯特即《小婦人》的作者。

071 詹姆斯・弗里曼・克拉克（James Freeman Clarke, 1810-1888），美國神學家、作家。代表作：《宗教中的常識》、《每日的禱告》、《自傳》等。

儘管如此，奧爾柯特先生的官方職位似乎已經變成了一位充滿預見性的全權代表。這也是給他們帶來極大樂趣的一大泉源。他在 1836 年的一封信裡這樣寫道：

8 月 23 日

我親愛的朋友：

　　我剛剛回來，發現你的兩封來信已經在靜靜地等待著我了。我懷著雙重愉悅的心情閱讀了你的這兩封信。你在信中表達出了對我的思想的興趣，談到了我的思想對你的影響，我只能跟你說，我認為只能是源於我們在秉性以及品味方面有著相似性，再加上一種相同的本能傾向，更是會讓這樣的情感變得更加強烈 —— 可以說，這種情感會變成一種超自然的存在 —— 會讓我們更加敬畏無論與精神或是形式呈現出來的東西，那就是你對理想的標準。關於這一類型的心靈，要是我們懇求得到一種受到節制的情感表達，這就是不虔誠的做法。他們對此充滿了敬畏、感到不可思議，並且充滿了愛意。這些就是他們存在的法則，從而拒絕他們對那樣一種精神的統一性表達出敬意，而唯一能夠讓他們產生敬意的東西，其實就是死亡！他們的言語是從他們內心最深處產生出來的一種精神，絕對不能透過普通或是大眾的接受方式去進行解讀，而只能透過說出這些話語的個人去發揮他們的天才進行解讀。他們不是以言語去進行交流的，而是以超出言語範疇的方式去進行解讀的。一般人肯定會對此產生誤解……你詢問關於「靈魂心智」的文章是否應該複印下來，交給雜誌期刊出版。愛默生先生到現在還沒有將手稿寄回給我。但我認為在愛默生先生修改之後，倘若還有什麼值得關注的價值的話，那麼我肯定會將手稿寄給你……我已經給你寄去了相關期刊號的《改革家》的雜誌，其中就有一篇文章是關於奧雷斯特斯·布朗森[072]先生關於《沒有終點的故事》一文的評論。你之前談到的那篇寓言故事也出現在這篇文章裡。我將你

072　奧雷斯特斯·布朗森（Orestes Brownson, 1803-1876），美國作家、社會活動家、牧師。超驗主義者。

所寫的寓言故事讀給布朗森先生聽，他對此非常感興趣，並因此購買了一份《改革家》期刊。這是一件非常好的事情，肯定能夠給他帶來一些幫助……只要你認為什麼時候有必要給我寫信的話，請盡量給我寫信吧！我現在經常都會寫信給別人的，就權當這是對我寫作的一種鍛鍊吧！很多時候，我內心的想法都無法以更加簡樸或是自由的方式在書信裡得到展現。

　　永遠忠誠於你的

布朗森·奧爾柯特

　　附注：我已經閱讀了卡萊爾所寫的《席勒》。你重新將我那個時候的一些想法表達出來了。你提出要複印年輕的耶穌畫像，這實在是非常友善的行為。原先的那一幅畫是從別處借過來的，因此能夠多一張複印的畫像也是非常好的一件事。

1836 年 9 月 12 日

親愛的朋友：

　　很高興能夠再次收到你的來信，因為我的內心經常思念著你。這種精神層面上的相互共鳴，其實是彼此心靈間的一種伴唱之歌，這種伴唱之歌所發出的柔和聲音能讓我們在孤獨的時刻聆聽到，這彷彿是從天國的唱詩班那裡發出的柔和聲音。美妙的音樂彷彿是從遠方傳送過來的，能夠讓我們摒棄外界一切嘈雜的聲音，專注於這樣的聲音。你在這本書裡對德·邁斯特[073]的評論深深吸引著我。布朗森先生（之後成為了著名的天主教作家）今天就拿到了這本書，我應該能夠從他那裡借來閱讀一些書中有趣的段落。如果你擁有《孤獨的山谷》一書（這是我的母親原先創作的寓言故事之一），你能夠寄過來給我嗎？我現在一直都有這樣的想法，即你就是那個「山谷」中唯一被保存下來的東西，並且希望你能夠在休閒的時間可以回憶之前的那些事情，並且將那段時期的感受寫下來。現在，我希望你不要立即這樣做，因為柴契爾先生希望你的這些文章能夠出現在他的《波士頓書籍》裡，你只需要告訴我

---

073 德·邁斯特（de Maistre, 1753-1821），薩伏伊的哲學家、作家、律師及外交官。在法國大革命之後的那段期間，他挺身為階級社會與君主制辯護。

你還保存了多少資料就可以了……你閱讀過愛默生創作的《自然》一書嗎？如果你還沒有這本書的話，我可給你寄去一本。愛默生的這本書可以說是自然世界的一曲神性讚美詩歌，這本書肯定能夠滿足你的品味……愛默生的這本書經常會讓我想起桑普森・里德[074]所創作的《心智的成長》（*Growth of the Mind*）一書。但是，愛默生的這本書與任何其他書籍都不同。我已經將布朗森先生對於這方面的看法隨信寄給你了。布朗森先生之前和我們進行了兩次非常友好的交流。可以肯定的是，布朗森先生會讓那些偽牧師感到恐懼，也必將會成為一名哲學家。他是一位演說能力極強的牧師，他能用簡樸的話語表達出最高層次的真理以及我們存在的最基本的東西。當他將這樣的思想表達出來的時候，彷彿這些思想就是從天國裡透露出來的光芒一樣。他很快就會給你寫信的。

永遠忠誠於你的朋友，

阿莫士・布朗森・奧爾柯特

同一年，愛默生在收到我母親寄給他的一幅畫之後，非常友善地給我的母親回信：

我親愛的索菲亞小姐：

收到妳寄來的那副美麗畫作，讓我不甚感激。請接受我誠摯的感謝之情……我會好好地珍藏妳寄來的這幅畫，然後讓造訪我的每位朋友都可以認真地欣賞它，他們可能跟我一樣，都能夠欣賞妳作為藝術家所表現出來的創作天賦。從妳創作出來的美妙畫作當中，我認為妳已經具有非常深厚的藝術創作能力了，而這幅畫就是最好的證明。

永遠忠誠於妳的朋友

拉爾夫・沃爾多・愛默生

之後，愛默生又寄來了一封信：

---

074 桑普森・里德（Sampson Reid, 1800-1880），美國作家。拉爾夫・愛默生的啟蒙老師之一。代表作：《心智的成長》等。

康科德，1838 年 1 月 20 日

　　我親愛的朋友，妳在信中對我那兩本書的溢美之詞，實在讓我不勝慚愧。我認為自己的作品根本擔不起妳那熱情洋溢的讚美。因此，我只能認為，妳作為一名真正的藝術家，有著一雙發現美感的眼睛，能夠以妳獨特的視角看到與眾不同的風景，能從沉悶無聊的散文中看出詩意來。能夠得到妳如此高的評價，實在讓我感到非常高興，我為妳能充分表達出一直困擾著我的理想化美感而感到高興，因為妳的思想能讓真實的生活變成最為樸實的東西。我很高興看到妳談論對弗拉克斯曼 [075] 的看法，妳應該對此給予更多的關注。事實上，要是沒有讀者或是欣賞者的鼓勵與讚美，誰能夠真正去欣賞那些偉大藝術家的作品呢？我認為真正的靈魂是謙卑、狂熱且全面的，會將其他人的靈魂都視為自身的同路人 —— 無論這是否存在於其他地方 —— 或是談論著與萬神殿、圖畫或是詩歌相似的話題 —— 這些都是我的工作想要涉及到的範圍。我無法就妳在藝術上的創造性嘗試提出什麼建議，我寧願靜靜地欣賞妳的作品。每當我想到妳要克服身體的痛苦去創造出這樣的作品，就讓我對妳的藝術天賦以及堅韌的意志充滿了敬佩之心。

　　妳在來信裡希望得到我的演說稿子，我希望我的這些演說稿子能讓妳感到滿意。如果這些稿子送達順利的話，現在應該已經到達塞勒姆地區了。之前，我只是讓家人閱讀我的手稿的。當然，妳是第一個讓我決定給妳看手稿的人。只要妳提出這樣的要求，而且我有時間的話，我都會很樂意為妳送去我的手稿。當然，這只限於我們兩人之間。

　　我很感謝妳寄給我那一幅描繪珀爾修斯 [076] 的美麗畫作。每一個前來我家做客的人都對妳的這幅畫讚嘆不已。請告訴妳的姐姐伊麗莎白，她對韋里先生的敘述深深吸引著我。我已經懇求懷廷先生帶著他前來我們的演講臺發表演說，他承諾一定會做到的。

拉爾夫·沃爾多·愛默生

075　弗拉克斯曼（John Flaxman, 1755-1826），英國雕塑家、素描大師。英國和歐洲新古典主義運動的旗幟人物。

076　珀爾修斯（Perseus），希臘神話中宙斯和達那厄的兒子。

在查爾斯‧愛默生[077]去世之後，拉爾夫‧愛默生在一封信中提到了霍桑夫人為查爾斯‧愛默生所製作的一枚大獎章。

康科德，1840 年 5 月 18 日

我親愛的索菲亞小姐：

今天，我已經懇請加里先生前去妳家將那一枚大獎章帶到沃特福德。如果另一枚大獎章已經做好的話，則可以帶到紐約。我想將其中一枚大獎章送給亞伯‧亞當斯先生。

伊麗莎白（霍爾）[078]對妳所做的鑄件感到非常滿意，她認為雖然鑄件刻畫的查爾斯‧愛默生在形象上雖然缺乏了少許精確感，但比起用泥土製作的顯得更好。我們所有的朋友都非常喜歡妳做的鑄件──其中一些人雖然理解妳的用心比較晚一些──但他們最後還是明白了妳的良苦用心。我們都將這視為一件珍貴的禮物，將之視為繆斯的一份禮物，是一份我們預料之外的珍貴禮物。妳絕對要找一個時間前來康科德，然後聆聽一下我們對妳的作品讚美之詞。

妳是會在這個月的最後一週還是在六月的第二週前來這裡呢？如果妳在這兩個時間點上都沒有空的話，那麼妳可以選擇之後的任何一個日期，我們靜候著妳的到來。

永遠忠實於妳的朋友

拉爾夫‧沃爾多‧愛默生

在希望索菲亞這位年輕藝術家前來康科德時，愛默生這樣寫道：

……關於妳在來信裡提到的一些想法，我要說的是，妳一定會發現這就是事實。雖然我非常喜歡寫作，喜歡公眾演說，但我卻是一位糟糕的談話者，在很多時候都寧願選擇沉默。查爾斯在藝術創作方面的天賦，是我本人所不具有的。我們共同的朋友奧爾柯特先生則是一位非常健談的人。他所住

077　查爾斯‧愛默生（Charles Emerson, 1808-1836），拉爾夫‧愛默生最年輕的弟弟，與伊莉莎白‧霍爾結婚前死於肺結核。

078　伊莉莎白（霍爾）（Elizabeth Sherman Hoar, 1814-1878），查爾斯‧愛默生的未婚妻。

的地方距離我的房子只有一里路左右，我們都可以找尋他的幫助。因為我們之前經常在這方面尋求他的幫助，從而彌補自身的不足。當妳過來的時候……妳能夠告訴妳的姐姐伊麗莎白，我收到了她那封充滿善意的來信，但我還在想該怎麼回覆──事實上，我每天都在思考著，她應該知道我對她在信中所提問題的回答──因為她在來信裡已經給出了強烈的暗示，只是等待著我的回答之後再進行衡量。我已經將她的來信收好了，準備過一段時間再閱讀一遍。如果我想到了應該要說的話，肯定會給她回信的。

　　永遠忠誠於妳的朋友

拉爾夫·沃爾多沃爾多·愛默生

康科德，1841 年 4 月 20 日

我親愛的索菲亞小姐：

　　妳能夠接受我的弟媳伊麗莎白·霍爾與我為妳寄去的一些印刷品嗎？

　　我們必須要向妳表達歉意。去年夏天，我們委託一位當時即將要前往英國的先生，幫我們訂購了一些拉斐爾與米開朗基羅（特別指明了是《預言家》與《米切爾的女巫》等畫作），然後希望他能夠將這些畫作的印刷品寄給妳。之後，我們發現所委託的那位先生其實沒有我們想像中那麼對此有所了解。儘管如此，我們還是希望這些訂購下來的畫像複製品能夠對妳在畫室的創作有所幫助，因為我們都能從妳的畫作中感受到一些深意。我們見過了大多數的畫像複製品，雖然畫像裡的一些主要人物形象可能複製的不是很好。我們寄給妳的，就有李奧納多·達芬奇的《處女》與柯勒喬[079]的一幅畫。

　　妳能夠幫我們感謝妳的姐姐伊麗莎白對那位英國女性（指馬蒂諾女士）所做出的積極評價嗎？我只能認為，那些移民對這些畫作都感到非常滿意。馬蒂諾女士在一封寫給我的信件裡，就提到了某些我總是希望能夠用一個單詞來回答的問題──但要是用文字來描述的話，我可能要思考數個月甚至是數年時間。

---

079 柯勒喬（Antonio Allegri da Correggio, 1489-1534），義大利畫家。他是文藝復興時期帕爾馬畫派的創始人，並且創作了一些十六世紀最蓬勃有力和奢華的畫作。他的畫風醞釀了巴羅克藝術，而其優美的風格又影響了十八世紀的法國。

永遠忠誠於妳的朋友

拉爾夫·沃爾多·愛默生

　　伊麗莎白·霍爾希望能將馬蒂諾女士的信件多保留一兩天，我也要感謝妳的姐姐伊麗莎白幫我為火炬展覽所進行的總結，否則這對我來說肯定不是一件容易的事情。

　　下面這封比較正式的信件雖然沒有保存下完整的版本，但也能夠看出愛默生所具有的獨特表達方式。這封信是愛默生大約在 1843 年寫的：

　　我親愛的女士，請妳千萬不要感到苦惱。如果我能從我那一筆借款中提前獲得一些利息的話，那麼我就能夠做好這些事情，我就會幫妳攔下一輛馬車，幫妳墊付了貨運費與傭金，而不單純是對妳表達恭維或是祝賀。千萬不要誤解我的意思 —— 因為這些都是比較瑣碎的事情。

　　永遠忠誠於妳的

拉爾夫·沃爾多·愛默生

　　瑪格麗特·富勒·奧斯索利[080]在我父母的婚禮上，也像其他來賓那樣表達了自己的祝賀之情。即使在她去世之後，她那鮮明的個性依然影響著康科德地區的民眾。她是康科德這個地方如此吸引人的原因之一。

我親愛的索菲亞：

　　在讀了妳的信件之後，我想要以一種悠閒的方式連續給妳回信。在經過了許多充滿美好與災難的事情後，我們必須要以某種方式去說出自己的故事，雖然我們並不一定要用這樣的故事去表達出內在的想法。如果每個人都能夠感受到那種純粹且理智的快樂情感，那麼這樣的情感就會慢慢地成長，延伸到每個人身上。我認為妳就是這樣的人，因為正是這樣的愛意讓妳與他聯繫在一起，而妳的愛意是充滿著智慧、比宗教情感純粹的。這是一種給予的愛意，而不是一種選擇的愛意，而這也不是因為我們缺乏某種東西或是某

080　瑪格麗特·富勒·奧斯索利（Sarah Margaret Fuller Ossoli, 1810-1850），美國記者、文化批判家、超驗主義運動者、女權社會活動家，俗稱「瑪格麗特·富勒」。代表作：《夏日湖區》、《十九世紀的婦女》等。

種願望的情感，而是因為需要我們具有某種品格。在我看來，這代表著一種非常完整全面的境界與承諾。無論是在日常的生活裡，還是從未來的角度去看，我都認為這會給他們帶來許多幸福的情感。因為如果我能夠看到一個人將細膩的情感結合起來，從而去了解一個女人的內心世界，那麼這樣一種平靜的深度以及展現出來的男人氣概，就足以讓他們感到滿足。而這樣的男人正是霍桑先生……對於霍桑先生這樣的人，我們所能想到的並不是在心裡層面上產生的愛意，或是兩個人之間有著共同的命運情感，還因為這能夠讓我們充分理解智趣層面上的友情。這似乎是妳目前所能想像到最為幸福的事情了……在這個世界上，每天都有很多人舉行婚禮。但是，我從未看到過像霍桑先生與妳的結合更加神聖且適合的婚禮了。當時的妳是那麼美麗，妳的雙眼洋溢著喜悅的神色……作為妳的朋友，我始終都還記得妳當時的模樣。每當我會想到那樣的幸福時刻，我的內心是多麼的高興。若是從心靈智慧的角度去看的話，我想我值得稱得上是妳的朋友。因此，親愛的索菲亞，我始終都會為妳祈禱。

　　永遠忠誠於妳的朋友

瑪格麗特・富勒

　　一兩年後，我的父親收到了瑪格麗特・富勒女士寄來的下面這封信：

我親愛的霍桑先生：

　　你千萬不要有這樣的誤解，就是認為我有什麼想破壞你平靜的家庭生活的不善念想。我也不是什麼暗地裡拿著匕首或是繩索的可怕之人，我更不是一個飽含著惡意，只想要給你造成痛苦的人。當你再次嘗試去了解我的時候，就會發現事實並非如此。雖然我在去年夏天的時候收獲了失敗的結果，但是你的來信卻表達出了一種真誠熱情的情感，這讓我非常感動。但是，就算在最為嚴苛與最有決心的人看來，這樣的提議都與我本人沒有任何關係。如果那些有著溫柔靈魂的人在其他地方感到不自在，那麼我只能希望你能夠從那一條死氣沉沉的溪水裡獲得一些理論。如果他們都選擇讓我充當一位解

析者，那麼我又該怎麼去拒絕呢？（在第二次的時候，他們提出了一個建議，我的父母應該接納一位朋友作為寄宿生在老教區那裡居住。多年之後，每當我的母親想起這件事的時候，都會感到不寒而慄。）我非常期望能夠聆聽你對於這件事的看法。我想要知道守護神的看法，不管這是源於鬼魂、老鼠或是冬天寒冷的大風，或是開水壺響起的聲音，這都會讓我感覺彷彿聆聽著歡樂的二重奏。不管遇到什麼情況，你都可以將自己的觀點告訴給我這位朋友。

永遠忠誠於你的朋友

瑪格麗特・富勒

瑪格麗特・富勒還寫了下面一封信：

紐約，5 月 22 日，晚上
親愛的索菲亞與霍桑先生：

我收到了你們的來信，並非常認真地閱讀了一遍。之後，我將這封信放在一邊，認為自己無法對此進行任何回覆，因為很多人都在談論著我之前所寫的小冊子，對我的這本小冊子表現出了許多不同的看法。我對於別人這樣的看法已經感到非常疲倦了，因此只能將注意力轉移到其他事情上。當我重新恢復了對這方面的興趣後，我可能就會做出回覆，但我更希望能夠做出口頭上的回覆。

是的。我希望能立即在那一間老房子裡見到你們，欣賞那裡青綠的草地以及潺潺流水。也許，當所有的工作都進展順利的話，我還可以抽出一些美好的時間過去。烏娜現在肯定已經長高了，但我認為她那美麗的容貌是不會變化的。再見了，我親愛的朋友。我匆忙地寫完這封信，但我對你們的情感卻是非常熱烈的。

瑪格麗特・富勒

霍桑夫人居住在威賽德的時候，寫了下面這封信：

1852 年 6 月 6 日，週日

我親愛的母親：

　　妳寄來的那封充滿情感的來信讓我的內心充滿了感激之情……在下午一點之後，我們終於抵達了米德塞克斯飯店。在下午四點鐘的時候，我搭乘馬車來到了威賽德。馬車司機已經將車上所有潮溼的床墊都搬到了穀倉裡最偏僻的角落，我過一段時間還要將這些床墊搬出來曬太陽。今天的天氣很熱，可以做很多事情。此時，很多前來幫助我的男女友人都已經去吃晚餐了，只留下我與烏娜慢慢地朝著我們的家走去。

　　我們很快就來到了村莊的路口，見到了愛默生先生與梭羅先生。愛默生先生依然是那麼的熱情真誠，他臉上那美妙的笑容彷彿為夕陽增添了幾分美感。愛默生先生轉過身，與我們一起走路，直到我們看到了那輛馬車。第二天早上，烏娜竟然真的將那張棕色的紙張釘在飯廳與書房裡。烏娜在整個過程中給予了我許多幫助，她顯然為自己能夠布置這個家而感到高興。讓我們感到驚訝的是，當我們將繪畫、牆紙、木工製品以及其他的裝飾品擺放好之後，整個房子彷彿都變成了一副神奇的模樣。書房裡的地毯看上去就像一張天鵝絨地毯。地板是天空藍的，我們還可以看到地板上透出來的木紋色。透過房子的窗戶，我們可以看到外面美麗的玫瑰花、玫瑰花蕾以及綠色的葉子。我認為，這些大自然的美感是無法用任何金錢買來的。樓下的木工製品都是在橡樹下面繪製而成的，產生了一種非常美好的效果，因為這與整間房子古色古香的氣氛非常搭配。客廳的布置也顯得非常優雅，裡面有一張非常美麗的牆紙彷彿閃耀著銀白色的光澤，客廳的地板上還鋪著棕綠色的布魯塞爾地毯。當霍桑來到這裡的時候，他對這座房子的第一印象肯定是非常好的，因為他對這座房子的布置與擺設都非常喜歡。可以說，這是他從去年下雪到現在第一次到這裡來查看。而在那個時候，這個地方亂的就像一座動物園。當妳知道我其實沒有出多少力，因為別人給了我們很多幫助的事實之後，肯定會感到高興的。但是，想讓這些人給予我們幫助，也絕對不是一件容易的事情。烏娜總是急著想要給她爸爸與朱利安寫信，想要靠雙腳走去見

見他們。最後，我聽到了馬車發出的轟隆聲，就帶著蘿斯走出了家門口。當朱利安經過的時候，他正打開馬車的窗戶向外看。蘿斯看到了哥哥朱利安，馬上就發出了愉悅的尖叫聲。朱利安也大聲地叫喊著我的名字。我們的之間的聲音是那麼美好，這樣的會面場景是如此讓人難以忘懷。

在米德塞克斯飯店居住的某天早上，烏娜曾說，她想要去看看愛默生先生。我當時心想烏娜可能只是在開玩笑。但我在之後的一段時間裡就看不到烏娜的身影了。在大約一個小時之後，她回到了家，說她剛才去見了愛默生先生。烏娜說她當時敲了愛默生家的大門，一位僕人走出來。烏娜就勇敢地表示自己要找愛默生先生。接著，愛默生先生走出家門，非常友善地迎接了烏娜。愛默生說：「我想妳專門過來是想要看望愛默生夫人的吧！」烏娜大聲地回答說：「不是的，我就是專門過來看你的。」於是，愛默生就先放下自己的工作，陪著他這位年輕的女訪客遊覽了花園以及那座哥德式的夏日別墅（那座別墅是奧爾柯特先生負責設計建造的）。我之後前去那裡拜訪，愛默生先生告訴我，他非常願意看到烏娜經常過來這裡玩，要烏娜將這裡當成她的家。我說，自從烏娜閱讀了他所寫的《謙卑的蜜蜂》[081]與《紫杜鵑》[082]這些詩歌後，就變成了他的好朋友了。

烏娜非常喜歡這個她的出生地。正如朱利安經常說的，這裡的每個人似乎都是那麼的友好，跟「天使」沒有什麼區別。上個週日，愛默生夫人與她的三個孩子過來我們家做客。我們的書房立即變成了寵物房、繆斯的神殿以及德爾菲廟宇。孩子們在美麗的地毯上放著許多讓他們著迷的東西。橡木做成的木工與《恩底彌翁》的那幅畫是相得益彰的。最後，我終於找到了一個適合懸掛這幅畫的地方——那就是將這幅畫掛在我丈夫的書房裡，因為這幅畫會占據整面牆。在房子的一角，就放著阿波羅雕像的基座。這裡還有一個噴泉形狀的錦緞花瓶，花瓶裡還種著一些黃色的玫瑰花。在兩扇窗戶之間，就是《基督變容》（這是愛默生先生送給我的）（客廳那裡只懸掛著一幅畫，這是柯勒喬的《聖母像》以及耶穌基督的畫像）。在書房的另一邊，懸掛著

---

081 《謙卑的蜜蜂》（*The Humble Bee*），愛默生的著名詩歌。
082 《紫杜鵑》（*The Rhodora*），愛默生的著名詩歌。

描述科草湖的畫。在房子的另一面，還懸掛著路德以及他家人在聖誕樹前面的畫像。這幅畫是喬治·布拉德福德先生送給霍桑的。一天下午，愛默生帶著朱利安夫森林散步，我當時沒有說什麼，因為我身邊還有一個淘氣的小孩煩著我。今天，孩子們都表現的很乖，烏娜今天在房子附近走了好幾里路。

　　我始終是深愛著妳的女兒

索菲亞

7月4日

我親愛的母親：

　　今天又是週日了。我感到一週與一週之間的時間真的過得太快了，不需要過多久，我們就要過聖誕節了。上週，我們舉辦了一次聚會，這應該會給孩子們留下難忘的印象。愛默生夫人非常熱情地邀請我們的孩子前往城鎮，參加一次盛大的節日活動。蘿斯與我因為有三位從波士頓前來的先生的到訪，因此我們就留在家裡喝茶，沒有跟他們一起去。前來造訪的先生當中，其中一名就是著名的惠普爾先生。在那一天，一共有五名先生前來拜訪。他們當中還有另一位名叫惠普爾的先生，他是一個天賦異稟的人，也是一位以驍勇善戰而聞名的上校，他的頭髮一直延伸到他的眉毛，有著一張飽經風霜的臉龐。他邀請我們前去他在溫尼伯賽奧奇湖邊的美麗房子。當天，很多人前來拜訪霍桑，甚至有一些訪客是來自國外的。那天早上，第一個前來拜訪的人是所羅門·麥克尼爾將軍，他是一位身高大約有 180 公分的退伍軍人，他的頭部幾乎要碰到我們客廳的天花板了。因此，他只能彎著腰走進來，然後坐下來。麥克尼爾將軍有著一張威嚴的臉龐，他那灰白的頭髮是豎起來的。惠普爾上校也是長著灰白的頭髮，但他們都給人一種充滿力量的感覺。惠普爾的那雙灰色的眼睛似乎始終在眉毛下面閃耀著。他說：「霍桑夫人，我之前一直沒有機會見到妳的丈夫，但我在過去十五年裡一直熟悉他的大名。」（說到這裡，他抬起雙手與手臂，彷彿他正在揮舞著一把寶劍，似乎他置身於戰場一樣）。「當我閱讀他的作品後，我跟他的朋友說了自己對他的仰慕之情。他的朋友說，霍桑是一個在各方面都很完美的人，只是對自身的能力還顯得

不夠自信—— 我對這位朋友說，永遠都不要感到恐懼！霍桑一定能夠做到的」（此時，他又做出了似乎在揮舞寶劍的動作）。「霍桑一定能夠做到的！我能夠在他的作品裡感受到深刻的思想，要知道，這是深刻的思想。」我離開了客廳，前去書房呼喚我的丈夫。霍桑很快就出來了，我發現那位老先生正在專注地看著我丈夫的畫像，他當時的專注程度讓他根本沒有注意到我們已經下了樓梯，直到霍桑開口說話，他才回過神來。這位老先生轉過頭來，將他那雙有力的雙手放在我丈夫的肩膀上。妳可以想到他會將我的丈夫稱為真正意義上的騎士。他們離開了客廳，參觀我丈夫的書房。這位老將軍邊走邊說話的時候，雙手彷彿都在做著揮舞著寶劍的動作。能夠見到這樣一位充滿著力量感的人，的確是一件很有趣的事情。老將軍的身體依然非常硬朗，有著堅毅的品格、堅定的意志，同時他的雙眼又閃耀著充滿愛意的眼神，讓他的力量充滿了一種柔情的感覺。

　　我沒有前去參加孩子們的聚會。孩子們都在聚會上玩的非常開心。大人們將孩子們送回家後，都說孩子們表現的非常乖。第二天，我前去告訴愛默生夫人蘿斯與我無法一同前去的原因。我發現愛默生先生當時正坐在門口前的階梯處，伊蒂絲正坐在他的膝蓋上，愛德華則騎著他的那匹小馬在草地上跑來跑去。愛默生說：「孩子們的表現都非常好，但是朱利安則是最好的。他每到一個地方總能留下自己的痕跡。可以說，世界上沒有比朱利安更好的孩子了。」能夠從愛默生先生口中得到這樣的評價，這實在是讓我這個做母親的感到非常高興。我對愛默生先生說，朱利安之前在康科德這個地方居住過兩年時間，因此他對這個地方總是充滿了無限的想像力—— 愛默生的兒子愛德華從小馬上掉了下來（愛默生之前已經幫助愛德華騎上了馬，但愛德華從馬上掉了下來），只見愛德華笑的就像天狼星一樣燦爛。「好了，你做得很好。下午叫朱利安過來吧！」接著，愛默生呼叫著愛德華，讓他與我一起回到我家，讓朱利安騎上這匹馬試試，然後再帶朱利安回來。不過，愛默生首先邀請我跟他一起上到了他家對面的那個山頂，因為站在那裡看風景很不錯。愛默生的房子被綠色的樹木與七葉樹的樹蔭遮蔽著，附近還有一個美麗的果園，每當微風吹過的時候，我們都能夠聽到美妙的音樂。愛默生作為柏

拉圖的忠實門徒，他喜歡經常過來這裡欣賞大自然的景色。

上週，我為喬治・普特南[083]描繪了一幅描述威賽德地區的畫，接著他就要按照這幅畫去進行雕刻。我還要為愛默生先生以及老房子繪製畫像。明天，烏娜就要去普拉特女士（她是奧爾柯特先生的女兒的婆婆）那裡野餐，與她一起前去的還有愛默生的兩個子女埃倫與伊蒂絲。我們認為路易莎・霍桑這一週會回來。但她已經離開了好一段時間了，因為羅伯特・曼寧夫人的嚴重疾病而耽擱了許久。

昨天，霍桑前往波士頓與艾瑟頓先生見面。一位銀版攝影的攝影師拉住了他，為他照了三張照片。這位攝影師非常禮貌地讓我從中選擇一張。這些人都是非常友好的。某天，朱利安的一顆牙齒被他拔出來了，他沒有哭泣，反而為能夠拔出這顆牙而哈哈大笑。一兩天前，愛德華的遭遇則很不幸，他同時拔出了四顆牙齒。愛默生說，只有拔掉了這些牙齒之後，新的牙齒才會生長出來。

週一下午。霍桑、烏娜與朱利安前去野餐了。今天早上，我前往郵局，因為當其他男孩子放鞭炮的時候，我不希望烏娜在現場。朱利安始終都喜歡跟隨著我，因此他跟我在一起。我在愛默生夫人家門前停下了腳步，想要詢問她的孩子們什麼時候出發，以及使用什麼樣的出行方式。我在愛默生夫人家的飯廳裡看到了一幅巨大的喬治・華盛頓的畫像，這幅畫像幾乎與真人的大小差不多，這是按照斯圖亞特的畫作去描摹的。我們看到愛默生夫人家裡沒有了其他人，但最後大門打開了，傳來了愛默生先生那音樂般的聲音。朱利安聽到聲音之後，馬上走上前去。艾倫與他的父親走進了客廳。愛默生先生詢問我那顆頭（他指著喬治・華盛頓那幅畫像上華盛頓的頭部）是不是慶祝七月四日的最好禮物。「華盛頓的這張臉彷彿能夠保佑整個美國都處於和平狀態，更別說他的其他品格了。」（愛默生邊說邊將雙手放在朱利安身上。）「當然，朱利安身上擁有的某些特質是愛默生所沒有的。若是說華盛頓是偉大的冷靜者的話，那麼朱利安現在就是年輕的冷靜者，等長大之後就

083　喬治・普特南（George Palmer Putnam, 1814-1872），美國著名的出版商、作家。

肯定能夠成為像華盛頓那樣的人物！」愛默生先生詢問朱利安是否參加了野餐活動，因為我不打算去，所以回答說：「沒有。」「哦！但是如果烏娜要去的話，那麼烏娜就沒有玩伴了。」當我知道愛默生夫人也要去，而且他們都是搭乘馬車前去，因此我當然沒有了任何反對的理由。之後，愛默生先生表示希望霍桑能夠跟他在五點鐘的時候一起前去。霍桑也同意了，因此他們最後一起外出。昨晚，愛默生夫人帶著她的妹妹前來拜訪我們，她們提著的籃子都裝滿了玫瑰花，她的妹妹對我們家的擺設與布置也感到非常滿意。我的小女兒蘿斯始終在我們身旁走來走去，保持著克制的態度，聆聽著我們的對話。難道炎熱的天氣不是很美好嗎？對我來說，炎熱的天氣就代表著美麗的自然景色與澎湃的力量。霍桑已經以三十美元的價格賣了那一片草地。他已經用他的斧頭砍斷了那個豆架。現在，我們感覺威賽德這個地方越來越美麗了。現在，孩子們都在拉扯著我的手臂，我要就此停筆了。

　　永遠深愛著妳的女兒

索菲亞

第八章　利物浦總領事

　　威賽德這個地方的民眾非常友好，藝術家米勒先生在這裡總是口若懸河地說話。霍桑夫人描述她的丈夫。霍桑遊覽了淺灘島。前總統皮爾斯遭到了侮辱，但他依然非常具有風度地忍受著。霍桑參觀了布勞恩斯魏克學院，受到了熱烈的歡迎。在威賽德山丘上的談話。霍桑被任命為利物浦總領事，在出發前往英國之前，首先去了一趟華盛頓。霍桑的女兒蘿斯對霍桑的一番描述。霍桑夫人對這次前往英國的旅程進行了一番描述。菲爾德·塔爾福特別得到霍桑夫人的好感。亨利·布萊特先生讓整個家庭都充滿了陽光。蘿斯對亨利·布萊特先生的描述。霍桑夫人在給父親的信件中談到了亨利·布萊特以及英國這邊民眾的生活方式。

　　霍桑夫人給母親皮博迪的信件講述了他們在這段時間的生活狀態：

我最親愛的母親：

　　我們這裡來了一位英國人，他是一位藝術家，他是喬治·普特南（他的表弟）叫過來進行素描創作的。這位英國人帶著一個旅行袋過來。我們唯一要做的，就是讓他待在這座城鎮的時候，與我們待在一起。我更願意這樣做，希望這能夠為喬治節省一些錢。因為我之前表示自己無法親自進行這樣的繪畫，已經讓喬治感到有些失望了。這位藝術家來自英國的北部，他看上去是一個非常友善且真誠的人，他說話的時候就像洛多大瀑布[084]的激流一樣迅速。他身上所散發出來的磁場會讓霍桑產生一種睏意。

　　這位英國的藝術家對威賽德這個地方非常著迷。

　　妳也知道，霍桑是一位有著天然吸引力的人，能夠在瞬間贏得別人的信任，而不會讓別人對他產生任何的質疑。因此，即使是沉默的米勒先生也會向霍桑講述自己的人生故事及內心的想法。即使米勒先生一直以來都有著矜持保守的習慣，但他在我丈夫面前，似乎能夠消除這一切的保守念頭，因為他似乎情不自禁會說出自己的故事。在週一與週二的時候，我們希望蒂克諾先生能夠過來這裡，霍桑希望能夠看看他的作品，但蒂克諾先生並沒有如期過來。

---

084 洛多大瀑布（Cataract of Lodore），英國桂冠詩人勞勃·騷塞的一首著名詩歌，描寫流經英國坎布里亞郡的洛多河的部分落差大的瀑布水流的畫面。

現在，霍桑感覺好多了，看上去更加自然，充滿了生命的色彩。（之前，霍桑的姐姐路易莎在一艘燃燒的輪船上，因為跳海的緣故而淹死了。這個可怕的噩耗讓霍桑感到極度悲傷）可憐而親愛的路易莎。對我來說，每當我想到自己以後再也無法見到親愛的路易莎，這就讓我感到非常難受。路易莎對孩子們有著發自內心的真誠愛意。但是，當我想到路易莎此時與她的母親已經升到了美好的天國，這樣的想法讓我的內心稍稍感到些許慰藉。如果說這個世界上有什麼東西是永恆的話，我認為這是血濃於水的家庭關係。要是天國的世界裡沒有這樣的關係，那麼天國也就不復為天國了。上帝在創造人類的時候，肯定已經讓我的靈魂與我丈夫的靈魂都按照這樣的方式去建構。因此，我們無法將失去親人的事實看成是無足輕重的！每一天，我都在深深思念著我的母親，深深地愛著她。每一天，當我看到我那可愛的孩子們健康地成長，我的心都會因為激動而顫動。他們的存在就像一曲永恆的樂章，在我的內心世界裡永恆地響起。我們每個人都知道，上帝是絕對不會在這樣的事情跟我們開玩笑的。對我來說，我們每個人的雙眼或是視野都應該超越自身的視野範圍，站在上帝的視角去觀察很多事情。我聽到某位據說有著通靈能力的人曾說，在某個恍惚的瞬間，他看到了一個精神世界。當他滿心狂喜地觀察著那綠色的草地，彷彿能夠聆聽到一種精神聲音在低聲地對他說：「在這片綠色的草地後面，妳能夠看到塵世的草地也是一片綠色的。」

　　昨天下午，米勒先生離開了我們。哦！這位先生是多麼親切與友善啊！我不知道用洛多河的激流來形容他的說話方式是否恰當，因為他說話的時候的確會表現出一種強烈的情感，就像噴射出來的岩漿或是順流直下的瀑布。但是，米勒先生所表現出來的真誠信念以及認真的態度，都會讓他說的話更像製造工廠裡發出的噪音，讓人產生一種揮之不去的感覺。當然，米勒先生代表著另一種類型的人。當他最後離開我們的時候，他的手上夾著許多文件，我感覺自己內心的翅膀彷彿都要扇動起來了，但一個鐵箍卻死死地壓制著我。我丈夫能認真聆聽這位個性化的「造紙廠」說出的話語，這的確代表著我丈夫擁有的某種神性的耐心，因為他能夠看到米勒這個人是一個充滿善意、真誠且誠實之人。（我可能對米勒的評價只有「充滿善意」這個詞語）。

在我丈夫眉毛下面的那一雙發出灰色光芒的深邃眼睛下面，米勒這個人彷彿變成了一條清晰可見的直線。布雷默小姐[085]之前就跟我談論過霍桑的眼睛：「那是一雙充滿著活力與力量的眼睛！他的那雙眼睛彷彿始終都散發出積極的影響，從來不需要接受任何東西。」的確，霍桑的那雙眼睛始終都會在散發出什麼東西。米勒先生將他的臉龐轉向霍桑，彷彿向日葵不由自主地面向太陽。當我說話的時候，他試圖要將目光轉向我，但是沒過多久，他的目光又轉向了我丈夫身上。這的確非常神奇。可以說，我丈夫要有多麼強大的心靈、多麼仁慈的內心，要有對人性多麼深刻的洞察力，才能讓他內在的智慧燃燒起來，從而讓每個看到他的人都能夠感受到他散發出來的那一份溫暖呢？每個專注於他的人，彷彿能夠從他身上以最為簡單的方式了解到最為抽象的思想——看到霍桑能夠以如此簡單的方式讓別人敞開心扉，這的確是一件非常奇妙的事情。我曾經觀察過很多前來拜訪霍桑的人，看到過很多這樣的場景。就以赫爾曼·梅爾維爾先生來說吧！梅爾維爾先生平時是一位比較沉默且不善言談的人。但是，當他面對霍桑的時候，他總是能夠將自己豐富的思想或是人生經驗全部傾吐出來，他似乎非常肯定霍桑會以正確的方式與角度去了解他的人生立場，相信霍桑能夠比其他任何人更好地了解他的思想，能以更好的判斷力來評價。可以說，梅爾維爾先生充分相信我丈夫是一位具有詩性以及強大分析能力的人，否則他是不會在面對我丈夫時直抒胸臆的。梅爾維爾先生相信我的丈夫能夠對他的思想或是人生經驗充滿共鳴，相信只有像霍桑這樣的人才能站在最高的層次或是最深刻的角度去理解。這一切是如此的神奇，因為即使是像梅爾維爾這樣的人，也希望從霍桑身上獲得絕對意義上的美感或是完美（當然，霍桑對於訪客也會有這樣的要求）。可以說，這些訪客都能從與霍桑的交流中，對人類本性的缺陷有著最為微妙且最為廣泛的認知，能夠知道人性中的軟弱與失敗之處。我認為，在霍桑所著的《福谷傳奇》一書裡，讀者能夠感受到霍桑對微妙的人性的深刻洞察力。我認為，能夠更好了解霍桑思想與內在情感的人將會越來越多。

085　布雷默小姐（Anne Bremer, 1868-1923），美國女畫家，作品深受後印象派影響。

我親愛的母親，我要告訴妳我現在在哪裡嗎？現在，我正坐在我們這個刺槐花園的樹蔭下面。這座花園在山丘上，附近還有一些松樹，能讓我聽到微風吹過時松樹林發出的沙沙聲響。在這樣的美妙時刻，我要做的只是閉上眼睛，讓耳朵盡情地聆聽著大自然發出的美妙聲音。松樹林發出的沙沙聲會讓我彷彿聽到了水流噴湧而出的聲音以及大海的波浪發出的聲響。這裡還有一些樺木，還有潺潺流淌的小溪。這裡還有刺槐樹以及一條比較平緩的小瀑布，這一切都交織在一起，會讓很多水的聲音交匯成一種最為美妙的大自然音樂。我經常會感謝上天，讓我們可以在此時此刻置身於這樣的小山頂上。任何的平原景色都無法與置身於這個小山頂上所看到的美妙景色相比。站在這裡去看這個世界，其實就是在精神世界裡俯瞰著這一切，那樣的感覺是極度美好的。烏娜與朱利安都在附近玩耍，烏娜現在正在給朱利安閱讀著一些故事。蘿斯此時已經睡覺了。哦！蘿斯是多麼享受這樣溫暖的夏日時光啊！今天早上，我讓蘿斯坐在綠色的草地上。雖然蘿斯沒有看著我，但我能夠看到她的臉上露出了最為愉悅幸福的笑容。突然，她像揮動翅膀那樣揮舞著雙手，來回地跑來跑去。對蘿斯來說，不小心跌倒在青草地上，這似乎是一種全新的樂趣。身為哥哥的朱利安則充當著妹妹蘿斯的守護者，小心翼翼地陪伴著他。在我這個做母親的看來，這是一幅充滿著美好情愫的畫面 —— 這兩個兄妹最後緊緊地抱在一起。有著一雙藍色眼睛的朱利安看著妹妹蘿斯那雙棕色的眼睛，接著，他們說著一些非常有趣的話語。當我讀到妳的來信，知道妳希望用一張地毯包住蘿斯的時候，我忍不住笑了起來。看來，我真的應該用一張地毯去馴服像蘿斯這樣的調皮孩子了。我向妳保證，自從蘿斯會走路以來，她似乎就從來沒有停止過人生的腳步……能夠看到蘿斯的臉上露出滿足的笑容，這讓我這個做母親的內心感到了深沉的滿足。

　　永遠深愛著妳的孩子

索菲亞

9 月 19 日

我親愛的母親：

　　週五，霍桑終於從為期三週時間的淺灘群島的旅行中回來了。當霍桑在那裡旅行的時候，我沒有跟妳說這件事。因為我知道妳是一個多愁善感的人，要是妳知道了霍桑不在我們身邊，妳肯定會為我們感到擔憂的。而且，妳肯定會因為霍桑要搭乘輪船可能產生的風險而擔心。但是，霍桑現在平安地回來了，還是一如既往地充滿了生命的活力。皮爾斯將軍、其他名流以及他們的妻子都在過去一兩天裡前來拜訪霍桑。在其他的時候，霍桑都是獨自一人。我必須要跟妳說一個故事，妳可以從這個故事裡看到政治領域的爾虞我詐。軍隊裡有一名軍官，目前居住在巴爾的摩。這位軍官告訴一位報紙的編輯一個故事，說在墨西哥的時候，皮爾斯將軍與其他軍官經常在賭場裡賭博。而這位編輯與皮爾斯將軍又是親密的朋友。接著，這就引發了一場爭吵。這位軍官以這樣的方式去詆毀皮爾斯將軍，但是皮爾斯將軍卻始終沒有做出什麼表態。皮爾斯將軍對這位編輯說，那位提出這些誹謗指控的軍官目前身在加利福尼亞州，因此這讓我們從他口中得到相關的證言變得困難起來。這位對此感到困惑的編輯將這樣的事情告知了皮爾斯將軍，而皮爾斯將軍也不知道該怎樣去證實這些捏造傳言的虛假。不過，皮爾斯將軍之後收到了一封來自加利福尼亞州的信。他打開了這封信，發現這正是來自那位誹謗他的軍官的來信。這位軍官在信中表達了對皮爾斯將軍的高度讚揚以及尊敬，並且祝賀皮爾斯將軍擁有現在的軍銜。顯然，這封信就是最為可靠的證據了。於是，皮爾斯將軍將這封信送到了巴爾的摩。可以說，這個傳言完全是某些人出於惡意來捏造出來的，只是想要從側面證明皮爾斯將軍是一個賭鬼以及一個優柔寡斷之人。那位中傷皮爾斯將軍的軍官可能再也無法擔任軍官職位了，因為我認為這種無中生有誹謗他人的行為絕對不是一位真正的軍人應該有的品質。

　　霍桑前往了布勞恩斯魏克，這趟旅程是他受到大學校長的真誠邀請而前去的。他在那裡見到了自己當年的同學。因為下大雨的關係，霍桑在路途中耽擱了好幾個小時，直到當天中午的時候才抵達。因此，他錯過了早上必須

要發表演說的事情。布勞恩斯魏克的旅館都住滿了人，因此他只能前往巴斯找旅館入住。霍桑在這裡遇到了很多有趣的事情。一位年老的船長堅持認為霍桑是他的兄弟，並且將他稱為「霍桑船長」。在淺灘群島的時候，霍桑就對大海充滿了強烈的愛意。但在那個島上旅行的時候，霍桑更想要見到的是人。他發現薩克斯特夫婦是非常有趣的人。薩克斯特夫人送給烏娜一串用當地貝殼做成的項鍊，項鍊上還有一些金色的珊瑚扣子。她還給朱利安送去了一個用白色的貓頭鷹毛髮做成的羽毛，也給蘿斯送去了用海藻做成的美麗的花環。我現在每天都會按照丈夫的要求，幫他記日記。現在，孩子們都非常想念他們的父親，我也為這麼久見不到霍桑而感到有點擔心。每天，當我坐在餐桌吃飯的時候，看到霍桑原本坐的那張椅子空空如也，我就沒有什麼胃口。現在，我已經掉了好幾磅的體重了。

今天，當孩子們從四個半小時的睡眠中醒來之後，蘿斯第一次大聲地叫喊：「媽媽！」我馬上走上前，只見蘿斯就像天上的星座那樣露出了微笑。蘿斯低聲地對我說，怎麼爸爸現在還不回家呢？有時候她會自言自語地與父親進行著交談，還會指著牆壁上掛著的父親畫像。一天，一位鄰居給我送來了一束美麗的玫瑰花，這些都是非常罕見美麗的玫瑰花，希望借此能夠消除我的孤獨感。我將這束玫瑰放在書房裡那個香檳瓶子裡（就是那種高高的老式瓶子），這讓整個書房都彌漫著玫瑰的芳香。我每天都認真照料這束玫瑰花，但這些玫瑰花還是很快就凋謝了。不過在這個時候，一位女士又給我帶來了一些充滿生命力的玫瑰花 —— 這一天正是霍桑回家前的一天。因此，在陽光明媚的週五下午，我將這些美麗的玫瑰花放在花瓶裡，還在一個精美的瓷碟子上放上桃子葡萄與一些蘋果。當我們打開西門的時候（這扇門可以從草地直接通向書房），就能讓夕陽的光芒直接照進屋子裡。阿波羅的「美好的光芒」似乎再次被點燃了。《恩底彌翁》那幅畫彷彿在他對塞勒涅的美夢中露出了笑意。《科莫湖》那幅畫彷彿籠罩在金黃色的迷霧當中。我彷彿感受到了主顯聖容節的神性氣息在夕陽的光芒中漂浮著。我覺得，如果霍桑此時此刻不在家的話，這肯定是一大遺憾。當我的內心萌生出這樣的想法時，我聽到外面的馬車發出的聲響。霍桑終於回家了。可以肯定的是，他就

像他曾寫下來的文字一樣「彷彿變成一個再次充滿生命力的人！」親愛的烏娜馬上帶著一個裝著信件的袋子前往村莊，然後等待著見她的父親。我對烏娜說，我希望她能夠與父親一起搭乘馬車回來。讓我感到驚訝的是，烏娜的責任感竟然讓她沒有立即轉過身跑回家。我詢問她為什麼不那樣做，因為那些信件都不是特別重要的信件。烏娜說：「哦！我也不知道為什麼不轉身回家，但我知道倘若只是因為我想要那樣做就要違背自己的承諾，那肯定是不對的。」最後，烏娜終於回家了。她以非常安靜的方式走進書房（顯然，烏娜是故意這樣做的），然後聽到了她父親充滿愛意的問候。霍桑將她的帽子拿下來，然後將她抱到他的膝蓋上，仔細地打量著她。當烏娜在晚上準備上床睡覺的時候，她說：「哦！媽媽，自從我見了爸爸到現在，我感覺大腦有點疼。我真的覺得好難受。但是妳千萬不要告訴爸爸，因為這會讓他擔心我的。」烏娜在當時與她父親相處的兩個小時裡，始終保持那麼安靜與隱忍，這難道不是一種充滿英雄情感的事情嗎？這是烏娜具有自我犧牲精神的最好例子。有時候，當我看到烏娜流下喜悅的淚水時，我也會忍不住與她一起流下喜悅的淚水。

1852 年 10 月 24 日，週日
我最親愛的母親：

今天，我們一起前去我們房子後面的樹林，之後坐下來用紅色與黃褐色的葉子來編織花環，為我們身旁的松樹林所形成的松海發出來的聲音而陶醉不已。能夠看到烏娜臉上洋溢著平靜快樂的表情，看到陽光灑在她那稚嫩的臉上，看到朱利安帶著一頂冠狀頭飾並梳理好自己的捲髮，安靜地坐在那裡曬太陽，這讓我這個做母親的內心感到無限的美好。我的丈夫就站在掉落的松樹葉子上，表達著自己對人生的一些看法。在我看來，他的這些思想都代表著一種神性的力量在我們身旁不斷地湧動。我真的無法用任何言語來描述這樣的喜樂，但是妳肯定能夠明白我想要表達出來的意思。我認為，在這樣美好的時刻，最明智的做法就是什麼都不做，只需要保持安靜與快樂的狀態，認真地感受著全能的上帝所賜予給我們的一切！我們這些凡人在很多時

候總是痴迷於各種複雜的事情，而忘記了這樣一種寧靜平和的心靈狀態。至少在接下來的一週時間裡，我們都沒有什麼著急的事情去做。我寧願認為，這是摩西受到了內心的激勵，然後他讓世人擁有了可以暫時擺脫工作的安息日。當然，上帝不需要休息，但是平凡的人類卻需要這樣的休息。

夕陽西下。我之前放下了筆，與我丈夫一起走到了山頂。孩子們發出的爽朗聲音讓我們知道他們身在何處。丈夫與我就坐在山頂一側的階梯上，我們兩人都望著遠處平靜的地平線。此時，這個地平線正籠罩在一片藍色的陰霾裡面。烏娜走上來，大聲地叫喊著，說霍斯默[086]先生想要見一下爸爸與媽媽。於是，我們就往山下面走，在較低處的階梯見到了年邁的霍斯默先生。我邀請他與我們一起坐在綠色的「沙發」上，我們則坐在他的周圍。朱利安馬上走上前，就像一個年輕的奧林匹克運動員那樣表演著一些有趣的動作，在草地上伸展著四肢，然後認真地聆聽著我們的對話。霍斯默先生一開始就談到了著名的丹尼爾‧韋伯斯特[087]先生，因為韋伯斯特先生在這一天凌晨三點鐘去世了。霍斯默先生表達了對韋伯斯特先生的崇敬之情，我們也一樣非常崇敬他。我認為，韋伯斯特的去世是這個國家的巨大損失。霍斯默先生為韋伯斯特先生在他的人生全部心智力量都釋放出來之後，沒有任何保留的情況下去世而感到高興。接著，霍斯默先生還談論了韋伯斯特先生在演說時所散發出來的莊嚴情感，談到了他所寫的充滿力量的文章，還有所有關於他這個人充滿力量的事情。當然，霍斯默先生也談到了韋伯斯特先生存在的缺點以及他應該遭受的懲罰。妳肯定想要聆聽一下霍斯默先生讚美約翰‧亞當斯的話吧 —— 即使是他讚美約翰‧亞當斯[088]的容貌也可以吧！他說，在八十三歲的時候（當他每個週日在教堂見到他的時候），約翰‧亞當斯還是一個「充滿了絕對美感的人」，他的臉頰就像少女一樣沒有任何皺紋，他的頭髮雖然已經花白了，但他依然挺直著頭顱。我覺得任何女性都會愛上他的。就這樣，

---

086 霍斯默（Hiram Hosmer, 1798-1862），美國著名醫生。其女哈麗特‧霍斯默是美國著名的新古典主義雕塑家，一直跟霍桑家庭保持往來。

087 丹尼爾‧韋伯斯特（Daniel Webster, 1782-1852），美國政治家，曾兩次擔任美國國務卿。

088 約翰‧亞當斯（John Adams, 1735-1826），美國政治家、美國第二任總統，參與了美國獨立宣言的簽署，被認為是美國的開國元勳之一。

我們三人談論了許多偉大的人物，直到我看到了孩子們都慢慢睡覺了。很快，蘿斯就醒來了，走到我們跟前，臉上露出了微笑與愛的表情。接著，霍桑與霍斯默先生走回家，他們依然在談論著關於偉人的話題。霍斯默認為，奧立佛·克倫威爾[089]是人類歷史上最偉大的人物之一。今天，烏娜與我用橡樹葉子做成了一頂花環。當我下次前往牛頓地區的時候，我肯定會帶上這頂花環的。我希望妳能夠聽到烏娜用她那爽朗愉悅的聲音背誦詩歌的情景。可以說，我從未聽過任何人像烏娜這樣用如此美妙的聲音來背誦詩歌。

晚上。今晚的夜色實在太美了，連霍桑也忍不住要走出家門，到外面欣賞這樣皎潔的月光。今晚天空很晴朗，月色顯得特別皎潔。霍桑走出家門的時候，嘆了一口氣，因為他真的不願意離開自己的書桌，但是他感覺到道德層面上的必要性迫使著他這樣做。我與他一起走出去，充當著蘿斯的媽媽與保姆（因為蘿斯此時還沒有睡覺。）當妳寫信給普拉姆利先生的時候，請將我對他的愛意傳遞給他（因為他之前給皮博迪夫人送去了禮物），還要替我感謝他寫給我的那一封充滿善意的信件。我一直想要寫信給他，談論一下妳以及我的丈夫。普拉姆利先生真的是一位高尚且有趣的人！

永遠深愛著妳的女兒

索菲亞

1853 年 4 月 14 日

今天早上，我丈夫冒著大雨離開了家，動身前往了華盛頓。瑪麗·赫內叫孩子們過去，幫忙照顧她的洋娃娃手推車，蘿斯當時仍在廚房的地板上玩耍，她興沖沖地跑過了客廳，然後用似乎女性在分娩時刻的痛苦口氣說：「哦！我的默西，我的默西！」，接著，她馬上將她的洋娃娃手推車推回去了。之後，蘿斯顯得很高興，並一直留在廚房裡玩耍。之後，我聽到蘿斯大聲喊著：「我非常喜歡這個，我真的非常喜歡這個。」我問瑪麗，為什麼蘿斯非常喜歡那個洋娃娃手推車。當瑪麗走上前查看情況的時候，她發現蘿斯拿

089　奧立佛·克倫威爾（Oliver Cromwell, 1599-1658），英國政治家、軍事家、宗教領袖。是一位極具爭議的歷史人物。

著一個糖漿水壺站在櫥櫃前，依然在大聲叫喊著：「我喜歡這個，我真的非常喜歡這個。」顯然，蘿斯不明白我們為什麼表現的如此驚慌失措。在喝茶的時候，我就談到了這件事。蘿斯忍不住哈哈大笑起來。在她笑完之後，馬上說：「因為我感到很高興啊！難道這算是惡作劇嗎？」今天，蘿斯兩次前往書房，想要「跟她的父親玩耍」。在下午五點鐘的時候，我叫朱利安前往村莊，他回來的時候天下著滂沱大雨。幸好，朱利安的麻布袋讓他的身體沒有被淋溼，但他卻認為自己渾身都溼透了，因為他的鼻子都溼了。朱利安從夏洛特·布里奇那裡帶回了兩封信，這都是布里奇先生寫給我丈夫的信件。今天，我在郵局的時候，發現並沒有我的來信，卻看到了愛默生先生。愛默生先生跟我一起走了一段路。他說他收到了辛格先生的一封來信（霍桑之後在英國的時候就見到過辛格先生），辛格先生是英國公使館的一位專員，他想要向霍桑索要簽名。在下午的時候，外祖父、孩子們以及我都坐在門廊上，孩子們玩耍的興致都非常高，以非常有趣的方式進行著交談，還不時對彼此使著眼色，接著又不知道因為什麼事情而哈哈大笑，彷彿他們觀察到了一些我們所無法觀察到的有趣事情。

4月19日。今天是紀念康科德戰鬥的偉大日子。一大早，我就被加農炮聲與鐘聲所喚醒。加農炮發出的聲響彷彿在整個天空中迴盪，給人一種非常莊重而又宏大的感覺。今天，我為孩子們講述了這一天之所以成為紀念日的歷史。真正讓今天早上變得更加美好與溫馨的是，朱利安給我帶回了我丈夫的一封信。

4月21日。今天的天氣就像揚琴一樣。能夠用耙子來除草，種植花朵以及修剪枝葉，這實在是一件很有趣的事情，雖然這會讓我在外面待很長的時間，或是有可能弄髒自己的雙手，但這都沒有關係。朱利安對我說，希望能夠獨自前往樹林裡安靜的散步。當我開始對他感到擔心的時候，他就叫喊著回來了，手裡拿著一束多花薔薇，這些都是他從森林裡將這些花朵連根拔起之後收集的。我拿起一把鏟子，挖了一個深坑，將這些多花薔薇種植在朱利安房間所能夠看到的西邊窗戶那裡。我相信，這些多花薔薇肯定會為朱利安而盛開的，因為朱利安是一個善良與陽光的孩子。在他的照料下，這些花朵

肯定能夠茁壯成長的。

　　一輛驛站馬車駛到我們家門前，下車的是沃德夫人與薩拉·克拉克女士。沃德夫人對於這次拜訪未能見到霍桑感到非常失望。我對她說，霍桑在回到家之後，發現自己沒有見到沃德夫人，也可能是腸子都悔青了。沃德夫人對我說：「告訴他，我也是腸子都悔青了。」可以說，沃德夫人是一個容光煥發且充滿氣質的人，她穿著華麗的綠色衣服，戴著一頂玫瑰色的軟帽，她那美麗的頭髮就在她那美麗的臉上飄蕩。我認為，這個世界上再也見不到另一個像沃德夫人這樣美麗的女人了。當沃德夫人要離開我家的時候，朱利安懇求我去追上她，告訴她以後一定要前去英國（因為在那個時候，我們一家準備動身前往英國了。）沃德夫人聽了之後，非常優雅地笑著說：「告訴朱利安，我一定會去的。」

　　週日。今天十點鐘，我的孩子們都聚在一起（霍桑夫人教育孩子們閱讀、地理與繪畫方面的知識，並且還要給他們上一些關於主日學校的課程）。我給孩子們閱讀了《巴蘭和他的驢子》這個故事，並且談到了摩西之死的故事。孩子們都對摩西不被允許前往夢想之地而感到痛苦。我在講故事的時候，說摩西從毗斯迦山山頂上往下面看，看到迦南與棕櫚城。接著，我拿著自己在古巴時期畫的一幅描述棕櫚樹的畫像給他們看，接著描述棕櫚樹的形態以及生長的環境。在我的描述下，孩子們都認為棕櫚城應該是一個非常美麗的地方。可憐的瑪麗·埃倫生病了，但她對於我說的故事很著迷，因此我無法說服她回家好好休息。

　　4月26日。我遇到了羅克伍德·霍爾[090]先生，他祝賀我們即將要在英國定居了。按照他的說法，英國是「除了美國之外唯一適合我們居住的地方。」

　　4月29日。昨天，一位鄰居來的時候，帶來了一朵白色的英國玫瑰，並給我帶來一棵小樹苗，說這是給蘿斯的。我們看上去都還不錯，但是我丈夫從南方回來之後，感覺曬黑了。在這樣溫暖晴朗的天氣下，孩子們都感到非常愉快，紛紛拿起比較沉重的工具，在土地上挖洞。烏娜甚至不願意喝點牛

090　羅克伍德·霍爾（Ebenezer Rockwood Hoar, 1816-1895），美國政治家、律師、美國眾議院議員。

奶，就馬上前去工作了。今天早上，國務院那邊寄來了一些文件，談到了霍桑要在利物浦領事館擔任領事的事宜。現在這個時節，桃樹都紛紛開花了，櫻桃樹也是如此。當我坐在我們家的松樹林裡，認真地欣賞著這樣的風景，希望能夠沖淡一下丈夫不在家所帶來的失落感，但還是揮之不去。可以說，這裡是世界上最為美好的地方，我真的不願意離開這個地方。今天早上，我的一些學生帶來了一些花朵。愛默生與埃勒里‧錢寧也過來拜訪。愛默生先生表示希望朱利安帶著孩子們一起前往仙境（指的是瓦爾登樹林）。朱利安爽快地答應了。當他回家的時候，帶回來了一籃子的黃花九輪草、銀蓮花與紫羅蘭。

在六月的時候，我們全家搭乘輪船啟程前往英國。因為皮爾斯總統之前已經任命霍桑擔任駐利物浦領事館的總領事，因此霍桑必須要及時前往英國。

霍桑所寫的《英國日記》以及一些剪裁下來的報導所集合而成的《我們的老家》，就非常清楚地展現了霍桑在擔任總領事期間在英國的日常生活。但是，真正對霍桑在這段生活進行詳細記錄的，還是我的母親經常與她家人進行書信往來的一些記錄。我很好地保存了這些信件，在下面的敘述裡也會從中節選出部分內容，當然這個過程中也會夾雜著我當時作為少女觀察父親的一些記憶，雖然我所記憶的內容都是比較瑣碎而無足輕重的。在我過十三歲生日的前一天，我的父親就去世了。當我出生的時候，父親平靜的生活已經因為他所獲得名聲而受到了打擾（如果我們可以使用這個詞語的話），而且父親還要與外面的世界產生很多的關聯，因此我在童年時期與父親相處的時間是比較短暫的，而且我當時也處於一個比較幼稚的時期。在英國生活的時候，父親經常會與英國文學界或是時尚界的一些名流往來。在 1853 年的時候，我才只有兩歲左右，對於任何人的觀察或是微笑都是懵懂的。因此，相比於我的哥哥與姐姐所度過的快樂童年，我則印象模糊。因為哥哥姐姐們都與父親一起度過了非常美好快樂的時光。也因為我比哥哥姐姐們小很多，因此我在成長過程中，別人總是將我稱呼為蘿斯、寶貝或是芭比（我的父親總是這樣稱呼我的），以及很多與寵物名字類似的名字。我一直希望能夠聆聽一些奇特古怪的童話故事，希望能夠感受到父親那豐富的想像力所帶來的美

好感覺。當父親在雷諾克斯與康科德過著悠閒生活的時候，烏娜與朱利安都感受到父親帶給他們的美好感覺。當然，烏娜與朱利安還感受到父親與他們一起嬉戲玩耍時候的樂趣，而這些都是我在童年時期都無法感受到的，因此我有時候會覺得自己是一個生不逢時的陌生者。但是，在霍桑的旁邊成為一個「陌生人」其實也是一件非常幸福的事情。不管我在成長過程中可能錯失了什麼，但我知道自己其實已經是一個非常富足的人了。

　　在我們生活於英國的早期階段，父親的個性充滿著極強的人格魅力。他的臉上總是洋溢著燦爛的笑容，他的行為舉止總是那麼慷慨大度，給人紳士般的感覺。我父親的嘴角以及他的眼神，經常都會露出愉悅的微笑，散發出來的美妙光芒。有時候，他的雙眼要不是淡灰色的，不然就是紫羅蘭顏色的，至於露出什麼樣的神色，這要取決於他當時所處的心情。父親的頭髮是棕色的，有點鬆散（當別人問我父親的頭髮是不是紅色的時候，我會對別人的這個提問很生氣的）。父親的容貌跟他的母親一樣，都是非常清秀的，因為父親的母親，也就是我的祖母曾經也是最為美麗的女性之一。父親的身材很高，身板很結實，就像一個年輕運動員那樣健壯，因為他始終過著一種簡樸且運動的生活模式，非常注重生活的規律性。父親有時候在聆聽別人說話的時候，頭部會稍稍傾向一側，表明他保持著認真聆聽的狀態。關於父親在這種狀態下的形象，我們可以從很多古希臘的雕像中看出來 —— 父親聆聽別人的坐姿與古羅馬皇帝那種挺直腰桿的僵硬坐姿是完全不一樣的。每當父親認同別人的某些觀點，他就會微微地點點頭，或是說出「嗯嗯」等字眼，或是露出微笑。父親是一個情感豐富的人，他內心對大自然美感的欣賞熱情始終都沒有消失。父親是一個有尊嚴的人，雖然他在美國的很多朋友都認為父親是一個羞澀與沉默到近乎病態的人。但是，這只是我父親表現出個人紳士風度的一種方式而已。只有當父親與身邊親密的朋友在一起的時候，他才會表現的非常自在隨和。只有當父親面對一些流氓無賴的時候，才會表現出極為強硬的一面。因為我就曾見過父親對付流氓時候的樣子。那些認為父親是一個過分沉默且無聊的人，其實都是我父親不願意與之交流的人。那些認為我父親是一個缺乏哲學思想（當然，一些哲學家也持這樣的觀點），其實都

不是真正的藝術家，因為這些人根本沒有足夠的能力去分析我父親所從事的工作。那些了解我父親，並且與他成為朋友的人，都是一些具有健康心智的人。這些人都有著隨和的品行，既可以談天說地，又可以隨時保持緘默，不會刻意地迎合別人。

　　很多時候，父親都是一個看似不苟言笑的人，但他卻隨時準備著採取行動。父親有著非常優秀的演說能力，說話的時候就像孩子那樣充滿感染力。父親能夠細緻地描述一個學生的髮際線，從而說明他這個人過著怎樣的生活。但就算是在這樣的時候，他依然能保持著高度的冷靜。即使當他沒有說多少話的時候，依然是一個非常有趣的朋友，因為他的雙眼彷彿透著能夠理解妳的思想的光芒，讓妳能感受到妳的臉部表情已經為他所熟知，因此要是說太多話，反而會讓彼此覺得掃興。與父親在一起，會讓身邊的人覺得非常自在，因為父親天生就有著一種強烈的憐憫情感。父親並不需要專門去了解別人，因為他能夠一眼看出妳身上所具有的優點，也知道妳身上所具有的缺陷或是弱點，但是父親卻從來不會說出來，因為他知道這個世界上沒有完美的人。我始終對父親心存敬畏，感覺到父親身上總是散發出一種強大的力量。父親有著一雙大眼睛，臉上總是散發出光芒。當我還是個孩子的時候，父親就曾對我說，他感覺自己在某些方面與其他人不大一樣。父親在外在的行為上是非常柔和的，但他從來都不會放棄這樣的行為方式。父親能夠一眼看出那些隱藏的最深的卑鄙之人。當然，我前面談到的是父親表面上表現出來的柔和行為。關於父親的思想與精神，總是能夠喚醒我沉睡的心靈，或是任何其他人的心靈。因為父親能夠以非常柔和的行為去以潤物無聲的方式感染別人。父親要不是透過一種富有尊嚴的寬容方式去表達自己的精神力量，不然就是透過慷慨大度的讚許方式去表達，或是透過一個悲傷的眼神，直接讓對方內在的良知感到懊悔。父親是一個喜歡沉思的人，這與那些知道這個世界是一個充滿著悲傷與罪惡的人一樣。但是，父親又是一個愉悅的人，這與那些能夠感受到這個世界有限美感或是完美的人有著一樣的品格。可以說，這表明了父親有著天國般的純真心靈。有時候，父親會變成一個充滿樂趣的人，同時又不會失去自己對上帝創造出來的無限世界的深刻洞察力——

一個眾所周知的事實就是，我們很多人都忍不住會對這樣的事實感到恐懼，但是那些最為偉大之人卻往往能夠記住，並且心存敬畏。父親始終不會完全沉浸於歡樂當中，無論他與孩子們一起玩多麼有趣的遊戲。這就好比一個參加戰爭的有尊嚴之人，始終都不會在見到戰爭的殘酷之後，放下感受悲傷的尊嚴。乍一看，父親可能是我們所有人當中最快樂的人，但若是我們仔細想一下，就會發現父親其實並不是的。當然，有時候，我也能夠明顯感覺到父親感到非常快樂與開心。當父親站在壁爐地毯前，看著英國的木材在燃燒時發出的劈哩啪啦的聲響（在冬天的每個晚上，父親總是要提前在壁爐生好火，因為他隨時都要來到客廳坐的。）—— 當父親站在那裡，雙手交叉著放在後背的時候，我猜父親當時肯定在想當年他的祖先就曾從這個地方出發，漂洋過海地來到美洲大陸的情景。說實話，我不知道父親到底在想些什麼，但我看到父親的臉上總是會露出仁慈的笑容。也許，在那個時候，參加過殘酷戰爭的士兵的心靈不再去想那些殘忍或是痛苦的畫面了吧！父親會從一邊踱步到另一邊，然後抬起一隻腳，接著詼諧地用腳踩著腳下的拖鞋，然後微笑地看著我，接著又陷入了他那有趣的沉思當中。父親是一個非常有禮貌且非常真誠的人，就像一臺機器那樣堅守著自己的做人原則。父親總是非常友善地對待孩子，但他同時又不會因此而放鬆對孩子們的管教，他絕對不允許孩子們說謊話，或是做任何在他看來是褻瀆神明的事情。有時候，父親在跟我交談的時候，故意將自己的智商拉到和我一樣的水準，跟我進行非常有趣的對話。我們一起外出散步的時候，通常都是保持沉默的。當我們偶然遇到其他人，也只是打一聲招呼而已。我認為，其他人肯定會認為我們是「不善言談」的人。但是，正如我之前所談到的那樣，我們之間的交流是非常有趣的。我非常了解父親，知道父親所具有的力量，他的絕對誠實以及他優雅的行為舉止。我完全知道，父親非常了解我，就像他了解他在書中創作的每個人物一樣。

　　即使在我還是一個孩子的時候，我就知道父親不可能將我當成是他的一個有趣的夥伴。當我意識到父親在我身邊的時候，我根本沒有感受到任何的不安，只會感到一種安全感的時候，我才認識到父親的不可思議。如果父親

不喜歡別人做出一些愚蠢的行為，那麼他還是會原諒別人。如果他擅長分析，拒絕所有虛假與錯誤的話，那麼他的雙手隨時都會抓住別人的雙手，因為這是他作為人類的天性。按照父親的說法，每個人的命運都是所有人命運的一部分——就算是耶穌基督的命運也不例外。父親與生俱來的這種憐憫之心，讓他在創作的時候往往會對人物性格進行一番研究，然後透過一些困惑的男女將自己內心的想法與判斷表現出來。很多無法理解父親的人，只會覺得父親是在故弄玄虛，但是真正能夠了解我父親用心良苦的人，就會發現他所創作的書籍就像一條通往花園的小徑，能夠欣賞裡面美麗的玫瑰，嗅到那裡的花香。

父親展現出來的個人形象，與他在進行藝術創作的時候，總是希望避免展現出一種自我意識的理念。因此，每當我們對父親產生一種自然而然的敬畏之心時，這樣的自然感覺是非常愉悅的。父親有一種忽視某種東西，同時認真進行觀察其他東西的能力。這讓我們覺得他的心靈始終都是處於一種活躍狀態，等待著能夠從塵世的事物以及一些普通的想法中解脫出來。我們在歐洲生活的這段歲月裡，父親經常都戴著一頂棕色的氈帽，披著一條用上等呢絨做成的棕色大披肩。大披肩上的褶皺以及雙層的布料，都給人古希臘時代的藝術感，但是父親這樣打扮並不是要展現自己什麼或是炫耀什麼。父親就像那些真正意義上的愛爾蘭人，經常會忘記自己的個人形象，不太在意別人談論他的外套或是頭髮。即使當他聽到別人這樣說，只要別人是沒有什麼惡意或只是偶爾進行調侃，父親都只會微微一笑，根本不會放在心上。最後，我認為，在父親的眼中，真正充滿美感的，其實就是他的外在形象，因為父親在這邊生活的時候，別人最經常讚美父親的就是他表現出來的外在形象。但不管怎麼說，父親始終都不會將這個問題放在一個很重要的位置上。不管別人對此有什麼樣的看法，父親始終覺得一個人的思想才是最為重要的。

當父親與我們一起搭乘輪船出發前往利物浦領事館的時候，我們全家都非常高興地看著父親。關於這趟旅程以及我們的一些全新體驗，我的母親在寫給她的父親皮博迪的一封信中可以看出來：

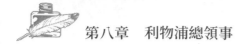
大西洋上的尼亞加拉號蒸汽船，1853 年 7 月 7 日
我最親愛的父親：

　　現在是早晨。我現在裹著皮毛大衣，披著一條毛毯披巾，看著陽光照射在冒出滾燙炎熱蒸汽的紅色圓筒。當我在今晚抵達哈利法克斯的時候，我會從那裡在給你送去問候的。當我離開你的時候，你當時正在與菲爾茲先生交談，菲爾茲的愉悅面容（當然，還包括他的話語）都讓你露出了愉悅的微笑。我很高興在離開的時候，看到你露出那麼爽朗的笑容。接著，就響起了持續時間很長的轟鳴聲。你當時提出疑問，說為什麼轟鳴聲會持續這麼久的。蒂克諾先生回答說，這是輪船出發時候都要發出的聲音。但在昨天，輪船發出了長時間的轟鳴聲，這是專門為美國駐利物浦總領事兼作家霍桑的送行而準備的。當別人與我親吻道別的時候，我都沒有怎麼注意到。也許，我作為霍桑的妻子所感受到的自豪，能夠讓我更好地接受蒸汽船專門為歡送我丈夫所發出的轟鳴聲吧！在這之後，我們都顯得非常安靜，因為我們現在就像一顆龐大的珍珠那樣以神奇的方式穿越這片海洋，整個過程還是順利的。我從未見過廣袤的大海是如此的平靜與柔和。當我望著遠方的地平線時，彷彿能夠看到蔚藍色的大海與天空接壤在一起了。朱利安坐在船艙裡目不轉睛地看著一切。朱利安始終都沒有轉移他的視線，只是認真地看著這一切。對他來說，這一切都是非常新奇且有趣的畫面。當他看到美國的最後一片陸地都從視野中消失的時候，他興奮地說：「媽媽，我想那就是美國的盡頭了！那我認為美國的土地也不是很大啊！」最後，我成功地為朱利安脫下了海狸皮做成的外套以及戴著的羽毛帽子，給他戴上了法約爾草帽。但是，朱利安卻始終盯著大海看，不願意轉過頭。當時的氣溫很高。最後，水手們在船尾的位置搭設了一個雨蓬，在那裡坐著還是比較舒適的。我聽說一位英國部長也在船上，於是就想找出他來。最後，我認為一位在舵艙位置睡覺的那位老紳士應該就是部長了。沒過多久，一位傳達消息的人過來找霍桑，說一位英國部長想要認識他。看吧！那就是我要找的部長，他是一個英俊之人，給人一種高貴、簡樸的氣質，舉止投足之間都散發出一種魅力。霍桑向這位部長

介紹了我，但我沒有與他進行多少交流。之後，我與他進行了非常有趣的對話……在我們附近站著一個人，我猜想那個人應該是他的隨從。我與這位隨從也進行了非常有趣的對話。我們一起談論了關於藝術與羅馬、美國與英國以及建築方面的話題。我還不知道他的名字，只知道他的哥哥是羅伯特‧皮爾爵士在哈德利財產的執行人，也是一位藝術家。這位沒有說出名字的隨從告訴我，部長也是一位對藝術很感興趣的業餘藝術家，還說部長的公事包裡裝著許多精緻的素描畫作。聽這位隨從這麼一說，我就知道為什麼部長雖然臉上的表情平靜，但他的眼神卻始終落在他想要觀察的物體上。希爾斯比先生看上去很瘦削，臉色有點蒼白，因此我有點擔心他的健康。但是，我肯定會在這段旅程期間好好照看他的。在輪船的餐桌上，霍桑與我都有幸坐在船長的身旁。這位船長是一位非常了不起的人。部長告訴我，他在五年前曾與這位船長一起出海航行，當時這位船長還很年輕。他就為這位船長表現出來的精湛航海技能感到驚訝。可以說，這些英國蒸汽船的船長都是百裡挑一的，以前都在英國海軍那裡接受過訓練，都是一些非常優秀的人。在這麼多人當中，利奇船長是其中最為優秀的。當我們離開那個美麗的港口，看到利奇船長在甲板上走來走去時所散發出來的軍人氣質，這的確是很有趣的事情。利奇船長在做出一些手勢的時候，充滿著一種有意識的能量。他的微笑是充滿魅力的，他的聲音是非常洪亮的。那位英國的部長名叫克蘭普頓，他也是一位非常優秀的人。克蘭普頓先生說，這些蒸汽船已經航行了十七年左右，但沒有發生過任何一次意外，沒有造成一個人的傷亡。除了有一次一艘蒸汽船在大霧中偏離了方向，但最後所有的乘客與船員都平安無事。烏娜非常享受這次旅程，在船上閱讀了《丹谷閒話》。在這個有點寒冷的早上，她與朱利安在甲板上走來走去。大海的景色是如此的壯美，藍色的海洋彷彿包圍著一切，眼力之盡頭都看不到一片陸地。

　　永遠深愛著你的女兒

索菲亞

利物浦滑鐵盧小屋酒店，週日早上，7 月 17 日

我最親愛的父親：

　　我們全家人終於平安抵達英國了。當我們下船的時候，我真的感覺有點不知所措，因為彷彿在剛才，我們還在波士頓的港口，而現在我們竟然已經跨越三千英里的大海，來到大西洋對岸的英國？要是我們在航程過程中遇到什麼問題，比如遭遇暴風雨或是危險的話，我肯定會對這趟旅程的記憶更加深刻。但是，這次航程就像在一個湖面上有趣的泛舟而已。現在，我坐在一間酒店的客房裡，看到一扇寬闊的窗戶從天花板一直延伸到地板，還看到一個窗扉可以直通到陽臺，能夠看到下面一條整潔的大街。這裡的一切看上去與波士頓都很不一樣。霍桑說，這裡同樣不像紐約，而更像利物浦。這裡的人們都會在週日前往教堂，教堂發出的鐘聲聽著很悅耳。大街上每一位先生手裡都拿著一把雨傘，因為英國這邊的天氣剛才還是好好的，但之後就下大雨了。

　　我之前在哈利法克斯給你寫的一封信就談到了克蘭普頓先生，但我們來到哈利法克斯之後卻與他失去了聯絡，不過卻依然與他那位可愛的隨從保持著聯絡。我很高興能夠與他保持這樣的聯絡，因為他是蒸汽船裡最有趣的人。我們一直想要打聽他的名字，但都徒勞無功，最後才發現他的名字是菲爾德·塔爾福，是托馬斯·塔爾福爵士[091]，也就是《伊恩》（Ion）一書作者的弟弟。我與他進行了非常有趣的交談。他是一個非常有風度的紳士，言談舉止都非常具有魅力，顯示他具有很好的教養，他的聲音是那麼的渾厚。每當他說話的時候，聲音似乎能夠從周圍嘈雜的環境以及輪船發出的轟鳴聲中分離出來，因此我都能夠很清楚地聽到他的聲音。他是一個地地道道的英國人，這與其他有著不同血統的人存在著區別（薩拉·克拉克就曾以血統來區分人）。他看上去對於每個話題都有所了解，沒有出現對某個話題一無所知的情況。當乘客們想要透過一些體力運動來消磨時間的時候，我看到塔爾福展現出了運動員的良好身體素質，他能夠圓滿地完成其他人根本無法完成的動作。他所接受的教育

---

091 托馬斯·塔爾福爵士（Sir Thomas Noon Talfourd, 1795-1854），英國法官、政治家和作家。代表
　　作：《希臘文學史》、《查爾斯·蘭姆生平及書信集》等。

是比較全面的，有著健康的心智。可以說，我在美國很少能夠遇到像他這樣的人。看來，我們美國人還需要擁有更多的休閒時間以及更好的教養，才能培育出這樣優秀的人才⋯⋯

7月19日。除了霍桑外，我們都患上了感冒。看來，地球上的任何疾病對霍桑都是無可奈何的。朱利安與烏娜一直思念著家鄉寬闊的草地與山丘。當朱利安待在這個面積狹小的房間的時候，他感覺自己就像一隻原本應該展翅高飛的老鷹那樣被困在金絲雀的籠子裡！一旦我熟悉了這裡的路況，我就會帶上他們前往公園散步。他們能夠在那裡看到河流、綠色的草地以及樹木。現在，他們都急切地思念著威賽德那邊的美麗風景。昨天，即將要離職的總領事克里滕登先生前來拜訪。霍桑非常喜歡這個人。希爾西比先生與懷特先生也分別前來拜訪。其中，懷特先生與我談論了許多關於先驗主義哲學方面的話題，還談到了尼加拉大瀑布。在交談過程中，我甚至想過要將他扔到河流裡，讓他在艱苦的現實生活裡好好地感受一番。

7月21日。之前，一位在康科德拜訪過霍桑的牛津畢業生前來拜訪霍桑，並且帶來了他的父親，一位面容英俊的紳士。他們的名字是布萊特。瑪麗・赫恩認為這位紳士的兒子就是尤斯塔斯・布萊特本人！今天，尤斯塔斯的父親前來邀請我們在週六的時候，前往西德比地區喝茶，還說他的兒子到時候會前來接我們。孩子們聽到能夠在那裡看到天鵝、花園與綠色的青草，都感到非常興奮。年輕的亨利・亞瑟・布萊特[092]是一位熱情的紳士，充滿著生命的活力與充沛的情感，他很有禮貌地給我帶來了他從花園裡採摘的一束美麗的花朵，其中就包括一些向日葵、苔蘚玫瑰、其他玫瑰花以及木犀草，這讓整束花散發出芳香。昨天，林奇女士給我送來了一束百葉薔薇 —— 裡面有九朵花。你可以想像一下九朵百葉薔薇的花朵聚在一起的情景！亨利・布萊特給霍桑帶來了《威斯敏斯特評論》雜誌，還說他應該給霍桑帶來所有剛出版的書。特雷恩夫人在出發前往倫敦之前，也前來拜訪了我。霍桑與我一起送她來到了阿德爾菲，之後一起散步欣賞著一座名叫聖喬治大廳的壯觀石砌

---

092 亨利・亞瑟・布萊特（Henry Arthur Bright, 1830-1884），英國實業家、作家和文學評論家。也是霍桑的終生朋友。

建築。這座建築還沒有竣工，但是從籠罩的霧氣所形成的輪廓來看，這應該是一座相當華麗的建築……我們購買了一些與李子大小差不多的草莓，還購買了一些木莓。在滑鐵盧小屋酒店這條路的盡頭，我們看到受人尊敬的林奇先生，他的容貌就像古代的公爵一樣──穿著精美的衣服。出於對美國駐利物浦總領事的尊重，他前來為我們盛湯。他用手拿著我的碟子，幫我們盛好湯之後，讓侍者將這些湯分到我們面前。在喝完湯之後，他非常恭敬地離開了。這樣的致敬方式讓霍桑有點不知所措，我擔心他可能之後想起來的時候會忍不住哈哈大笑。這裡的侍者顯得非常的沉著冷靜。霍桑甚至將他們稱為我們的衛理公會教派的牧師。當然，這些侍者的服務是非常周到的。

永遠深愛著你的女兒

索菲亞

布萊特一家，特別是亨利·布萊特經常會出現在霍桑的《日記本》裡，他們的名字也經常會出現在我母親的信件裡。這位年輕的牛津大學畢業生也是給我留下印象最深的人。他是一個身材瘦削，個子較高的人，看上去就像一根隨風飄動的蘆葦。他那雙明亮的眼睛就像冰山那樣閃耀著太陽的光芒。他們都是非常優秀的人。他的鼻子就像英國這個民族的傑作一樣，有著英國貴族階層特有的挺拔，他有著棕黃色威嚴的眉毛，紅紅的嘴唇與像狗一樣白色的牙齒。他那英國人特有的下巴時常讓我觀察很久。在英國，一個人可以很優秀，同時保持非常平常的狀態。但是，這樣的人一般來說都是比較棱角分明的，有著鮮明的性格。無論是從他們的面貌還是心智來看，他們都有著非常明顯的特色。顯然，布萊特先生有著非常獨特的自我分析能力，這是毋庸置疑的。

亨利·布萊特表現出來的強烈個人氣質，可以說是讓人非常欣賞的。他與我父親經常在壁爐旁對視而坐。布萊特一邊說話，一邊用眼神盯著煤炭燃燒時發出的火光。當他靠在安樂椅的扶手上，他用長長的手指支撐著他的頭部（他那棕色的頭髮就像滑行的波浪那樣晃來晃去）。有時候，他會拿起丁尼生的一本詩歌集放在眼前閱讀，但在旁人的眼中，這兩者是區分開來的，

始終都無法融合在一起的。他會以非常熱烈的情感大聲背誦《小溪》這篇詩歌，還會充分表達出歡樂的情感，有時候也會表達出一種含蓄的悲愴情感，彷彿這代表著一條小溪的血與淚！他最後背誦的「人們過來了，人們離開了，但我將永遠流淌！」的詩句多年來一直在我的腦海裡迴盪。我想，他也感覺到了在這一句詩歌裡，濃縮了古埃及的智慧以及精神世界的永恆性。布萊特發笑的方式始終讓我感到非常有趣。有時候，即使當我偶爾想起來的時候，也會忍不住哈哈大笑。因為布萊特在笑出聲的時候，他的鼻子總是會發出微弱的哼聲。他經常笑，有時候會為自己說的一些話或是我父親說的一些話而發笑，有時候也會在朗讀《小溪》這首詩歌結尾處因為他所使用的口氣而發笑。因此，他經常會以這樣一種迅雷不及掩耳之勢發出哼聲。我總是入神地聆聽著他的話語。他在朗讀或是背誦了一些他認為非常經典的詩歌之後，總是會以柔和或是讓人愉悅的方式表達自己細膩的情感。當然，在別人看來，他這種表達自身情感的方式是有點奇怪的。我的父親經常會以公正、發人深思的方式對他的觀點進行一些反駁。不過，就我所聽到他們的對話主題，一般都是關於作家的各自價值方面的。布萊特的雙手經常撫摸著丁尼生的那一本小詩集，說這本詩集裡表現出來的動人情感是任何其他詩集的一個榜樣，因為他認為這本詩集包含了丁尼生對偉大英國的一種讚美之情。他那勇敢的心為丁尼生而跳動。我認為雖然我的父親也會為布萊特的說法叫好，但他的內心其實並不真的認同。我的母親則非常欣賞戈德史密斯的詩歌，認為這些詩歌在藝術形式上達到了一種完美的狀態 —— 這樣的完美狀態不僅是在詩歌約定俗成的形式，而且還更好地表現出了浪漫的美感，這些都讓他的詩歌可以與丁尼生的詩歌相媲美。亨利·布萊特有時候也會創作一些詩歌。他開始對一些有著真摯情感尚未結婚的年輕男性的心理狀態產生了興趣，他認為有必要將這些年輕人的愛意激發起來。為此，他創作出了《王子》與《伯里爵士》等詩歌。在我們抵達英國半年後，母親在一封信裡談到了亨利·布萊特先生，因為當時布萊特已經成為我們家的一位常客。在這封信，母親對布萊特有趣的個性做了生動的描述：

岩石公園，12 月 8 日

　　……兩週前，亨利・布萊特先生前來拜訪我們，我們聊得非常開心。布萊特在這裡待了整個晚上。有時候布萊特說話的時候彷彿整個天空下起了暴風雨。但更多的時候，布萊特說話的方式是比較柔和的，就像一陣微風吹拂過大地，因為他本人是一位性情隨和的紳士。布萊特是一位對事物非常感興趣、為人真誠、認真、獨立且有著慷慨心靈的人，完全沒有任何教條主義的傾向。他的內心有很多問題，當然他也隨時準備著回答別人的問題。他是一位接受過高等教育的人，有著非常好的修養，曾經為《威斯敏斯特評論》雜誌撰稿……尤斯塔斯・布萊特在《神奇故事集》裡就曾有所描述。從某種方面來看，他們有著很多相似之處。比如：他們都是身材瘦削、臉色有點蒼白，但他們卻很健康，步伐比較輕盈，彷彿他們穿的不是鞋子，而是擁有了一雙翅膀。布萊特先生也是近視之人，雖然他一般情況下都沒有佩戴眼鏡。他的雙眼很大，顯得特別明亮，給人一種他非常善於言談的感覺。他是牛津大學的畢業生，有著較高的文學品味。他的心思比較細膩，擁有與孩子一樣的純真且透明的心靈，對人對事有著強烈的熱情。雖然他是一位自由主義者，卻非常忠誠於女王陛下，對貴族制度也是比較擁護的。當然，這有部分原因是在於他的血緣問題，因為他母親的身體裡就流淌著許多貴族的血液，甚至還流淌著史丹利等貴族的血統，因此布萊特本人是一位地地道道的貴族。布萊特非常喜歡他的美國之旅，還說波士頓就是英國民族一神論派的麥加聖地，還說錢寧博士是這些人的守護神。他也是一位非常健談的人，我也很喜歡與他進行交流。他經常會前來領事館，因為他顯然非常喜歡與霍桑進行交流。我希望我丈夫的訪客都能夠像布萊特先生這般的友善。某天，一位女性前來找霍桑，談論大法官法庭的一個案子。霍桑認為她簡直是瘋了。我則認為所有人都可以在大法官法庭上提出訴訟。

　　在這封信署名日期幾週之後，霍桑一家前去布萊特的家拜訪他們。母親在一封信裡描述了這次拜訪的詳細情況：

岩石公園，1854 年 2 月 16 日

　　昨天，我從桑德赫斯特的拜訪行程中回來了，布萊特先生就居住在那裡。在整個冬天期間，布萊特先生都一直催促著我們前去他們家做客，與他們共進晚餐，並逗留一段時間。但我一直都婉言拒絕，直到在上週的時候，布萊特夫人給我們寫了一封非常真誠的信件，邀請霍桑、烏娜與我前去他們那裡，與詹姆斯·馬蒂諾夫婦會面，並逗留兩個晚上。當時，我就想，要是這次繼續拒絕他們的好意，就會顯得很不友好了，雖然我並不想要離開朱利安與最小的女兒太長時間。不過，霍桑雖然接受了他們的邀請，但決定只逗留一個晚上，在第二天早上就要回家看望朱利安與蘿斯，然後帶著朱利安在領事館裡逗留一天。於是，我們就留下了非常忠誠的男管家金在家。這趟旅程其實是非常安全的，一路上沒有遇到任何問題。你也知道，我作為母親，很多時候總是會有一些毫無根據的恐懼心理，擔心家裡會發生一些不好的事情。我們在碼頭外搭乘了一輛馬車，我和烏娜就搭乘著馬車前往領事館，在領事館接霍桑與布萊特先生上車……我們大約在下午六點鐘的時候抵達，烏娜與我在抵達之後必須要換好衣服，為晚宴做好準備。這是一個由十二人參加的晚宴……H 夫人（亨利·布萊特的阿姨）是一位追求時尚的女性，她只會在季節最佳的時候才在倫敦居住，平時都是在諾里斯格林地區居住。H 夫人穿著一件深紅色的裙子，還佩戴著珠寶與鑽石等首飾，她的脖子與手臂都顯得非常美麗。

　　H 夫人想要挑逗一下霍桑，希望能夠說服霍桑前去參加她的舞會。請你想像一下，霍桑置身於一個時尚女性的控制之下的情景吧！但是，即使是在最為艱難與考驗的時刻，霍桑始終都能夠表現的非常得體優雅。在我為霍桑的遭遇感到同情的時候，我也為他的行為感到無比自豪……最後，H 夫人也不知道霍桑是否答應了她的邀請，只是說她會將這件事交給我來處理，相信我肯定能夠說服霍桑的……在週二的午餐之後，布萊特夫人的哥哥過來告訴他，大英帝國號輪船已經回到港口了，她簡直不敢相信這個消息，因為她的丈夫之前都沒有給她發電報。大英帝國號輪船是當時世界上最為龐大的輪

船，這艘船的所有權是屬於布萊特先生的。這艘船是從澳大利亞航行歸來的……馬蒂諾先生身上散發出一種使徒般的尊嚴……但是，這裡的晚宴要求每位先生都穿著正裝，佩戴著白色的領結與領帶。因此，在我看來，他們每個人都像是牧師，除了那位來自美國的總領事，他始終都佩戴著黑色的緞子，沒有過分理會這裡的一些社交禮節。霍桑並沒有完全像這邊的人那樣，按照他們的社交風俗去做。至少，霍桑到目前為止還沒有屈服。我認為，倘若我說霍桑是在場的人當中最為英俊瀟灑的，這是沒有意義的，我應該說霍桑就像他們所有人當中的國王。晚宴大廳上的枝形吊燈所散發出來的燈光照在霍桑的頭上，這讓他的整個身影都顯得非常偉岸。因為當照射在他身上的燈光越是強烈的時候，他就會顯得更加好看。晚宴的整個過程是非常有趣的，侍者端上來的都是非常精美的瓷器，就像水晶那樣雪白。其中一名侍者與馬車夫所表現出來的氣質，就曾分散了我的專注力。因為這位侍者穿著黑色的緞面馬褲，加上穿著白色的長筒襪，胸前佩戴著一枚紅色的扣子，外套都是古典樣式的，還鑲嵌著一些閃閃發光的飾品。可以說，即使是俄國的獨裁者沙皇的衣服，都無法與這裡的侍者相比。男管家的地位比侍者的地位稍微高一些，他穿著一件黑色的外套，白色的背心，戴著領結。雖然他有權站著看著他的手下工作。不過，男管家看上去也是一個非常威嚴的人，一頭閃亮的黑色頭髮在紅潤的臉頰兩邊。我的天啊！這裡人的容貌都是如此符合上帝的標準嗎？在聽到鐘聲響起之後，甜點就擺上了桌子，孩子們也紛紛走進來。這些孩子從來都不會跟他們的爸爸或是媽媽一起用餐的……這些孩子都穿著正式的衣服，逐個前來這裡吃甜點……他們穿著白色的棉布或是薄紗，男孩穿著短袖，女孩則穿著低領衣服，還佩戴著一條長長的腰帶。第二天，我才發現，當這裡沒有舉行什麼重要的晚宴時，孩子們也是這樣的穿著。一位名叫 S 的小孩穿著白色的背心與戴著棉布做成的領結，看上去非常的可愛 —— 就像過去那些老貴族的畫像。在這天晚上，我們一邊聆聽音樂，一邊有趣的聊天。

　　布萊特夫人是一位隨和且有著不錯品味的人……她有八個孩子，但她的臉上卻絲毫沒有任何憂慮的痕跡……她的這張臉總是能夠表現出豐富的情

感……每當她露出微笑的時候，就像真正的陽光從烏雲中透射下來，讓我們能夠感受到一種快樂與滿足的情感，產生一種無憂無慮的感覺。她的孩子似乎都將她視為一個珍貴的寶藏。她的丈夫頭髮已經有點白，長著一張東方人的臉龐，也是非常愉悅友好的人。當他回到家參加晚宴時，他會先去找到他的妻子，然後牽著她的手，彷彿他已經離開家裡好幾個月了，接著會以非常幽默的方式詢問妻子這段時間過的怎樣。這樣的場景讓我們感到非常的溫馨。接著，他會匆忙地沿著樓梯走上樓穿衣服，然後在很短的時間內穿好衣服下來，彷彿換了一個人一樣，渾身都散發出最為熱情的好客精神。這是一個非常美好的情景：優雅的客廳、寬闊的弓形窗，裡面還有很多似乎打開的平板玻璃，讓我們能夠看到外面青綠的草地與綠色的植物 —— 當然，外面就是常年青綠的灌木叢。窗外有兩隻白鶴，正在以驕傲的步伐或是半展翅的方式行走著，接著又發出了一陣簡短尖銳的叫聲。那一塊橢圓形與圓形的土地附近都種植著雪花蓮，這些雪花蓮大約是美國的雪花蓮的兩倍大。外面的一切都是如此的美好。在屋內，難以計數的藝術珍寶與機械方面的東西覆蓋著桌子……在晚上的時候……一群穿著美麗衣服的孩子們走了出來，還有那位溫柔的母親穿著顏色豔麗的織錦衣服與花邊飾帶走了出來，最後就是那位滿臉笑容的父親。那位讓人愉悅的女家庭教師（坎伯蘭小姐是一位很了不起的女性，她在這個家庭裡已經工作了十五年時間了。）之後，我們聆聽了一些美妙的音樂，進行了愉悅的交流，還喝了可口的茶飲 —— 這一切都是非常美好的畫面……那位面容始終有點嚴肅的男管家用托盤端上了幾個杯子、茶碟以及一個甕後就離開了房間。H 先生負責泡茶，然後將茶水倒在茶杯裡，再分別遞給我們每個人。在喝茶的時候，我們也可以吃一點麵包。S 與 A 最後再負責將空杯子放回托盤裡。可以說，這些都是按部就班的，沒有出現任何混亂的局面。最後，男管家將托盤端走了，他在離開的時候沒有發出半點聲音。可以說，除了家裡的鳳頭鸚鵡發出的憤怒叫喊聲之外，整個家都顯得非常安靜，沒有半點的噪音。這隻鳳頭鸚鵡的脾氣很暴躁，一旦牠感覺到了某個無形的敵人之後，就會表現強烈的敵意，似乎想要用嘴巴將困住牠的籠子撕碎，然後豎起自己的羽毛，彷彿這些羽毛就是牠的一把尚未拔出刀鞘的寶

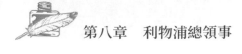

劍……布萊特一家人始終以最為友好的方式對待我，彷彿他們早已經認識我
好久，我在這裡也有一種家的感覺。H 要前去參加她阿姨舉辦的舞會，在週
二的時候，我也幫她打扮了一番。

　　布萊特家族是一個非常有魅力的家族。布萊特夫人可以說是女性中的佼
佼者，她的孩子都非常聰明（當然，這是從英國人的角度去看的），她有一
個兒子可以說是天賦異稟……他們不僅聰明，而且非常善良，都接受著良
好的教育，非常團結，日後必然能夠取得更大的成就。這裡的生活是如此的
和諧、平靜，充滿著幸福與愛意。我簡直沒有看到有任何家庭陰影。可以
說，這裡有的只是健康、財富、教養以及所有基督徒本應該具有的優雅與美
德 —— 在這樣一個類似於天堂的地方，我無法看到那一條「毒蛇」的任何
蹤影。

　　……在此期間，布萊特夫人與我進行了非常友好的交流。她特意告訴
我，她是多麼欣賞我的丈夫霍桑，也非常喜歡閱讀他的作品。布萊特夫人
說，霍桑的作品在很多時候能夠將她內心一些無法表達出來的想法與觀點都
表達出來了。她說，她的一個妹妹就懷著興奮的心情一再閱讀著霍桑的《神
奇故事集》這本書。……她還談到 H 夫人認為霍桑的才華是無與倫比的等等。
布萊特夫人在說話的時候沒有半點浮誇，始終都給人一種冷靜真誠的感覺。
因此，她所說的每一句話彷彿都擁有著一股雙重的力量。我們一起談論了很
久，交流了很多各自的想法……在週三的時候，太陽升起來了！如果你生活
在這裡（或是居住在利物浦附近的地方），你肯定會難以相信我所描述的這
些情形！

第九章　英國的歲月一

霍桑一行人受到了熱情好客的英國人的熱烈歡迎。霍桑夫人對一座英國府邸的描述。利物浦一些機構也表達了對霍桑的歡迎。達克山方形地。霍桑對處在困境中的美國同胞表現出了始終如一的善意。蒂克諾表示，德·昆西一家人急切地想要拜訪霍桑。霍桑與伯恩斯的兒子們會面。霍桑夫人對里斯卡德及在這裡舉辦的晚餐聚會進行了一番描述，許多名流聚在一起的場面讓她為之震撼。霍桑夫人告訴她父親他們在週日前往聖賈斯特的旅程。英國的《威斯敏斯特評論》褒揚了霍桑的藝術才華。英國的著名人士都想要結交霍桑。霍桑夫人對馬蒂諾先生的描述。本諾赫先生第一次拜訪霍桑一家。庫什曼小姐懷著極大的善意拜訪了霍桑一家。霍桑夫人的女兒蘿斯對母親的描述。很多人都想邀請霍桑參加盛大的宴會，但霍桑對此表達了厭惡。亨利·布萊特懷著愉悅的心情帶著霍桑去參觀美麗的景色。霍桑的《紅字》一書在英國非常暢銷，受到讀者的追捧。霍桑夫人對利物浦領事館表達出來的嘆息。

為了能夠更好地描述亨利·布萊特以及他的家，我將會從一些標明日期的信件裡節選部分內容。但是，讓我們現在回到我們抵達英國的那個夏天，因為霍桑那時候所感受到的氣氛以及他典型的個人性格都可以被輕易地呈現出來：

1853 年 8 月 5 日

……我們受到了非常熱情的歡迎，根本沒有什麼屬於個人的時間……現在，孩子們每天都待在安裝有大門的室內環境裡，每天都無法呼吸室外的空氣，還要忍受這裡持久的雨水。我們認為無法繼續在城市裡居住了。明天，我們就要經過梅爾西，前往洛克菲里，那裡有一個礦泉療養地，距離冒出蒸汽的地熱水只有二十分鐘的距離，那裡的空氣會更加純淨，更有利於我們的健康。

伊利女士與她的母親前來拜訪我們。伊利女士說她就是一個美國人。這天下午，我們收到了這位女士的正式邀請，希望我們能夠參加一個晚宴。但是，霍桑在這一天已經與克里滕登先生有約了。伊利夫人是一位非常友善的女士，居住在一條非常具有貴族氣派的街道。我只能對這樣的邀請表示拒絕，因為我的織錦還沒有做好，我無法穿著普通的衣服參加這樣的晚宴。在

滑鐵盧小屋的時候，威廉·拉思伯恩夫人與她的女兒托姆前來拜訪。她是理查德·拉思伯恩的弟媳，也是《威洛比夫人的日記》一書的作者。她日前居住在倫敦。威廉·拉思伯恩先生是一個百萬富翁，他的妻子是一位非常友善與優雅的女性，幾乎與布萊特一家一樣，都與我們一見如故……我們最後約好了，一定會前往桑德赫斯特會面的。在我們前往那裡之前，布萊特先生將我們帶到了諾里斯格林，這裡是他叔叔的不動產所在地。我該怎樣才能向你充分表達我的想法呢？如果我無法面對這些場景的話，我肯定會在英國這些如天堂般的地方顯得不知所措的……一眼望去，這裡的每個方向都是天鵝絨般的草地。當我走在草地上，感覺似乎都陷入了一種柔和的景色當中。這些草地都呈現出精美的淡綠色，在陽光的照射下散發出光芒。

這天晚上。我今天無法做自己想做的事情，有很多社交活動要參加，不是去拜訪別人，就是別人前來拜訪。霍桑已經發表了他來到這裡的第一篇演說，在今天又發表了一篇演說。這是他在布洛傑特夫人的客廳裡，面對商務協會的成員時發表的。

威廉·拉思伯恩夫人派馬車前來接我們前往格林河岸。通往她們家大廳的地面是用大小一致的石頭砌成的人行道，其中一些地方還鋪設著有顏色的馬賽克瓷磚……之後，拉思伯恩先生就走出來迎接我們。拉思伯恩先生是一位神采奕奕、身材挺拔且幽默的老紳士，他似乎是一個懂得安靜享受生活與財富的人。他是一個精力充沛的人，為人仁慈，在利物浦地區成立了很多慈善機構。接著，他的兒子走了出來，還有一位名叫斯圖亞特的美麗女士。可以說，斯圖亞特女士真的是一位非常美麗的女性。他們邀我們一起去喝茶，我一開始還以為是去聆聽音樂。但我認為這是東印度人的鑼鼓發出的聲音，只是奏響優美的旋律而已。茶水擺放在一張桌子的盡頭，咖啡則在桌子的另一端。托姆夫人就在茶桌上。整座房子從天花板到地板的牆壁上都懸掛著許多畫像，我進入的每個房間裡也都是如此。在喝茶之前，我們在附近逛了一圈，看到了威爾斯高山在陽光明媚的斜坡上呈現出來的美麗景色。這是一個天氣非常好的下午，雖然在早上的時候天空還下著大雨。托姆女士用非常熱情的口吻與我談論了霍桑所創作的《紅字》一書。她說，從來沒有哪本書像

霍桑的這本《紅字》給她的心靈留下如此震撼的影響。她說，當她讀到一半的時候，忍不住要將這本書放下來，因為她要努力平復自己在閱讀過程中的激動心情。她說，她感到霍桑在書中使用的每個詞語都是所能使用的最佳詞語，而霍桑在書中表現出來的完整性、統一性以及對人物刻畫的完美性，都讓她感到由衷的敬佩。

　　商務協會的成員想要向霍桑表達敬意。但是，霍桑無法在我們當時住所的客廳裡接待這些成員，除非他們願意「有尊嚴地站著」表達敬意。霍桑最後表達的這個幽默說法，是林奇女士建議霍桑說的。商務協會的主席是巴伯先生。當我們離開洛克菲里之後，他再次前來拜訪，邀請我們前往他在貝賓頓鄉村地區的博爾頓大廳一起共用晚餐。巴伯先生邀請我們的這個地方在梅爾西的一側，他與他的兩個尚未結婚的妹妹都居住在這裡。巴伯先生專門搭乘他那豪華的馬車前來接我們 —— 這是一輛二輪馬車，馬車夫的身板挺得很直，就像一根避雷針那樣 —— 於是，我們就和巴伯先生一起搭乘馬車前往博爾頓大廳。（我的母親之前從來沒有感受過這樣的豪華生活，因此她會用一種天真卻沉著的方式看著這一切。這個地方讓我們想起了亞當與夏娃所居住的伊甸園。我們也為能夠前來這裡看到充滿歷史美感的建築感到高興。）巴伯先生所居住的這個地方已經有四百年歷史了，這裡的自然景色從來沒有受到過汙染，看上去感覺就像精美的藝術品。這裡的景色很美，青綠的草地上是許多古老的橡樹與其他森林的樹木，但是綠色的草地可以說是一眼看不到盡頭的。草地上的青草是沒有修剪過的，因此看上去變成了一片濃密的天鵝絨。這個建築大廳原本是屬於格林家族的，但這裡的歷史充滿了許多鬼魅故事與可怕的悲劇。當我們走進大廳的時候，就看到了在橡木製的樓梯上有一隻狐狸，這裡狐狸抬著頭，雙眼發亮 —— 看上去充滿生命力。我一開始還為這隻狐狸始終保持這樣的姿態感到驚訝，因為牠似乎沒有因為我們走進來而受到驚嚇。之後，當我發現這是一隻用其他材料填充起來的死狐狸的時候，感到更加驚訝。當他們告訴我這個事實之後，我依然不敢相信。巴伯先生是一個熱愛體育運動的人，明天準備與他的家人一起前往蘇格蘭去狩獵松雞。他說，在現在這個季節，蘇格蘭山上到處都是石楠花，將整個山丘都染成了

紅色。他們帶領我們走進了客廳，這個客廳更像是凡爾賽宮那樣的豪華恢弘的客廳。客廳牆壁的板材都是鍍金的，中間位置還擺放著多面鏡子，很多懸掛的物件都用鍍金紙包裹著。寬敞的窗戶邊懸掛著金色的錦緞，傢俱上面也同樣鋪著金色的錦緞，地毯上則擺放著許多美麗的鮮花，養著許多鮮花的花瓶到處可見。一個用鑽石鑲嵌的枝形吊燈（發出的光亮是非常明亮的）與燭臺的光芒都很明亮 —— 這不是那種長長的棱鏡，而是像瑪麗所提到的那種星光，更像是鑽石切割之後的水晶所散發出來的光芒。兩位穿著白色棉布與玫瑰色絲綢衣服、黑色天鵝絨夾克衫與巴斯克衫的女士走了進來，她們的手臂上還佩戴著十幾樣飾品。與我們在其他地方所獲得的禮遇一樣，她們也極為熱情地招待我們。她們向我們講述了那座鬼屋所發生的一些可怕故事，還談到了過去有一位女士因為信仰問題而被囚禁在那座鬼屋裡，最後飢餓而死。因此，當年那座囚禁這位女士的房子現在都被貼上了「殉道者的房間」（《格里姆肖醫生的祕密》[093] 一書就曾談到這座鬼屋）。我們前去那座鬼屋參觀了一下，看到鬼屋的屋頂上也有窗戶 —— 因為那個窗戶的位置比較高，因此那位可憐的女士肯定無法看到外面的景色。鬼屋的大門是用堅實的橡木做成的，因此一旦鎖上之後，誰也無法進出。

我們所看到的這個地方，正是之前居住在這裡的一位先生割開自己的喉嚨自殺的地方。瑪麗安小姐說這位先生的所有孩子都在那座鬼屋裡被謀殺了，因此很多幽魂經常會在「圓月之時」在這座房子裡遊蕩。我們經過了一座鬼屋，他們告訴我這座鬼屋裡一共有二十五個臥室。其中一間房間還用黑色字體寫著圖書館的字樣，但是我們只能透過一個鎖眼窺探裡面的情況，因為每個房間都有大鎖鎖著。我想霍桑肯定想要過來看看是什麼情況。陪同我參觀的女士們說，如果我們想要前去教堂的話，我們可以告訴貝賓頓教堂的教區執事，他能指引我們來到教堂的靠背長凳。我們在沿途中經過了這座受人尊重的教堂。這座教堂的尖塔很有特色，在尖塔的頂端覆蓋著一些常青藤與金黃色的花朵，這座教堂本身是用略帶紅色的石頭砌成的。這兩位女士在

---

093 《格里姆肖醫生的祕密》（*Dr. Grimshawe's secret*），霍桑的一部小說。

談到霍桑所著的《紅字》時，都表達了讚美與欣賞之情。她們說，這是她們讀過的最具道德情感的一本書……在週五的時候，霍桑在城鎮大廳與市長閣下、法官、大陪審團以及重要的律師協會成員一起共進晚餐。霍桑說，這座大廳是他所見過的最為恢弘與壯觀的建築。大廳裡的裝修十分考究，這裡的侍從與男僕也都非常專業。市長閣下穿著莊嚴的長袍，法官也穿著法官袍，還帶著假髮。霍桑受邀發表演說，這是他到來英國之後第三次發表演說，我是多麼希望能夠聆聽他發表的演說啊！……今天早上，渡輪送來了兩三千名孩子 —— 這些都是在工業學校就讀的男孩與女孩 —— 希望他們過來這邊能玩得開心一些。我希望這些孩子們都能夠得到友善的對待。但是，當我看到這些年幼的孩子們聚集在一起，而且他們每個人都沒有了母親，這就讓我的內心感到一絲寒意，甚至讓我忍不住哭泣起來。每個孩子都有著良好的品格，有著純真的心。這些沒有母親的可憐孩子，希望他們一切安好！

　　在週日下午，我們非常愉悅地一起步行。我想我們繞著圈子走了五里路左右。我們攀登了戴克山，從這裡可以看到一片美麗安靜的風景。山底下有數條非常美麗的小徑。小徑的兩旁種植著一排排的山楂樹與冬青樹，其中一條小徑的路旁還種植著美麗的風信子。風信子的莖是那麼的柔軟，我覺得要將這些莖部採摘下來，需要下很大的決心。這些樹籬前面都沒有牆壁阻擋，而且這些樹籬本身也不是很高。因此，我們的目光可以不受樹籬的阻擋，直接看到前面的田野。一條經常有人走的道路沿著種植著風信子的道路一直延伸到田野，接著還有一些石頭砌成的臺階。當我們來到大街的時候，這看上去是一個非常古老的地方。這個地方曾經是麥西亞王國的領地[094]。這條路似乎就是透過開鑿石頭來做成的。我甚至可以告訴你，這些的村莊彷彿與歷史上那些初始建造房子的村莊是一樣的……當我去拜訪斯誇利女士的家，我發現她是一位非常隨和的女性。烏娜認為斯誇利女士長的很像瑪麗亞·米切爾小姐，因此烏娜也非常喜歡她。我們這次拜訪的行程是非常快樂的。霍桑堅持將斯誇利女士稱為勞得利女士。當霍桑今天下午回來的時候，他說他在這

094　麥西亞王國的領地（Kingdom of Mercia），指的是中世紀英格蘭七國時代的王國之一，位於今英格蘭的中部。

座城市的另一端，看到了工業學校的很多孩子剛剛抵達這裡。他接著說，他看到這些孩子個個都顯得面容憔悴，而且衣冠不整。霍桑又說，他始終無法想像這些孩子們之前過著是一種怎樣的生活。看來，當我在利物浦認識這些上層名流的時候，是根本無法想像這個古老的世界存在的各種罪惡。每當我想到那些孩子們的模樣，再想到他們可憐的身世，就讓我的內心不停地顫抖——他們是那麼的憔悴，看上去是那麼的沒有希望或是信念，或是沒有表現出一個人應該有的基本尊嚴……今天，霍桑收到了科蘇特[095]寄來的一封信。

8 月 26 日

我親愛的父親：

我感覺自己就像中午時分的貓頭鷹那樣愚蠢，但是，倘若我讓一艘蒸汽船沒有帶著我寫給你的信件就離開的話，那麼這肯定會讓我感到無比慚愧。霍桑目前在利物浦生活，他想要逃避每天的許多邀請活動。因此，他現在居住在洛克菲里，這能夠讓他在面對這些邀請信函的時候，可以找到拒絕的好理由。因為上一班離開利物浦的蒸汽船在晚上十點鐘會出發，我也有足夠的理由拒絕參加那些我並不想要與之交流的人舉辦的宴會。我對於利物浦的社交圈子沒有什麼特別興趣，當然拉思伯恩與布萊特兩家的邀請除外。

某天，霍桑不得不出席一個某位在公寓內去世的美國船長的葬禮。霍桑自掏腰包，為這位船長的葬禮支付了一定的金錢，當然我認為這位船長的一些兄弟也會拿出一部分錢來辦葬禮。霍桑全程參加了這個葬禮，並且跟隨著送葬馬車，將這位在這邊沒有什麼朋友的船長送到墓地下葬。孩子們都對這樣的儀式充滿了興趣，他們認為這樣的儀式是非常莊嚴且優雅。我也與孩子們一起跑過草地與灌木叢。灌木叢裡的花朵在綻放。紅色的天竺葵、深紅色的吊鐘海棠、深色的石榴石、玫瑰花以及顏色鮮豔的三色堇在陽光的照射下都顯得非常美麗。除此之外，還有其他的花朵。其中就包括修剪過後淺綠色的草地，讓每個人都感覺非常的美麗。

---

095 科蘇特（Lajos Kossuth, 1802-1894），匈牙利革命家、政治家，匈牙利民族英雄。匈牙利 1848 年革命領導人，擔任革命中獨立的匈牙利共和國元首。革命失敗後，被迫流亡海外。

　　這裡隱藏著許多潛在的能量以及力量，但這需要加農炮的刺激才能將這樣的能量激發出來，使之付諸實踐。當然，也有一些情況是例外的。我們的朋友亨利·布萊特就是一位身材瘦削、為人陽光的年輕紳士，他性情比較敏感，絕對不是那種只顧著喝啤酒或是烤牛肉的人。顯然，這裡有很多人與他的想法類似。英國人的鼻子的確不是很好看，他們的鼻子給人一種不相信精神世界的感覺。當他們開口說話的時候，往往會給人一種志得意滿的感覺。有時候，當這些人說話的時候，他們的嘴巴形成的曲線會很像阿波羅的雕像那樣。讓人遺憾的是，很多英國人的臉頰都有著像深色紅酒的顏色，簡直無法看到其他的顏色 —— 無論是對英國的男人還是女人來說，這似乎都不是一個健康的表現。

　　一位年輕的美國人被發現處於一種精神錯亂的狀態，因此被送到了治安官那裡拘留。當然，治安官也只有一兩個選擇，不是將這位年輕的美國人送到教養所，就是為這位精神錯亂的年輕人支付在精神病院的生活費用。當然，霍桑在面對這個問題的時候，選擇了後者。霍桑做出這樣的選擇，是顯而易見的。這位年輕人的母親最近剛剛第二次結婚，目前生活在拿坡里。當布洛傑特夫人一兩天前過來看我的時候，她就驚訝地表示自己認識這位年輕人的母親，還說她之前是一位擁有許多財富的女人……

　　9 月 30 日。霍桑與蒂克諾先生前往聖賈斯特遠足，因為這次遠足占據了他很多時間，因此他沒有時間回來參加在伊頓堂舉行的活動。今天早上，朱利安在花園的草地上跑來跑去，用力吹著他父親從聖賈斯特給他帶回來的一個喇叭。除此之外，朱利安還戴上了一個木製炮臺的模型，雖然這個炮臺的模型無法幫助他贏得哪怕規模最小的戰鬥的勝利。今天是陽光非常明媚的一天！……當我看到年幼的蘿斯看到英國這邊美麗的歐亞鴝啄食麵包屑的時候，她的臉上露出了久違的笑容。這些歐亞鴝能夠激發人類一種特殊的愛意，牠們彷彿對人類充滿了友好的情感，經常會毫無畏懼地靠近窗戶邊。這些歐亞鴝似乎也告訴了附近的朱頂雀與畫眉我們的好客精神，因此朱頂雀在之後的時候經常也過來了，雖然牠們走在草地上的時候顯得有點恐懼，雙腳在顫抖。但牠們將最大塊的一片麵包屑叼走了，帶回去給牠們的家人或是鄰

居吃了。英國這邊的歐亞鴝真的是非常友善……

蒂克諾先生前去看望德·昆西，回來之後對我們說，德·昆西是一位非常高尚的老人，說話很流暢，每個與他交流的人都會情不自禁地仰慕他。蒂克諾說，德·昆西的三個女兒也都是非常具有魅力與教養的女性，她們都一致表示希望能夠盡快有機會見到霍桑。

週日，我們準備先前往聖賈斯特，與孩子們一起參加教堂的禮拜儀式。我的這個小小的夢想與其他的夢想一樣，終於能夠實現了！這樣的感覺真的非常特殊！因為我始終熱切地希望孩子們能夠前往莊嚴古老的大教堂，從而讓他們對社會崇拜與它們所呈現的真正的莊嚴情感相呼應。我希望能讓孩子們對基督教產生一種親切的感覺，因為他們之前還從未去過教堂。這座教堂高高的拱頂彷彿迴盪著過去人們在祈禱的聲音。在去過教堂之後，我們會在其他時間參觀這座古鎮。有人說，這座古鎮的歷史可以與羅馬相比。

10月5日。週六，霍桑前去艾肯斯先生的家與伯恩斯的兩位兒子一起用餐。霍桑說，他們都是非常具有紳士風度的人，為人隨和，但相貌卻與他們的父親不是很相似。在用餐之後，其中一位伯恩斯唱起了他們的父親伯恩斯所創作的詩歌，接著他們又在客廳裡唱了另外一首……菲爾茲先生說，霍桑所著的《坦格活德》一書現在的銷量很好，一經面世已經賣出了三千本了，銷量還在穩步的上升。可以說，這本書在很多書店都被擺在了非常搶眼的位置。很多讀者都認為，這是霍桑到目前創作出來最讓人感興趣的一本書。

10月21日。今天晚上，我們準備前往查爾斯·霍蘭夫婦在里斯卡德山谷的房子裡吃飯。霍蘭夫婦是霍桑之前在艾肯斯先生家做客的時候認識的，因為霍蘭夫婦也認識伯恩斯的兩個兒子，因此他們認識了霍桑。在我的表妹瑪麗·勞瑞的幫忙下，我現在可以說我的這個花冠是從巴黎那邊帶過來的。這個花冠是由很多精美的花朵編製而成的。花冠的一部分是用黑莓葡萄樹的藤蔓編織的（這說來也有點奇怪），這肯定需要編織者擁有非常嫻熟的編織技巧。朱利安在看到我這個花冠之後，就說，他知道漿果是可以吃的。花冠上的花朵以及綠色的枝葉搭配在一起，顯得非常完美。除此之外，花冠上還鑲嵌著一些金色的小球，用來比喻愛爾蘭土地上生長的植物。編織者還將一些

較小的花朵放入其中，而在花冠對著耳朵的部位，則是兩條用長長的藤蔓編織起來的辮子。

　　10月23日。在夕陽西下的時分，雲層終於慢慢消散了，夕陽的光芒再次照耀在大地。我們搭乘馬車行了六里路，來到了里斯卡德山谷，發現這裡的環境比我們想像中的更加美麗。這片土地看上去有點荒涼，有一片沒有開墾的沼澤地以及一片植物叢林。最後，我們讓馬車加快速度，終於趕到了霍蘭夫婦的家。我們下了馬車，走上門前的階梯。當時，天色已經很昏暗了，因此我們看的也不是很清楚。但是，就我當時所能看到的一切情況來看，這片土地似乎是由低矮的山丘以及溪谷形成的，四周還有一些稀疏的果園。這裡是梅爾西的入口，遠處利物浦市區發出的萬家燈火依然清晰可見。霍蘭夫人如淑女般優雅，她的行為舉止非常簡樸。霍蘭先生的身材與氣質與美國紳士相差無幾，當然他可能還顯得有點瘦削或是臉色蒼白。當我們走進客廳的時候，發現這個客廳真的是非常的美麗。客廳的面積很大，客廳有一扇半圓形的窗戶，這扇半圓形窗戶比我在教堂看到的窗戶都還大。幾條鏈子從客廳的天花板一直垂下來，懸吊著一些栽種著美麗花朵的花瓶，而長長的藤蔓則沿著鏈子不斷攀爬著。霍桑作為來賓中的主賓。當時一共來了十二名客人，霍桑就坐在霍蘭先生的右手邊。客廳的桌子也是非常寬闊的，兩個很大的銀色盤罩閃耀著大馬士革寶劍的光芒，彷彿將其他的光線都掩蓋了。在喝完湯之後，這些盤罩被移走了，下面放著一條煮熟的大比目魚，還有一些烤魚。這些魚被閃亮的蓋子所覆蓋。接著，整張飯桌都被一個銀色的碟子所覆蓋。在餐桌的中央位置，是一個高高的銀製臺，銀臺上放著一個裝著芹菜的碗。倘若你想要我一一給你解說這些菜式的話，我也根本無法做到。一隻烤熟的火雞放在霍蘭夫人的煤氣燈旁邊，一隻烤熟的鵝放在霍蘭先生面前，而在餐桌的其他位置分別擺放著肉片。油燜原汁肉片、蔬菜燉肉、雞肉餡餅還有其他我也不知道名字的菜式。在靠牆的桌子上，還有一大塊蒸熟的牛肉，這塊牛肉就像聖彼得大教堂的圓頂那麼大。雞肉餡餅這道菜上的油酥點心上繪有非常精美的裝飾。這些油酥點心放在一個銀製碟子上，還有橡樹藤蔓被等距切開，點心上面還擺放著一些花朵與水果。當時，我就想，要是破壞了這道菜

的品相，這也實在是太可惜了。當然，所有的來賓最後都無聲無息地吃完了
這些美食。在英國，每當上松雞與野雞這兩道菜的時候，總會伴隨著一些甜
食。而且這兩道菜總是放在餐桌的兩端。當然，英國的餐桌上有洗手碗，洗
手碗旁邊還有一些餐巾，而且每座城堡與宮殿都會在餐巾上留下一些標誌，
將他們家族的名稱印刷在餐巾上面。他們上的酒包括波特酒、雪莉酒、馬拉
德白葡萄酒、紅葡萄酒、干白葡萄酒以及香檳。我拒絕了前面五種酒，但是
我對香檳這種酒總是無法拒絕的。因此，你現在知道了我們在晚餐桌上所吃
的食物了。也許，我仍是無法將英國這邊餐桌的一些真正神韻傳達給你。利
特達爾先生是一位打著白色領結、容光煥發的紳士，他似乎認為這樣的裝
束，能夠讓其他人都感受到英國人所具有的那種優越感。可以說，利特達爾
先生是英國一位獨立自主且富有的鄉村紳士的代表。他所創辦的音樂學校可
以說是世界上最好的……當然，他所做的其他事情都取得了相當大的成功。
當我們在晚餐桌上聆聽他說話的時候，就已經明白了一點，任何人想要透過
辯論來改變他對事情的看法，最終都是徒勞無功的。利特達爾先生的耳朵似
乎從來都聽不進去反對的聲音……他說，過去十二個月的天氣是之前從來沒
有出現過的。我聽了之後只是溫順地說出了布林沃對此提出了不同的意見，
但是他反駁我的看法……利特達爾與霍蘭夫人談論了布丁這種食物所具有的
價值，最後得出的結論是他絕對不會吃布丁的。可以說，利特達爾先生這個
人有著某種專橫、暴躁與古怪的性格……他的性格就與我在閱讀英國一些小
說裡所描述的人物形象是非常類似的，因此當我看到這些人物形象的真實版
本時，也覺得非常有趣。顯然，利特達爾先生是英國國內的鷹派人物，認為
科蘇特最後寫給史黛拉凡民眾的信件是「極為明智的」。在談到一場競爭激
烈的大選時，利特達爾先生說這次選舉估計要花費十萬英鎊左右的經費。飯
桌上有人詢問霍桑，在美國舉辦一次總統大選是否要花費這麼多錢。在霍桑
回答前，一位長著貴族面孔的年輕紳士埃格伯特先生說，他認為十萬英鎊都
可以將整個美國購買下來了！埃格伯特先生這樣的說法難道不是很無禮嗎？
霍桑莊重地回答說，從過去選舉的情況來看，可以看得出來，無論出多少
錢，都無法贏得選舉。坐在我對面的是曼恩夫人 —— 她是一位帶著一頂美麗

帽子的老婦人，帽子上還有修剪過的粉色絲帶，脖子上佩戴著紅寶石做成的美麗項鍊，手上還帶著手鍊。她長著一張非常睿智的臉龐。餐桌上還有米勒夫人，她穿著一件精美的白色棉布衣服，纏著一條紅色的長長腰帶，她的頭髮還用紅色的髮網將頭髮裹住，這讓她那黑色的頭髮都顯得不是那麼的明顯了。她看上去是一個非常浪漫且優雅的人，身材頎長，舉止優雅，我和她進行了非常愉悅的交流。她說自己是霍桑的資深讀者……她笑起來的時候非常燦爛，但是當她笑完之後，臉上往往會露出一種難以名狀的悲傷，彷彿是在表達著某種難以用語言表達的痛苦之情。她談到自己之前生了一場病，當朋友們將她稱為阿弗內爾的白夫人[096]。這其實也就是對她的形象的最好描述。她所穿的衣服讓她顯得更加柔和 ── 畫像上的她有著烏黑的頭髮，一雙黑色的眼睛與長長的睫毛。她說話時候的聲音顯得特別空靈與渺遠，因此我很多時候都無法真正抓住她之前說過的話。關於這種情況，我在與好幾位英國女士的交流中都曾感受過。「芝諾比婭是到哪裡找到這些始終盛開的鮮花呢？」霍蘭夫人這樣問道。當英國的這些紳士淑女們以如此親切友善的方式對待霍桑時，這也讓我感到非常高興。這裡的很多人都沒有聽說過薩克萊[097]，卻知道霍桑的大名。這難道不是很有趣的事情嗎？我們這些女士在客廳裡聊得很開心。僕人端上來使用非常精美的瓷器杯盛的咖啡，這些瓷器杯的表面都是彩繪的花朵……霍蘭先生問我，霍桑在英國居住這段時間，是否被人搶劫過。他還說，如果霍桑要前往倫敦，那他肯定要受很多苦，因為他肯定會在那裡遭遇到搶劫的。接著，霍蘭先生還說，相對於霍桑所寫的《福谷傳奇》，他更喜歡霍桑的其他書。他談到了鮑沃爾[098]，說當他看到鮑沃爾的時候，就知道鮑沃爾幸好沒有當一名作家，因為如果他要是選擇當作家的話，寫出來的東西也會讓我們所有人失望的。他還說，鮑沃爾是一位看上去比較做作的人，散發出柔弱的氣質，對很多事情都　過分敏感 ── 那一頭飄散的

捲髮以及捲曲的鬍子，以及凡事都過分正式的行為。我對霍蘭先生說，我一直都想要看看鮑沃爾本人，因為我讀過他早期所寫的一些小說，可以知道這些作品與《卡克斯頓》與《我的小說》相比還是差了很多。

11 月 6 日

我最親愛的父親：

　　可以說，上週日就像上天賜給我們的美好一天。當時，我就萌生了這樣的念頭，那就是我們應該在這天前往聖賈斯特……於是，我們寫信給斯誇利先生，他回信說他會於九點鐘在火車站那裡等待我們。當我們前去教堂禮拜的時候，並沒有特別要與某位朋友在一起。但是斯誇利的夫人一開始就希望我們能夠與他們在一起，於是我們就這樣做了。當我不知不覺來到教堂的時候，我突然萌生了一種非常感動的情感……信徒們說出的每一聲「阿們」是那麼的舒緩、那麼的莊重，那麼的具有音樂性，這一切產生了一種神奇的作用，就像一切自然與人類對於之前所有祈禱所表達出來的認可。烏娜與朱利安也跟我在一起。在聆聽布道演說的時候，朱利安表現出極為厭倦的表情。某天，烏娜在一封信裡談到了這次前往教堂的行程「是非常無聊的，因為根本一點都不好玩。」朱利安在教堂昏昏睡去之後，竟然打了幾個大聲的哈欠，這讓我身旁的霍桑感到震驚，他大聲地說：「願上帝保佑！」霍桑這樣一說，反而讓事情變得更加糟糕。但事實上，就算是坐在霍桑身旁的我也沒有聽到霍桑這麼說，我想這可能是因為教堂裡面有回音的緣故吧，反而讓其他人聽到霍桑說出來的話。當然，我為讓孩子們忍受他們覺得無聊的布道演說而感到遺憾，因為他們認為這樣的環節破壞了之前的樂趣。我覺得，要是能夠再次朗誦大衛的詩篇，效果可能會更好一些。當我在聆聽這些晨禱的時候，我感覺到這些詩篇是多麼的美妙與神奇啊！這些詩篇是當年猶太人的國王與詩人在三千多年前用豎琴演奏過的，現在已經成為了世界各地基督教會進行宗教儀式的一個部分了。現在有那麼多的管風琴伴隨著上千人規模的唱詩班發出的聲音，一起去讚美上帝。這可以說是人類所能說出最有意義的話語了。事實上，這些話語也的確具有價值。在這座古老莊嚴的大教堂裡，我感覺到

他們的歌唱顯得更加莊重、更加感人、更加流暢。他們的讚美歌聲彷彿能夠從教堂頂端的小尖塔上冒出來，直接傳到上帝的耳朵裡。這種聯合的崇拜儀式讓我感觸頗深，因為我之前已經好久沒有去前去教堂了——自從我懷上了烏娜到現在，就一直沒有去過教堂了。你知道我始終都想要前往教堂做禮拜的，始終都想要讓上帝的思想填充我的心靈……我認為，現在英國的教會已經變得有些僵化了，沒有了羅馬天主教的那種真摯的熱情（雖然羅馬天主教現在也是行將就木，並且很快就可能會消失）。英國的教會機構實在過分腐化，很多在裡面工作的人都是人浮於事，很多人都已經沒有了為主服務的思想，而只有為自己服務的自私想法。因此，一些具有強大心靈、溫暖靈魂以及天才的人，很自然地就會想要追隨歷史上一開始出現的羅馬天主教教義。

　　11月8日。昨天下午的天氣非常好，我們（指烏娜、朱利安與我）在回到利物浦之後，很高興發現霍桑也在渡船上。今天的一切都很好，我指的是天空的景色。利物浦今天的天氣是非常美好的。因為在很多時候，當成千上萬人的腳步踩在泥濘的道路上濺起來的水花以及泥土之後，整個街道是非常骯髒的。當然，這樣的景象是在美國生活的人所無法想像的。因此，當我看著晴朗的天空，知道最近的天氣都非常晴朗之後，我就知道街道上不會有泥濘的道路……接下來，我想要給你介紹一下聖賈斯特地區的這座修道院，但我認為你肯定不會想過來這邊生活的。之後，我們悠閒地穿過了許多面牆壁，因為我們還有三個小時的閒暇時間。我一直都希望能夠踏足威爾斯的土地，因此我們穿越了迪河[099]。我停下來欣賞迪河。當然，相較於美國大陸上許多龐大的河流，這條河流相比起來就是一條小溪。哪怕是與康科德地區的河流相比，這條迪河也是非常小的。這條河流非常平順地流淌著，我還記得和平王愛德格（Edgar the Peaceable）在西元973年的時候，就曾與八位其他國王就這塊土地發生過戰爭，但他取得了最終的勝利。因為此時天色已經不早，所以我們沒有更多時間在伊頓堂這裡走上更遠的一段路。這個地方實際上是西敏公爵的領地，他是一位諾曼貴族。我對斯誇利先生說，我的父親也

099　迪河（River Dee），英國的一條著名河流，發源地位於威爾斯，流經威爾斯和英格蘭。也是威爾斯和英格蘭的界河。

有著威爾斯血統，他以幽默風趣的口吻反問我，為什麼我不匍匐在地，親吻這片屬於我的祖國的土地呢？

11 月

我最親愛的父親：

霍桑的演說沒有刊登在報紙上，也許我可以將霍桑的演說稿寄給你看看。霍桑的演說只限定保存在現場聆聽他演說的人的耳朵當中。不過，霍桑現在的確是過著快樂的生活。

哦！利物浦這座城市整天都籠罩在霧氣中！如果你讀過《荒涼山莊》這本書，那麼你就能夠對倫敦地區的霧氣有一定的了解，但是倘若你不親自過來這邊感受一下的話，是始終無法對此有深刻的了解的。一旦走出家門，人們就會感覺自己彷彿置身於一片大霧當中，幾乎每個人的頭上都得佩戴頭巾。大霧對人的視線產生了非常大的干擾作用，甚至連一個人的雙手都看的不清。這就好比一個人跳入了一個棉絨大袋子裡面 —— 當然，這不是裝著羊毛絨的袋子，因為倘若是羊毛絨袋子的話，這樣尚且還是可以接受的。但是，我們這邊的大霧簡直濃密的讓人根本無法接受。奧格登先生（伊麗莎白知道他是一位來自西部地區心地善良的先生）某天前來利物浦領事館拜訪霍桑，霍桑邀請他前去我們家做客。奧格登先生聽了霍桑的邀請之後，彷彿一下子充滿了生命力，似乎看到了一大片遼闊的草原！他還跟我講了在市長閣下於倫敦舉行晚宴時的情況以及他所見到的其他有趣事情。在晚宴的時候，他的身邊聚集了一群友善、聰明且有趣的準男爵。他對我們說，他之前與培根女士一起前往韋勒姆的老城去看望培根爵士的房產與墳墓。他們一起前往教堂的地下室，那是培根家族當年下葬的地方。但是，他們無法說服領隊打開培根爵士當年安放遺體的聖體安置所。培根爵士當年居住的城堡現在已經變成了一片廢墟，但從那些廢墟中依稀能夠看到當年這座城堡的輝煌與華麗。他還說，他們一起參觀了培根爵士當年經常喜歡散步、沉思與學習的果園 —— 這是一片由高聳樹木組成的古老果園，這個果園顯然是有人專門打理的，因為很多樹木都是排成一排排的。當霍桑在第二天晚上回家後，他給我

帶回來了一束非常美麗的花朵。他說，這是奧格登先生送給我的一份道別禮物。可以說，這束花代表著奧格登這位愉悅友善的朋友的美好記憶。

　　我想從放在桌面上的這本《威斯敏斯特評論》的期刊上給你節選一個段落：「很少人會對人類的進程進行認真細緻的觀察，因此他們無法真正了解人類在前進道路上走了多少彎路或是錯誤的道路。很少有人能夠了解人類到底多少次走向了歧途，最後不得不要遠離那一條代表著真理與正義的道路，之後卻很少能夠再次回歸到正確的道路上來。不過，我們至少能夠指出當代的一名作家能夠做到這點。《紅字》一書的作者霍桑先生，就是這樣一個人。他是美國最偉大的小說家之一。威爾基·柯林斯[100]先生可能會從這些錯誤或是犯罪的例子中得到道德教訓的例子。霍桑的這本書講述著一個關於罪惡的故事，而罪惡最後所要承擔的後果哪怕是最為純粹的人都無法逃脫。」在同一刊號的另一篇文章裡，有評論家就對某位作家進行這樣的評論：「這位作家能夠像納撒尼爾·霍桑那樣以純粹的詩歌形式去進行創作。」當我談到這個與讚美相關的話題，我將會繼續說下去。一位美國的旅行者在倫敦逗留的時候，在寫給霍桑的一封信裡這樣說：「我與威廉·漢密爾頓爵士度過了美好的一天，還與德·昆西以及他的女兒們度過了兩個美好的晚上。當我在德·昆西家裡做客的時候，我們所談論的唯一話題幾乎都是關於你的。德·昆西與他的女兒們都滿懷熱情地談論著你，我之前也有幸能夠與你見面。威廉·漢密爾頓爵士在讀了你的作品之後，對你也是讚嘆不已。他說：「你的《帶有七個尖角閣的房子》裡面的一些內容描述，甚至要比《紅字》一書更加震撼。」我有沒有跟你說過，之前有一位英國女士專門來到利物浦領事館，就是想要見霍桑一面。這位女士稱自己是仰慕霍桑的文學愛好者。這位女士之前從未來過利物浦，她希望霍桑能夠賜教她如何進行文學方面的創作，而霍桑也熱情地接待了她。另一位認識這位英國女士的美國女性，在某天也給霍桑寄來了一封信。在這封信裡，那位英國女士說：「我非常仰慕霍桑先生，因為霍桑先生無論是作為一個男人還是作為一名作家，都要比任何其他的男性更加優秀。」

---

100 威爾基·柯林斯（William Wilkie Collins, 1824-1889），英國小說家、劇作家。代表作：《月光石》、《白衣女人》等。

在過去四個月裡，我的感冒一直都沒有好。現在，我還患上了慢性咳嗽。我感覺一切都變得如此喧囂，感覺整個人都非常疲乏。霍桑卻不是很在意這裡的大霧、寒氣或是雨水。霍桑沒有罹患感冒，感覺依然很好。可以說，霍桑是我在英國這個地區唯一的福玻斯[101]。

在上一封信裡，我告訴了你達費林公爵緊急邀請霍桑前往他在愛爾蘭克蘭德博伊地區參觀。那個地方距離利物浦有四到五個小時的車程。霍桑拒絕了達費林公爵的邀請之後，達費林公爵又寄來了另一封邀請函。達費林公爵的第一封邀請函是非常正式的，但是第二封邀請函卻是這樣說的：

「我親愛的霍桑先生：……諾頓夫人（達費林公爵的阿姨，也就是著名的諾頓夫人）希望……你能夠讓她有與你見面的機會。我相信始終都還記得，每當你能夠從繁忙中抽出時間想去參觀這個國家的時候，你肯定會前往我們這裡參觀的。我親愛的霍桑先生，我永遠都是你忠誠的朋友

永遠忠誠於你的

達費林
霍利伍德，克蘭德博伊

要是從這第二封信來看，難道達費林公爵沒有對霍桑表達了他的敬意與尊重嗎？還是如霍桑所說的，只是一種「假惺惺的恭維」呢？

明天就是感恩節了。我們將會在這一天回憶我們在祖國生活的美好歲月。布萊特之前就約了我們，因此我們會與他一起共進晚餐，但布萊特先生沒有意識到明天就是感恩節了。布萊特一直都想前來拜訪我們，最終決定在這週過來。他將會在我們這裡過夜，因為桑德赫斯特在利物浦的另一端。他的母親也不希望布萊特在夜晚的時候乘船回家（因為晚上的霧氣一般都很大）。

我們所認識的很多英國女士與先生都非常友善、風趣且幽默。他們似乎與我們都是認識了一輩子的朋友。我認為，世界上沒有哪個圈子裡的人能夠與之相比。當然，這裡的社交圈子是比較僵硬固化的，一切都是在森嚴的社

---

101 福玻斯（Phoebus），古希臘神話中的太陽神。

會等級中一成不變地開展著。當然，這些圈子裡存在著簡樸、安逸、真誠與友善，這些都是非常好的東西。但只有當我們跳出這個圈子去觀察 —— 而不是在圈子內進行觀察 —— 的時候，我們才能夠發現這樣的圈子所帶來的一些弊端或是不好的地方。當然，這是一個深刻且重要的問題 —— 因為這是關乎每個人的地位問題。出身與財富通常都是這些接受過良好教育以及教養的人的一個特徵。在這個代表著古代文明的國家裡，這裡的人們似乎對此也沒有什麼嫉妒心理，大家也從沒有想過要扭轉彼此的地位差距……生活在社會最底層的民眾不會想著要去反抗這樣的制度，他們會做的只是想著如何與這些上層名流進行接觸，如何與這些人搭上關係，然後讓自己也能躋身這樣的名流。但在很多時候，我認為整件事應該從一個完全不同的觀點去看待。我認為，那些底層民眾不應該默默地承受這樣的壓迫或是等級制度，不應該去忍受這樣的痛苦或是不良的對待，而應該聯合起來進行反抗。當然，之前有一兩個這樣的例子鬧到法院，但法院的判決讓每個人都笑不出來……因為霍桑推遲了前往倫敦的時間，但倫敦這座城市卻似乎慢慢地靠近他。因為霍蘭先生曾說，霍桑要是在英國生活的話，肯定會遭人搶劫的。最近，有兩名倫敦人前來拜訪 —— 其中一名是威廉・傑丹[102]先生，他大約七十歲左右，是一名文學人士。他非常熟悉倫敦半個世紀以來的文學圈子，了解每一個我們想要了解的文學人士。他是一位記憶力超強的老人。與他進行交流，讓我感到非常有趣，因為他的談吐讓我想起了詹森博士。年幼的蘿斯就坐在他的大腿上，用認真專注的眼神看著他的臉龐。他說他除了塔列朗（他非常了解塔列朗）的眼神之外，還從來沒有見過像蘿斯這樣的眼神。他說，塔列朗喜歡用認真專注的眼神看著別人，並且不允許其他人這樣看著他 —— 總之，塔列朗始終都會將目光聚集在某個事物上。蘿斯的臉上沒有露出微笑，只是依然認真地看著他。他則想要躲避蘿斯的目光，不斷地做著有趣的鬼臉，但是蘿斯卻絲毫沒有受到任何影響。最後，這位老人大聲說：「為什麼妳要始終盯著我看呢？妳以後會成為一名受人尊重的法官。當妳穿上了法官袍的時候，我可不願意接受妳對我的判決啊！」此時，蘿斯才對他露出了微笑。老人說：「哈

102　威廉・傑丹（William Jerdan, 1782-1869），英國著名記者。代表作：《威廉・傑丹自傳》等。

哈，我終於看到你笑了！看來她很喜歡我啊！看來她很喜歡我啊！」在八點鐘的時候，他們向我們道別，出發前往倫敦。他們希望不要整夜都在火車上度過，而是希望在中途的伯明罕火車站下車休息。傑丹先生說：「哦！我什麼事情都沒有做，只是過來這裡我們吃了一頓晚餐，然後就這樣回去了，整趟來回有一百多里路！」與傑丹一起前來的人是本諾赫先生，他是詩人與藝術家的贊助人，他也是一位性情隨和且非常真誠的人。他對朱利安說，如果朱利安跟他一起前往倫敦的話，那麼朱利安就會得到一匹像桌子那麼高的矮種馬，還能得到一條像矮種馬那麼高的小狗。雖然朱利安很希望得到本諾赫先生所說的這些禮物，但他最後還是咬牙拒絕了。

12 月 8 日

　　昨天，你猜猜誰過來拜訪我們？是詹姆斯・馬蒂諾[103]夫婦！我一直都非常仰慕馬蒂諾先生，將他看成是神一樣的人物。我之前從未想過自己有機會能夠親自見到他。當我見到他的時候，我對此感到非常高興。馬蒂諾先生的個子不是很高，臉色有點蒼白，但他有著簡樸的行為舉止與非常燦爛的表情。在跟他聊天的時候，我感覺他始終就像我的哥哥一樣。當我跟他聊了一會之後，我就感覺自己能夠將他視為我的朋友與訴說心裡話的朋友。毫無疑問，我能夠感受到他的品格所散發出來的強大魅力，這樣的魅力是不需要他說出任何話語或是做出什麼手勢的，這些都是自然而然散發出來的。很多人認為，一個人的品格是可以透過他人的人為讚美或是貶低而變得崇高或是卑賤，這些人是多麼的愚昧無知啊！可以說，任何帷幕都無法掩飾這樣的氣質與魅力，任何美好的讚美或是惡意的中傷都無法抹去這樣的氣質。當一個人前來拜訪，坐下來之後，你就能知道他是一個散發出積極影響力還是消極影響力的人。至少，我始終都是一個懂得感受別人氣質的人。有時候，我能夠感受到別人身上散發出來的美好氣質，有時候則會嗅到惡意的氣息。如果某些人沒有那些特別強大的品格，那麼我可能什麼都感受不到。馬蒂諾先生並不多話，但是他的聲音是悅耳且充滿憐憫心的。光是他做出的一些簡單舉止

103　詹姆斯・馬蒂諾（James Martineau, 1805-1900），英國一神論派歷史上極具影響力的宗教哲學家。

就贏得了我的尊重。馬蒂諾夫人倚靠在一張沙發上，她旁邊點燃著光線比較微弱的火。我沒有看清楚她的臉龐，但是她看上去是一個非常友善且愉悅的人。馬蒂諾夫人說她非常希望我們可以在十九號一起參加她舉辦的聚會，因為那一天是他們結婚二十五周年的銀婚紀念日。她說我們到時候可以見到蓋斯克亞爾夫人[104]，這位《瑪麗‧巴頓》、《露絲》、《克蘭弗德》以及其他書籍的作者。最後，我不得不拒絕馬蒂諾夫人的這個邀請。無法接受他們的邀請，也讓我們感到極為遺憾。因為我現在的咳嗽疾病還沒有康復，在晚上出去外面讓那些濃密霧氣吹襲的話，我肯定會瘋掉的。馬蒂諾夫婦目前居住在利物浦城區之外的王子公園附近。馬蒂諾夫人沒有強求我們一定要前去參加，這充分展現出了她良好的教養。總之，馬蒂諾夫婦的來訪是一次非常值得銘記的訪問，我感覺自己結交了他們這兩位朋友，也感覺自己需要更多像他們這樣的人前來拜訪。馬蒂諾先生說烏娜在這邊生活，倘若沒有其他與他年齡相仿的孩子一起玩耍，可能會想家的。馬蒂諾夫婦表達了希望見到霍桑的願望，但他們這一次沒有見到。因為當他們離開我家之後沒多久，霍桑才從外面回來。這實在是太可惜了！

　　我必須要告訴你，當傑丹先生希望我前去沃雷莫爾‧德塔布萊家做客時，我沒想到那裡的景色是如此的美好。這是一塊面積大約有二十英畝的寬闊鹽礦，但是每個區域卻被分割成一個個對稱的柱狀畫廊！他說，這裡可以被燈火點亮，因此我們在這樣的「鑽石走廊」上來回走動。傑丹先生說，這些鹽之前是這些地區進行交通運輸的一種媒介。我認為德塔布萊公爵以這樣的藝術形式去分割他的鹽礦，而不是用像一名文化藝術破壞者那樣用錘子或是鐵鍬去挖掘，這也說明了他具有很高的藝術欣賞能力。傑丹先生說，因為一些歷史原因，他經常被人別人稱為德塔布萊公爵，而這是他的一個筆名。

104　蓋斯克亞爾夫人（Elizabeth Cleghorn Gaskell, 1810-1865），維多利亞時代的英國小說家。當時以哥德式的靈異小說聞名，之後的評論家則更推崇她的工業流派小說，主要寫中等出身年輕女性的感情，也精細的描繪了當時英國社會不同階層的生活。她為同時代的女作家夏綠蒂‧勃朗特所作的傳記也非常有名。代表作：《北與南》、《露絲》、《夏綠蒂‧勃朗特傳》等。

此時，我的反應就像一個小孩那樣：「哦！原來你就是德塔布萊公爵啊！」

　　本週出版的《北英評論》的一篇文章對霍桑最近創作的三篇小說給了高度的評價。

12 月 18 日

　　昨天，我前去利物浦市區，為你買了一份聖誕節禮物，還買了一支帶有珍珠的銀製鋼筆，這支筆可以在讓你在寫信給烏娜的時候用。當我不在家的時候，馬蒂諾先生與蓋斯克亞爾夫人竟然前來拜訪！我很遺憾自己沒有見到他們。他們給葉慈女士留下了一封信，邀請我們今天前去與他們一起共進晚餐，並且逗留一夜，順便邀請我們參加馬蒂諾夫人在明晚舉辦的聚會。如果我能夠前去的話，這肯定是非常值得紀念的邀請。布萊特先生無法用言語表達出對葉慈女士的喜歡，並且希望我們能夠告訴葉慈女士。

　　蒂克諾先生的聖誕節禮物透過這班剛剛抵港的汽船送到了，是一大箱的蘋果。我希望你能夠過來看看蘿斯臉上燦爛的笑容與明亮的眼睛。一位女士認為蘿斯今年差不多四歲了！今天，朱利安與他的父親一起前往領事館。烏娜現在在客廳認真地閱讀埃奇沃思夫人[105]的作品。蘿斯則倚靠在我平時坐的那張椅子上。

　　在聖誕節這天晚上，鐘聲在午夜時分敲響了，從凌晨十二點鐘一直敲到黎明時分。我希望你能夠在這裡聆聽美妙的鐘聲。可以說，這是你所能想像到最為悅耳的聲音 —— 也是最充滿希望與活力的聲音。在太陽出來之前，我就醒來了，因為我感覺自己聆聽到了一些難以言喻的美妙音樂。我想這應該是天使在這個無比美好的早晨所唱的一首歌。就在我認真聆聽的時候，敞開的窗戶突然吹入了一陣風，或者說是一陣吹向我們的微風，我發現這不是天使的歌唱，而是利物浦地區的鐘聲。某天，當我帶著烏娜與朱利安一起搭乘馬車經過利物浦市區的時候，這些鐘聲突然在某些人的婚禮上響起來了，孩

---

105 埃奇沃思夫人（Maria Edgeworth, 1768-1849），英裔愛爾蘭人，著名兒童文學作家。代表作：
　　《拉克倫特堡》、《父母的助手》、《貝琳達》等。

子們都紛紛探出頭來，想要看看到底發生了什麼事。烏娜與朱利安在馬車內上下亂跳。烏娜說如果她以後結婚的時候能夠聽到這樣的鐘聲，那麼她就嫁到英國來。在聖誕節這天早上，一些默劇演員站在我們家門口，從拂曉時分就開始在歌唱，似乎在扮演著天國主人的角色。過去的一年已經在這鐘聲中逝去了，而新的一年也在這美妙的鐘聲中到來了。之後，我有感覺似乎還有默劇演員在我家門口唱歌。

　　也許，你可能已經聽說過夏洛特·庫什曼[106]這位女演員了吧？在我們離開美國前的那個夏天，她就曾給霍桑寫了封信，希望他能夠滿足一位女士幫他畫袖珍畫的請求。當時，霍桑無法拒絕，雖然你可以想像到霍桑的內心對此是不願意的。霍桑勉為其難地照做了，接著別人就介紹他認識了庫什曼女士。他認為庫什曼女士是一個通情達理且有著簡樸行為的人。某天，霍桑在利物浦見到了庫什曼女士，庫什曼女士告訴霍桑，自從她居住在她姐姐距離利物浦市區七里路的伍爾頓玫瑰山廳之後，就一直想要前去拜訪我。霍桑希望我能夠邀請她前來共進晚餐，並且逗留一夜。於是，我在 12 月 29 日邀請她前來做客。庫什曼女士接受了邀請。我發現庫什曼女士與她所塑造的著名角色梅格·梅里利斯[107]一樣，都是身材非常高挑的，長著一張非常獨特的圓形臉，表情看上去非常親切。她的行為舉止絲毫沒有任何戲劇性的動作與氣質，因此我甚至都懷疑她不是一名女演員。截至目前為止，她已經離開了舞臺大約兩年時間，靠著她之前所賺到的金錢來生活。因為她是英國舞臺上非常受歡迎的一名女演員，而且是在名聲最高的時候隱退下來的，因此孩子們都非常喜歡她。蘿斯始終都非常喜歡與她相關的那一條錶鏈。我無法說清楚那條錶鏈上所鑲嵌的寶石——那些都是非常精美的金色顆粒，所有的顏色都是排列好的。錶鏈上刻畫著美麗的風景畫，大約為一英寸左右。是一條非常精緻的錶鏈。除此之外，與她相關的東西還包括榮譽軍團勳章的十字架、一個錢包、一條彈簧。講述與仙女故事相關的手冊，還有一把適用於侏儒的

---

106 夏洛特·庫什曼（Charlotte Cushman, 1816-1876），美國著名舞臺劇演員，因其寬廣的音域，可以扮演男、女角色。

107 梅格·梅里利斯（Meg Merrilies），約翰·濟慈同名詩歌中的人物。

匕首，兩張關於朋友的銀版攝影照片，每一張照片都像一粒小豌豆那麼大，放在一個金色的盒子裡，還有一副雙筒望遠鏡。一顆金色心形的徽章代表著信仰、希望與仁慈。我還記得有一把很小的豎琴。我所記得的就這麼多了。我認為，這些都是朋友們送來的一些紀念物。在這天早上，庫什曼女士坐下來，彈著烏娜那一臺調好了音的鋼琴，唱起洛克哈特的西班牙民謠。她的歌唱讓我的血液彷彿都燃燒起來了，充滿了激烈的情感。

　　很多保存下來的信件都可以證明，當我們剛到英國的時候，受到了很多人的熱烈歡迎。我還得，當時的我還很小，經常透過打開的窗戶窺探到客廳裡舉行的晚宴，這讓我感到非常驚訝，因為這與我的父母在美國生活時的那種簡樸生活形成了強烈的反差。很多餐具都用銀色的布罩罩起來，還有數百根蠟燭燃燒發出來的光芒照在雕花玻璃上，形成了光線的反射。當我停留觀看的時候，我可以看到男管家正忙著進行他的「藝術擺設」。我父親所在的那一邊，擺放著很多精美的茶具，這些茶具都是我的外祖父從中國那邊帶過來的，茶杯上的圖案與文字都已經有了大約一百年的歷史。客廳裡的幾張椅子與桌子都顯得非常好看，還有很多我之前從未見過的東西。我的母親天生有著高貴的氣質，這一點是非常明顯的。在這個時期，母親在寫給她姐姐的一封信裡就談到了關於自己的事情：「妳根本無法想像，我在這裡簡直是最不時髦的人，這可能與我追求簡樸的生活相關。」母親對自己的評價總是非常謙卑的，我可以對很多著名人物作證，母親經常會穿著非常美麗的舞會禮服，我甚至還看到過母親穿著這種美麗的衣服呢！在他們晚上舉行宴會的時候，我本應該在床上睡覺的。但母親經常會在宴會的過程中，走到我的房間看望我是否已經睡著。母親還說，當她離開家裡到其他地方參加宴會，肯定會在晚上回來看望我的。母親穿著美麗的織錦衣服，這些都是帶著豔麗色彩衣服。母親那快樂且優雅的舉止，她那紅潤的臉頰所散發出來的光芒，她那雙閃爍的眼睛，她那充滿完美善意的微笑，這些都瞬間進入了我的心靈深處，讓我感覺到無限的美好。我的雙眼始終看著母親，內心感到無比幸福。但到了最後，我不知道為什麼哭泣了，可能是因為我發現母親終於可以穿上如此美麗的衣服，並且這麼溫柔地對我讓我感動所致吧！我的母親後來對人

說：「蘿斯竟然被我的晚宴禮服嚇到了！」當然，母親說這句話的時候臉上帶有一種自得意滿的表情。我始終都沒有忘記母親穿著那些美麗禮服的高雅形象。我們將過去生活在塞勒姆地區的一張褪色的票據保存下來了。票據上記錄著在 1841 年，母親購買了十雙二號的兒童拖鞋 —— 這對於當時只能透過繪畫來賺錢的母親來說，可不是什麼節約的表現。但是，我的母親在對待我們這些孩子方面是非常慷慨的，但她對自己的要求卻是非常克制的。

　　我們在英國生活的早期階段，我的母親對高品質物品壓抑許久的愛意終於迸發出來了，可能這是因為她多年來一直都過著單調沉悶的生活所導致的吧！但即使母親對衣食住行有了一定的要求，但她從不允許自己過上奢侈的生活。與所有肩負責任的父母一樣，我的父母沒過多久之後，就開始為他們的孩子的未來節約金錢了。庫什曼送給母親的那一條有趣的錶鏈，就是他們從來不敢想要去購買的東西。他們在面對很多擁有龐大財富之人的邀請時，總是顯得不卑不亢，有時候甚至會微笑著拒絕他們的邀請。我的父親在嚴格遵守節約行為這一方面，甚至要做的比我的母親還要好。儘管如此，我的母親在一封信這樣寫道：「在我認識我丈夫之前，我不知道節約到底意味著什麼。」關於我父親肩負家庭責任以及幫助那些無家可歸之人的情況，有很多清晰的紀錄可以作證。

　　一天下午，朱利安與父親從利物浦市區回到家裡，還帶回來四張面具，我們在接下來的好幾天裡都拿著這幾個面具玩遊戲。其中，霍桑帶上那張傻瓜的面具，看上去非常可笑。戴上面具之後，霍桑看上去就真的很像一個傻瓜！我則戴上了一張老太太的面具，看上去就與雷諾克斯地區的老太太相差無幾，這讓朱利安看了哈哈大笑。之後，朱利安則戴上了一張小矮人的面具。烏娜則是戴上了一個面具，扮演一個年輕的女孩，但看上去就像一個愚蠢的玩偶。朱利安戴上了另一個面具，這個面具上有一個大的讓人感到驚訝的鼻子，接著他與戴上了玩偶面具的烏娜一起跳起了蘇格蘭小步舞曲。今天早上，我收到消息，一位先生已經寄過來了一套價值五十英鎊的郵票，他說他認為這可以幫助領事館的所有工作人員解決寄信的郵票問題。我不知道他為什麼要這樣做，但我認為他最好還是將這個消息告訴《倫敦時報》。

3 月 12 日

今天，霍桑在利物浦郊區一個名叫艾格柏斯的地方，與佈拉姆利‧摩爾這位國會議員一起吃飯。摩爾之前在霍桑前去他的辦公室的時候，就約了霍桑要一起吃飯，最後霍桑只能答應。H 夫人是亨利‧布萊特的阿姨，她無法順利邀請霍桑前往她那美麗的宴會廳，去與公爵與公爵夫人以及該地區其他的貴族會面……不過，她給霍桑寫了一封信，對霍桑說，如果他想要獲得她的原諒，那麼他必須要在某天答應赴約，並且與她一起共用晚餐。霍桑之後因故無法赴約。接著，她又給我寫了一封信，指定在 3 月 16 日讓我們必須要出發，與馬蒂諾夫婦以及布萊特都一起前往，並且在那裡逗留一夜。因此，我們無法再繼續迴避，最後霍桑只能赴約，但我拒絕前往。她的丈夫是一位很有勢力的銀行家，而她則是英國現任財政部長威廉‧尤爾特‧格萊斯頓[108]的姐姐，因此這些人都是有一定的關係的……霍桑其實根本不想赴約，其中一個原因就是他不願意穿上棉衣，但這些衣服卻又是參加晚宴的指定衣服。你可以想像一下霍桑當時的無奈心情！我認為，霍桑肯定更加願意佩戴一把寶劍，戴上一頂三角帽，也不願意佩戴那些棉布領帶，因為他討厭這些所謂的時尚。他的內心一直對英國上流人物的這些做法感到反感。霍桑認為他們這些人的品味與情感都讓他反感。我只能說，霍桑在佩戴上白色的領結，而不是穿上那件黑色的綢緞衣服之後，顯得更加帥氣英俊了。但是，霍桑已經習慣了之前的穿衣方式，因此他對此很不滿。

3 月 16 日

霍桑已經前往西德比郡赴約了……他將會在那裡逗留一個晚上。霍桑在離家之前，就對我表達了對參加所有這些宴會的強烈反感情緒，說他根本不相信任何正常人會喜歡這樣的活動，因此那些想要舉辦這些活動的人都是心懷惡意的，只是希望能夠摧毀人類的幸福。某天，布拉姆利‧摩爾先生再次見到了霍桑，然後軟硬兼施地將霍桑帶到了艾格柏斯與《一年萬元》（*Ten*

108　威廉‧尤爾特‧格萊斯頓（William Ewart Gladstone, 1809-1898）英國政治家，曾作為自由黨人，
　　先後四次出任英國首相。

Thousand a Year）與《一位醫生的日記》（*The Diary of a Physician*）的作者沃倫[109]先生共進晚餐。霍桑倒是很喜歡沃倫先生。沃倫先生始終用較低的聲音說著一些恭維霍桑的話。布拉姆利‧摩爾先生要求沃倫先生的說話聲能再大一些，因此沃倫調高聲音。接著，霍桑也稍微大聲地表達了自己的一些看法。我們原本期望沃倫先生會在晚一些時候前來這裡做客，但他已經回到了在赫爾城的家裡。

桑德斯夫人再次寄來了一封信，她在信中用略帶強制性的口吻對我們說，希望我們前往倫敦，並順便拜訪她。我希望能夠放下手頭上的工作前往倫敦，因為桑德斯夫人現在居住在波特曼廣場，布坎南先生肯定會允許我們前往倫敦的任何一個地方。桑德斯先生的任命遭到了美國參議院的反對，但我認為他不會對此太在意的，因為他現在已經擁有了超過五十萬美元的身家了。

托馬斯‧塔爾福爵士，也就是《伊恩》一書的作者，某天突然去世了。很多人在得知了這個不幸的消息之後，紛紛表達了哀悼之情。我認為塔爾福的弟弟菲爾德，就是之前就曾與我們一起搭乘輪船前來英國那位，但他現在卻在美國。我相信，英國其他著名的人物能夠活到我再次見到他們的時候。塔爾福爵士生前就表達了希望能夠與霍桑見面的心願，可惜沒有實現。

3 月 30 日

霍桑前往諾里斯格林，與 H 先生、馬蒂諾夫婦、布萊特家族以及其他人一起共進晚餐。霍桑回來後對我說，當他進入餐廳之前，看著鏡子的時候，見到了一位受人尊重的男僕，這位男僕佩戴著白色的領帶 —— 在那個時候，霍桑說自己浮現要僱傭這位男僕的念頭。霍桑非常欣賞 H 先生……H 先生每年都要捐出七千美元用作慈善事業！H 夫人也是一位非常友善的人，雖然她是一位追求時尚的女性，但她經常親自深入利物浦的各個地區查看一些窮人的生活情況。她向霍桑展示了著名的肯能姆‧迪格比爵士 —— 這位她的祖先

---

109 沃倫（Samuel Warren, 1807-1877），威爾斯大律師、小說家和國會議員。代表作：《一年萬元》、《一位醫生的日記》等。

的微型雕像。接著，她談到了自己的家族歷史，說她的家族與德比郡歷史上的珀西家族與史丹利家族都有著血緣關係。晚餐桌上的菜色非常豐盛，都是由這些身穿高級服裝的男僕端上來的。在所有的來賓當中，霍桑的身分是主賓……H夫人是一個情感比較細膩的人，也是一位多愁善感的人。她沒有孩子。她對霍桑說，相較於孩子，她更喜歡那些小雞。

第二天，布萊特邀請霍桑一起搭乘馬車。布萊特想要其拜訪他的表弟湯瑪斯·伯奇爵士。因為布萊特是德比郡伯爵最近的鄰居，因此他將他們都帶到了諾斯里這個地方，這是屬於德比郡公爵的領地。在湯瑪斯爵士的家裡，霍桑第一次看到了假山，還看到了湯瑪斯爵士的母親比奇夫人的畫像，這幅畫是湯瑪斯·勞倫斯爵士所畫的，但這幅畫似乎還沒有畫完。據說，這是勞倫斯最好的一幅畫。霍桑對這座建在諾斯里的房子感到很失望，雖然這座房子有著悠久的歷史，但建築卻顯得很矮。不過，房子的大廳還是足以同時容納一百名賓客參加晚宴。

4月14日，週五

我親愛的父親：

今天是英國的禁食日。大街上所有的商鋪都關門了，沒有人在工廠或是大街上工作。可以說，這座世界的中心突然陷入了臨時的停頓，所有人都在提醒自己，耶穌基督就是在這一天被釘在十字架上，為我們殉道的。從今天一早到深夜，所有的教堂都對外開放，進行了各種各樣的宗教活動與儀式。

我希望你對這座總領事館的收入不要有太大的幻想。霍桑現在熟悉了領事館各方面的工作……他從上午九點鐘離開家，直到下午五點鐘的時候才回來！我只是希望能夠過上一種更為精緻的生活，同時又能滿足其他人對我們的許多熱切的希望。但是，我認為直到最後，我們也只能是展現出一種柔和的力量……我為自己之前抱有那麼大的期望心理感到遺憾，因為我對現在的生活所受到的限制感到相當失望。因為我的丈夫現在每天都要將很多時間與精力投入到領事館的工作以及其他的社會應酬上，因此再也沒有時間去創作什麼詩歌了……現在，他再也沒有什麼閒心在燭光下進行寫作了……克里

滕登[110]先生對霍桑說，他認為要是霍桑能夠過上比較節約的生活，那麼他一年應該可以存下五千美元左右。但是，即使對霍桑這樣一位過著簡樸生活，平時從來不主動參加社交活動的人來說，他一年都要花費四千美金左右。克里滕登先生認為我們在這裡生活的花費肯定還會更高一些。在很多時候，這邊的許多名流都不會「放過」霍桑，正如他們對待克里滕登先生一樣，因為這些人認為自己有權力去接觸霍桑，而霍桑在很多時候因為面子或是社交禮儀等方面的顧慮，又不可能總是拒絕他們的邀請或是請求。可以說，霍桑所著的《紅字》一書出版之後，就讓他在英國這邊的個人聲望達到了一個頂點……我想，當你聽到塞西爾先生在某天讀完了霍桑的《紅字》一書之後，對這本書大加讚賞，你肯定也會為霍桑感到高興的。有時候我會想，這本書光在英國的一位出版商手中就賣出了三萬五千本，難道霍桑不應該從每賣出的一本書中獲得一美分的版稅嗎？

有時候，我只能在與你進行書信往來的時候，才能夠將自己最為真摯、溫暖的情感展現出來。我對你所做出的努力以及所經受的考驗都表達了深刻的同情。很多時候，我希望自己能夠幫你擺脫一些不良的情緒，但是就連我自己有時候都無法擺脫一些悲傷的情感。我認為，這裡有很多人都對霍桑這個人非常感興趣，他們都非常仰慕霍桑，都希望與他建立個人親密的友情與關係。當然，我對此並沒有什麼異議。

因為重要的《改革法案》沒有通過，約翰·羅素公爵在某天晚上表示要繼續延遲對這項法案的議程。但是，這個法案要是通過了，必然會對所有民眾的社會生活產生一定的影響。任何發生的事情似乎都無法逃脫一些人深刻的洞察力。沙夫茨伯里伯爵可以說是上帝派來的美好天使。很多窮人乃至是一些商人所經歷的艱苦生活狀態都呈現在整個國家的各個階層上。一位作家就曾在倫敦的《雅典娜》報紙上進行了描述。他這樣寫道：「美德是不可能實現的！」從這種針對最為邪惡制度的最有力量的控訴到其他所發生的悲慘事情，似乎都在吹響改革的號角。

---

110 克里滕登（John Jordan Crittenden, 1787-1863），美國政治家、參議院議員，曾擔任兩屆司法部長。

美國現任總統皮爾斯是一位偉大的總統，但他現在卻遭受著很多人的誹謗中傷。我希望那些誹謗總統的人能夠明白一點，那就是總統所做的一切事情，都是出於自身的良知與正直思想。總統是一個真正勇敢的人……他之前曾寫信給霍桑說，他對於自己在總統任期的前半期推行的政策不受民眾的歡迎，是抱有很強的預期心理的。在信中，皮爾斯總統表示，他是一個絕對不能受人賄賂、收買或是因為政治目的而改變自己政治決心的人。因此，他會去做憲法賦予他的職權所應該去做的正確事情，並且僅限於此……我希望美國參議員的行為舉止能夠像英國那些高尚的議員那樣。但是，即使我們在行為舉止上是完美的「野蠻人」，但依然沒有表現出足夠的自我控制能力，也缺乏對很多事情的敬意。我相信，成熟的年齡所代表的尊嚴與安靜最終會降臨到我們每個人頭上。

　　我從未想過要將自己的模樣畫在一幅畫裡，因為我知道自己長得並不好看。但是，我過些時候會給你寄去霍桑、蘿斯以及其他人的畫像。霍桑在這裡生活之後，顯得非常英俊。可以說，我的丈夫比我所見到的所有人都更加英俊。相比之下，其他人看上去都顯得比較粗獷。霍桑的頭髮以及儀容都比我在這裡所見到的所有英國男性都更加優雅。很多英國人說，在霍桑開口說話之前，他們都會認為霍桑就是一名地道的英國人。這些英國人都會暗地裡盡可能地觀察霍桑，當然他們不會以一種不禮貌或是不文明的方式去做，彷彿他們想要確定一點，那就是霍桑的確是一個非常英俊的人。霍桑倒是沒有注意到這方面，這讓我有點抓狂，因為我對此進行了一番認真的觀察。現在，霍桑居住在一間寬敞舒適的房間，這個房間非常適合他。我始終認為霍桑應該生活在豪華的宮殿裡。現在，霍桑證明了他的確有這樣的資質。

　　我們在這裡經歷了許多有趣的事情，認識了許多有趣的人，其中包括文學界的一些朋友，感受到了英國上層貴族的奢華生活。我們終於明白了，為什麼舒適一詞是英國人口中那麼重要的詞語。我們能夠以更好的眼光與角度去欣賞莎士比亞以及英國歷史上其他偉大的詩人。

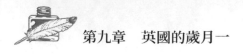

第十章　英國的歲月二

　　他們遊覽了英屬曼島，感覺那裡就像仙境一樣。霍桑夫人對領事館的再次描述。霍桑拒絕讓兩百名遭遇海難的美國士兵在困境中死去，專門租了一艘船將這些士兵們送回美國，哪怕這可能會讓他傾家蕩產。霍桑夫人的父親去世的消息，是霍桑本人告訴她的。烏娜的來信描述了家庭的情況以及鄉村的景色，還提到了在雷諾克斯的娛樂消遣活動。霍桑一家人前往威爾斯的旅程。霍桑參加晚宴，見到了布坎南先生與萊恩小姐。蘿斯對父母的描述。霍桑依然在晚上大聲地朗讀經典著作。霍桑寫給女兒蘿斯的信件。霍桑的喜歡玩耍與慷慨的思想都給他的孩子們留下了深刻的印象。對霍桑一家家庭生活的描述，還有霍桑夫人展現出來的友好善意。對本諾赫先生的一番描述以及一封來自他的信件。霍頓爵士與其他人想要透過信件來邀請霍桑參加社交活動。霍桑一家前往倫敦，表面上是去那裡參加社交活動的，但霍桑不得不抽出部分時間留在利物浦。霍桑夫人在丈夫的信件裡，描述了倫敦與當時正在倫敦的亨利・布萊特的情況，還談到了培根小姐所具有的天才。

莫納，道格拉斯，7 月 18 日

我親愛的父親：

　　我從來沒有想過我會在曼島上給你寫信的。我們全家人都在這裡遊玩。不過讓我們感到遺憾的是，霍桑帶我們來到這裡之後，僅僅逗留了兩天時間，就返回利物浦處理領事館的那些沉重無聊的事情了。霍桑的確是一位盡忠職守的人，對國家始終充滿了熱烈的情感。因為在他出發之前，手下的職員都向他保證，他可以在曼島上待上一段時間。當然，我也知道霍桑為什麼要急匆匆地返回利物浦的原因。雖然在霍桑匆忙離開之後，我感到非常的孤獨，也不願意在沒有霍桑的陪伴下繼續去欣賞這些全新的景象，但是我也不能對此有任何的抱怨。不管怎麼說，我能夠來到這一座遙遠、有趣且很有名氣的小島，這難道不是很好的事情嗎？—— 這是很多人稱為小人國的仙境，據說還能在這裡看到許多巨人或是巫師呢？在巨石陣那裡，我們看到了一些用石頭砌成的宮殿。我根本無法讓朱利安那一雙搜索著有趣事物的棕色眼睛從這個地方轉移出去，因為他對這裡的一切都充滿了極大的興趣。當他最後了解了巨石陣的圓形石頭曾經是建造一座宮殿的材料，而過去的德魯伊教派

成員就站在這裡的時候，朱利安抿著嘴，用輕蔑的口吻大聲說：「難道就這麼多了嗎？」說完，朱利安就蹦蹦跳跳地跑去採摘花朵了。我在聽導遊說了巨石陣與一座德魯伊教派的神廟就是用如此龐大的巨石砌成之後，我認為這簡直是神奇到不可思議的事情，因為過去那些人到底是怎麼搬動這些石頭的呢？難道那些人希望這座神殿的高度能夠觸碰到天空。也許……在接下來的週五，霍桑又回來了，這讓我們都感到非常高興。在週六下午，我們和他一起步行前往女修道院參觀，這座女修道院是聖布麗姬建造的。現在，這座女修道院只剩下一些廢墟，廢墟上生長著藤蔓。我認為這些藤蔓如今已經將這些倒塌的牆壁緊緊地纏在一起了……朱利安與烏娜對附近清澈的小溪非常感興趣，朱利安還對海龜很感興趣，但曼島上並沒有什麼爬行動物……在參觀的過程中，我忍不住這樣想：前往這樣荒涼、陡峭的小島上旅行，這是我之前根本不敢想像的 —— 但當我來到這裡之後，卻發現這是一座景致豐富、到處是一片青綠的天堂世界！在我看來，過去神話與傳說中的那些巨人似乎已經變成了現在堅硬險峻的岩石與圍繞著這座小島的海岬了，守衛著森林裡的仙女們不會受到傷害，而這些巨人們的據點之一就是這座曼島。要是我在這裡看到一些小矮人從野生的毛地黃植物後面伸出窺探的頭顱，我肯定也不會感到驚訝的，因為這是那些小矮人最喜歡躲藏的地方。這個地方因為其傳說中的美人魚、仙女與巨人而散發出獨特的氣質，而這裡的景色似乎與這樣的氣質非常吻合。在這天早上，我們一起前往女修道院參觀，霍桑則帶著朱利安前往道格拉斯集市，這個集市是在一片開闊地帶之上……我丈夫說，這裡居民的生活方式是非常有趣的，因此他不願意錯過欣賞皮爾城堡的美麗景色。某天，當烏娜和我前往道格拉斯的商店時，我們在這個集市上看到了一個專門賣二手書籍的書報攤。我之前一直在圖書館與書店裡找尋《貝芙麗爾·皮克》[111] 這本書，但始終都沒有找到，因此我想在這個書報攤上找到這本書。於是，我就那裡找尋著。但你猜猜我找到了什麼書？我找到了一本被很多讀者看過的精裝版《福谷傳奇》，這可是我的丈夫霍桑所寫的一本書啊！是

---

111 《貝芙麗爾·皮克》（*Peveril of the Peak*），英國作家華特·司各特的最長一部長篇小說。

的，即使是在莫納這個偏遠的地方，都能找到我丈夫所寫的書！我們之前已經聽說了英國的一些家庭都至少有兩本《紅字》，但我從未想過能夠在這樣的地方找到我丈夫所寫的書！

在我的記憶裡，週日是非常完美的一天。在這天早上，霍桑卻前往布拉登地區。下午，我們一起前往道格拉斯角遊玩。可以說，這天下午遊玩過程中所感到的快樂，是無法用言語去表達的。空氣中彌漫著的柔軟、美感與清新都似乎交融在一起，天氣是如此的明媚燦爛，湛藍的大海一望無際，天空沒有任何雲團，顯得那麼的蔚藍。空氣中彌漫著某種芳香，給人一種懶散的感覺。我們站在較高處的地方，欣賞這樣壯美的景色。在霍桑的臉上，我看到了他在欣賞這樣的景色時，臉上露出了一種難以置信的美好與莊嚴的神色。烏娜就像一朵百合花，朱利安則像是一朵木蘭花。我認為，霍桑至少會對今天的天氣以及環境感到非常滿意。這是我們在這次旅行中第一次見到那裡的高山，那些高山彷彿就是從地平線上升起來的，這也充分證明了英國在這一天的空氣是非常清新的。蜿蜒起伏的山丘形成的紫色輪廓就倒映在銀色的海面上，隨著時間的推移，逐漸變成了乳白色。

7 月 20 日

……今天早上大約十點鐘以後，我們叫來了一艘船，然後划船前往聖瑪麗岩石島。這座小島的一側有個非常美麗的海灘，我們在那裡度過了兩個小時的休閒時光。今天的空氣非常清新，陽光非常燦爛明媚。我們在沙灘上看到了許多鵝卵石，還在鵝卵石當中發現了許多珍珠殼。朱利安選擇泡在海水裡，蘿斯非常喜歡收集貝殼，始終都緊緊地跟在我的身旁。我問蘿斯為什麼要始終都跟在媽媽身旁，蘿斯回答說：「哦！我親愛的媽媽，我忍不住要這樣做啊！」當蘿斯將她那雙小腳深入海水裡，我不得不要脫下她那被海水浸溼的襪子與鞋子，放在陽光下晒乾。蘿斯那一雙雪白的小腳與粉色的腳趾，在整個沙灘上看上去就像一種全新類型的貝殼。我對蘿斯說，我很擔心一些前來收集貝殼的人會將你的腳趾誤認為為某種海螺貝殼，然後將這些腳趾放入他的口袋，帶回去給他的小孩子玩耍。蘿斯聽了大聲叫著，然後轉過身，

接著默默地笑著，就像《皮襪子故事集》[112] 裡的人物那樣，露出了她那珍珠般雪白的牙齒 —— 蘿斯那紅潤的臉頰與柔軟的頭髮是那麼的美麗。在某個時刻，我甚至感覺自己彷彿置身於夢境，心靈彷彿不受肉體的局限。我真的無法想像自己竟然會在這個地方遊玩，這是我之前做夢都想不到的。當我乘船逐漸靠近道格拉斯角的時候，彷彿看到海面上升騰出了一個龐然大物。運送旅客的蒸汽船如此靠近這個天然的地方，這的確是一件讓人感到遺憾的事情，因為蒸汽船發出的轟鳴聲顯然與這個地方的靜謐是不相容的。我認為，世界上沒有其他地方可以與這個美麗清爽的地方相比了。因為曼島上的氣候是極為溫和與舒適的。從我在安妮堡酒店的客房窗戶向外看，我可以從一個較高的位置看到一個如新月狀的海港。海平面之上聳立起來的山丘之上還有一些高山，在整個地平線上形成了一條柔軟而綿長的線。這樣的景色始終讓我非常喜歡，不會產生任何審美疲勞。這裡的山丘就像珍貴的翡翠石頭，大海則是貓眼石，遠處的高山就像一團團水晶，天空則是綠松石與黃金。但是，為什麼要在原本如此壯觀的畫作上添加墨水呢？任何珠寶都無法與之相比。只有上帝才能用這樣的顏色與畫筆勾勒出這樣的線條。

岩石公園，8 月 2 日
親愛的伊麗莎白：

我們在莫納地區度過了兩週愉悅的旅行時光之後，終於在上週六回來了。我們在旅途過程中遇到了非常好的天氣。霍桑與我在評價某天的天氣時曾說，這一天的天氣是我們在東西半球上所能見到的最好的天氣了……我帶著烏娜與朱利安前往格林達拉赫地區參觀德魯伊教徒神殿的遺址……我們登上了穆雷山……一幅壯美的景色在我們眼前慢慢延伸出來，這是一大片富饒的山谷……在抵達格林達拉赫之前，我們來到了柯爾克布拉登，這也是一個非常美麗的地方。我知道在教堂墓地上，有兩座代表著北歐文化的古老紀念碑。於是，我們就前往那裡參觀了……阿索爾公爵之前的故居位於一片平坦

---

112 《皮襪子故事集》（*Leather stocking Tales*），美國作家詹姆斯·費尼莫爾·庫柏（James Fenimore Cooper）的系列小說，主角為拿鐵·本波，一共五本，分別是《獵鹿人》、《最後的墨希根人》、《拾荒人》、《找路人》、《大草原》。

的草地上。就目力所及，這似乎不是一座非常豪華的住所。但在這樣一片鄉村地區，我經常會為這裡的簡樸與自由的氣息所感動，因為在這裡的生活能夠避免很多繁文縟節，擺脫名利所帶來的枷鎖。阿索爾公爵一家人似乎真的非常認同詩人伯恩斯[113]的那句話「人存在的地方就有金子。」德比郡公爵的住所就在諾斯里地區，這座住所的裝飾也是非常簡樸的。可以說，他們都是英國最為高尚的貴族。

　　最後，我們抵達了格林達拉赫地區，我專注地看著神殿的廢墟……我們終於來到了一些土堆前，土堆上面又有一些破碎的石頭。但我無法從這些石頭中了解到這座神殿當年的建築風格或是建築方式，這讓我有點沮喪。但在距離這裡不遠的地方，我看到了可能會讓我解開這個謎團的希望。於是，我跑到那邊去，發現這些石頭都是用一種圓形的方式堆砌而成的，圓形的直徑大約為 14 碼左右。不過，這些石頭似乎都沒有經過任何的打磨，大小適中。這就是我所看到的全部了。我打碎了一塊石頭的碎屑，然後認真地觀察。整體來說，這個地方是一片相當荒蕪的地方，附近沒有一棵樹，也沒有一個灌木叢，有的只是四周蜿蜒起伏的高山。格林達拉赫這個名字的意思是橡樹溪谷，但這附近根本沒有一棵橡樹。當然，這一片當年飽經戰爭與反覆被侵占的土地上，被摧毀的樹木數量是難以計算的。為什麼那些入侵者要將這片土地上自然生長的樹木連根拔起呢？這實在是一個謎團。據說，德魯伊教派成員當年看到這裡有很多松樹林，因此他們就將那些松樹連根拔起，接著在這裡種植雙橡樹。但是，現在這裡的松樹、橡樹、德魯伊教派成員、還有他們的神殿都已經變成了廢墟，化成了歷史的煙雲，剩下的只有我們眼前所看到的這幾塊石頭了。我忍不住想，就在我所站的這塊地上，在歷史上是否發生過很多可怕的戰爭或是犧牲呢？當然，附近的高山是否見證過這樣的慘劇呢？天空是否見證過這樣的慘劇呢？但是，當那些可怕的慘劇結束之後，所有的一切都改變了……當然，羅馬帝國當年的勢力也曾延伸到這裡，為什麼驕傲的女王就不曾到過這樣的地方呢？但是，女王陛下所到過的足印停留在

113　伯恩斯（Robert Burns, 1759-1796），蘇格蘭著名詩人。

卡斯爾敦：這是一座古代的祭臺。一天晚上，我從房間的窗戶向外面望去。在大約凌晨十二點的時候，夕陽的餘暉仍然在西邊發出金黃色的光芒，仍然在照亮西邊的世界，而在東邊的天空上則早已升起了閃亮的星星。我們在美國時經常可以看到天空上掛著碩大的金星，但我在英國的天空上所看到的金星大小，可以說是在美國看到的金星的三倍那麼大。我不知道我所看到的這顆星星在英國叫做什麼星，但我肯定這就是金星。我想，無論是在美國還是在英國，這顆星星本來發出的光芒都是極具美感的。當我們乘船來到這座小島之後，才發現環遊這座小島的景色是真的非常美麗。我們在靠近海灘的位置上看到了許多房子、動物與樹木，而且這裡遠離危險的岩石。我們經過了聖‧曼德霍德角。曼德霍德這位聖人是一位愛爾蘭王子，後來在聖派翠克的影響下改變了宗教信仰，最後變成了一位著名的宗教人物。聖‧布麗姬從愛爾蘭過來這裡，從他手上接過了面紗。聖‧曼德霍德角在這座小島的最東端，小島的最頂端上覆蓋著岩石。岩石下面面則是一條清泉，這條清泉被稱為聖‧曼德霍德清泉。這條清泉的泉水據說具有藥效。據說，任何人要是喝了這條清泉的泉水，就等於坐在了聖人的座位上 —— 所謂的聖人座位，其實就是清泉附近一張用石頭做成的椅子 —— 只有在完成這兩個步驟之後，那些泉水才會具有藥效。我們在拉姆齊地區上岸，步行來到小島的中心。在這樣的小島，城鎮的地位顯得無足輕重。這裡的自然景色是如此美麗，甚至連人為建造的房子與街道都是對自然景色的一種破壞。除非這裡能夠建立一座與自然景色相融合的壯觀城堡，否則其他的一切建築都是突兀的。這座城鎮就像一隻緊緊抓住龐大輪船的黑鷹……這天晚上，霍桑給我帶來了霍伊斯去世的消息！因為我們從前在每個週六晚上都會前去他們做客，因此霍伊斯先生突然的離世，肯定會帶來讓人悲傷的轉變。霍伊斯以及家人都是聰明、睿智且快樂的人，他們經常會在聚在客廳的中央桌子或是壁爐邊，與我們進行著有趣愉悅的對話……

　　朱利安非常喜歡莫納這裡的岩石、海灘與海水浴。當他從旅行回家之後，還一直思念著那兩天的美好時光。烏娜則非常想念洛克菲里地區，當我準備回家的時候，她都還一直念念不忘，因為她真的非常喜歡那裡的大海與

島嶼。但我還是認為，烏娜其實是一個非常戀家的人，內心肯定是希望早點回家的。至於蘿斯，她就像從早到晚都散發出陽光的人……在霍桑的認真要求下，我對這次的曼島之旅寫下了詳細的日記記錄。

蘿斯差點忘了妳。我們經常跟她談論起妳，她經常會說：「當我在『莫爾卡』的時候」之類的話。馬蒂諾小姐目前在利物浦。當我在曼島上的時候，布萊特先生帶著霍桑前去見她。馬蒂諾小姐是一位非常隨和的優秀女性。她現在的很多觀點都已經沒有了之前的信仰支撐……那些說這個世界上不存在上帝的人，要不是傻瓜，不然就是瘋子……我在科克倫這趟旅程中玩的非常開心，之後還與孩子們一起前往聖賈斯特。雄偉的大教堂給瑪莎留下了深刻的印象，特別是那裡的修道院，給她留下了極為深刻的印象。當她看到這些建築的時候，雙眼都飽含著淚水。在吃過午餐之後，我們一起觀看古羅馬的浴具與古羅馬的地下室，這些都是幾個月前被人發現的。這些古羅馬浴具是在一間陶器商店下面被挖掘出來的。我們一開始看到的一個冷水浴的浴具，似乎只是一個橢圓形的石材洗手臺，建在一條水流源源不斷的清泉旁邊。現在，一個高高的鐵軌護衛著這個冷水浴具，我們所看到的景象就與一個井沒有什麼區別，那是古羅馬人以前跳水的地方……水井下面的渾濁水源倒映著蠟燭的光線。這可能是古羅馬第二十英勇凱旋軍團士兵當年的駐紮地。接著，我們走進了那間商店，詢問了地下室的情況。商店的店員指向了一扇門。我們打開這扇門，在走上石階的時候差點摔倒。我們越往前走，光線就越暗，我們的目光也只能變得像貓頭鷹那樣。漸漸地，我們到達了地下室，彷彿感受到了過去的歲月在我們的眼前一閃而過，這裡有美麗的拱形柱子，每一邊都有圓柱狀的柱子支撐著……

我的母親還對發生在領事館的很多事情進行了描述 —— 我一直認為領事館就像一個食人魔鬼的巢穴，雖然這頭食人魔鬼有時候會不在那裡，但我的父親就像一位擁有了魔法的王子，在擔任總領事的這幾年時間裡，始終對抗著這位「食人魔鬼」所帶來的各種挫折。

「今天晚上，霍桑對我說，超過兩百名從舊金山港口出發的美國水手在前往英國的途中遭遇了海難，這讓他感到非常緊張。因此他必須要想辦法為這些美國水手提供溫暖的衣服與住所，然後送他們返回美國。這些美國水手都

是在靠近英國海域的地方被打撈上岸的，之後被送到利物浦。霍桑當時沒有處理關於這些水手的任何權限，他唯一能做的就是安慰這些仍然感到恐懼的水手。霍桑讓他的一名副官專門照顧這些水手的生活，即使這些照顧的費用完全是他自掏腰包。」（之後的一封信裡）「霍桑給布坎南大使寄去一封信，詳細地談論了關於水手們所遇到的問題。但是，布坎南大使說這不是他應該要承擔的責任，雖然這件事的處理權應該是大使去做的，而不是霍桑這位總領事去做的……霍桑為這些美國水手提供了衣服與住所，最後為這些水手專門租了一艘名為「庫納德」的船，將他們送回美國。這些事情其實本不是霍桑擁有的權限所能去做的，但那些權限比他大的人卻對此無動於衷。」

「上週五，我收到了美國駐倫敦總領事的妻子的一封信，她邀請我與孩子們以及霍桑一起前往倫敦，親自看看女王陛下宣布國會開會的情況。這是一封非常真誠的邀請函，我們幾乎也沒有什麼拒絕的理由。但是，我們無法前去，因為霍桑當時正忙著處於與這些美國水手相關的事情，還要跟警察局的一些人員進行溝通，因此他無法離開自己的職位。」（在之後的一封信裡）「至於那些遭遇海難的水手，他們在這邊的花費是巨大的。霍桑自掏腰包，為他們支付了這筆錢。在這個時候，霍桑每天都極為繁忙。據說，在世界的歷史上，還從沒有像去年這個冬天發生了如此多的船難事故。英國的海岸似乎成為了每一艘要進港的輪船的障礙……我在美國的一份報紙上讀到這樣的內容，一位撰稿人堅定地捍衛我丈夫的做法，反駁那些惡語中傷我丈夫的誹謗。看來，有一些小人在背後藉由說我的丈夫在面對那些遭遇海難的美國水手這件事情，從而逃避自己的責任。但是，這位作者卻勇敢地說出了真正的事實，還說布坎南大使拒絕承擔與這件事相關的任何責任。美國政府最後決定租一艘輪船將那些美國水手送回去，這對霍桑來說是一個解脫……在去年冬天與今年的春天這段時間裡，霍桑一直都忙著處理許多海難的事情。因為這段時間發生了太多的海難事故，有太多在英國舉目無親的美國水手需要錢。霍桑已經借給了這些懇求他幫助的人一千多美元了。雖然霍桑現在已經對於借錢給這些人處理得很小心謹慎了，但是，很多向霍桑借錢的人都表現出真誠的樣子，這讓霍桑很難去懷疑他們的動機。但不管怎麼說，霍桑現在

已經提高警惕了。他說當他看到別人穿著燕尾服，就知道那個人是不是真正
缺錢。霍桑在領事館生活工作的這段時間，讓他身心交瘁。他必須要為自己
繁忙疲憊的工作付出一定的代價。這不是說他承受著什麼負累，而是他感覺
自己的身心都受到了束縛與限制。當他在家的時候，他不想讓我再拿起筆，
因為我們彼此見面的時候少得可憐。」

　　我還想引述我姐姐的一封信裡的這些話。在目前所有事情都已圓滿解決
的時候，將姐姐的這些信件節選出來，這算是一種解脫吧！就與我們當初離
開英國前往義大利生活時所感到的解脫一樣：

　　「爸爸在週一將會與我們在一起，他終於可以擺脫領事館繁忙的工作了。
也許，妳可以想像到這對我們來說是多麼激動人心的一個消息啊！因為父親
這段時間裡一直都在忙於工作，我們也只能默默地忍受著他不在家所帶來的
沮喪心情。」

　　母親在下面這封信這樣寫道：

我親愛的父親：

　　能在這週收到你的來信，看到你那依然堅定有力的筆跡，讓我感到非常
高興。當我從信中知道霍桑給你寄去的那筆錢極大地緩解了你的生活壓力，
讓你可以更好地安心養病，這給我的內心帶來了難以言喻的滿足感。我真的
希望上天能夠讓你的四肢重新充滿力量，讓你可以在一張柔軟的椅子上靜靜
地坐著休息。你也知道，霍桑同樣希望你不要去想任何讓自己焦慮的事情。
無論是對現在還是以後，這對你都有好處……我認為，戰爭會對任何事物都
造成災難性的影響。除非上帝最後伸出他那仁慈的雙手，讓世人在看待問題
的時候擺脫狹隘的黨派利益，從人類的福祉去做考慮。

　　在英國，我們目前就置身於這樣的戰爭當中。每個人所想所說的都是與
戰爭相關的。每個人的臉上都為戰爭所帶來的摧殘與屠殺而面露愁容，同時
他們也為那些表現出勇敢無畏精神的軍人而感到無比的自豪與驕傲……錢寧
博士在上一週的布道演說裡，就將我內心最柔軟與最堅定的信念都激發出來
了，讓我感受到人類的堅強與力量，相信上帝時時刻刻都不會對人類見死不

救，讓我相信任何的邪惡行為都是暫時的，很快就會過去的……我真心為烏娜與朱利安無法親自聆聽這場布道演說而感到遺憾，因為我認為聆聽這樣的布道演說能夠拯救他們的靈魂。

在我的外祖父去世之後，母親處於一種極為悲傷的狀態。在一封寫給我阿姨的信件裡，她這樣寫道：

親愛的伊麗莎白：

如果說有什麼樣的安慰話語能夠紓解我們所面臨的這些壓力與挫折，那肯定只有我丈夫以神性的方式對我說的一些安慰話語了。如果六翼天使能夠以充滿愛意的臉龐看著我們 —— 能夠懷著火熱般的愛意以及最為溫柔與悲傷的憐憫之心看著我們的話 —— 那麼可能只有我的丈夫能夠與之相比。我可以肯定地說，要是我面對這樣的事情，我無法做到像我丈夫那樣的心態，我肯定會對此感到極為不滿。當我感受到了丈夫的思想與愛意之後，我感覺世間的一切都是可以忽略不計，所有的爾虞我詐或是背後的算計都是可以忽略不計。即使當我因此背負著一定的壓力，我依然覺得自己是這個世界上最為富有的人。我父親是一個極為真誠的人，他有著孩童般純真的心靈，有著良好的常識與正直的品格，他的這些品格與道德標準始終讓我丈夫非常感興趣。我認為，沒有誰比我丈夫更加願意聆聽我父親的故事以及與他進行愉悅交流的人了。我父親真正吸引我丈夫的一點，就在於他始終保持著簡樸與真誠的態度，這讓作為詩人與一個普通人的霍桑覺得非常有共鳴。我的父親在與任何人交流的時候，始終都能表現出真誠的情感，而且能夠激發出別人同樣的真誠情感。可以說，我父親從來都不曾受到這個世界的玷汙 —— 依然像清晨的露珠那樣純潔無暇。這樣罕見的特質的確讓他成為一個與眾不同的人。在上帝面前，我的父親始終保持著極為謙卑的態度。即使當天使的智慧 —— 或是神性的天才 —— 變得微弱或是顫抖的時候，我的父親依然能夠在溫馨的家庭裡感受到簡樸的美好，將他的美好信念傳遞給家裡的每個人，讓他的信念與希望最終變成真正的現實。也許，隨著父親的離去，我才能更好地感受到他帶給我的強烈影響。正如當初我的母親離世的時候，我也產生了同樣的強

烈感受一樣。

　　我曾與父親一起在花園裡散步。那天的早晨是非常美麗的。花園四周的灌木叢都在茁壯生長，雛菊、桂竹香與報春花在霧氣的縈繞中默默地綻放。那樣的景色太美好了，這樣美好的記憶也將永遠保存在我的心靈深處。

　　烏娜在一封信寫給在美國親人的信件裡，就描述了我們在英國生活時和睦的家庭生活。而且還對我們在英國所生活的「老家」附近安靜的風景進行了一番描述：

　　「我們終於來到了英國。但是，當我們抵達這裡之後，感覺自己彷彿不是置身於英國，而是置身於波士頓或是塞勒姆地區。可以說，英國這邊街道的喧囂程度甚至還沒有波士頓那麼嚴重。

　　「媽媽已經跟你講述了拉思伯恩先生府邸的情況，但我認為她沒有告訴你在牆壁附近的一個地方。那堵牆壁上覆蓋著各式各樣的葡萄藤，而離牆壁沒多遠的地方有許多間夏日別墅。附近還有一條潺潺流動的小溪。小溪的前面有一排排密集的樹木。可以說，任何一絲陽光都無法穿透這濃密的樹林。

　　「在週日，也就是復活節的週日，我們前去盲人教堂，在那裡進行著聖餐禮。媽媽接受了聖餐。在我看來，教堂裡的牧師的布道演說倒是非常無聊。因為牧師總是在談論著亞當與夏娃在伊甸園生活的時候所穿的衣服……我對聖賈斯特這個地方更感興趣。我在那裡看到了許多古老的建築，特別是古老雄偉的大教堂。當我們沿著修道院行進的時候，你幾乎可以想像到當年的修道士彷彿在你的身旁緩緩地走過。你還可以隨時看到修道院中央位置的一大片青綠的草地上所凝結的露水。在週一的時候，我親愛的教父（指的是奧沙利文先生）前往倫敦了。媽媽在凌晨四點半的時候起床，然後在餐桌上擺放了一些雞肉餡餅、一些柳丁以及她認為好吃的東西，當然也少不了我在前一天早上採來的一些花朵。我將這些東西全部都送給了奧沙利文先生。

　　「現在，蘿斯坐在爸爸的膝蓋上。穿透她那金黃色的頭髮，我能夠看到她那張小臉上露出了滿意的笑容。蘿斯此時已經睡醒了，正在跟朱利安就她的名字是否好聽進行著激烈的爭論。朱利安一直在興奮地走來走去，因為他認

為走來走去能夠讓他感覺更加涼快一些。此時，蘿斯坐在母親的膝蓋上，看上去是那麼的愉悅。蘿斯那玫瑰般的圓臉與她那飄逸的頭髮，讓她看上去是那麼的美麗。蘿斯是一個非常聰明的女孩，也是一個非常有趣的人。蘿斯已經學會了『聽吧！那是雲雀的聲音』、『布穀鳥』以及『蜜蜂在哪裡吮吸蜂蜜，我就要吮吸蜜蜂』她用非常有趣的聲調這樣說。她總是會用有趣而簡單的方式說出她認為自己知道的事情。」

當烏娜想起自己的祖國時，就經常會回想起當年在雷諾克斯生活的樂趣：

「我已經在伯克郡這裡採摘了很多次堅果了。爸爸、媽媽、朱利安與我都會帶著幾個大大的籃子，然後前往樹林。有時候，我們會在樹林裡待上一整天，採摘核桃與栗子。也許，我們所到的地方只有很多核桃，但是我們也能看到一些栗子。我們家有一個很大的烤爐，因此我們可以將採摘到的很多堅果都放進去，其他的堅果則被放在一個大袋子裡。每個冬天，我們跟老鼠都能夠享用到這樣的美食。

「當我們前去布萊特家做客的時候，父親給朱利安買了一把玩具槍安慰他，因為朱利安沒能一同前往。朱利安非常喜歡這把玩具槍，經常在母親要離家外出的時候，用這把玩具槍射出幾顆『子彈』表示送別。

「不久前，爸爸給朱利安買了一艘全新的小船，這是一艘很小的船。媽媽用油漆在船上畫了一些美麗的圖案。有時間的話，我肯定要駕駛著這艘小船到河流上划船。

「在你的來信裡，請把我稱為報春花。蘿斯則要求被稱為小長春花。爸爸給蘿斯買了湯姆叔叔與夏娃的畫像。在畫像中，他們都坐在河岸邊。湯姆叔叔正在閱讀著《聖經》，而夏娃則穿著一條格子花呢的圍裙，臉頰有點發黃，看上去不是很好看。畫上的湯姆叔叔看上去同樣不是很好看。但是，蘿斯對爸爸給她買的這幅畫感到非常喜歡。」

下面，我們來看看母親在這個時候的一些記錄：

北威爾斯，萊爾

235

德里斯達爾博士[114]認為我們需要換一個環境，呼吸一些新鮮空氣，因此我們這一次就前往南方……太陽剛剛從大歐姆角墜落下去，夕陽將整個海面都變成了一片金黃色，彷彿變成了一大堆的紫色水晶在海面上漂浮。在我們的右手邊，有的只是大海，茫茫無盡的大海……我想要前往女王酒店，但我對於在這裡入住的方式一無所知。這裡只有德國一些普通的銀製餐具，這裡的人似乎對飲食沒有什麼追求……自從我結婚以來，我們始終都是使用最為精緻的法國瓷器作為餐具，好讓我們的用餐顯得比較有趣與具有品味。因為，你也知道要是條件許可的話，我是絕對不願意接受任何次等的服務。在我看來，我丈夫就是我始終應該照顧好的客人。但是，來到這裡之後，情況就並非如此了。當我想到駐里斯本的大使與美國駐利物浦的總領事在上週六坐在這裡，等候著我的到來時，我就覺得很好笑。我們見面之後，的確是談笑了一番，因為這都是無傷大雅的事情。我們客房的弓形窗直接面朝大海。我們來這裡並不是為了享用法國瓷器餐具與乾淨明亮的銀製餐具，而是要在海邊上散步，在大海中沐浴，然後搭乘馬車去欣賞古老壯觀的城堡——這一切只是為了擺脫困擾我們已久的咳嗽問題。我主動帶上我的孩子與瑪麗，在沒有霍桑的陪伴下就出發了。因為霍桑當時有急事，所以無法陪同我一起出發，但是霍桑又擔心當時的好天氣不會持續太久。在週六的時候，霍桑與剛剛從里斯本回來一個小時的奧沙利文先生一起乘車前往萊爾……朱利安對自然與大自然的事物的崇拜心理，似乎在這裡得到了深沉的滿足……

下面這份記錄，同樣是母親在萊爾旅行的時候所寫的：

「當馬車停下來的時候，我聽到了雲雀發出的美妙歌聲。最後，我發現這隻雲雀停留在一個很高的地方，接著一邊展翅飛翔，一邊在空中歌唱，唱出渾厚美妙的音樂。在那個時候，我想要閉上眼睛，不去理會外面這個喧囂的世界，只是認真地聆聽著雲雀發出的聲音。我認為，就算是雪萊與華茲華斯的詩歌也根本無法將雲雀發出的美妙聲音原原本本地展現出來。雲雀這種小鳥似乎有著一個神奇的喉嚨，能夠將牠內心所有的歡樂情感都透過喉嚨抒發

---

114 德里斯達爾博士（John James Drysdale, 1815-1892），英國作家。

出來。雲雀所唱出來的美妙歌聲，彷彿讓整個天空瀰漫著愛意與對生命的無限祝福。總之，雲雀的歌聲代表著生命、歡樂與愛意。雲雀真是一種充滿著美好祝福與善意的小鳥，飛翔著，始終發出歌聲，然後越飛越遠。最後，當雲雀的歌聲逐漸渺遠乃至無法聽見之後，我的內心充盈著無限的快樂，而我也慢慢從剛才的神迷狀態中恢復過來。你可以看到，我一直希望能夠讓你對雲雀的歌聲有一定的概念，但我知道自己任何嘗試去描述雲雀歌聲的努力都是徒勞的，因為我根本無法找到任何適合的文字去描述。我不知道為什麼雲雀經常會在我們的草地上飛起，也不知道為什麼夜鷹會在玫瑰花上面歌唱。」

不過，社交與嚴肅的生活其實只有一線之隔：

「週一早上，霍桑回到了里奇蒙山，與布坎南會面。我們用餐時使用的全部是銀製餐具與碗碟，每個餐具都閃耀著光芒。女王陛下親筆簽名的信件公開發表了（你也可以在《北部時代》報紙上看到）。在參加宴會的人到齊之前，布坎南以非常笨拙的方式向霍桑提出了問題，但霍桑對他的問題感到困惑。布坎南提出的問題是：『你認為女王陛下的信件寫的怎樣？』霍桑回答說，女王陛下的信件表達了非常友善的情感。『根本沒有這麼一回事。』不懷好意的布坎南大使用堅定的口吻說：『但你認為女王陛下這封信的寫作風格如何呢？』霍桑也做出了針鋒相對的回答，他回答說：『女王陛下完全有權按照她喜歡的方式去用英文寫信。』霍桑認為布坎南的侄女萊恩小姐是一位非常優雅的女性，要比在場的其他英國女性都更加優雅。第二天晚上，霍桑前去艾佛頓參加另一場晚宴。因此，在週三，當我們再次坐在一起的時候，我感覺霍桑彷彿已經離開我一個月了。霍桑說，第二次晚宴一點意思都沒有，除了當那些參加晚宴的女士離開的時候，紛紛走到他的跟前，要求與霍桑握手。

「除了勇敢的英國軍人之外，真正讓我感到英國民眾有著高尚品德與情操的事情，就是他們要求對倫敦監獄管理罪犯的方式進行改革。英國民眾希望能夠為愛國基金捐款。他們所能採取的唯一方式就是透過齋戒的方式去做。一些人從週日晚上一直齋戒到週二早上，在這段時間裡，他們什麼都不吃，然後將節約下來的這筆錢（有的人節約了超過三英鎊）全部都捐給了愛國基

金！英國民眾的愛國熱情真的非常強烈啊！」

　　我第一次記得的家，就是在洛克菲里居住之時的家。當時，父親的個性是非常愉悅的，我們這些孩子都非常喜歡和父親玩耍。即使當我們來到英國生活之後，父親愉悅的個性就像陽光一樣，依然帶給我們溫暖與幸福。如果父親在某個時候突然變得「憂鬱」，那麼我們也應該立即變得「憂鬱」起來。也許，要是父親是一個普通人的話，他肯定會是一個傷心的人。天才在表現自身富有魅力的品格時，經常會給人一種陰鬱且野蠻的感覺，因為他們能夠以神奇的方式將乏味的事實變成有趣的事實。很多人都樂於遭到卡萊爾的責罵，也喜歡被詹森博士罵的狗血淋頭。但是，我的理智告訴我，霍桑所表現出來的悲傷情感，可以與科利奧蘭納斯（莎士比亞所著歷史悲劇中的一個人物）及奧賽羅相比。相較於科利奧蘭納斯，我的父親會說：「讓我的雙眼流出同情的淚水，這可不是一件無足輕重的事情。」正是這個世界上普遍存在的悲傷事情，才讓我的父親經常保持沉默。但是，誰又能對此表達鄙視的態度呢？當我回想起我的母親 —— 這位天生充滿樂觀、隨和性格與喜歡微笑的人 —— 在我父親還活著的時候，她始終是一個非常快樂的女性，她那閃亮的眼神散發著友善的光芒。當我明白了母親無法讓她的每個孩子內心都感到滿足的時候，父親就會為我們創造這樣的條件。我只能得出這樣的結論，那就是他的天才與樂觀的性格讓他變成了一個充滿生命力的人。因此，每個與他有過親密接觸的人，都會被他的魅力所折服，即使是很多只是見過他一面的人，都能感受到他所散發出來的強大魅力。朵拉・戈爾登是我哥哥的老保姆，她就曾說當她第一次來到我們家的時候，她還擔心我的父親可能是一個比較嚴厲的人，因為我的父親在看陌生人的時候，總是喜歡從頭到腳打量一番。但是，當我的父親抬起頭，雙眼卻閃耀出善意的光芒。她對我說，我的母親經常和她在黃昏的時候一起聊天。當我的父親在燭火點燃之前回到家，他的到來彷彿讓整個家都明亮起來了。他的雙眼似乎會發出光芒，他的整個面容顯得容光煥發，我的母親總是將父親稱為「我們的陽光」。

　　我姐姐的一些帶有少女氣息的信件就能很好地證明，我們一家人都非常喜歡父親的陪伴，還附加說明了我們一家人是多麼的討厭領事館那邊繁忙的

公務，因為這些公務經常讓父親無法陪伴我們。有時候，父親會像之前那樣大聲地朗讀書籍，以最為愉悅、清晰且真誠的口吻朗讀，彷彿他的聲音天生就是為了闡述一個無窮無盡的故事。在這個時期，父親為我們朗讀了司格特所著的《湖上夫人》一書。烏娜還寫了一篇文章，專門表達了我們對父親有趣朗讀的欣賞之情：「爸爸已經前去利物浦市區參加晚宴了，因此我們今天晚上無法聆聽父親閱讀《唐吉訶德》這本書了，可能也見不到父親了。」孩子們關於父親的記錄，很好地證明了父親始終是這個家庭的快樂泉源，為孩子們平時無聊沉悶的生活帶來歡樂。朱利安在七歲的時候就給外祖父寫信說：「爸爸已經教會了烏娜與我怎樣去做紙船。我房間的衣櫃裡都堆滿了許多用紙做的蒸汽船與小船。」我現在依然還記得朱利安當年認真細緻地做著紙船的樣子，這一切彷彿就發生在昨天。當時的朱利安是多麼的認真，雙手是多麼的靈巧啊！他將許多看過的報紙做成了船體、甲板與風帆。有時候，烏娜臉上平靜的表情與善意會突然消失，接著她就大聲地說：「當我長大之後，如果我還不知道怎麼做紙船，那麼這肯定是我的過錯，因為我應該給弟弟妹妹們做出一個榜樣。」

　　我剛才所提到的那位老保姆就曾說，當朱利安四歲的時候，有時候他會在她縫紉衣服的時候打擾她。如果朱利安的父親此時在房間的話，她就會告訴朱利安，讓朱利安去找他的父親，然後給他閱讀《魯濱遜漂流記》這本書的故事。當朱利安來到父親的書房之後，在父親給他講故事時，他會始終安靜地坐著認真聽，不管父親說的故事有多麼長，他都保持著認真的態度。最後，我的父親對朵拉說，以後不要再叫朱利安過來聆聽《魯濱遜漂流記》的故事，因為「給朱利安講故事實在是太累了。」我們家的這位老保姆也是一個聰明人。當她對朱利安的打擾感到煩躁或是她在趕時間的時候，她總是會對朱利安說，讓爸爸講《魯濱遜漂流記》的故事給你聽。之後，霍桑從書房裡走了出來，這是朵拉在我們家做了四年保姆以來，第一次看到我父親臉上露出了憤怒的臉色。父親用命令的口吻對朵拉說：「以後再也別這樣做了！」在朱利安三歲的時候，他經常會給父親製造一些惡作劇，而且不會感到任何恐懼。當時，我們家有一間所謂的「閨房」，裡面有一扇很大的窗戶，因此

父親認為，當烏娜與朱利安淘氣不聽話的時候，這就是讓他們接受懲罰的「牢房」。朱利安就曾將父親帶到這間「閨房」，然後迅速地跑出房間，鎖上了大門。因為房間裡面沒有開門的把手，因此憤怒的父親就被朱利安鎖在房間裡面了。「爸爸，你出不來！」朱利安說，「除非你承諾以後要做一個聽話的人！」父親始終表現出賞罰分明的做法，這也是他對待家人的一貫態度。最後，朱利安嘗到了這種淘氣的行為所付出的代價。

1856 年，當時我跟母親一起在葡萄牙的時候，父親給我寫了一些信件：

我親愛的蘿斯：

　　我已經將一個親吻放在了這張乾淨美麗的信紙上。我應該小心翼翼地折疊這張信紙，我希望當這封信寄到里斯本的時候，我給妳的那個親吻不會掉落。如果妳無法找到我給妳的親吻，那妳一定要向妳的母親繼續索要。也許，妳能在母親的嘴唇上找到她給妳的親吻。請將我最美好的祝願轉達給妳的叔叔約翰與蘇阿姨，還要幫我問候妳那些友善的朋友，妳也千萬不要忘記妳的保姆啊！

永遠深愛著妳的父親
納撒尼爾·霍桑

我親愛的蘿斯：

　　從我上次給妳寫信到現在，已經過去好一段時間了。我擔心這封信可能要過很久才能送到妳的手上。我希望妳現在一直都是一個聽話的好女孩。我肯定妳現在絕對不會亂發脾氣的，絕對不會無故尖叫，也絕對不會用手抓妳那位親愛的保姆或是姐姐烏娜的臉。哦！我親愛的蘿斯是絕對不會做這些淘氣的事情的。要是我知道妳做了這些淘氣的事情，肯定會讓我感到很傷心的。當妳回到英國的時候，我會問妳的母親妳是否一直都是一個好女孩。（我希望）妳的母親會說：「是的，我們的小蘿斯一直以來都是最聽話最可愛的女孩，她從來不會大聲尖叫，只會柔聲細語地和別人說話。她從來不會用手抓保姆，也不會用拳頭打她姐姐烏娜。如果說這個世界上真的存在一個小天

使，那麼這個小天使就是我們的小蘿斯！」當爸爸聽到妳母親這麼說，他就會感到無比開心的，就會一把將蘿斯抱起來，反覆地親吻。但是，如果他聽說蘿斯是一個淘氣的女生，那麼爸爸就認為有必要「吃掉」這個小蘿斯！那樣豈不是很可怕的一件事？

朱利安在這邊很好，他也要將愛意轉達給妳。我已經在這封信裡放了一個親吻。如果妳無法找到這個親吻的話，妳可以相信肯定是其他淘氣的孩子已經搶走了。告訴妳的保姆，我也非常想念她。請幫我狠狠地親吻烏娜。

永遠深愛著妳的父親

納撒尼爾·霍桑

下面這封信是父親之後寫給我的，當時我們家多數人都生活在曼徹斯特。

我親愛的小蘿斯：

我很高興得知，妳的媽媽將要帶妳去看《湯姆跳》（*Tom Thump*），我認為妳最好將這稱為「湯姆跳」而不是「湯姆拇指」。從這之後，我都會這樣叫他了。「湯姆跳」，這是一個非常有趣的昵稱。我希望妳以後見到他的時候，也可以這樣叫他。如果他想要挑妳的錯誤，那麼妳可以教訓他一頓。妳現在還有沒有像上次我見到妳那時候，還會用拳頭去打妳親愛的母親、芬妮、烏娜與朱利安呢？如果妳真的這樣做了，那麼我就要叫妳「蘿斯跳」了。到時候，別人就會認為妳是湯姆跳的妻子了。好了，關於這個話題，我說完了。

妳的朋友小法蘭克·哈勒特現在在布洛傑特夫人家裡。妳還記得妳之前曾與他在紹斯波特一起玩耍的情景嗎？還記得他有時候會打妳的情景嗎？相較於以前，他現在是一個很乖的男孩子了，當然他還有很多要改進的地方。今天早上，他的碟子上放著美味的食物，但他卻不吃，只是因為他的媽媽拒絕給他買一些對他不好的東西。在吃早餐的時候，這位愚蠢的小男孩拒絕吃半口早餐，雖然我能夠看得出來他當時很餓。要是別人沒有在看他的話，他肯定會大口大口地吃完。他難道不是一個傻孩子嗎？我的小蘿斯絕對不會這

樣做的，因為我的小蘿斯不是這樣的傻孩子。

　　還有兩三個很友善的小女孩也在布洛傑特夫人家裡玩，她家還有一隻不會咬人的大狗，這條狗很友善，從來不會咬別人。除了這隻狗之外，還有一隻虎斑貓，這隻貓經常會走到我身邊，然後喵喵地叫著，希望我能夠給牠一些吃的東西。因此，妳就知道，我們在這裡生活的很好，但不管怎麼說，我都寧願回家與妳在一起。

　　現在，我已經給妳寫了一封信很長的信件了，我感覺到大腦有點累了。所以，我想要就此停筆了。我想要再看幾頁書，放鬆一下緊張的大腦。

　　妳記得要做一個聽話的乖女孩，不要給妳的媽媽添麻煩，不要去惹惱芬妮，不要與烏娜與朱利安打鬧。當我回家之後，我就會將妳稱為我的小蘿斯（因為我知道妳值得擁有這個名字）。我還會狠狠親吻妳很多次。

　　深愛著妳的父親

　　　　　　　　　　　　　　　　　　　　　　　　納撒尼爾‧霍桑

　　如果說我的父親對我說了一些充滿愛意的話，那麼我的父親在我們面對人生的重大考驗時，始終是我們堅強的後盾。如果我生病了，醒來之後都會發現父親就坐在我的床邊，默默地幫我抵抗所有的病魔。當我在三歲的時候，有一次非常地淘氣，父親為我帶回來了一個黑色的玩偶。我之後聽我媽媽說，她擔心這個黑色的玩偶會嚇到我，因為這個玩偶做的很醜，而且我當時還沒有見過任何黑人。我還記得，當父親站著看著我的時候，他的臉上露出了溫暖燦爛的笑容。當時，我下意識地認識到，我唯一要做的事情，就是將父親手中的玩偶抱在懷裡。這個難看的黑色玩偶很快就被我家的保姆芬妮（我的母親將她稱為芬妮，因為她在縫紉與針線方面有著獨特的天賦）改造成一個穿著美麗衣服的男僕。在我那麼小的時候，這是我見過的最大的玩偶。我經常會想，父親在給孩子們送禮物方面真的是一個天才，因為他似乎知道送什麼禮物就會讓孩子們變成可愛的天使。父親經常將他的禮物送給我們這些「老人」，他的禮物都是非同尋常的，或是做工非常精細的。在父親選擇這些禮物的時候，他總是認為精美的品質是必不可少的一個條件。我們這些

孩子一直將父親送的這些禮物保存到很大的年齡。父親送給我的那個仙女玩偶，我一直擺放在房間裡可以看到的角落。父親經常會送給我一些小禮物，好讓我發揮擺設搭配的能力。我將一個帶著一面小鏡子的衣櫃放在房間的一邊，好讓這面鏡子能夠照到那個仙女玩具。一次，父親給朱利安帶回了一個驢頭的玩具，這個驢頭上戴著一頂灰色的帽子，就跟那些黑人或是政客們在競選時戴著的帽子一樣。這個驢頭是用非常精緻的火柴棍擺設而成的。直到現在，我們依然喜歡這個驢頭玩具，這個玩具在我們心中始終占據著一席之地。父親還送給我一個用帕羅斯島那邊的大理石做成的巴克斯[115]小雕像。雕像上的巴克斯身上裹著用葡萄做成的衣服，膝蓋上放著一個茶杯，伸出一隻手，彷彿在表達了自己酒足飯飽之後的快樂之情。父親還送給我一個可以養花的花瓶，花瓶上描繪的眾神露出的純潔微笑，彷彿能夠穿透我栽種的最美麗的鮮花。

　　父親是一個非常喜歡玩耍與笑聲爽朗的人。在我們看來，父親就是在表演一齣最有喜劇效果的戲劇。父親經常會以獨特的方式加入我們的狂笑當中，我從來沒有想過父親到底是怎麼做到的。我只能說，當父親笑得最盡興的時候，就會低著眼瞼，在發出美妙的笑聲與低聲的歡樂聲之間，他會連續呼吸六次左右。在笑完之後，父親會用雙眼直接看著你，他的雙眼似乎在發射出光芒。我覺得，父親此時的臉上全部是笑意，雖然他的臉頰似乎仍然處於一種陶醉於剛才的笑聲當中的狀態。當時，我是一個淘氣的小孩，但是當父親被逗樂之後，我總感覺他才是整個家裡年齡最小的那個人。但是，父親始終不會在笑意中沉浸太久 —— 這有點像維吉爾[116] —— 他對人類罪惡與悲劇的認知，反而讓我們這個家庭經常處於歡樂的氛圍之中。正是這些關於家庭歡樂的美好記憶，才讓我們這些孩子在日後的成長歲月裡，在人生的這次朝聖之旅中保持著樂觀的精神，讓我們遠離任何邪惡的誘惑。

　　在每個週日的日落時分，當冬天的雨水讓每個有點幽默感的人都感到沉

---

115 巴克斯（Bacchus），古羅馬人信奉的葡萄酒神。
116 維吉爾（Virgil，西元前 70 ～西元前 19 年），古羅馬詩人，代表作：《牧歌集》、《農事詩》、
　　《艾尼亞斯紀》等。

寂無聊的時候，整個家似乎都處在一片安靜憂鬱的氣氛當中。在下午五點到六點左右，我們就會再次如蝴蝶那樣伸出翅膀，玩著捉迷藏的遊戲。我們繞著客廳中央的大桌子跑來跑去，發出爽朗歡樂的笑聲，感受著最為快樂的時光。如果說桌子上面擺放著什麼物品的話，那麼我們會在遊戲結束之後馬上將這些物品重新擺放上去。當父親和我們一起玩的時候，我們立下了一條規矩，那就是被蒙上眼罩的父親要是碰到了我們，那麼我們就會馬上變成原始的塵埃，就會在空中飛來飛去的。當然，我們的「飛來飛去」，其實就是父親抱著我們在空中轉來轉去。因此，這樣的遊戲不會給我們帶來任何傷害，卻又會給我們帶來巨大的樂趣。在這樣的較量中，父親經常會發出爽朗的笑聲，臉上露出愉悅的表情。我還記得，我曾懷著敬畏的心理給父親蒙上眼罩，我能感覺到父親的頭髮是非常柔軟的。當我觸碰到父親的頭髮時，我感覺到一股電流流經我的身體，這樣的情況只有在結霜的時候才能產生的。父親安靜地讓我幫他蓋上眼罩，他的頭髮似乎散發出巨大的能量。有時候，我經常站在離父親有一定距離的地方，觀察著他平靜的面容，然後就想父親日後在下雨的天氣裡，是否還能與我們一起玩這麼有趣的遊戲。如果一位旅行者發現一隻天蛾在發出嗡嗡聲，難道他不會想要坐下來，然後看著這隻天蛾再次發出嗡嗡聲嗎？

　　我之前提到過父親那雙寬大的手。我從未見過比我父親這雙更能給人帶來安全感的手。父親的手很柔軟。他的手有點凹下去，但手部的肌膚卻是非常平滑的。父親雙手的輪廓非常美麗，這與我日後看到的那些粗糙或是僵硬的手形成了鮮明的對比。當父親的雙手交叉著放在後背上，這就會讓我想起孩童時期所度過的簡樸生活。之後，我發現，很多仁慈之人都會做出這樣的動作。父親揮動手指的時候是緩慢的，似乎是經過深思熟慮一樣。他會做出柔和的動作，但絕對不會出現什麼拖遝的動作 —— 因為父親知道拖拖拉拉的動作表明此人是一個自我意識過強之人。當父親要用雙手去做什麼事情的時候，他似乎總是顯得非常積極和認真。父親手上抓住一些物品時的方式，總是讓我感覺很有趣，因為這證明了他運用雙手的熟練程度。父親的意志能量與自我克制的念頭在他抓住物品的時候，得到了完美的展現，這也讓我每

次看到的時候都感覺很有趣。當我想到父親做出的很多英雄行為卻始終沒有得到認可的時候，這會讓我們頗感難受。我還記得父親有一次站在壁爐旁，倚靠著壁爐。此時，壁爐架上的一個花瓶不知道為何掉落了。這是一個不怎麼值錢的花瓶。但是，父親想在這個花瓶掉在地上之前將它抓住，就像他下定決心去做任何其他事情一樣。父親在半空中就將花瓶一把抓住，花瓶掉在了地上又彈起來，父親連抓了三次都沒有抓到。在第四次的時候，父親終於在靠近大門處將花瓶抓住。此時，父親的臉上露出了喜悅的表情。多年來，我經常回想起這樣的時刻，因為父親當時表現出來的決心是那麼的強烈。每當我回想起當初自己親自見證了父親表現出來的決心，就讓我在面對很多事情的時候，也知道要展現出自己的決心。真正具有力量的人，每時每刻都會在意自己是否釋放出了自己的能量。可以說，這是像我父親這樣的成功人士體內所流淌的血液一樣。他們始終會運用自己深邃的眼睛、深刻的思想去取得成功。因為只有當他們這樣做，才能讓他們的神經處於一種愉悅與舒緩的狀態。

他經常會用我收藏的那一塊板岩來逗我開心。這樣愉快的休閒時光讓我不會感到沉悶無聊。即使當我們沒有說多少話的時候，這樣的玩耍時光還是讓我的內心感到無比的快樂。父親經常會用食指來撫摸我的臉龐或是動物的毛髮。在我看來，父親這雙如獅子般柔軟的手彷彿是在撫摸著整個世界。我們還會玩迷宮遊戲，這也給我的童年帶來了許多歡樂的時光。當我們在玩這個遊戲的時候，規定使用鉛筆不能觸碰到所謂的「樹籬」標誌，這是一個我稱之為彎曲標誌的東西。我們經常會在樹林裡轉來轉去，彼此都沒有說一句話，生怕破壞了此刻的寧靜。我非常享受父親陪伴在我身旁的那種美好感覺。

對我們家來說，外出散步是我們感受歡樂與快樂的一種重要方式。但是，除非父親能夠陪伴著我們一起外出散步，否則我們在散步過程中所感受到的快樂就得大打折扣。父親走路時候的步態非常優雅輕盈，不是那種很急促的走路方式，他的每一步看上去都非常的休閒自在。他有時候會將目光轉向四周，如果天空或是山川的景色有什麼不同尋常的地方，他就會停下腳步認真地加以欣賞。只有那些熱愛人類勝於熱愛自己本身的人，才能真正從大

自然的景色中得到更加深刻的感悟。在英國的時候，我們的戶外生活也是比較美好的。因為能夠看到許多美麗的天鵝絨草地，這些草地彷彿鋪設在一大片寬闊的山丘與花朵之上，這些花朵的數量是難以計算的，每朵花似乎都在散發出芬芳的花香。當我們回到洛克菲里沒多久，烏娜所寫的一封信就能很好地表明我們在這個時候所度過的快樂時光：

「今天，我們外出散步。我認為，這是我人生中最美妙最快樂的一次散步了。朱利安和我都採摘了一些美麗的花朵，這些花朵都是美國那片土地上所無法看到的。我在路邊發現了一些美麗的風信子，還有一些是非常美麗的粉色花朵。我還採摘了一些野生的冬青樹花朵，這些花朵實在太美麗了，花朵光滑，葉子上還帶著一些小刺。自從我來到這裡之後，我看到過很多這樣的灌木叢。我認為沒有誰能夠穿過這樣的灌木叢，因為整個灌木叢都長著很多帶刺的樹木與花朵。在利物浦這個地方，許多灌木叢裡都會生長著山楂樹（山楂樹的名字 Hawthorn 與我們家族的姓氏是一樣的這個事實，始終讓我們這些孩子感到非常有趣）。反正，在我所看到的灌木叢中，肯定能夠見到山楂樹的身影。這些山楂樹長的很高，可以說，世界上沒有任何事物能夠穿透這樣的灌木叢，任何試圖爬上這些灌木叢頂端的做法都注定會失敗的。我擔心，我們在康科德那裡稀疏的灌木叢與之相比會失色很多。因為康科德那裡的土地多為沙土，而且土地比較乾燥，而這裡的土地則是比較潮溼，水分比較充足。當然，這片土壤的水分肯定是非常充足的，因為這裡經常會下大雨。」但在之後，烏娜在一封信裡寫道：「已經連續 18 天沒有下雨了」。在英國，還有其他地方比這地方的天氣更加美好的嗎？

在聖誕節這天，當我們吃完早餐後，就會在家裡的各個角落尋找聖誕禮物。當我們來到客廳的時候，發現聖誕禮物已經出現了。因為母親已經拿著聖誕節禮物，準備遞給我們。有時候，這些父母為我們準備的聖誕節禮物會放在客廳中央的那張很大的桌子上，有時候則會在其他的桌子上，但是每一份禮物上面都會用一些布料覆蓋著。因此，在這一天，我們這些孩子會認真觀察那些被布料遮住的東西，然後思考著布料下面是否藏著聖誕節禮物。當然，這樣的猜測與思考，會讓我們在找到聖誕節禮物之後感到更加開心。母

親則是一臉幸福地站在一旁，她的臉上洋溢著喜悅的神色 —— 她所散發出來的氣質是強大的。當我們找到各自的禮物之後，她會用熱烈的口吻祝賀我們。我們所收到的這些禮物都是烏娜與保姆之前擺放的。當烏娜用她那音樂般的聲音說出禮物放在什麼地方的時候，我們的心靈彷彿都停頓了。當我們都找到了自己的禮物之後，烏娜最後才會去找自己的禮物。我們所獲得的禮物經常不止一份，而且父母的禮物經常會超乎我們最美好的希望。當然，父母送的禮物都是以簡單為主的。只要我的母親對某些東西感興趣，那麼她就會想辦法將這些東西作為送給我們的禮物。母親經常會以熱烈的情感去給我們準備禮物，有時候甚至會用簡單的東西創造出一些奇蹟。母親的理念就是越簡單越好，因為她覺得，即使是像露珠那麼小的東西，也能在陽光的照射下，反射出彩虹般的七色，這一切之所以能夠出現，就是因為陽光的照射。母親曾用文字描述過我們在英國度過第一個聖誕節的情景：「我們沒有聖‧尼古拉斯與聖誕樹，因此，在孩子們都上床睡覺之後，我在客廳中央的桌子上為孩子們準備聖誕節禮物……在一個花瓶的中間位置，刻上了這樣的文字：『祝大家聖誕節快樂！』烏娜給了蘿斯一塊手錶，讓她送給她的玩具男僕龐貝。奧沙利文夫人之前已經為蘿斯送來了一條精美的念珠，這條念珠被放在一個小盒子裡。布萊特先生也給蘿斯送來了精裝版《傑克建造的房子》的童話故事。朱利安從保姆那裡找到了一張美麗的旗幟。這張旗幟真是非常美麗呀……旗幟的圖案都是用深紅色與白色的條紋花緞做成的，這些布料肯定是專門用來製作美國國旗的。旗幟上的星星都是用銀線繡的，背景則是一片深藍色的天空。在另一邊，則是一塊印有朱利安個人密碼的白色綢緞內裡，四周都是用銀線繡上去的……在這一天，孩子們都在與他們的父親一起玩耍。但是，我還是拿出了全新版的米爾頓作品，然後給孩子們閱讀其中的一些故事。在之前的每個聖誕節，我都會這樣做。」我的母親在談到了我們這些沒有聖誕樹的可憐孩子時說道：「其實，只需要給孩子們準備一點小小的禮物，就能讓他們感到無比的快樂。只要我有這樣的決心與想法，就一定能夠讓孩子們過上一個快樂的聖誕節。」事實上，真正讓我們感到開心與幸福的，是因為這些禮物都是我們所深愛的父母送給我們的，無論他們送給我們什麼禮

物，我們都會覺得這是天底下最為完美的禮物。可以說，世界上沒有任何人所送的禮物能夠與他們所送的禮物相比。在烏娜所寫的一封帶有孩子氣的信件裡，她這樣寫道：「我會告訴你真正讓我感到開心的事情。這可以說是我在英國生活期間感到最開心的事情了，那就是母親給我買了一條金色的錶鏈。這是母親昨天在道格拉斯地區為我買的。」我們這些孩子都深深感受到了父母對我們慷慨的愛意，而父母有時候則表現出謙遜的態度。我的母親在下面一封信就非常有趣地記錄了我的哥哥朱利安：

「朱利安懇求他的父親為他買一個非常貴的玩具，他的父親告訴他，他今年很窮，因為他在領事館工作的收入並不高，因此無法給朱利安買任何他想要買的玩具。聽了父親這樣說，朱利安沒有說話。當他在這天晚上上床睡覺之前，他對我表達了對父親的理解心理。他說如果父親沒有賺很多錢的話，他再也不會要求父親給他買什麼玩具了。相反的，他會拿出自己存下來的零用錢（大約是五點五便士左右）去買玩具。當朱利安躺在床上的時候，他的臉上閃耀著喜悅的光芒，因為他覺得自己這樣做能夠分擔他父親的一些憂愁。在聖誕節的時候，朱利安用自己存下來的這筆錢，給烏娜買了一個玩具。朱利安還想要拿出更多錢買玩具給他的妹妹玩，但他已經沒有錢了。在第二天早上，當我不在霍桑身邊的時候，朱利安抓住機會，將他儲蓄的五點五便士拿給他的父親。當我聽到霍桑驚訝地說：『哦！我的孩子，我真的很感謝你。當我感到飢餓的時候，我肯定會向你求助的！』之後，我才注意到是什麼回事。我轉過身，看到朱利安的臉龐紅彤彤的，他的手上拿著父親沒有收下來的那些錢，嘴唇在那裡顫抖。我一直都不允許孩子私自積攢錢。我認為霍桑沒有接受朱利安的錢，肯定會讓朱利安的內心感到有點受傷的。因為朱利安現在對金錢的唯一概念，就是認為金錢能夠給他人帶來便利或是快樂。某天，朱利安在大街上看到了一份廣告，廣告上某人丟了一條錶鏈，要是別人能夠撿到之後返還的話，就能獲得幾畿尼的獎勵。朱利安說：『哦！要是我能夠找到那條錶鏈，然後將這條錶鏈交給那位丟失的失主，他肯定會非常高興的。然後我會說，先生，我不需要你給予我的報酬！』」

我的姐姐烏娜初到英國的時候，對這裡的氣候很不適應，但後來她慢慢

地適應了這裡的氣候與生活環境。她作為家裡最年長的孩子，總是用堅強來展現出她的品格。她在洛克菲里的時候曾經寫了這段文字：「新年第一天的早晨是非常美好的。這幾乎與美國冬季的每一天一樣美好。我跟媽媽以及朱利安一起外出。外面的積雪大約有半隻腳深。此時，朱利安正在外面玩著雪。我則要非常耐心地幫他多穿上一些衣服。我希望能夠盡快下一場大雪。朱利安在杜鵑樹旁邊用積雪建造了一座空洞的房子。」我們平時對小鳥的了解不是很多。「今天早上，我聽到了歐亞鴝、畫眉鳥以及一些麻雀發出的聲音。這裡的畫眉鳥顯得很大隻，很迅速就能吃完我們扔過去的麵包屑。其他可憐的小鳥則不敢靠近那隻正在吃麵包屑的畫眉鳥。」我的父親始終會懷著最深的敬意來面對新舊之交的新年。我一直無法理解，為什麼父親要懷著那麼莊重嚴肅的心情去迎接新一年的到來。我們曾經沉默地參加了一些告別過去一年的儀式，然後在午夜十二點迎接新的一年。我的父親在新年的鐘聲敲響之後，就會從椅子上站起來，打開窗戶，呼吸新一年的第一口空氣，讓教堂的鐘聲飄進我們的房子，告別過去的一年，在鐘聲中迎接充滿全新希望的新年。

我們這些孩子都非常願意與大人們玩耍，喜歡和那些有趣的訪客聊天。我父親在選擇朋友方面非常具有眼光：他所結交的朋友都是非常優秀的善良之人，他與這些真摯的朋友經常促膝長談。他們之間的愛意與興趣經常會在交流過程中激發出來，彷彿一個人伸展了之前從未運動過的肌肉。我能夠感覺到，父親與他最好的朋友都會在風趣的聊天中顯得容光煥發，人人展露出笑意。可以說，在父親所有的朋友當中，我們這些小孩最喜歡的人就是本諾赫[117]先生了。本諾赫先生個子不高，有點肥胖，但他是一個天性樂觀與活潑的人。他與那位個子較高、臉色蒼白、喜歡說一些高深話語的亨利·布萊特形成了鮮明的對比（我的母親在一次激動人心的布道演說中，曾經將亨利·布萊特先生稱為「就像一顆星星發出微弱的光芒」。）有時候，當我躺在床上睡不著的時候，就會思考為什麼上帝要創造出個性鮮明卻又各不相同的人呢？本諾赫先生比布萊特先生創作出了更多的詩歌，他也為自己能夠與像我

117　本諾赫（Francis Bennoch, 1812-1890），英國作家、詩人。

父親這樣的作家一起交流感到非常高興。雖然本諾赫先生的文章可能寫的不是很好，但是他在開玩笑的時候，卻是非常有一手的。無論是他自己講的玩笑還是別人的玩笑，都能讓他像一隻小雞那樣發出咯咯的笑聲。當然，在我們這些小孩看來，我們可能根本無法理解他開的玩笑到底好笑在哪裡，但是他發出咯咯的笑聲卻始終讓我們覺得非常有趣。對於我父親這樣一位有著黑眉毛、深邃眼睛的思想家來說，本諾赫先生的笑聲顯然讓他感到非常的放鬆與愉悅。我唯一記得本諾赫先生說過的一件軼事，就是他講到一位蘇格蘭人在一間酒館的走廊上惆悵地走來走去，此時他的晚餐正在準備當中。另一位同樣著名的旅行者，我想他可能是狄更斯——在中央的桌子上匆忙寫完了一封信，這封信主要描述了當天的天氣，還有他在旅途中見到的一些古怪人物。狄更斯在信中這樣寫道：「還有，我現在所處的客廳，就有一位個子較高、臉頰瘦削、一頭紅髮的傻瓜，他看上去已經連續吃了一個月的美食，因為他此時正在走廊上踩著腳，等待著他的晚餐。現在，當我正坐著寫信的時候，他朝我這邊走過來。我聽到他的腳步聲在我後面停下來了。這位傻瓜竟然越過我的肩膀，看到我正在寫這些文字。」接著，這位蘇格蘭人大聲地說：「先生，我是在給你提供庇護所，我正在給你提供庇護所。我沒有偷看你寫的任何一個字！」我們聽了哈哈大笑起來。而本諾赫先生講這個故事時突然的憤怒口氣消失了。他的臉上再次露出了微笑，接著又咯咯地笑了起來。下面，我將本諾赫這位親愛的朋友在 1861 年所寫的一封信節選如下：

倫敦，伍德大街 80 號
我親愛的霍桑：

收到菲爾茲先生的來信，突然讓我明白，我已經保持很長時間的沉默了。不過請你放心，你與你的家人始終都在我的心中。我們只是希望你在我們這個和平的國家裡生活，不需要忍受太多邪惡或是居心叵測之人所帶來的煩惱。另一方面，你也不要因為那些沒有能力之人所說的話而感到焦慮。你之前曾對我說，士兵的唯一責任就是要上戰場作戰，看來你已經預料到了這樣的不幸事情了。你還記得「應該給超過八十歲的人增加補貼，因為他們都

是一隻腳已經踏入墳墓的人了，因此他們不大可能逃跑」的話嗎？我在《先驅報》上讀到一則評論，說「斷頭臺應該用來砍掉很多官員的頭顱，首先就是從華盛頓那幫官僚開始，從而為年輕的天才們騰出位置，讓我們的國家走上正軌。」……我親愛的霍桑，這些都是讓人感到悲傷的事情。還是讓我們說一些更有趣的事情吧！不管我們遇到了多少麻煩，當我得知你的家人現在依然安好，一切健康的消息之後，我還是替你感到高興。身強體壯的朱利安將會變成一個真正的男人，烏娜將會變成一位淑女，而蘿斯將會掌握更多的知識，對更多新鮮事物充滿興趣。我聽說你最近正忙於寫作。在你所處的思想高度上，你可能可以對古老的英國進行更好的評價，思考這個國家所產生的影響以及其國民的品格。最近發生的事情肯定會讓你對某些事情的看法有所改觀。最近，一本浪漫愛情小說在英國出版了，我認為這是只有你才能創作出來的。你的這本書肯定會在英國大受歡迎的。我依然在不斷地努力，希望我能夠稍微追上你前進的腳步。

　　祝願你的家人一切安好。

法蘭西斯・本諾赫

　　在 1854 年 11 月 17 日，我的母親這樣寫道：

　　「昨晚，米爾尼斯[118]先生（也就是霍頓男爵）寄來了一個大包裹。裡面裝的都是他的作品，其中還包括米爾尼斯先生關於濟慈所寫的回憶錄精裝版。這份非常大氣的禮物只是他禮尚往來的一種做法，因為霍桑之前也寄給他一些美國書籍。米爾尼斯先生之前給我的丈夫寫了三封信，希望霍桑前往克魯郡廳與他會面，其中有兩封信是表達強烈的懇求意願，第三封信是表達他的遺憾之情。但是，米爾尼斯先生表示，他將會在約克郡與霍桑見面。米爾尼斯夫人是克魯郡公爵的妹妹。最後一封信上說：『你寄過來的書已經安全抵達。這實在是太好了。當我回到約克郡自己的家之後，我肯定會嘗試再次邀請你的，我希望你到時候的心情能夠更好一些。說真的，如果你在回家的路

118　米爾尼斯（Richard Monckton Milnes,1st Baron Houghton, 1809-1885），英國詩人、作家，也是一些文學家和政治家的資助人。代表作：《濟慈的生平與書信》、《濟慈傳》等。

上不前來感受我們這邊的鄉村生活的話，這不僅對你，而且對我們來說都是很大的遺憾。這也是我們這個國家社會制度的最為特殊的地方，是世界上其他國家所不具備的。』」

霍頓男爵寫給我父親的另一封保存下來的信件是這樣寫的：

親愛的霍桑先生：

當你身在倫敦的時候，為什麼你不過來看望我們呢？你之前承諾過要來看望我們的，但我們卻始終等不到你。我希望見到你，這主要是因為是你的緣故，我還想詢問你關於一本落入我手上的美國書籍的事情。這本書的書名是《草葉集》，作者據說是沃爾特·惠特曼。你認識這個人嗎？我不會將他的這本書稱為是詩歌集，因為我不願意使用這個詞語去形容這樣一本完全缺乏藝術氣息的書。但是，無論我們怎麼稱呼這本書，這都是一本值得一讀的書。這本書不是寫給那些少男少女的。雖然我不是少男少女，但我認為這本書同樣不是寫給我們這個年齡段的人看的。當然，我必須要為這本書的作者表現出來的生命活力以及揭露深刻的自然真理而叫好。這本書裡面的一些內容讀起來感覺就像閱讀古希臘戲劇。可以說，這與你之前介紹給我的梭羅的那些書有些類似，這些書在英國這邊都不是那麼受歡迎，知道的人也不是很多。帕特莫爾[119] 剛剛出版了《房子裡的天使》一書的續集，我推薦你可以閱讀一下。雖然你我都在英國，但我一直為我們彷彿相隔了天涯海角的距離而感到難過，因為我幾乎都沒有見到你。米爾尼斯夫人也將她最美好的祝福送給你。

我永遠都是忠誠於你的朋友

理查·蒙克頓·米爾尼斯

6 月 30 日，布魯克大街 16 號

對一些人來說，他們很難理解為什麼別人不喜歡被邀請或是被詢問。邀

---

119 帕特莫爾（Coventry Patmore, 1823-1896），英國詩人、文學評論家。代表作：《房子裡的天使》等。

請我父親參加晚宴的邀請很多，但很多人最後都表示邀請我父親參加他們的晚宴是一件多麼困難的事情。下面這封來自普魯克特[120]先生（阿德萊德‧普魯克特[121]的父親）的來信就說明了這點：

威茅斯大街 32 號，週二早晨
親愛的霍桑先生：

邀請你與霍桑夫人在週五前來參加晚宴，這似乎肯定會得到拒絕的回答。但我就是忍不住給你發出這樣的邀請。我剛剛從英國其他地方回來，今天早上就聽到了你要離開倫敦前往其他地方的消息。

永遠忠誠於你的朋友

布萊恩‧普魯克特

能夠與普魯克特先生這樣的人會面是非常有趣的，我也聽說過別人對此進行過有趣的描述。後來，當我們回到康科德生活之後，我的母親也談到與這些人的友情帶給她在智趣層面上的樂趣，讓她對英國貴族以及壯觀的建築有了一定的了解。因為在英國生活的時候，我的父母經常都會受到這些貴族名流的邀請。但是，除非那個人真的是過分強烈與熱情地邀請我父親參加他們的聚會，否則他是不願意參加這樣的聚會的。我的母親在來到英國之後，在第一封信裡就這樣寫道：「據說，在利物浦這個地方，什麼都沒有，有的只是晚宴。唉！」前來拜訪或是邀請的人絡繹不絕，問候寒暄的聲音也是沒有中斷過。從某種方面來看，這肯定也是非常有趣的。母親在一封寫給在美國朋友的有趣信件，就講述了我的父親躲避很多仰慕者邀請的事情。沒過多久，之前的一個人變成了一群人，那些關注我父親的人反而會讓我父親感到窒息難受，根本沒有意識到這樣的邀請或是拜訪會讓他感到厭倦。我的父親嘗試要獨處，避免受到他人打擾的努力卻始終無法得到其他人的理解。要是我父親真的成功這樣做了，那麼別人在評價他的時候肯定會用挖苦的口氣。

霍桑夫人在倫敦的時候，給當時仍在利物浦工作的霍桑寫了下面這封信：

120　普魯克特（Bryan Procter, 1787-1874），英國詩人。
121　阿德萊德‧普魯克特（Adelaide Procter, 1825-1864），英國著名女詩人和慈善家。

倫敦，9 月 19 日

我最親愛的：

　　在下午三點的時候，羅素‧斯特吉斯夫人搭乘豪華的四輪四座大馬車過來了。我與她一起搭乘這輛馬車穿越了倫敦的時尚廣場、街道與公園，經過了金斯頓，甚至經過了荷蘭屋。但是，當我試圖想起利‧亨特[122]之前所說的話時，我竟然忘記了他的書。斯特吉斯夫人非常了解利‧亨特，經常會前往他那簡樸的房子裡進行拜訪。哦！我的天呀！我在這裡看到了非常美麗的廣場與臺階！斯特吉斯夫人告訴我利頓爵士以及其他名流居住的地方。我們搭乘馬車經過了倫敦的上流住宅區，但我沒有看到庫什曼女士在博爾頓街的房子。當然，我們玩的非常開心。在下午五點的時候，我們返回家了。我發現了大使與萊恩小姐寄來的信件，他們邀請我們今晚前去他們那裡參加晚宴。

　　9 月 20 日。今天早上，當我匆忙給你的來信回覆了幾句後，我就與布萊特先生一起外出了 —— 你的來信還是一如既往充滿了友善的情感。因為我現在必須要外出，因此我可能不應該在這個時候匆忙給你回信的。雖然我回信的內容比較簡短，但我希望你能夠了解，我在信中所要對你表達出來的無限愛意。這一切都是因為我並不希望與奧沙利文夫人一起前往里斯本度過這個冬天。要是這樣做會讓你為我做出任何犧牲的話，那麼即使我真的前往那裡，我也不會感到真正的開心。因為，我們之間的共同興趣愛好是不可分割的，倘若你因為我而做出了犧牲，那麼這也必然會讓自己做出一定的犧牲。因此，我一定會好好的，絕對不會讓你為我而擔心。我曾經想過，地球上的任何力量是否能夠讓我在沒有你的情況下繼續生活，特別是當我想到，任何廣闊的大洋都是不可能將你我分離的。不過，我現在因為現實情況所迫而不得不要這樣做。既然我的人生對你來說是如此重要，那麼我絕對要小心翼翼地珍藏好你這樣的愛意。

　　今天早上，孩子們穿著美麗的白色刺繡洋裝與藍色的腰帶，並搭配藍色的童鞋，腰帶上面還鑲嵌著藍色的絲綢製品，帽子上也裝點著藍色與灰色的

---

122 利‧亨特（Leigh Hunt, 1784-1859），英國文學評論家、散文家、詩人和作家。

飾品。蘿斯那長長的捲髮在臉頰上飄逸著。她一直都很想要前往波特蘭宮殿，看望斯特吉斯家裡的孩子。烏娜穿上了夏日的棉布衣服，看上去也是非常的美麗。

　　布萊特在十二點鐘過來，他帶過來了五六張關於科隆這個地方的照片。我之前從未見過如此好看的照片。接著，我們一起前往水晶宮。今天的天氣可以說是這段時間裡最好的 —— 就像在雅芳河畔的史黛拉特福地區。不過，當我們搭上出租馬車的時候，布萊特先生建議我們首先前往國會大廈。最後，我們決定不去水晶宮，而要去欣賞一下倫敦的美麗景色。於是，我們就搭乘馬車前往古老的聖詹姆士宮殿廣場。但是，負責守衛宮殿廣場的一名警官對我們說，我們只能在週六這天才能被允許進入。接著我們得到了張伯倫公爵的門票。但布萊特先生並沒有接受這樣的門票。我聽說過張伯倫公爵，但我知道布萊特先生肯定還有其他可以進去的方法。接著，布萊特先生帶著我們（朱利安也與我在一起）一起經過了西敏橋……我們來到了克里米亞地區舉辦的一個關於人物與地方的攝影展。在我看來，攝影展上的攝影畫像就彷彿龐大的軍隊朝你的目光這邊衝過來。對於那些了解這個地方的人來說，這樣的攝影展肯定會給他們帶來額外的樂趣。整個攝影展廳裡來了很多貴族氣息的人。在離開攝影展之後，我們搭乘馬車前往肯辛頓花園。我親愛的丈夫，我必須要說，我從未想像過這裡的公園是如此的氣派，如此的具有皇家氣息。這裡的樹木 —— 這裡的每一棵樹木，彷彿都代表著國王、皇帝或是沙皇。每一棵樹都是那麼的高大，那麼的繁茂。樹木下面的草地則是一片天鵝絨的青綠。在溫暖明媚的陽光照射下，這片草地看上去是那麼的美麗，而空氣則彷彿彌漫著柔軟與甜美的氣息。這個美麗的花園四周都有高大的樹木，一直延伸到遠處的盡頭。在遠處的地方就是國會大廈的高樓與尖塔，還有西敏大教堂的尖塔。這些尖塔彷彿從一條藍色流淌的河流上突兀而出，就像一艘壯觀的遊艇張開白色的翅膀，在空中慢慢地移動。一些身形肥碩的羊群正在陽光下的草地上吃著草。我認為，當我說到這裡的時候，你已經不需要我繼續對這個花園進行任何其他的講解了。最後，我們坐在一棵倒下的樹木上，聊了一會兒天。要是我能夠與你一起坐在這裡悠閒地聊天，即使是送給

我一個國家，我都會選擇不要。布萊特先生將他在倫敦停留的一天都用於陪我們一起在倫敦城遊玩，難道他不是一個真正友好且充滿善意的紳士嗎？可以說，他是這個世界最為友善與好客的人了。

　　永遠深愛著你的妻子

索菲亞

　　我的母親在一封信裡也談到了培根夫人。培根夫人始終將培根公爵放在她的心底，就像培根當年將莎士比亞放在心底一樣。

我最親愛的丈夫：

　　這天下午，我一直在閱讀著培根夫人所寫的手稿，這讓我感到非常驚訝。培根夫人對培根公爵的解讀是那麼的充分，她的解讀能力讓我感覺到耶穌對自然的解讀能力是遜色的。可以說，培根夫人在手稿中所寫的內容，都與我內心的很多想法非常契合。我感覺自己想要收藏她的這份手稿以及她的其他手稿，然後跑到了一個幽靜的地方，認真地加以研究一遍，然後再憑藉自己的能力去重新寫一遍。哦！到了那個時候，我可以將自己所寫的內容閱讀給你聽。當我閱讀她的手稿時，我幾乎能夠感受到她在寫作過程中所感受到的艱辛與內心的喜悅。

　　母親在一封寫給皮博迪夫人的信件裡這樣寫道：

　　「培根夫人的見解實在是太精闢了（指的是培根夫人對培根與莎士比亞這個話題的看法），就算是那些塔樓、絞刑臺或是一大捆的柴薪都沒能阻止他。但是，她是一個創造奇蹟的人 —— 我們千萬不要因此而批判她的寫作風格。事實上，不管我們是否批判她的寫作風格，這些都是無關緊要的。因為她的作品是極具價值的。我還沒有見過她。當她來到史黛拉福德之後，我準備帶上烏娜一起前去拜訪她。

　　「我希望普魯姆利先生沒有忘記要給她的幫助的承諾。這肯定意味著他要花上一筆錢了。」

第十一章　英國的歲月三

霍桑夫人在給伊麗莎白‧帕爾默‧皮博迪小姐的信件裡，描述了華茲華斯所在的鄉村地區。霍桑一家前去紹斯波特過冬，因為霍桑夫人當時的健康狀況不佳。霍桑一家前去曼徹斯特參加展覽會，還拜訪了丁尼生以及他的家人。霍桑夫人認真仔細地對他們進行了一番描述。霍桑夫人用鄙視的口吻談到奴隸制。霍桑在寫給伊麗莎白‧帕爾默‧皮博迪的信件裡，就用非常坦誠與直率的方式談到了妻子所寫的那些反對奴隸制的文章，而別人要求他對此表達自己的觀點。霍桑對古德里奇的評價。霍桑夫人在一封信裡描述了一家人前往凱尼爾沃思地區的情況。在利明頓地區的生活是安靜且節約的，但卻始終充滿了想像力。霍桑夫人對他們前往巴斯地區一座宏偉壯麗的酒店進行了一番描述。在雷德卡與霍桑所感受到的樂趣，可以從描述與日記中得到呈現。《玉石雕像》終於在這一座海港城市完成了。

　　母親所寫的一些信件就曾描述了華茲華斯在呂達爾地區的房子以及那片鄉村地區：

我親愛的伊麗莎白：

　　我的心底一直有這樣一個希望，就是當我離開岩石公園之後，我能夠插上一雙翅膀，有能力寫下一些信件、文章或是進行繪畫。但是，在我們離開這裡的整整六週時間裡，我們都沒有時間去做這些事情，也根本沒有進行任何文學創作，只是用自己的雙眼去觀察。我們將烏娜、蘿斯與保姆都留在了溫德米爾湖附近的一座美麗的房子裡。霍桑、朱利安與我則繼續朝著北面前進。我們首先來到了呂達爾與格拉斯米爾。格拉斯米爾酒店就坐落在華茲華斯墳墓對面沒多遠的地方。我已經下定決心要給妳寫一封長信，詳細地給妳說說這些神聖的地方。我知道，這個地方對妳來說具有特別神聖的意義，因為妳是一名真正喜歡華茲華斯的人。在一個天氣晴朗的下午，我們在洛伍德酒店搭乘敞篷馬車出發前往格拉斯米爾酒店，我們之前已經在這間酒店住了好幾天。我們將行李放在了酒店房間裡，然後搭乘馬車前往呂達爾河。我們在距離湖面很近的地方下了馬車，想要在附近閒逛一番，享受這時候的悠閒時光。這個湖的面積很小，讓我感到驚訝。要是在美國，我們絕對不會將這樣的水塘稱為湖。但是，這個湖的四周都環繞著高聳的山丘與高山。我認為

當霍桑說「他能夠用一個小湯碗就能這個湖裡面的水都倒乾淨」的時候，肯定是在開一個幽默的玩笑。湖面附近還有幾個很小的島嶼，其中一個島嶼的面積相對大一些，那個島嶼就是蒼鷺下蛋的地方。這個湖與這裡的公園以及土地都是屬於理查·勒弗萊明爵士（Sir Richard le Fleming），他是這裡的莊園主，也是這個地區歷史上的一個貴族。現在，我們可以看到海岸邊的一個懸崖，只需要再走幾步，我們就能來到華茲華斯當年經常到過的地方。我猜想，華茲華斯當年肯定也是在山頂上俯瞰著他心愛的呂達爾地區。我們走到了山頂，坐在了華茲華斯當年坐過的地方。我在這個地方神遊了好幾個小時。這裡的光線、陰影以及寧靜都極好。當我想到人類有能力透過自身的天賦，將世俗的美麗景色、英雄的行為以及普通的美德都透過文字表達出來，使之變得神聖的時候，我的內心就充盈著無限的樂趣。這裡到處都有青綠的植被，綠油油的草地與綠色的樹林，充足的陽光照在這片土地上。這讓我突發奇想，《聖經》裡所談到的「美麗山峰」是否能夠與這座山峰相比呢？眼前的景色讓我產生了一種詩性的愉悅，華茲華斯當年在面對這樣的景色時，肯定也是被激發出了無限的詩意，然後透過他那優美的詩歌對這樣的自然景色進行了一番深刻的描述。在美國，我們也許只有在六月的某一週時間裡，才能對英國這種壯麗的景色與美麗的風景進行一番真正的領悟。我該找尋什麼樣的句子與詩句，才能夠將我所見到的漫山遍野的風信子的壯美景象傳遞給妳呢？這些風信子將它們如絲狀的頭部隨風吹去，然後任由它們如花瓣般的花朵漂浮在天地間！這裡還有淡黃色的毛茛，黃色的金雀花、挺拔的毛地黃，這些花朵都是一排排地站立著，就像一個五光十色的枝形大燭臺 —— 面對這樣的景色，我內心的喜悅情感真不知道該怎麼樣表達出來！這一望無際的樹木與野生薔薇的藤蔓加上粉紅色花朵所形成的陰影，給人一種從深紅色到最淺紅色的差別，這些光影交織成了一幅妙不可言的景象，彷彿一條長長的絲帶就在妳的眼前慢慢展開，這樣的景象是多麼的難得，多麼的美麗啊！有時候，我都會產生這樣的感覺，這一切到底是真實存在的，還是只是在一個夢幻的平原上所做的一個美夢呢？要是我之前從未來到華茲華斯當年所居住的地方，那麼我對他的愛意絕對不會像現在這麼濃烈。現在，當我來到他

生前居住的地方，親自看到了他當年所看到的一切，我才知道到底是什麼樣的自然景色與內心的悸動激發著他的靈感，讓他投入到持續的創作當中。

在臺階的前方，我看到了一棵美麗的紫紅色大樹。我請求別人幫我採摘其上一朵美麗的花朵。但是，那人拒絕了我的要求，說他擔心這樣做會打擾到華茲華斯夫人。此人並沒有將我們介紹給華茲華斯夫人，因為他說勒弗萊明夫人之前已經跟他說了，絕對不要讓遊客前來打擾華茲華斯夫人的日常生活。他還說，勒弗萊明夫人建造了這座房子，這座房子以及這附近的一切都屬於她。不過，我們現在發現，我們是可以進到房子裡的，華茲華斯夫人也非常喜歡見到過來的訪客。因此，這位聰明的人就引領著我們穿過了美麗的花園，一直沿著看似沒有盡頭的臺階上走，經過了一道三柱門，我開始覺得我們可能永遠都無法到達華茲華斯夫人所居住的地方。最後，我們來到了被一塊奇形怪狀的岩石所遮擋的岩蔭之地——這塊岩石應該是一塊厚厚的石板之類的東西，可以從一堵牆上推開來。有一塊黃銅板是華茲華斯生前加裝的，銅板上還寫著一些文字，我們走上前認真地閱讀。文字上的意思是，他為這塊岩石的存在而感到高興，因為這是他所擁有的另一個自然事物。

園丁打開了三柱門，帶領我們走到了一個陰影很重的角落裡，對我們說：「這就是華茲華斯先生生前的花園。」我看了看四周，這裡到處都是花朵，一眼就看到了毛地黃，這是他最喜歡的花朵。花園裡的空氣彌漫著花朵的芳香，我之後發現這些芳香是一大片木犀草發出來的。華茲華斯生前在這些清幽的小徑上肯定是認真地照料這些花朵與樹木。現在，當我們走了很多臺階，穿越了很多隱藏在樹林中的小徑與花朵之後，我們終於來到了一片平地，看到了一座真正的房子。一個男人首先帶著我們來到了那個美麗的階梯狀草地上，這片草地的大部分都是華茲華斯當年親手打理的。這是一個圓形的草地，就像厚厚堆積起來的天鵝絨，踩在腳下都有一種柔軟的感覺。也許，這個小花園的直徑大約為三十英尺左右。在花園下面是一條砂礫石鋪成的道路，之後又是一大片濃密的灌木叢。朱利安奮不顧身地衝向那一片天鵝絨般的草地，霍桑與我則坐在兩棵樹的樹樁上，這兩個樹樁顯然是專門用來當成座位的。但是，我該怎麼用文字來描述我所看到的這一切呢？

華茲華斯當年肯定用文字描述過這片地方，因為這都是他最喜歡的景色。景色更為美好的風景就是遠處的喀什米爾山谷了。遠處的群山形成了一片如畫的風景，彷彿是從地面上突兀而出的東西，以鮮明的輪廓出現在藍色的天空之上。這些山峰的曲線是那麼的柔和，最後慢慢地下降到一個美麗的樹林小谷地。這些山峰似乎都在向這樣的美感致敬。在溫德米爾湖盡頭的遠處，也是一大片湖水，湖面上閃耀著銀藍色的光芒。這樣風景就構成了一幅極為美麗的圖畫。在這樣的美麗環境下，人的靈魂能夠將最深層次的東西展現出來。我希望我的手上能有一個素描本，好讓我將這樣美麗的輪廓描繪出來。但是，我也不會因此感到遺憾，因為我打算以後再來一次。到那個時候，我肯定會帶上素描本的。此時此刻，我為自己能安靜地欣賞這樣美麗的風景而感到心滿意足。

霍桑夫人在一些信件裡也充分表達了對倫敦這座美麗城市的描述，我從這些信件裡節選出下面一些內容：

「我終於來到了倫敦的社交圈。我想艾倫與瑪麗（他的侄女）肯定想要知道我在這樣的場合下穿什麼衣服。我穿著一件天藍色的絲綢衣服，衣服上有三個荷葉邊，這些都是用白色的絲帶繡成的，看上去閃耀著銀色的光芒。我的領結較低，衣袖較短。但我穿著一件帶有星條狀衣袖的夾克衫，還圍著一條帶有馬德拉花邊的圍巾。雖然這條圍巾比較輕軟透氣，但還是非常溫暖與舒適的。我的頭飾是珍珠製的，珍珠的形狀如葡萄及其葉子，珍珠中間還鑲嵌著藍色的絲帶。我的頭髮上還有珍珠形狀的葉子製成的花環，這些花環都是以冠狀頭飾的方式做成的。這難道不是美麗的衣服嗎？

「霍桑受邀前往蒙克頓・米爾尼斯的家裡吃早餐，並在那裡見到了麥考利先生、白朗寧夫婦、史丹利爵士、蘭斯多恩侯爵以及古德里奇爵士等人。霍桑非常喜歡這次會面。那位備受人們尊敬的老侯爵似乎想盡一切辦法來招待霍桑，從而表現出他對霍桑的敬意。無論在什麼場合，他都堅持讓霍桑走在前面，展現出對霍桑的貴客待遇。對我來說，我們在抵達倫敦之後，每天卻沒有多少相聚的時間，這的確讓我感到非常失望。因為我希望霍桑能夠對每天的生活進行一番記錄。但我應該說服他獨自前去那座古老而光榮的城市，

如果這有可能的話。」

　　在這段時間裡，我的母親患上了嚴重的支氣管炎，這種疾病嚴重危害到了她的肺部，最後讓她只能在里斯本與馬德拉群島修養了半年時間。在這段時間裡，我的父親則依然在領事館裡工作。在母親修養期間，她給父親寫了下面這些信件：

　　「每時每刻，我都會陷入要盡快回家的美好想像當中。」

　　「我最親愛的，我有一個想法！今年冬天，如果你想繼續留在英國，而我的咳嗽疾病還沒有康復的話，我將告訴你我想怎麼做，那就是一定要讓自己過得最快樂與最為舒適。整個冬天，我將會繼續留在室內，始終生活在一個比較溫暖的地方，透過一些簡易的健身器材進行運動。我知道，你的到來肯定要比任何熱帶或是赤道的氣候都更加管用。但是，我又不願意看到你因為我而放下在領事館的工作。」

　　因為母親的健康緣故，我們還一起前往了紹斯波特。母親在紹斯波特寫了下面這封信：

我親愛的伊麗莎白：

　　醫生不允許我一次步行的時間超過三十分鐘。這裡基本上沒有馬車，有的只是驢車，有時候甚至是兩三匹驢子一起拉的車。這些驢子能夠前往地勢很險峻的地方。驢子行進的速度很平均，除非牠們累了而低下頭，否則牠們都會一直走的。一天，我帶著烏娜與朱利安一起搭乘驢車，而蘿斯與我則在車上。一個小姑娘在我的兩個孩子的指引下，用鞭子狠狠地抽打著兩頭被安裝了鞍具的驢子。這些驢子都是飽經風霜的驢子了，而這些年輕的女孩們還是一臉的幼稚。較為年長的那位女孩跟我交談了一會，她說那頭比較年輕的驢子大約二十歲了，這是屬於他哥哥的，要是這兩頭驢子被交換給別人，這兩頭驢子肯定已經累死了。「妳知道的，因為這頭驢子是屬於他的。」當我微笑地看著她時，她也露出了勉強的微笑，似乎她十分在意自己是否經常會發出笑容，但顯然她是一個心地善良且健康的女孩。當別人對她示好的時候，她也會示好的。

現在，霍桑知道我所面臨的危險，他認真地關切著我的健康狀況。要是能有霍桑的照顧，我寧願放棄所有天使的照顧。上帝已經讓霍桑成為了我的守護天使，只有上帝才能讓他始終浮現在我的眼前。直到現在，我才知道自己的人生是多麼的幸福。隨著歲月慢慢地豐富我的靈魂與能力，我更能感受到自己所得到的純粹愛意。

醫生告訴我，我有責任過著較為規律的生活。我也清楚地知道遵循醫生的醫囑是非常重要的，因此我感覺自己的身心很快就能康復。我一直都認為，霍桑的精神會始終保護著我。

……妳可以肯定，霍桑一定會好好照顧我的。我認為他可能覺得妳認為他對此事毫無關心。但是，霍桑現在的心思都在我的健康問題上。要是他認為什麼事情對我是最好的話，他肯定會馬上辭掉領事館的工作。

在經過了這漫長的艱苦歲月之後，我希望霍桑能夠在我們未來的生活中擺脫憂慮的困擾。我只是希望，無論對別人還是對我們自己，很多關於領事館的無稽之談都不會變成事實。因為我的丈夫始終都在做著一些符合美國利益的事情，始終關注著美國同胞的福祉，這些都是他正直善良的內心所決定的。在他身上，我們可以感受到仁慈、純粹且不受任何汙染的詩意情感。在英國，他的這些品質已經接受過考驗了。即使是在他承受著各種悲傷的時候，他都始終沒有放棄自己的這些原則。

那份讓人頭痛的領事館法案已經執行了差不多兩年時間了，這讓我們失去本應該獲得的三萬五千美元。因為自從這個法案變成了法律之後，我們的境況已經好多了。去年，美英之間的商船貿易是很糟糕的。我認為，要是霍桑作為現任總領事無法正常地履行自己的職責，那麼這是很不公平的一件事。這個法案是在一個相關部長法案的基礎上提出來的，而這個法案要直到1857年的時候才能夠生效，這實在讓人感到奇怪。

12 月 11 日

今晚，霍桑與國會議員威廉·布朗一起前往利物浦郊區與奧爾德森男爵共進晚餐。自從我們來到了紹斯波特之後，這是霍桑第二次不得已必須參加

的晚宴。布朗先生是一位受人尊敬的紳士，他專門前往領事館，低下他那滿頭白髮的頭，懇求霍桑與他一起前去參加晚宴。在進行一番權衡之後，霍桑認為不應該繼續表示拒絕。因此，霍桑最後來到了一個輝煌的客廳，看到許多碗碟就像銀河系上的水晶一樣閃耀。這是一場專門向布朗先生致敬的晚宴，晚宴進展的非常順利。幾乎利物浦所有的重要人物以及郡縣的一些名流都參加了，這座城鎮上掛著許多橫幅，一些商店甚至因此暫停營業了。這一天的天氣明媚，乾淨的大街上沒有一點積水，很多前來的賓客以及很多想要前來參加的人排了很長的隊伍。我相信一共有一千五百人聚集在聖喬治大廳裡。而在大廳的講臺上，則設有二十個座位，霍桑坐在其中的一個座位上。蒙克頓·米爾尼斯準備向他祝酒，並且希望他能夠發表祝酒詞。妳可能在一些報紙上看到了一些報導了，米爾尼斯先生說向「合眾國」祝酒，但這是一個錯誤。真正應該說的是「納撒尼爾·霍桑」。霍桑的祝酒詞很真誠，說了一些恭維的話語，但他絕沒有像《郵報》上所說的「《紅字》作者的祝酒詞觸動到了每個人的心弦」，這些話說的彷彿霍桑就像一塊橡皮膏似的。這份報紙應該這樣說：「霍桑的《紅字》會觸動到每個讀過這本書的讀者的心弦」。當霍桑站起身時，臺下的人群發出了一陣雷鳴般的掌聲。直到他坐下來一會兒後，掌聲才慢慢消失了。錢寧先生告訴我，就在前天，霍桑的演說非常得體，讓每個認識他的人都感到十分開心，也讓美國為著有這樣的總領事而感到驕傲。他說，霍桑當時就坐在一個靠近他的位置上。我沒有前去參加這樣的活動，這實在是太遺憾了。當時，很多女士都在場，其中一名女士要要求男僕去找霍桑，希望能夠得到一朵花或是一片葉子作為紀念品。那位謙虛且大度的布朗先生（他當時剛剛做出了一個公開捐贈的舉動）為他受到來自各方的感激之情而非常感動。霍桑說他喜歡史丹利爵士這個人，雖然他對史丹利爵士的形象有點失望。史丹利也對《史丹利的家》一書表達了自己的看法。德比公爵原本也要過來的，但最後沒有成行。在晚宴開始之前，進行了奠基儀式。讓一個富人在生前就實質地捐獻給社會，這是一種多麼明智的做法啊！我希望其他的富人也能夠採取這樣的方式來更好地利用他們的財富。

　　是的，皮博迪送來了巴爾的摩的信件，我已經閱讀了好多遍。我們擁有

了很多份出色的報紙。英國這邊的很多報紙都只是重複美國報紙的內容。布朗先生在利物浦也只不過是重複這樣做法而已。

12 月 18 日。霍桑在布朗先生的晚宴上，度過了一段無聊沉悶的時光。布朗先生始終顯得非常沉靜，而布朗夫人幾乎沒有說一句話。他們兩人就像法官那樣呆坐著，沒有與別人交流自己的想法。妳知道法庭上的法官是多麼的嚴肅嗎？妳知道他們當時的表情就像國王，而女王也在現場，但他們卻控制著整個場合的氣氛嗎？可以說，地位的尊卑就是這種場合必須要遵守的法則。因此，在參加布朗先生舉辦的晚宴時（這些晚宴都是準時開始的），霍桑始終跟在當地的一位高級警官的後面，而布朗夫婦則按照規矩走在最前面。接著，就是市長閣下，一位容貌莊嚴的男僕則跟在他後面。可以說，這些男僕看上去都像「在進行著軍事檢閱一樣。」正如霍桑所說的，這些男僕穿著紅色的長絨背心，穿著長筒襪，上衣上還佩戴著金黃色的流蘇，並穿著白色的緊身褲，套著一件裝飾有金黃色花朵的藍色外套。可以說，這樣的場合與國王所享用到的禮節沒有什麼太大的區別。至於他們是如何肯屈尊將雙腳踩在地上，這是一個謎團。霍桑緊跟著市長閣下進入宴會。他們沒有進行任何的交流。此時，霍桑有足夠的時間慢慢端詳放在餐桌上的用具。餐桌上沒有瓷器餐具，只有一個很大的碟子。餐桌上的分層飾盤就像阿波羅搭乘著他那雙輪戰車，讓四匹馬始終沿著一張不會移動的桌子上飛奔。放置甜點的碟子四周放著美麗的花環，水果也是放在銀製餐具上。也許，布朗先生的智慧已經變成了銀子，因為邁達斯所觸碰到的任何事物都會變成金子的。

今天晚上，霍桑參加了市長閣下舉辦的另一場晚宴。這是一場比較正式的晚宴。奧爾德森男爵在這樣的場合下差點感覺自己失去了尊貴的身分，當時的莊嚴場景幾乎讓他不敢呼吸。對霍桑來說，這些都是極為沉悶壓抑的時光。倫敦的社交圈要比利物浦的晚宴更加考驗著他的耐心。我知道他希望此時此刻置身於家中。昨晚，他給我閱讀了科文特里·帕特莫爾所著的《訂婚》（Espousals）這本非常有趣的書。妳讀了《房子裡的天使》這本書沒有？只有一對忠誠的夫婦才能真正了解婚姻的意義與美好。但我認為，憑藉妳那強大的理解能力與憐憫心，妳也會喜歡這本書。當然，你的感受可能沒有我們這

麼深刻。

今晚，當我正在寫信的時候，我的小王子朱利安走了進來。他的手上拿著他所塑造的一個泥塑頭像。他這次所做的泥塑頭像比第一次做的更好了，跟烏娜在里斯本的音樂老師的模樣已經很像了。朱利安將泥塑頭像放在壁爐旁邊烘烤，接著他就躺在地毯上，將頭枕在一張腳凳上，認真地觀察著烘烤的過程。此時已經過了晚上十點鐘，音樂老師的頭像已經完全烤乾了，只是頭像的左臉頰出現了一道裂縫。看來，在所有類型的體育活動裡，年幼的朱利安已經表現了巨大的力量。體操運動員胡格寧（Huguenin）就曾對我說，在他教體育的這麼多年裡，還從沒有見到一個跟朱利安在身體素質方面可以相比的同齡人。朱利安不僅能夠做出優雅得體的肢體動作，在需要他奔跑的時候，他也能像隻小鳥般在空中飛馳，或是像一艘快艇那樣在水上迅速移動。可以說，朱利安的大腦與眾不同。我甚至不得不專門為朱利安訂製一頂適合他的帽子。負責幫我製作帽子的先生就曾說，他這輩子還從未見過像朱利安這樣頭部如此大的人。每當我看到朱利安的頭，就會將之視為一顆行星。

我們家之前被兩名猖獗的小偷偷東西了。這些小偷反正都是要冒著被別人捕捉的風險，倒不如去偷竊匈牙利男爵奧爾德森家裡的財物更好，因為奧爾德森家裡的一件衣服據說鑲嵌有價值四萬英鎊的鑽石與寶石。後來我們又遭遇了比這些小偷帶給我們更大的損失。布洛傑特夫人將我們的行李都放在了她在利物浦的家裡，他的一位男僕打開了我那兩個放在地下室的行李箱，幾乎偷去了裡面所有銀製碗碟之類的東西——其中包括刀叉與碟子之類的東西。最後，這名偷東西的男僕躺在醫院的時候承認了自己的偷竊行為。但是，霍桑並不打算指控他。

你讀了弗勞德[123]剛剛出版的那本關於歷史方面的書籍嗎？他的這本書是從沃爾西的死亡一直寫到伊麗莎白女王的去世。弗勞德的寫作風格並不是那種過分莊重嚴肅的風格，而是有點像麥考利[124]的那種讓人讀起來讓人有點厭

123　弗勞德（James Anthony Froude, 1818-1894），英國歷史學家、小說家、傳記作家。代表作：、《英國歷史》《阿拉貢的凱薩琳：王室聯姻、廢后風波與英格蘭宗教改革大風暴》等。

124　麥考利（Thomas Babington Macaulay, 1800-1859），英國詩人、歷史學家、散文家、輝格黨政治家。代表作：《英國歷史》等。

倦的一成不變風格。麥考利還算非常注重自己的寫作風格，但是弗勞德卻只是對自己要表達的主題感興趣。我認為，到目前為止，還沒有哪一位歷史學家能夠在講述歷史的時候完全做到真正不偏不倚的中立立場──除非我心愛的丈夫，他就像希羅多德[125]一樣，有著像孩子一樣純真的心靈，對於所謂的歷史寫作的理想模樣根本沒有任何概念的。我認為只有像我丈夫這樣的人才能寫出真正客觀的歷史。不管怎麼說，麥考利的寫作風格還是讓我感到厭倦。他在寫歷史書籍的時候，行文內容顯得過分流暢，這反而讓我感到非常困惑，因為他的書籍讀起來讓人感到非常不嚴謹。可以說，他在書中以流暢的筆法寫出的很多優秀內容，最後反而成為了一首音樂中出現的雜音，讓人聽著感覺很彆扭。

我的母親也對曼徹斯特舉行的展覽進行了一番有趣的描述：

曼徹斯特

我親愛的伊麗莎白：

現在，我們在老特拉福德，這裡距離藝術珍藏館很近，因此我們專門前來欣賞。這裡的展廳沒有什麼噪音，也不會出現任何讓妳感覺粗魯的東西，雖然每天都有很多缺乏藝術欣賞能力的人前來這裡欣賞。如果妳能夠閉上自己的眼睛，那麼妳就能聽到人群走動發出的低沉聲響……昨天，我們都前去那裡欣賞藝術品，妳猜猜我們見到了誰呢？就是丁尼生先生。他是一個面容英俊的人，長的非常帥氣，看上去有點心不在焉，戴著一頂低頂寬邊軟氈帽，留著黑色的鬍子，有著寬闊的肩膀，走路的時候顯得較為懶散。可以說，他是一個最具浪漫情感、詩意與有趣的人。他給人的感覺就像參加古代藝術大師們舉行的沙龍聚會。對我們來說，能夠在這裡見到丁尼生，這難道不是運氣好嗎？我們能在這裡不期而遇，這簡直是太神奇了。丁尼生的聲音很深沉，具有音樂般的旋律，他的頭髮有點凌亂，就像經歷了一場暴風雨一樣。丁尼生顯然是一個「愛恨分明」的人。他就像《亞瑟王之死》、《回憶

---

125 希羅多德（Herodotus，約西元前 484～西元前 425 年），古希臘作家，他把旅行中的所聞所見，以及波斯阿契美尼德帝國的歷史記錄下來，著成《歷史》一書，成為西方文學史上第一部完整流傳下來的散文作品。

錄》以及《莫德》等作品中的人物。他就像一片圍牆下的農場的瑪麗安娜。他又像克拉拉・德維爾夫人（Lady Clara Vere de Vere）以及「不同尋常的瑪格麗特（rare pale Margaret）」。在展覽廳裡，有一座他的半身雕像，還有華茲華斯的半身雕像，還有阿里・謝弗[126]的莫德林畫像。畫中的耶穌基督大聲叫喊著「瑪麗」，我認為這是他最好的畫作了。阿里・謝弗在某天也曾出現在展覽廳裡。

　　霍桑、烏娜與我整天都在藝術珍藏宮裡。我們走到雕刻品的畫廊裡，聆聽著美妙的音樂。烏娜突然大聲地說：「媽媽，那位是丁尼生先生。」當時，丁尼生正坐在管風琴旁邊，認真聆聽著交響樂團的表演。他也帶著一個孩子前來這裡，這個孩子是一個小男孩，從他臉上的表情來看，他顯然對這些東西充滿了濃厚的興趣。我只能推測這個小男孩就是他的兒子。我認為自己還看到了他的妻子與他的另一個小兒子——最後，證明我的猜測都是正確的。能夠看到丁尼生一家人也在這裡，這的確是太巧合了。丁尼生夫人是一個非常隨和友好的人，她的微笑是我見過最為甜美的。當她與丈夫說話的時候，或是聆聽丈夫說話的時候，她的臉上總是露出柔和且快樂的光芒。她是那麼的優雅與溫柔，同時散發出一種淡淡的愉悅感覺……她的兩個孩子都非常的英俊與可愛。丁尼生看上去深愛著他的兩個兒子。他認真地看著孩子們的臉龐，似乎對孩子們感興趣的東西非常在意。他表現出了一種淡然的隨和與高貴的氣質，能夠讓人一眼就感覺到他是一個隨和的人。他是一個讓人感覺非常浪漫的人。他的膚色是棕色的，看上去健康不佳，臉頰上出現了一條深深的線條……另一位名叫艾林漢姆[127]的英國詩人告訴霍桑，丁尼生的妻子始終非常友善地對待他——有著睿智、柔和的品格——而丁尼生夫人看上去也完全具有這樣的品格。當她與丁尼生說話的時候，臉上總是流露出帶著敬意的表情。如果丁尼生現在的情緒不穩定或是生病了，我肯定她會給他帶來極大的安慰。當丁尼生準備離開的時候，我們也準備離開。我們跟著他與他的家人。透過這樣的方式，我們看到了他停在自己的那座半身雕像前面，然後

---

126 阿里・謝弗（Ary Scheffer, 1795-1858），荷蘭籍法裔浪漫主義派畫家。
127 艾林漢姆（William Allingham, 1824-1889），英國詩人、日記作家、編輯。代表作：《日記》等。

介紹給他的妻子與孩子。接著,我聽到他們用甜美的聲音說:「這是爸爸!」在經過了一張桌子之後,我們看到有一些商品目錄在出售……丁尼生最年幼的兒子與女僕一起停下來買了一份商品目錄,此時丁尼生與他的妻子則開始下樓梯。因此,我輕輕地觸碰到了丁尼生最年幼兒子的金髮,然後用力地親吻他。他對我露出了微笑,看上去非常高興。我也為自己能見到丁尼生的孩子而感到高興。在我親吻了他的兒子之後,我接著去……

關於我父母這次巧遇丁尼生一家人的有趣之事,我的父親在《筆記本》裡這樣寫道:「我全神貫注地看著他,我非常喜歡這個人。相比於藝術館裡的其他展品,我更願意用心地觀察他。」我的母親在另一封信裡繼續談到了這件事:

我親愛的伊麗莎白:

在上一封信裡,我沒有時間將自己那天的詳細經歷說清楚。因為霍桑當時有急事要回到利物浦,因此我只能匆忙地給妳寫了那封信。我接下來要說的是與丁尼生一家相關的。我希望妳知道,他們一家人看上去是多麼的快樂與幸福。現在,丁尼生的健康狀況不是很好,顯得比較羞澀與情緒多變。有時候,我也可以想像到他的妻子會感到憔悴與悲傷。因此,我很高興能夠看到她的臉龐是那麼的恬靜與美麗。不過,我不敢說她的臉上沒有任何焦慮的神色,但這些焦慮的神色似乎完全被內心的快樂所掩蓋了……

妳之前寄給我的那封關於奴隸制的長信,我還沒有回覆妳……在我所認識的人當中,沒有任何人是支持奴隸制的。妳給我的來信其實更應該寄給南方的奴隸主們……我認為妳的那封長信寄給我其實作用不大……

在奴隸制讓美國社會變得狂熱躁動的時候,我父親表現出來的節制態度,遭到了很多人的誤解。關於奴隸制的這種熱情與躁動對於推動解放奴隸是有幫助的,但並不是每個人都應該以廢除奴隸制的名義去參加所謂的黨派鬥爭(因為很多政客藉此去指責他們的政敵)。因為,我的父親始終是一個內心仁慈且謹慎的人。我的母親就在一篇文章裡,以流暢的文筆談到了她的丈夫以及她本人對人類社會所有人所應該追求的最高目標,但她從未就這個

話題與自己的其他親人進行熱烈的交流。以下我將會節選霍桑寫給皮博迪小姐的一封信的內容，因為這部分的內容就涉及到奴隸制的這個話題：

利物浦，1857 年 8 月 13 日
親愛的伊麗莎白：

　　我寫這封信，是專門就奴隸制問題表明自己的觀點，因為我不希望索菲亞為了這個問題煩惱。同時，我也認為，妳為這個議題耗費了這麼多的思想與情感，這是令人遺憾的。我覺得，妳最好將自己的思想與見解出版。我相信，妳對這個問題的看法肯定會具有一定的思想價值。說實話，我也只是閱讀了妳寄來的小冊子的部分內容，所以請妳不要期望我對此會有深刻的理解。但是，我認為妳是在表達自己內心的真實想法。不過，我可以向妳保證，與其他每一位廢奴主義者一樣，妳正在以一種可怕的斜視去看待這個問題，這會讓妳所看到的事物出現扭曲。雖然妳看到的是事實，但這樣的事實卻是古怪的。妳認為除了妳之外，其他人都在以斜視的方式去看待這個問題。也許，別人真的是以斜視的方式看待這個問題，但是當妳有這樣的想法時，這說明妳也正在以這樣的方式看待這個問題。

　　關於古德里奇談到他與我之間的關係，看到他以一種老大的身分自居，這的確讓我感覺很有趣。不過，我根本不在乎這些，也覺得絲毫沒有必要去為自己辯護什麼。當然，我必須要反駁他關於我個人形象所說的話（因為他沒有將我的個人形象說準確）。所以，我希望妳千萬不要為我出頭去教訓他。特別是，我知道妳對他了解的資訊也都是不準確的。比方說，那個人名叫帕克·本傑明 [128]，而不是叫古德里奇，就是他抨擊《講故事的人》（Storyteller）。關於古德里奇這個人，我對他倒是有一種友善的情感，雖然他不是一個友善的人。他這個人總是希望損別人的利益而肥自己的私囊。不過，還是讓他繼續這樣做吧！終有一天他會自食其果的。關於他與我之間的爭論，在他還沒有用完餐之前，我就已經離開了。因為我不想被這樣的人汙染自己的大腦。我絲毫不懷疑一點，那就是他肯定認為我這樣做是大大地誤解了

---

128 帕克·本傑明（Park Benjamin, 1809-1864），美國詩人、記者、編輯和報紙創辦人。

他。當然，我本人對此也是持懷疑態度。他大生就想做這樣的事情，就像一隻蠅蛆享用著豐盛的乳酪。

在過去幾個月裡，索菲亞都過的非常開心。快樂的生活似乎非常符合她的天性，因為她的健康與精力似乎都回覆到了之前的良好狀態。我也度過了人生中最為美好的一段時光，這樣的美好時光比我們最近前往英格蘭以及蘇格蘭的旅行更加美好。我們兩人可能會一起合作寫一本關於旅行的幾卷遊記。我已經寫了大約 6～7 卷左右的日記，這些都是我在英國居住之後寫的。但讓人遺憾的是，這些日記都是以非常隨意的文筆去寫的，而且內容都是將我內心的真實感受寫出來了，因此我這輩子都不敢出版這樣的日記。也許，在我們返回美國之後某個冬天的晚上，我可以給妳閱讀其中的部分內容。但在關於旅行遊記方面，我是完全比不上索菲亞的，因為她的記錄是更加完整且更加精確的。（考慮到一些內容都找不到了，因此我會將索菲亞的一篇遊記的部分內容黏貼在這封信上。）

利物浦，1857 年 10 月 8 日
親愛的伊麗莎白：

我讀到了妳寄過來的關於廢奴的小冊子，我覺得這應該是最新出版的小冊子。之後，我才發現這原來是我之前寄回去給妳的。在我看來，這本小冊子的內容一般，並不值得穿越大西洋，來回地寄三次。我認為，這本小冊子的內容並不如妳平時所寫的內容。我覺得妳應該就自己感興趣的話題去寫作。不過，既然妳特意提出了這點，我會將這本小冊子拿給索菲亞，且會跟她說說這本小冊子再次寄過來的事情。

我的父母將他們在利明頓遊玩的照片以及當地的風景寄回了美國。我的母親在下面這封信裡就談到了這件事：

華威郡利明頓蘭斯當大街 10 號，1857 年 9 月 9 日
我親愛的伊麗莎白：

從我所簽署的日期與地點來看，妳千萬不要認為我們是在馬匹、江湖郎

中或是騙子當中。與此相反的，我們身在一處像天堂一樣美麗的多個小花園當中，花園的中間位置是一個公園，公園四周的花園都朝著這個公園靠攏。我認為，只有英國人才知道如何更好地利用這一片面積不大的平地，從而使這裡變成一個美麗的地方。想像一下在一條街道盡頭處的一大片房子吧！這些都是白色的粉刷房子，可以直接從客廳走到陽臺上，然後坐在陽臺上，欣賞著花園的美麗景色，看著陽光照耀下的青綠草地，看到五光十色的花朵以及深綠色的灌木叢與樹木。公園裡到處都有美麗的樹木以及綠草，還有砂礫小路可以從中穿過。我們置身於一片非常安靜的地方。只有小鳥婉轉的鳴叫才會打破這裡的安靜。空氣中彌漫著木犀草、玫瑰花與桂竹香發出的香氣。現在是秋天了，但這裡的青草與樹木依然像初春與盛夏那樣青綠。

之後我們前往曼徹斯特參觀。我發現這裡的工廠排放出來的汙濁空氣讓我咳嗽的更加厲害了。當霍桑了解我的情況之後，他決定馬上離開這個地方。在這樣一座古老與骯髒的城市裡，我們只在藝術宮裡逗留了一個小時左右。我一直非常喜歡欣賞過去的藝術傑作。我應該感謝善良的模樣人改變了L.R男爵的猶太信仰，讓他皈依了基督教。因為在這之後，他創作出了很多藝術傑作。可以說，任何語言都無法形容他的作品以及他創作的〈榮耀的聖母〉（*Madonna in Glory*）畫像。

9月12日。今天，我們前往肯納爾沃思堡。當我們剛來到這個地方的時候，天空沒有出現藍天，這讓霍桑對今天的行程有些擔心。但在上午十一點的時候，天空出現了明媚的陽光，空氣也變得清新起來。在逛了一會之後，我們來到了一條名為攝政王的小樹叢的街道，這條街道的兩旁種植著美麗的樹木，幾乎一直延伸到了火車站。烏娜與我走在前面，霍桑與朱利安則跟在後面，因為我們前來這裡的目的就是要漫步的。這條街道的景色讓我們的內心感到震撼。當我們走在這裡的時候，感覺就像在進行著一場閱兵儀式，街道兩旁有很多酒店與商店，並且與華威大街的十字路口交叉。華威大街的長度也有好幾里長，最後通到華威城堡。

英國的草地上似乎都覆蓋著金子。在秋天的時候，樹木的葉子彷彿在瞬間從青綠變成了金黃色。

前往肯納爾沃思堡的中心，必須要經過兩旁栽種著樹木的街道，這些街道彎彎曲曲的，甚至要經過一條狹窄的河流。要是在美國的話，我們會將這樣的河流稱為小溪。在走到每個路口的時候，我們都可以看到遠處城堡的身影。

這裡的草地很溼，我也沒有帶上橡皮手套。霍桑與烏娜一起前往商店給我買了幾雙手套。我認為，霍桑可能無法在商店裡找到這樣的手套，因為我們已經嘗試過了。最後，霍桑在回來的時候，只買回了一雙適合我的手套 —— 這也是那間商店最後剩下的手套……常青藤以蔓延的方式覆蓋著整個城堡，將坍塌的防衛牆都擋住了，彷彿將時間露出的獠牙都掩蓋住了。在常青藤旁邊，生長著高大的樹木，這些都是圓圓的樹木，樹木的枝葉上都掛著許多花環以及流蘇。常青藤與時間彷彿進行著一場大師般的較量，進行著一場永恆的拉鋸戰。龐大的山楂樹與馬栗樹一樣粗大，將整個城堡都團團包圍。此時，山楂樹的紅色果子讓整個地方都呈現出了紅色。在看到這些景象之後，霍桑與我都被深深地震撼了。遙想當年，當伊麗莎白女王曾在這裡參加宴會的時候，宴會廳肯定是裝飾著美麗的飾品，現在這裡卻只有常青藤長長的藤蔓覆蓋著，再也不見了當年的金碧輝煌，剩下的只有陽光的照射。過去的所有音樂與觥籌交錯，現在都煙消雲散，歸於沉默了，甚至連一縷微風都無法打破這樣的沉默。對我們來說，能夠在這樣安靜的日子裡，在這座城堡與修道院的廢墟附近沉思過往，這的確是一件非常美好的事情。飽經風霜的裸露石頭依然矗立在伊麗莎白女王當年的閨房附近，依稀還能看到當年的閨房是多麼的豪華。整個公園與附近的建築一直延伸了二十里左右！

可以說，在帶給人們內心震撼這方面，只有音樂才能與建築所帶來的震撼感覺相比，或是超越這樣的震撼感覺。音樂就像詩歌那樣震撼著我們的心靈，而建築則透過我們的視覺產生震撼。詩歌代表著音樂，建築則代表著靈魂，因為這兩者都是相互貫通的。不過，音樂比任何其他藝術形式都更加沒有藝術的枷鎖與桎梏。我還記得，在我之前所寫的一篇關於瑪格麗特・富勒夫人的文章裡，我就認為，音樂是人類最高形式的藝術創作。在我之前寫給妳的一封信裡，我就跟妳談到了一位來自格拉斯哥的年長教堂司事，他就曾將管風琴發出的聲音稱為「史前之石櫃」，正是管風琴發出的聲音，讓他心

愛的教堂彷彿插上了翅膀，能夠以最為高級與完美的方式展現出生命力與對上帝的讚美。不過，我認為，這些建築所留下來的永恆曲線，雖然沒有歌唱，也沒有發出一點聲音，但正如拉斯金所說的，這些建築的曲線代表著過去無窮的時間與空間。教堂頂端的尖拱似乎在發出聲音，而教堂裡面的信徒雙手合十，默默地進行著祈禱。朱利安非常喜歡眼前的這些廢墟景象。他爬上了一些建築被拆卸下來的炮塔，然後抓住常青藤的藤蔓搖了起來，就像一隻擁有神奇雙眼的罕見小鳥一樣。朱利安的頭髮已經留的很長了，因此他的頭髮就像風信子被風吹拂那樣地飄逸著。我想霍桑肯定十分樂意將朱利安稱為他的小王子。（霍桑之前從沒有說過這樣的話）不過，朱利安在今天失去了他那頭長髮所帶來的小王子的感覺，因為一位理髮師已經幫他剪了一個清教徒那樣的髮型。

　　至於我自己，晴朗的天氣，長滿鮮花的小徑，有趣的散步以及身邊家人的熱情，似乎都能喚醒我內心對那些美好歲月的記憶，讓我如今想起來都會感到非常幸福快樂。我的父母就是我的守夜人，他們都非常喜歡聆聽晚上聽到的美妙聲音 —— 大自然發出的聲音對他們來說就像一曲無比優雅的交響樂曲。我也還清楚地記得，我到過一個到處都擺放著各種有趣玩具的市集，我可以隨意讓父母幫我買自己喜歡的玩具。但是，若想度過這樣美好的休閒時光，需要我們具有強大的意志力，特別是對新鮮事物的深刻洞察力，否則這些休閒時光只能給我們留下一些走馬看花的感覺。在接下來的幾個月裡，我感覺自己觀察事物的能力得到了很大提升，很多時候一些景象都能激起我的想像力。有時候，我會感覺自己想像到的事物要比真實的事物更加真實。我想我的家人都有這樣一種能力，只有當我們擁有這樣的能力之後，才能避免內心產生厭倦的情感。因為在很多時候，我們都需要這樣的想像力來度過沉悶的日子。我之所以說起這些事情，就是為了證明我在那個時候才發現自己也擁有了一些對藝術的感知能力。在當時，我也開始意識到了自己在大人們眼中肯定是一個非常愚蠢的小孩，而我那混沌的心智經常會感覺自己這樣子是可憐的，甚至是可恥的。不過，這樣的早熟也會帶來一些好處：家裡的父母會用良好的常識來對待我。智趣的慢慢發展，能夠讓我對很多事情有更好

的認知，讓我了解到了當時我認為是很神奇的方法。我無法假裝自己當時的觀察有多麼的深刻，我只是站在一個小女孩的立場去觀察這個世界。此時，我的父親引起了我更多的興趣。比起於其他人，我經常會思考著像我父親這樣的人。

在利明頓的時候，我們似乎有一些機會可以在安靜的環境下去進行一些探索。首先，當時的人們正在為聖誕節做準備，這意味著我的姐姐烏娜要在完全保密的情況下製作手工禮物，而製作這樣的禮物需要她付出六便士。如果我的父母能夠賺到很多錢，那麼這樣的有趣事情可能就不會發生了。但是，烏娜所做的手工禮物會比任何能夠買到的禮物都更能讓父母開心。可以說，烏娜的禮物代表著她對父母的心意，這份純潔的心意是任何人都無法忽略的。雖然我們當時還不懂得怎麼節約金錢，因為我們的父母似乎也不懂得怎麼節約金錢，但我們這些孩子學會了在沒有什麼錢的情況下，為對方帶來最美好的感覺。這樣的經驗教訓在我們成年之後慢慢變成了一種人生觀。我必須要說，整個過程是非常開心的，因為我們在製作手工禮物的時候，必須要很專心。我還記得自己當時在製作聖誕節禮物的時候，耗費了很多時間。但是，製作的過程激發起了我對父母的愛意以及對兄弟姐妹們的情誼，這絕對不會像一陣吹過沙漠的風那樣消失無蹤的。直到今天，我都還記得我的姐姐與我們那位溫柔的保姆芬妮送給我們的禮物，可以說，這是我在利明頓所收到的最好禮物了。正如我的母親所說的，這是芬妮送給我們最美好的禮物。我的母親這樣寫道：「我們的第十二蛋糕就像《路得記》，我們永遠都無法吃下這塊蛋糕，但這樣的美好情感將會始終伴隨著我們。」

在此，我會加入我母親的一段記錄英國這個國家禮節的文字：

巴斯，查爾斯街 13 號
我親愛的伊麗莎白：

我們在火車站詢問了保安員附近哪裡有比較好的酒店，他讓我們前去約克飯店。在將行李寄存之後，我們的脖子上都佩戴著圓圓的石頭（我將這些

石頭稱為我們的行李），我們發現這不僅是巴斯地區唯一一間飯店，也是整個地區比較出名的一間。當時，我的內心產生了一種不祥的預感，就是在這樣的飯店入住一天一夜，可能要花費我們一年的收入。但是，因為我們在五點鐘之前沒有抵達，所以無法在第二天就離開。因此，我們只能以貴族氣派的方式去面對這件事了。我們住進一間充滿貴族氣派的房間，房間裡掛著深紅色的飾品。房間裡沒有任何華而不實的東西，都是非常實用的。爸爸與媽媽就是約克公爵與公爵夫人，朱利安則是沃爾多爵士，烏娜則是雷蒙德小姐。餐桌上的刀具是最為精美的，刀具有著銀色的餐柄，湯匙很重，要拿起來並不容易。餐桌上還有玫瑰色與金黃色的瓷盤，還有其他銀色的餐具。我們身邊的侍者分別是表情莊嚴與喜歡沉思的兩個男僕。那個表情莊嚴的男僕所穿衣服的胸口上別著亞麻布做成的百合花，而那位喜歡沉思的男僕的胸口則別著雪蓮花。他們走路時候的步伐就像從天空慢慢飄落的雪花那樣毫無聲息，他們的舉止是那麼的莊嚴且嚴謹。這頓晚餐的時間雖然不長，但食物的味道卻非常可口。在這樣的時刻，我們很難不將自己想像成為威廉大帝的後代一般。不管怎麼說，我們感覺自己是這片土地上最為尊貴的人，受到了那位表情嚴肅與喜歡沉思的男僕的問安。當我看著丈夫，他臉上的表情是那麼具有國王的威嚴。我看到烏娜就像一位公主一樣，散發出高貴的氣質。因此，當侍者偷偷地看著烏娜時，我也絲毫不覺得任何奇怪。當然，對於英國這裡的侍者來說，在無意中窺探卻又不被別人發現，這才是最優秀侍者的特徵。沃爾多爵士也「很好地撐起了場面」，至於蘿斯女士，她就像在皇室的溫室裡綻放的美麗花朵。發出耀眼光芒的蠟燭放在一個雕花銀器的燭臺上，蠟燭的光芒彷彿點亮了整個夜空。每當我離開客廳前往自己的房間，那位表情莊嚴的男僕就會在房間門口為我開門與關門，順便向我恭順地鞠躬。

啊！我該怎麼描述約克酒店的餐桌呢？餐桌上擺放的都是極為可口的美食，一看就讓我產生食慾。誰能用語言去描述那位喜歡沉思的男僕以優雅的身姿去蓋上這些餐具時，沒有發出任何一點聲響的美感呢？當我們在餐桌上坐下來之後，我們絲毫感受不到他的存在，因為他沒有發出一點聲音。我產

生了一種非常高貴的感覺，正準備哈哈人笑起來 —— 但發現無論是這位表情嚴肅的男僕還是那位喜歡沉思的男僕，他們始終都是那副表情。我感覺自己的頭上彷彿戴上了冠狀頭飾，頭飾上面的鑽石與寶石閃耀著光芒。我的丈夫就像一位國王，他的目光始終在我身上。今天的天氣既陰沉又寒冷，一個很大的壁爐燃燒著木柴，發出著閃亮的火光。原來，這裡還有第三位如幽靈般無聲無息的侍者，他是個溫柔的男僕。他看上去就像個男孩，他輕輕地將像黑色鵝卵石的煤炭放在壁爐裡面，沒有揚起任何灰塵，接著還用一把刷子將壁爐架上的煤炭灰擦拭乾淨，就像他在輕輕地親吻一個沉睡中的嬰兒。柔軟的男僕的眼神沒有到處看，而是專注於壁爐，一看就是接受過良好訓練的男僕。當壁爐裡的火焰慢慢變弱的時候，他就像天才那樣讓火焰重新燃燒起來。在我那間較大的房間裡，懸掛著白色的棉布與土褐色的錦緞，讓我感覺整個房間彷彿都燃燒起來了。好了，我不跟妳瞎扯這些了。

第二天，我搭乘馬車前往巴斯，想要找一間公寓。在前面的一個小時裡，我們無功而返。每個人都說這座城市住滿了人，因此我們是無法找到合適的公寓的。孩子們都大聲叫喊著要繼續留在約克酒店，繼續享受那裡的豪華生活。但當我坐在坐在巴斯的座椅上跟身旁的保姆芬妮聊天時，蘿斯則似乎找尋著「出租房子」的標誌。我們接著尋找，最後終於找到了一間廉價的房子。我敢肯定，這間房子比我們居住在約克酒店裡舒適十倍，因為這間房子的裝修顯得非常樸實無華。不過，我必須要坦誠一點，我還是喜歡豪華一點的裝修。不過，更讓我們感到驚訝的是，當那位表情莊嚴的男僕拿來了銀製托盤的消費帳單時，我們發現單單是這項消費就比在英國其他普通酒店的住宿費都更加昂貴。

接下來，我要談談我們前往雷德卡這次旅行發生的事情，雖然這次旅行發生在 1859 年，當時我們剛剛從羅馬回到這裡。

雷德卡是一個非常美麗的地方，這裡有著看上去一望無際的海灘與蔚藍的天空，有美麗的大海與沙灘。我的父親在我這段記憶裡始終是處於突出位置的。在每天的寫作間隙時，他總會抽出一些固定的時間外出，來到這條長長的海灘上散步。他經常也會帶著我的哥哥與我一起。他偶爾會停下腳步，

認真欣賞著大自然所創造出來的這種得天獨厚的美麗景色，欣賞著那攝人心魄的地平線。沿著山丘，有時候會吹過一陣微風，有時候也會吹過一陣猛烈的大風，這些風彷彿在蔚藍色的星空下自由地飄蕩。有時候，我也會收集一些天藍色的風信子，聆聽著呼呼的風聲。在我父親所創作的《蒙特貝尼的浪漫》一書的前言裡，他就對雷德卡這個地方做出了一番致敬。我的父親談到了要繼續創作這本書（這是我們在佛羅倫斯居住時，父親萌生出來的一個想法）「在雷德卡那寬闊且乾燥的海灘上，湛藍色的德國大海彷彿朝著我這邊洶湧而來，來自北方的大風呼呼地從我的耳畔吹過。」可以說，沒有比這樣一種美麗的氛圍與情景更能讓我的父親感到內心的滿足。不過在那個時候，我的父親不願意承認這些。雷德卡距離倫敦城也不是很遠的距離。

　　在 1859 年 9 月 9 日，我的母親在她的日記本裡這樣寫道：「我丈夫將他的手稿拿給我閱讀。」在母親的這篇日記裡，只寫了「閱讀手稿」之類的內容，沒有寫明是什麼樣的手稿。在 11 號的日記裡，我的母親這樣寫道：「這是我第二次閱讀霍桑的手稿。」我的母親在日記還提到了在第三天閱讀這份手稿的事情，但在接下來的兩天時間裡，她似乎都忙著去做許多有趣的事情，因為她在那兩天裡並沒有記錄什麼內容。對我來說，這意味著母親肯定還有更重要的事情要做。因為根據我對母親的了解，要是沒有什麼重要的事情，她是不會放棄寫日記的這個習慣。原來在這兩天裡，母親給在美國的朋友們寫信：

　　「霍桑已經完成了他的這本書，這本書的手稿超過四百頁。目前這份手稿已經交給了出版商。我閱讀了這份手稿的大部分內容，但沒有讀到結局的內容。霍桑現在的健康狀況良好，雖然他在過去幾個月裡一直忙著進行創作，但精神狀態依然非常良好。與往常一樣，霍桑認為這本書是沒有什麼特別的，只是根據自己一些愚蠢的思想去進行創作，可能不會有什麼人會喜歡或是接受這本書。不過，我已經習慣了霍桑所表達出來的這種想法，知道了他為什麼會對長久以來占據他內心深處的一些想法表達出這樣的反感情緒。對這本書的真實評價，就是霍桑一開始產生要創作這本書的念頭，他肯定是認為這樣的念頭是有必要去進行創作的。每當霍桑完成了一本書之後，他都會

習慣性地鄙視這本書，認為這本書寫的還不夠好，尚未能真實地將他內心最想要表達出來的情感或是思想表達出來。與過去一樣，我還是對霍桑的作品充滿了強烈的興趣。只有一個觀點客觀的人所給予的回饋，才能讓霍桑覺得自己創作出來的不是一部充滿著愚蠢思想的作品。

「霍桑在《玉石雕像》這本書裡並沒有將我當成書中人物原型去進行創作。無論讀者們認為書中的哪個人物與我有點類似的話，這都是純屬巧合。」

在 11 月 8 日，（當時，我們再次來到了利明頓）我的母親在日記裡寫了篇幅較長的記錄「今天，我的丈夫終於完成了他的這本書《蒙特貝尼的浪漫》。」

當我們來到沙灘的時候，我的母親總能非常幸運地找到哪怕是最小的閃耀著光芒的玫瑰色貝殼。她會將自己認為形狀與顏色最美麗的貝殼珍藏在她的針線盒裡。她經常與我一起來到沙灘上，度過許多歡樂的時光。她在日記裡這樣寫道：「今天是晴朗的一天，天上沒有一絲烏雲。我與蘿斯前往沙灘收集貝殼，在那裡待了三個小時。」或是「今天的天氣實在是太棒了。我與蘿斯一起前往沙灘。整個早上，我們都坐在一張沙灘椅上。我在認真地閱讀，蘿斯則在沙灘上玩著沙子。今天的天氣實在好得沒話說，空氣中彷彿彌漫著玫瑰花瓣的芳香，天空是那麼的蔚藍，大海也是一片海藍色。我感覺整個世界是那麼的安靜，內心是那麼的沉靜，這是一種內心獲得深沉滿足之後的安靜情感。」接著，母親在日記裡就描述了與此形成反差的情景：「大海依然翻滾著巨大的海浪，蘿斯與我前往沙灘上收集貝殼。」在我們收集到的貝殼當中，母親收集到的貝殼是那麼的完美。可以說，母親在對藝術的追求與欣賞方面給我上了許多藝術課，正如風信子代表著大自然優雅的藝術行為。因為倘若風信子飄飛的花朵在空中飄蕩的時候依然是具有生命力的話，難道安靜的貝殼就只能代表著我們內心一些被動的想法嗎？

有時候，當我在沙灘上用沙子建造著「沙子城堡」的時候，母親會為我閱讀迪斯雷利[129]的《預言家》（*Sibyl*），或是會閱讀《維尼西亞》（*Venetia*）、

129　迪斯雷利（Benjamin Disraeli, 1804-1881），英國政治家、作家和貴族。曾兩次擔任首相。

《孤雛淚》（*Oliver Twist*）、《瑪麗二世的人生》（*The Life of Mary II*）、《羅曼尼的黑麥》[130] 以及《過去四任教皇的人生》（*The Lives of the Last Four Popes*）。母親始終都還記得皮奧・諾諾 [131]，還曾提起過他的嚴重病情，以及他的康復情況。母親閱讀了胡德 [132] 所寫的關於華茲華斯的有趣傳記。她將卡萊爾在《法國革命史》一書中使用的詞語說成是「垃圾」。

　　除了前往沙灘上遊玩，母親的另一個愛好，就是在她的心情特別好的時候，會帶著我們去尋找各是各樣的海草，每一種海草都具有許多不同的特點。在我看來，這些海草有點像新英格蘭地區的榆樹、英國的橡樹、草本植物、義大利的五葉松、蕨類植物等等，有時候甚至與女性灰暗的頭髮很相像。海草的形狀與色澤似乎都與這些事物都很類似，因此人們可能會認為海草就是大海的一本教科書。當然，這是相對於乾燥的陸地而言的。我們將很多閒暇時間都用於觀察這些海草的生長情況了。我必須要悲傷地承認，在採集了這些海草之後，我無法繼續讓這些海草繼續生長。後來，我的父親也加入了這場所謂的「科學研究」，他的雙眼對此充滿了熱情。他不時會發出「嗯嗯，不錯嘛」的驚嘆聲。

　　有時候，我們也會前往惠特比、威爾頓城堡以及其他地方遠足。有時候，我也會按照自己的想法去遠足，但在很多時候這樣的遠足會讓我感覺自己的雙腳非常疲憊。「蘿斯在追逐一隻猴子的時候，膝蓋與手肘都受傷了。」但是，我這位對我關懷備至的母親卻從來不會讓我參與有趣且驚險的遠足活動，去感受那些毫無意義的事情。第二天，母親在她的日記裡這樣寫道：「我可憐的蘿斯受傷了。」

　　下面這封信是我的姐姐所寫的，這也證明了那片海灘所具有的美麗景色：

---

130 《羅曼尼的黑麥》（*The Romany Rye*），英國小說家喬治・博羅（George Borrow）的小說。

131 皮奧・諾諾（Pio Nono, 1792-1878），真福教宗庇護九世。

132 胡德（Edwin Paxton Hood, 1820-1885），英國作家、非國教徒。代表作：《自我教育》、《約翰・米爾頓傳》、《威廉・華茲華斯傳》等。

雷德卡，1859 年 10 月 4 日

親愛的莉茲阿姨：

這是我們在雷德卡的最後一天了，今天的天氣非常好。大海似乎正在用咆哮的海浪來為我們的離開而嘆息。但我為我們終於要離開這裡感到非常高興，因為我現在已經非常想家了，希望能夠透過改變所處的環境來換一種心情。這樣的情感與愛意是多麼地讓人苦惱啊！當一個人想要忘記什麼的時候，這樣的情感就會變得越發的強烈。

永遠深愛著妳的外甥女

烏娜・霍桑

我認為，我們建造的那個狹小的房子，就是專門為父親建造的。我喜歡與父親在巨大海浪衝擊下的沙灘上進行著一些遊戲。這樣的遊戲一點都不幼稚，因為大風與陽光照在我們身上，讓我們玩什麼遊戲都顯得不那麼重要了，因為我們玩得都非常開心。我們還可以撿到許多紋路精緻的貝殼，這些美麗的貝殼都安靜地躺在沙灘上一動不動，就跟死了沒有什麼區別。我們也會去採集海草，這些海草就像一幅還會繼續生長的畫作。我認為這樣的場景非常美好，但很多從小就在海邊長大的人可能就不會留意這些事物的存在。我們非常享受室外的時光。但在我父親不在家，我的母親乖乖待在家裡的沉悶時光裡，我會在沙灘上，與一位名叫漢娜的小女孩一起玩著雜貨店的買賣遊戲。當時，我非常討厭她的名字，但她穿著整潔乾淨的衣服，而且那麼美麗與安靜，這讓我後來覺得自己還是很喜歡她的。當我們在沙灘上建好了雜貨店，再用顏色有點不同的沙子圍起來之後，就會將一些很小的鵝卵石堆積起來，形成了非常有趣的畫面。當然，我這樣做，完全是出於對我父親的致敬。有時候，我的父親會斜眼看著我在沙灘上做著這些毫無意義且消磨時間的小遊戲，此時，我已經知道這樣做是在消耗著大腦與靈魂的活力。當父親用圓滑的方式說我的時候，我那小小的大腦對此感到高興。我產生了要做比玩這些買賣遊戲更好的事情的想法。時至今日，我仍然感謝大自然對我的思想與人生造成的影響，讓我的記憶裡依然充滿著各種色彩以及咆哮的海浪聲音。

第十二章　義大利的歲月一

羅馬這座城市對霍桑一家產生了深遠的影響。霍桑在這座最具歷史底蘊的城市裡的表現。在狂歡節的時候，一群朋友碰巧聚集在一起。瑪莉亞‧米切爾小姐、哈莉特‧霍斯默小姐與伊麗莎白‧霍爾小姐都對此進行了一番描述。烏娜的疾病證明了一輩子真誠的友情，塞法斯‧湯普森與他的畫室對此進行了一番描述。羅馬這座城市具有的長久魅力對這位小女孩帶來了明顯的影響。

在我七歲的時候，我們來到了義大利，從此我才真正與父親經常待在一起了。在一輛有點潮溼冰冷的馬車上坐了很長時間後，我們終於來到了羅馬。這樣的旅程讓我們原本對羅馬的許多美好印象都破滅了。當我們搭乘馬車顛簸而行的時候，我的母親始終都將我抱在懷裡，而我則盡可能地睡覺。當我無法入睡的時候，我就會在母親的懷裡伸著懶腰。在那天晚上，我們這幾個表情嚴肅的美國人終於來到了羅馬這座城市。我的父親經常會將《蒙特貝尼的浪漫》(*Monte Beni*)這本書稱為《玉石雕像》(*The Marble Faun*)。當我的父親談起羅馬這座城市時，語氣中都是夾雜著對羅馬這座城市帶來的許多不便的抱怨以及對這座城市充滿歷史意義建築的驚嘆。「羅馬廢墟的荒涼」並不能阻止羅馬變成「一座與我們出生地一樣親密的城市」。對我父親來說，一處廢墟或是一處景象並不能讓他的內心感到滿足，因為他從來不允許自己的精神世界受到任何束縛與桎梏。羅馬這座城市，訴說過著太多人類的失敗，因為這座城市本身就是人類最偉大力量的一個呈現。這座城市將魔鬼撒旦與上帝的力量都展現的淋漓盡致。羅馬這座城市產生了聖彼得與聖保羅等聖人，同時也為自己的失敗與罪惡付出了沉重的代價。（作為一名天主教徒，我很難贏得一般的讀者，似乎我就不是一位美國人，從而不敢堅持自己的信仰一樣）在羅馬的遊客可能在面對過去那些代表著罪惡的廢墟時會感到悲傷，但這些廢墟的景象同時也能帶給人一種精神上的升華，因為這可以幫助人的靈魂更好地洞察到真理，讓人們更加相信仁慈應該是宗教出現的根本原因之一。如果說羅馬教廷之所以會在羅馬成立，是因為這座城市曾是地球上最為邪惡的城市，更因為這座城市是世界上最具智慧的一座城市。在這座城市裡，我們可以找到過去的羅馬皇帝，找到許多飽經歷史滄桑的痕跡，了

解到哪些人應該為這些歷史罪惡負責。霍桑在《玉石雕像》一書指出，這樣的罪惡應該讓全人類來共同承擔，而不應該是在這裡進行祈禱的歷任教皇，也不應該是相信這個宗教的信徒。在我父母關於義大利這座城市所寫的文字記錄裡，他們都表示羅馬這座城市總是能夠激發出他們內心最為崇高的情感。

不過，不管這座城市是冰冷還是溫暖的，這座永恆之城似乎都無法立即征服我的父親。雖然在我父親向這座城市告別之前，他說過這些城市是陽光最為充足，最適合人類生活的一座城市。在春季的時候，我的姐姐烏娜這樣寫道：

「現在，這裡的氣候是如此的美好 —— 義大利的天空沒有一絲烏雲，陽光發出熾熱的光芒，世間萬物彷彿都如此的溫暖與充滿榮耀。但是，這裡的天空實在是太蔚藍了，這裡的陽光實在是太猛烈了，這裡的一切都似乎散發出一種過分強大的活力。很多時候，我都希望天空中都能出現雲團，希望能夠看到像美麗的英國那樣的柔和天氣。羅馬這座城市讓我們每個人都感到非常倦怠，因為每個人都顯得無精打采似的。當我們在充分享受這裡的歷史名勝與文化古蹟所帶來的靈魂震撼時，也必須要付出這樣的代價。有時候，我希望羅馬這座城市在歷史上從未發生過那麼多的重大事件或是創作出那麼多歷史名著。在這方面上，我父親與我似乎都有著比其他人更加強烈的想法。與我們在英國生活時一樣，父親與我的許多想法都很相似。」

在冬天的時候，我的母親在一封信裡就談到我們在這裡度過的寒冷冬天：

羅馬拉勒紮尼廣場品奇阿納城門第 37 號
我親愛的伊麗莎白：

我無法相信，當我來到了羅馬這座城市之後，竟然沒有第一時間跟妳說說我們的見聞，跟妳說說聖彼得大教堂的鐘聲或是聖天使教堂那隆隆的炮聲……但是，我現在的心靈彷彿都結冰了，就像外面聖彼得廣場上流動的噴泉那樣地結冰了。我無法像玉米或是甜瓜那樣在夏日的陽光下自在地生長了。我內心虔誠的希望與熱情彷彿被限制住了，我的雙手實在太冰冷了，簡直無法握住一支筆。除此之外，霍桑也患上了重感冒，雖然他現在的感冒有

所好轉，但這裡的潮溼的天氣還是讓他難以承受。這座城市今年的冬天，比過去二十年冬天都要寒冷。我們認為在羅馬這座城市裡生活開銷實在太高了，我們所居住的公寓一年就要花費一千兩百美元。

但是，我現在置身於羅馬了！羅馬這座永恆之城！我之前已經去過古羅馬廣場，來到了提圖斯凱旋門下面認真欣賞，去了聖道那裡逛了一圈。我還在古羅馬競技場那裡逛了一圈，這座古羅馬競技場雄偉龐大的建築，簡直與我夢想與希望的樣子完全相符。我還親眼看到了陽光照在和平殿堂的宮殿上。根據莎拉·克拉克所說的，要是在幾年前，我的孩子肯定會在那裡玩耍的。（現在，那座和平殿堂改名為君士坦丁堡的長方形會堂）我攀登過朱庇特神廟，站在神廟上，欣賞著馬可·奧理略[133]騎馬的威武雕像——這是世界上最精緻與雄偉的雕像（我的父親將這座雕像稱為「世界有史以來最能展現國王氣質的雕像」）當我來到了塞普蒂米烏斯·賽維魯凱旋門前面，這樣的感覺就會更加強烈。我還去了萬神殿，這座宮殿有著莊嚴的門廊，彷彿就是在一片批評聲中形成了自己特有的建築風格——從入口進入，就能看到宮殿裡面擺放的眾神。當年的奧古斯都[134]是多麼的睿智啊！他拒絕了阿格里帕[135]的建議，拒絕為他的個人崇拜而建造神殿，而是選擇將敬仰的對象轉移到了永恆的眾神！現在，這座萬神殿是用來向永恆的上帝致意的。

除此之外，我還去了聖彼得大教堂。在羅馬，那個地方可以讓人感受到永恆的夏天。妳可能已經聽說過，古羅馬的長方形會堂帶給世人的那種震撼的情感。每個前來這裡參觀的人，似乎都會被聖彼得那顆虔誠的靈魂或是無數聖人祈禱的呼吸所感染。在一道簾幕的後面有一個密封的印章，當人們走進去之後，就會感覺與外面冰冷的世界隔絕開來了，感受到溫暖的氣息，彷彿天使就在我們身旁揮動著翅膀。當時，我感覺自己彷彿看到了一個無形的

133　馬可·奧理略（Marcus Aurelius, 121-180），羅馬帝國最偉大的皇帝之一，同時也是著名的斯多葛派哲學家，其統治時期被認為是羅馬黃金時代的代表。他不但是一個很有智慧的君主，同時也是一個很有成就的思想家，代表作：《沉思錄》等。

134　奧古斯都（Augustus，西元前63～14年），羅馬帝國的開國君主。歷史學家通常以他的頭銜「奧古斯都」（神聖、至尊的意思）來稱呼他。他結束了一個世紀的內戰，使羅馬帝國進入了相當長一段和平、繁榮的輝煌時期，史稱羅馬和平。

135　阿格里帕（Agrippa，西元前63～西元前12年），著名的羅馬將軍與國務活動家。

溫暖太陽。在某些時刻，我感覺到了羅馬這座城市的魔力。但是，每個人都說，羅馬這座城市的魔力是慢慢浸透到每個人心中的。看來，這樣的情況並不適用於我身上。誰聽說過一條冰柱會散發出情感呢？誰說羅馬就是一座土地冰冷的城市呢？

　　我們無法在這裡找到最為舒適的房子，即使我們想找這樣的房子，開銷也實在太多了，因此我們無法負擔。我們都希望能在義大利過上快樂的生活，因此要是在這樣充滿藝術感與歷史感的地方，過著一種缺乏藝術性或是舒適的生活，這會讓人感覺比在其他地方更加難以忍受。我還記得每天都吃米布丁，這讓我們每天都感到很抓狂，但我們對此也是無可奈何，畢竟這裡的其他消費實在是太高昂了。我們都知道這樣簡樸的生活會給我們帶來不愉快的感覺，暗示著我們必須想辦法去順從羅馬這座城市的生活。如果我們能夠單純依靠牛奶來生活的話，就像羅穆盧斯與瑞摩斯[136]那樣生活，穿上俄羅斯的皮大衣就感到滿足的話，那麼我們在這裡的心理落差就不會那麼大，也能夠以更加平和的心態去面對這裡的生活。不管怎麼說，這裡的春天還是如期到來了，四季的輪迴總是讓我們的內心充滿了喜悅。我們在度過了寒冷的冬天後，又開始在羅馬這座城市參觀許多古蹟：其中就包括閃耀著歷史氣息的廢墟，還有廢墟上面剛剛長出來的新鮮雛菊，這些大自然的額外景致都會讓我們心神陶醉。我們還會在一個個小噴泉旁邊，看著那些只剩單腳或是鼻子扁平的雕像，彷彿在以趾高氣揚的方式看著下面的人群 —— 現在，這些噴泉都沒有噴出任何的水了，就像醉生夢死的歡宴者一動不動，對著那個石槽發出可悲的啜泣。不過，當陽光灑在這些雕像的時候，卻又完全是另一幅景象。灑在大理石雕像上的光線彷彿在空氣中跳舞，就像一位優秀的演員在西園裡進行著表演，我們這些小孩都非常喜歡這樣天真無邪的樂趣。

　　我的父親從未像現在這樣以認真的態度觀察著這裡的一切。他現在的身材比在英國居住時更加瘦削了。我父親給我最大的一個印象，就是他擁有極

---

136 羅穆盧斯與瑞摩斯（Romulus and Remus），是羅馬神話中羅馬市的奠基人。在羅馬神話中他們是一對雙胞胎。他們的母親是女祭司雷亞·西爾維亞，他們的父親是戰神瑪爾斯。他們出生後即被遺棄，傳說是被一隻母狼餵養才得以存活。

為深刻的洞察力。這座城市散發出的那種充滿憐憫情感的氣流，讓他像一團雲層那樣陷入了沉思，陶醉在自己的思想世界裡不能自拔。無論他去到羅馬的哪個地方，他似乎都只是沉默地注視著眼前的景象。《玉石雕像》這本書就很好地展現了他當時所構思出來的句子。他彷彿從觀察石頭的標本中可以窺探到不受時間限制的永恆思想。當他在羅馬認真遊覽的時候，經常都會提到一點，那就是他對於人類所面臨的問題感到深沉的悲傷，而這些問題都是我們應該專注去解決的。但是，另一個明顯的事實就是，雖然他會對人類的歷史表達出這樣的哀婉情感，但他的作品卻經常表現出人類強大的信念——可以說，他的這本書帶給我最大的感受，就是書中包含著對人類的希望。每當我和他一起散步的時候，我都會認真觀察著他全神貫注地研究過去那些歷史遺跡，認真觀察著每一條帶有歷史氣息的小路。也許，他希望透過自己認真細緻的觀察，然後用自己的作品去讓讀者感受到他所感受到的那種感覺吧！當一個人懷著慷慨大度的簡樸心境，擺脫了自我意識與粉飾的思想，表現出坦率的自私以及謙卑的人格魅力時，那麼這無論如何都不會給別人帶來任何傷害——這一切都是非常有趣且讓人的內心感到寬慰，就彷彿與一位先驗主義者進行了很長時間的交流一樣。關於這方面的信念，我的母親在寫給她姐姐的一封信裡這樣說：

「現在，我可以說，自己討厭先驗主義。因為先驗主義有著太多言過其實的格言與思想。要是這樣的思想蔓延開來，必然會擾亂整個社會的秩序。因此，在我看來，先驗主義的思想不應該得到傳播，除非這些思想是在僅限於牧師圈子裡傳播。要是先驗主義的思想向著烏娜這樣純真無邪的女孩們傳播，那麼這必然會讓我感到與販賣奴隸一樣的恐怖。可以說，即使是女修道院都要比先驗主義思想來的更好一些。此時，妳絕對不能認為我是一名天主教徒。我知道上帝會讓那些心靈純潔的人看到純潔的東西——上帝是無限仁慈的。但是，我不希望讓自己的孩子看到那些不純潔的東西。」

當我們一路前行時，我的父親始終都保持著良好的精神狀態。當他與一位義大利水果攤販交流的時候，就將幾個滾燙的栗子放在了他的口袋裡，然後微笑地看著我。我（當時，我覺得父親的微笑就是世界上可以為我帶來最

大歡樂的東西）當時覺得父親正在做著非常美好的事情。父親拿出了一枚銅幣，完成了這次交易。這不僅讓那位水果攤販感到高興，而且也讓我可以握住父親那雙柔軟溫熱的雙手。父親用他的拇指理了一下頭髮 —— 他就像一年中的六月那樣，充滿著激情。當水果攤販表示希望父親下次繼續光顧他的時候，我的父親露出了義大利式優雅的笑容。當我父親感到高興的時候，在他身旁的人也會感到無比的高興。後來，我們遇到了幾名農婦，她們的臉上露出了爽朗的笑容，穿著一條美麗的條紋短裙。在這裡，到處都能看到英俊的男人與漂亮的女人，每個人都穿著美麗的衣服。一些人穿著紫羅蘭顏色的服裝，一些人則穿著粉紅色的衣服。即使是路上的一個獨自行走的男孩也是很英俊的，他的身上彷彿展現出了人類本應該有的氣息。他安靜地坐下來，穿著美麗的衣服，衣服上的顏色彷彿就像夕陽下山或是美國秋天葉子的顏色。這裡的大理石商店也是非常有趣的地方。一陣呼呼的聲音會讓整個人都沉入到一種夢境般的狀態，給我們一種非常空靈的感覺。溼潤的大理石泡沫散發出一種芳香。當工人擦亮我們所購買的廢墟紀念品之後，我們看到這些紀念品變得就像花朵一樣精緻。一兩個古代男人的半身雕像在他們的巧手打磨下，彷彿變成了充滿活力的古代貴族。我們購買了一些金芝麻與斑岩以及其他的東西作為紀念品。（顯然，一旦來到了凱撒的這片土地上，至少就應該買點讓人想起凱撒的東西）。除此之外，我們還為發現了許多彩虹色的玻璃而感到興奮，這些玻璃會讓人想到兩千年前一位羅馬女人的淚水（當然，這樣的淚水只對她本人來說是寶貴的，無論她說什麼，都不可以盡信）。

　　在羅馬這座城市的中心，妳能夠感受到聖彼得以及教皇的脈搏。在聖週的時候，當教皇出現在一個很高的陽臺上，我與父母站在一起看到了教皇。這給我的內心帶來了極大的震撼。我看到了教皇正在給下面很多聚集起來一睹教皇風采的信眾們賜福。教皇的目光是那麼的友善與親切，卻又顯得非常威嚴，與世俗意義上的國王是不大一樣。教皇穿著白色的長袍，臉色看上去也有點蒼白。當然，在我幼小的心靈世界裡，我認為眼前的教皇彷彿變得非常親切。於是，我開始談論著關於教皇的話題。母親給我一枚教皇的圓形浮雕以及一枚義大利金幣。直到現在，我都珍藏著母親送給我的這兩樣東西。

在週日下午，我們一起前往賓西亞丘陵。每當這個時候，我總是陪在父親身旁，這樣的時光總是讓我感到極為快樂。在下午三四點鐘的陽光照射下，我在灰色的長凳上用石頭玩著一些小遊戲，而父親則坐在我的旁邊。我感覺父親能夠察覺到我的眼神、嘴唇、雙手乃至我整個人的存在，因為他的臉上洋溢著最為幸福的快樂表情。當父親將事先用粉筆做好記號的一塊鵝卵石扔到一邊的時候，我就會興沖沖地幫父親撿回來。當一盤遊戲結束之後，我總是很擔心父親不會陪我繼續玩遊戲。不過，父親似乎都不會顯得疲憊或是不耐煩 —— 至少表面上這樣子的。我的父親是一個非常具有自制力的人，因此在我們看來，他就像一個正在守衛的哨兵。因此，父親接著非常安靜地扔著一些鵝卵石，臉上沒有表現出任何的不耐煩，偶爾還會說出一兩句非常有趣的話。在繁茂的樹叢中間，有馬車穿行而過。訓練有素的樂隊正在那裡演奏，微風將他們演奏的音樂聲傳到了我們這邊來。就在不遠處用圍牆圍起來的花園之外，夕陽彷彿將它最後的一絲餘光都灑在我們身上。在穿過了喧囂的人群以及美麗的自然景色之後，我的父親依舊保持著平和的氣息，陷入半沉思的狀態。當然，他還在與我進行著這場扔鵝卵石的遊戲，或是在此時處於陰影當中的草地上走來走去，空氣中彌漫著花朵散發出來的香氣。每當我與父親在週六下午外出的時候，最讓我印象深刻的事情，就是父親手上的雪茄菸。當父親深深吸了一口雪茄菸時的表情，彷彿在進行著一場莊重的儀式。雪茄菸散發出非常香的香氣。我父母對一切事情都追求所謂的古典主義，因此抽雪茄菸可以說是他的主要享受。他會拿出一個古銅色的火柴盒，這是我的姐姐在羅馬的時候送給他的。火柴盒上印有秋天豐收時節的景象，給人一種古希臘的優雅感覺。在父親拿起火柴點火的時候，我們的目光總是會聚集在父親點菸的動作上。我們看到了一位獵人在回家的路上，帶上了許多葡萄與水果，還有一隻兔子與一些小鳥，這些獵物都掛在一根木竿上。而獵人的妻子與孩子則一臉愉悅地坐在家門口處等待著他。獵人所攜帶的那條獵狗則輕輕地親吻著年輕妻子的雙手。看來，今天的秋天到來的有點早，要比往年都要來的更早一些。有兩名戀人站在一束小麥捆前面，他們手上拿著鐮刀，年輕人則將一大束的葡萄都拿起來，而少女則眼睛垂下，輕輕地伸出

雙手接過這些葡萄。最後，天色慢慢暗了下來，我們無法再玩遊戲了。我父親披上了黑色的外套，他也不情願地抬起了那張英俊的臉龐。在離開這個山丘之前，我們前往西邊看了那堵矮護牆。根據《蒙特貝尼的浪漫》一書的記載，「這是人類所建造的最為雄偉的建築，與上帝所創造的最美麗的天空相得益彰」。一些擲鐵餅者在下面的那條路上投擲著圓盤。我稍微了看了一眼，感覺他們似乎在投擲之前，都要做一個彈跳的動作。很多時候，我都沒有看清楚他們到底將鐵餅投擲到了哪些地方。總之，這是一段非常美好的休閒時光，而這些擲鐵餅者的訓練則讓我們感覺非常有趣。

在我母親的日記裡，每天都記錄著許多事情，其中還包括了她每天所見到的人的名字，當然其中一些人的名字是我熟悉的，一些則是我所不熟悉的，因為我也無法分辨母親是在觀光還是在養病，或是在閱讀一些書中所了解到的名字。之後，我們認識了羅馬一位著名雕刻家的妻子，她在一封信裡說，1859 年的遊客非常多，而 1860 年的遊客數量則不是很多。不過，我的母親非常喜歡與白朗寧先生一起騎馬，這似乎也能證明她的身體狀況還不錯。但在那個時候，美國人與英國人在義大利的確能夠玩一些非常奢侈的娛樂活動，之後這些娛樂活動的成本就越來越高了。我的母親從 1859 年 1 月 16 日開始記錄的一些日記的內容，激發著我愉悅的想像：「白朗寧先生前來拜訪我們，我們一起外出度過了非常愉悅的旅行。我第二次閱讀了夏綠蒂‧勃朗特的作品 —— 史都瑞夫人給我的丈夫寫了一封信，邀請他與白朗寧前去喝茶（當時，我的母親因為要照顧我生病的姐姐烏娜，所以整天都待在家裡）。我閱讀了《腓德烈大帝》這本書，之後又給烏娜帶回了米爾頓的《失樂園》 —— 我與丈夫一起前去陽光明媚的科爾索，因為他當時的健康狀況也不是很好。史都瑞夫人邀請我們與德維爾先生、威廉‧羅素夫人 [137]、愛麗森先生、白朗寧先生以及其他有趣的人一起共進晚餐 —— 今天的天氣非常好，有著蔚藍色的天空。我正在為朱利安準備狂歡節的衣服。我去了霍爾先生家的陽臺，看到一些市政官員都慢慢地走出來。喬治‧瓊斯帶著烏娜搭乘馬車

137　威廉‧羅素夫人（Lady William Russell, 1793-1874），英國外交家和政治家喬治‧羅素爵士之妻，社交名流。

前往科爾索，威爾斯王子在他的陽臺上給烏娜送了一束鮮花。當我坐在霍爾家的窗邊，認真閱讀了《敘利亞遊記》[138] 這本書 —— 前往伊麗莎白·霍爾夫人家的這趟旅程是非常愉悅的。她在昨天見到了教皇，教皇親自祝福了她。史都瑞夫人在狂歡節這天乘馬車過來，她看上去非常美麗。她戴著一頂裝飾著紫羅蘭花環的帽子。史都瑞夫婦邀請我們前往他們在多利亞的別墅。我們欣然應約，一起度過了非常有趣的遠足旅行。在沿途中，我們看到了五顏六色的海葵花，看到了許多震撼心靈的景象。克里斯多夫·克蘭奇[139] 先生後來也加入了我們 —— 今年，我第一次與霍爾夫人前往梵蒂岡。我們在那裡見到了霍桑，當時他正與皮爾斯夫人、范德沃特小姐在一起。我們慢慢經過了長達數里路長的雕像畫廊 —— 之後，烏娜與我前去拜訪了皮爾斯夫人、白朗寧夫人、皮克曼夫人、霍爾夫人，並且見到了莫特里夫人。在下午的時候，我與霍爾夫人一起前往史都瑞先生的畫室。皮克曼夫人前來找我 —— 霍桑與我以及朱利安接著一起前去拜訪庫什曼小姐，接著一起前往佩奇先生的畫室。這天在很早的時候，莫特里先生就給我們發出了邀請，並用調侃的口吻表示希望霍桑能夠與他共進晚餐，順便見一下史賓賽公爵的兒子 —— 史都瑞夫人送給烏娜在這個時節盛開的鈴蘭花。我與蘿斯一起前往聖三一教堂，聆聽著修女們所做的晚禱。走出聖三一教堂之後，我們遇到了哈莉特·霍斯默小姐[140] —— 今天真的是運氣太好了！我與丈夫一起前去參觀了霍斯默小姐的畫室，遇到了尊敬的考珀先生，他彎著腰與我們進行著友善的交談。白朗寧先生在見到我們的身影之後，一個箭步地朝著我們這邊飛奔過來，臉上閃爍著真誠的目光。霍斯默小姐無法招待我們太久，因為她正在塑造莫丹特夫人雕像的鼻子 —— 之後，西摩總督前來拜訪。我帶著蘿斯來到一扇窗戶邊，欣賞著狂歡節的場景。這是非常瘋狂而愉悅的時光。一位先生朝著我扔來了一束美麗的鮮花與一些夾心軟糖。朱利安、我、沃德夫人及查爾斯·索姆奈先生一起前往阿爾巴尼別墅。今天真是非常美好的時光呀！傍晚時分，我與霍桑

138《敘利亞遊記》（*The Howadji in Syria*），美國作家喬治·柯蒂斯（George William Curtis）作品。
139 克里斯多夫·克蘭奇（Christopher Pearse Cranch, 1813-1892），美國作家、藝術家，超驗俱樂部成員。
140 哈莉特·霍斯默小姐（Harriet Hosmer, 1830-1908），美國新古典主義雕塑家。

一起前往古羅馬圓形競技場以及古羅馬廣場。此時，天上的月亮已經散發著皎潔的月光。在晚餐之後，我與霍桑帶著朱利安一起前往平丘花園。今晚的月光實在太美了——索姆奈先生在稍晚些時候前來拜訪。」

在這段時間裡，經常與我們在一起的朋友是一位天文學家，她是瑪莉亞·米切爾小姐[141]，我們已經認識很長時間了。米切爾小姐在談到羅馬這座城市的時候，總是會露出非常愉悅的笑容，似乎她正在認真耐心地欣賞著星座。每當她露出安靜的微笑時，雙眼中總是會散發出光芒，然後將手放在她那柔軟豐滿的嘴唇上，臉上露出極為滿足的表情，我非常喜歡她這樣的表情。但我喜歡她的主要原因，是當她和我們在巴黎的時候，正是她極為友善地給我帶來了一些非常適合我吃的糖果——法國薑餅。這讓我對她始終充滿了非常美好的印象。米切爾小姐談論了許多關於羅馬這座城市的教堂、廢墟以及畫廊，給我一種如數家珍的感覺。她與我的母親經常像姐妹那樣地前去欣賞她所談到的那些美麗歷史名勝古蹟。她們兩人似乎對這樣的遊玩與欣賞不會感到厭倦，並且每次都是滿意而歸。米切爾小姐的聲音是非常圓潤，和我父親的聲音差不多。她表現出來的智慧就像一波波輕柔的思想浪潮那樣，給人一種極為舒適的感覺。雕刻家哈莉特·霍斯默小姐也是一位非常具有浪漫氣息的人。她本人就是一個非常愉悅快樂的人，經常頭戴著一頂帽子。我還記得，她的微笑就像是一顆名貴的珍珠所散發出來的光芒，讓我們忘記了世間的所有瑣事，只感覺到眼前的美好時光。有時候，她也會顯得非常的詼諧幽默，但她的一些話語卻始終都飽含著她對人生的一些深刻見解。她所傳遞出來的深刻思想就像一縷縷光線照耀在每個人身上，以一種潤物無聲的方式帶給人震撼。能夠在羅馬見到伊麗莎白·霍爾小姐，真讓我們感到非常驚訝。她之前與愛默生的那位才華橫溢的弟弟愛德華訂婚了，但愛德華後來去世了。在我看來，她就像一座高高聳立且會開口說話的紀念碑，這座紀念碑是用鑽石與珠寶來鑲嵌的。她會以柔和的方式談論很多事情，她的聲音具有

---

141 瑪莉亞·米切爾小姐（Maria Mitchell, 1818-1889），美國女天文學家，於 1847 年以望遠鏡發現了彗星 C/1847T1，該彗星因此被稱為「米切爾小姐的彗星」（Miss Mitchell's Comet）。她因為該發現獲得丹麥國王法雷迪七世七世頒發金質獎章。

很強的穿透力，表情則會顯得有點陰鬱，彷彿別人是在聆聽她所說的一些悲傷故事。她對歷史、詩歌以及藝術都有著非常深刻的見解。當我靠近她的時候，能夠感受到她那雙悲傷的眼睛透露出堅強的力量，彷彿表達著她不懼怕任何的挑戰。在我看來，她似乎正在追求著一種更為高尚的自我生活。

下面，我會摘錄伊麗莎白·霍爾寫給我母親的兩封信，這兩封信充分展現了她的憐憫心與溫柔的心靈：

佛羅倫斯，5 月

親愛的索菲亞：

在度過了一段從各個方面來說都極為完美的旅程之後，我們終於來到了這裡，沿途欣賞著美麗的鄉村景色。我們看到道路兩旁的許多山楂樹，還能看到金蓮花所形成的流蘇，這些美麗的紫色花朵纏繞在岩石上，彷彿將每一片不平坦的地面都鋪上了地毯 —— 金色的金雀花在山丘上到處綻放，猩紅色的罌粟花彷彿將每一片農田都照亮了，還有那些顏色最為鮮豔的紅菽草，就像一片無邊無際的草莓 —— 我之前從未在其他地方看到這樣美麗的景色。當時，天空中出現的雲團所投射下來的陰影，剛好讓我們能夠以最好的方式去欣賞這些美麗的景色。我多麼希望妳與烏娜能夠漂浮在那片雲團上，站在高處俯瞰這片美麗的地方啊！每當我看到一種全新的花朵，就會想到可愛的烏娜。只有在這樣的時刻，我的內心才不會感到苦悶。因為在離開羅馬的時候，唯一讓我感到失望的是（另一件讓我感到遺憾的事情，就是沒有見到白朗寧先生），我無法在我們離開的這天早上送給烏娜一束美麗的鮮花。在離開之前，我就下定決心一定要這樣做，但我卻始終都沒有找到足夠美麗的花朵。當我在離開的路途中，看到沿途盛開的山楂樹花朵，就加深了我內心的失望情緒。我們應該帶著朱利安一起出發，讓他作為我們沿途旅行的藝術家，然後為我們採集許多永遠鮮豔的花朵（因為朱利安現在畫的花朵已經非常好看了）。我們經常都會說起可愛有趣的朱利安。我在佩魯賈的斯塔法島畫廊上看到了蘿斯的守護神聖羅莎 —— 她是一位非常美麗的女性。親愛的索菲亞，我必須要感謝妳一直給予我的各種支持以及安慰。每當我回想起每

次與妳的見面，回想起我們在多里亞別墅度過的時光，以及我們一起前去參觀埃及女王的大理石雕像（在史都瑞畫室裡），這都讓我的內心感到非常溫暖。在羅馬的這段時光，因為有妳的陪伴，讓我感覺到每天的陽光都更加燦爛，讓我的內心每天都感到無比的快樂。當妳帶著我在晴朗的天氣去聖彼得廣場參觀的時候，我們穿過了羅馬的城牆，欣賞著古羅馬的歷史遺跡，這給我的內心帶來了極大的滿足。索菲亞，那是非常開心快樂的一天。我永遠都不會忘記妳在羅馬這座城市給予我的接待與照顧。我衷心希望，在妳離開歐洲之前，能夠度過更多快樂開心的時光。只有這樣，妳才會忘記過去三個月裡所感受到的不安與焦慮。我希望妳能幫我轉達對史都瑞夫人的愛意。我非常感謝她對我的照顧，我也要非常感謝史都瑞先生。我始終對他們給予瑪格麗特・富勒女士的善意表達感謝。現在，我已經見到了他們，我真的非常喜愛著他們。請將我的愛意以及掛念轉達給烏娜與親愛的小蘿斯。妳根本不知道要是有一天收不到妳的消息，我是多麼的難熬。（在另一封信裡）我在熱那亞收到了妳的來信，內心充滿了無限的喜悅。從收到妳的來信的那一天，我就準備與莉茲、梅一起從維爾納夫出發前往蒙特勒去拜訪妳。在拜倫酒店的員工告訴我們，妳準備在蒙特勒度過一個月的時間。不過，最為重要的消息還是關於烏娜的，因為這是我們離開羅馬之後，第一次聽到烏娜的健康狀況有所好轉的消息。我每天都在熱切地為烏娜的健康祈禱著。在這段時間裡，我沒有收到霍桑先生的來信。當我得知妳在今年秋天還不會帶著烏娜回到康科德時候，我感到非常高興……

　　我們的很多朋友當時都在羅馬，他們要不是在羅馬定居，就是以遊客的身分前來這裡參觀。我們在羅馬度過的最後兩個冬天，給我留下了許多深刻的印象。這樣的印象不僅關於許多人的個性，還包括許多精緻的事物以及很多具有藝術魅力的場景。不過，正如我之前所說的，如果不是我那位身材高大且消瘦的父親在我身旁，或是如果我的母親不是經常以笑臉迎接許多健談的人，那麼我對這段時間的記憶畫面也將是黯淡無光。我父親在談到狂歡節的時候這樣說：「就我本人來說，雖然我會假裝對這件事毫無興趣，但我還是會隨時準備像一個淘氣的頑童那樣撒一些五彩紙屑以及花束。」父親的這幾

句話充分解釋了他所具有的個人魅力。我父親喜歡觀察的優雅外表，始終無法遏制他內心對歡樂的嚮往以及玩耍的天性，因為這些天性就像一團代表著純真生活的火焰那樣，在他的內心世界裡始終燃燒著。在狂歡節上，我就看到了父親臉上露出微笑，像一個年輕人那樣感受著狂歡節所散發出來的熱烈情感。

我在之前已經引述了我姐姐烏娜的一封信，她在信中表達了她對於旅途觀光的疲倦心理。在此，我會引述她大約在十五歲時所寫的一封信的部分內容。她在信中對歐洲給予了很高的評價：「親愛的阿姨，這表明妳從來沒有在歐洲生活過，妳不知道每天呼吸著藝術的氣息是什麼樣的感覺。要是妳能夠像我們這樣親身體驗過的話，那麼妳肯定會認為我們是心滿意足的。事實上，我們也的確感到心滿意足。我們在歐洲大陸生活的時間越久，我們內心的喜悅就變得越發深沉與強烈。我們的心靈就能以更好的方式去了解這裡的文化與傳統。我們的靈魂就能更好地了解榮耀與美感的泉源，可以自由自在地從歷史上那些偉大藝術家身上汲取靈感。」

在藝術層面上，天主教的包容性讓我的親人以及他們的朋友都為之嘆服。因為要是沒有天主教的寬容，這一切偉大的藝術傑作都不可能出現。正如科學家與夢想家已經證明了一點，除非我們知道地面下存在著包含金子的礦藏，否則我們永遠都無法煉出金子。同理，很多缺乏靈感的藝術家們也證明了，宗教藝術只有在海納百川的天主教的寬容下才能繁榮發展起來。

我母親在一些信件裡講述了我姐姐烏娜患上了羅馬熱病的事情，同時講述了我們所見到的一些有趣人物。母親在信件裡這樣寫道：「很多人搭乘馬車過來詢問烏娜的病情。不少人專門過來看望烏娜。甚至連親愛的白朗寧夫人，這位幾乎從來不上樓梯的人，在聽到這個消息之後也專門前來看望。白朗寧夫人就像一位真正的天使。我之前只見過她一次，但當她緊握著我的雙手時，我能夠感覺到一股電流。她的聲音彷彿能夠穿透我的心靈。沃德夫人之前也一直沒有上樓梯的能力，但她連續五天都專門過來看望烏娜。一天，我們家的客廳似乎籠罩在一片祥和的精神當中。因為沃德夫人、白朗寧夫人與史都瑞夫人等人都站在客廳裡等待著我的出現。她們送來了許多美麗的鮮

花以及花籃，每當我迎接她們送來的禮物時，總是忍不住眼含感動的熱淚。一些前往義大利出差的美國部長也會前來看望。奧布里・德維爾[142]先生也過來了。每個之前見過烏娜的人都前來看望她。史都瑞夫人有時候一天過來看望三次，並談論了關於請更好的醫生幫烏娜看病的事情。醫生表示，所有為烏娜準備的食物都應該按照醫囑，而且絕對不能讓烏娜吃其他人給他的任何食物。『這碗肉湯是誰帶來的？』『這是白朗寧夫人送來的。』『那麼請妳讓白朗寧夫人回去繼續創作她的詩歌吧，不要用這碗肉湯耽誤我為病人治療。』『這些果凍是誰送來的？』『史都瑞夫人送來的！』『我希望史都瑞夫人還是乖乖地幫她的丈夫塑造出更好的雕像，不要嘗試拿這些東西給烏娜吃。』某天，皮爾斯將軍也一天過來了三次。我認為，我丈夫的人生在很大程度上要感謝皮爾斯將軍。他是那麼友善、充滿憐憫心並且時刻給予我們幫助。」我的母親接著寫道：「沒有人能夠幫我分擔照顧烏娜的任務，因為烏娜始終都希望我的觸摸與聽到我的聲音。她不想告訴我她想要些什麼。在很多天裡，她只是長時間地睜開眼睛，看看我是否在她的身邊。」在三十個日夜裡，我都沒有離開過她的床邊。只是在早上的時候，我會坐在一張椅子上休息。此時，夏帕德小姐會照顧烏娜 1～2 個小時。烏娜斷斷續續會出現完全清醒的狀態。當她處於完全清醒的狀態時，她會用顫抖的雙手綁好花束，然後送給另一位當時也在生病的朋友。烏娜會抬高手肘，然後在桌子上用筆給別人寫許多感謝的信件。當她在談到這些花束的時候，引用了她父親在《神奇故事集》裡寫的部分內容。

　　我與我的父母前往了幾位畫家與雕刻家的工作室（前往教堂與畫廊的次數多的讓我記不清楚了）。每一次前往這些工作室，都會在我的記憶裡留下非常深刻的印象。我希望在我父親的這本自傳裡，講述父母的陪伴以及我所見到的一些事情會得到讀者們的諒解。在我的記憶裡，印象最深刻的是湯普森[143]先生的工作室，他之前已經為我父親畫了一幅肖像。出版商將這幅肖像放在了我父親所著的《重講一遍的故事》一書裡。他的工作室非常寬敞，但

---

142 奧布里・德維爾（Aubrey de Vere, 1814-1902），愛爾蘭詩人、文學評論家。
143 湯普森（Cephas Thompson, 1775-1856），美國著名肖像畫畫家。霍桑的朋友。

不是很高，室內會出現很多陰影。我不認為他的畫能夠與拉斐爾相比，但我非常喜歡他使用的色彩顏料所散發出來的氣味，因為這股氣味總是非常芳香。我想起他放在畫架上那張潮溼的帆布，然後他在帆布上描繪出彼得與一個面容清秀的天使，這讓我感覺非常有趣。當時，我感覺到他正在用畫筆去創作出濃縮的歷史。當時，我就為自己對畫作產生的這種瑣碎魯莽的想法感到既震驚又驚喜，因為我的父母對他的畫作都表達出了極大的欣賞與讚美。湯普森先生還為我畫了一幅微型肖像。在他繪畫的時候，我只能坐在一張硬椅子上一動不動（我現在回想起來應該是一張很高的凳子），而且我的父母都只能站在一旁看著我。當時，我感覺自己的行為就像一個絕對意義上的隱士。因此，我從小就產生了一種這樣的印象，即我受到了一種無形力量的懲罰，而我也認為自己應該接受這樣的懲罰。這幅關於我的微型肖像雖然讓我待坐了一段無聊的時間，但卻將我生動的描繪出來了。藝術家在創作時表現出來自視為高人一等的態度，是我們都很熟悉的。當然，這種所謂給別人高人一等的感覺，其實只代表著他們的自信，自信他們的藝術創作能力，同時不會以「我的創作到底有什麼用」這樣愚蠢的問題來消磨自己的能力 —— 但是，當時我在心底裡暗暗地對此感到憤怒。因為，我不喜歡別人擺出高人一等的態度。我的母親從小就沒有以命令的口吻對我說話。除此之外，當我想到我那位喜歡安靜觀察別人的父親正在以欣賞的目光看著聖彼得的畫像，這更是讓我感到有點惱怒。因為我非常希望父親能夠認真專注地看著我，然後說出「很好」的話語。但在那個時候，我基本上沒有那樣的修養，最後只能將悶氣放在心中。湯普森先生是一個面容英俊的人，臉上始終掛著燦爛的笑容，這樣的笑容似乎也無法抵禦他那灰色頭髮散發出來的靈氣。

　　即使在我只有七歲的時候，我就經常好奇一點，那些藝術家到底是怎麼去感受他們想要創作的畫面所具有的原始形象呢？他們到底要做出多少次的嘗試與努力才能最終取得成功呢？但是，他們想要去描繪的許多歷史人物或是虛構的人物本身都已經不存在了，他們到底又是怎樣思考出來的呢？很多雕刻家雕刻出來的人物形象都是那麼的傑出，他們似乎是一開始就在腦海裡設想好了這樣的藍圖，然後慢慢地按照自己的想法去付諸行動。他們彷彿一

氣呵成地完成了這樣的作品，就像雪花慢慢降落到大地一樣，在無聲無息中將腦海裡的一些想法都變成了現實。可以說，過去的很多雕像所表現出來的平滑柔順，都讓這些雕像充滿了生命力。甚至連雕像上出現的一些裂縫，都反而更能展現出雕像的完美細節，就像文學作品那樣，給人更多去研究與欣賞的樂趣。當地很多用大理石做成的低劣雕像都會出現了很多細孔，讓人一看就覺得心煩。史都瑞先生雕刻的克麗奧佩脫拉七世[144]雕像是那麼的平滑，每個位置都是那麼緊致，就像玻璃一樣。可以說，雕像上長袍根本不會掉落下哪怕是一片的石灰。這尊雕像與其他雕刻家的雕像都可以歸屬為古代藝術。當我在閱讀《玉石雕像》這本書的時候，能夠想像到這些雕像作品給父親的想像世界帶來了多麼豐富的素材以及思想的震撼。在欣賞了臨死的劍鬥士這尊雕像之後，我們都會奇怪一點，這位劍鬥士是否已經察覺到自己即將走向死亡呢？他是否在這個時候想起了他的妻子與孩子呢？或是，他感受到的身體劇痛以及對勇氣的侮辱，會帶給他比身體的傷痛更加痛苦的感受呢？這尊雕像彷彿要傳遞出一個英雄對失去愛意以及溫馨家庭之後的哀婉情感。

《玉石雕像》這本書裡就談到了這個問題，這尊雕像是否會在某個時刻停止歡笑，或是會在之後的某個時候繼續大笑。源於動物本能的那種愉快會將這位快樂的運動員變成一個手舞足蹈且令人感到困惑的迷人陪伴，因為他總是在哈哈大笑或是唱著歌。克麗奧佩脫拉七世雕像上那憂鬱的眼神同樣傳遞出一種經典的感覺。我希望她能夠伸開雙腿，然後站立起來。我非常喜歡前往史都瑞先生的工作室，我認為他是一個具有無畏精神的人物。

我的母親經常懷著敬畏神色觀察的凱旋門，在我看來只是一個普通的大門，並沒有什麼值得認真思考的。雖然建造這些凱旋門的建築師也無法解釋這樣的現象。現在，哪怕是餵養貓咪的貓房也要有一扇大門的。不過，我覺得，凱旋門之所以能夠讓我的母親駐足觀察，更多是因為這扇門代表著古代英雄的豐功偉績吧！在我幼小的心靈看來，古羅馬圓形競技場也只不過是一堆廢墟而已，裡面關著一些兇猛的野獸，其中就包括獅子。我經常幻想這

---

144 克麗奧佩脫拉七世（Cleopatra，西元前 69～前 30 年），世稱「埃及豔后」，古埃及托勒密王國末代女王。

些獅子會像妖怪那樣從某個山洞裡突然跳躍出來，然後朝我這邊撲過來，彷彿我變成了牠們口中的獵物。當我看到很多虔誠的遊客前來這座城市觀光的時候，不禁會對內心一些幼稚的想法進行思考。因為這些遊客的一些做法讓我感到非常好奇，因為他們經常會在廣場的中央位置雙膝跪地，彷彿他們的四周是一些祭臺之類的東西。當我來到圓形的廢墟裡，我感到非常高興。因為圓形廢墟上的建築是參差不齊的，卻剛好沒有阻擋陽光照射進來。很多美麗的植物都能在這片廢墟上找到適合的土壤生存。當你走到古羅馬廣場的時候，總能聽到很多人議論著這些廢墟，講述這些屬於過去的歷史。這些已經變成廢墟的小小建築所存在的優雅，更多只是因為其所蘊含的歷史悲劇情愫，但是屬於這段廢墟的歷史早已經變得模糊不清了。但讓我感到奇怪的是，當我認真欣賞著廢墟所形成的曲線時，我的內心還是能夠隱約地體會到一種不變的永恆性。

　　在城牆後面的塞西莉亞・米特拉的陵墓以及阿庇亞道上其他的墳墓，給我留下的第一印象就是死亡的氣息。當我後來對此進行思考的時候，我覺得這些墳墓應該都是這些古羅馬人的聖體安置所。這些可憐的傢伙都是默默無名的人，他們顯然早已經上了天國的世界了。在經過了一千年的歲月之後，他們剩下的殘骸被放在骨灰甕的小盒子裡。他們原本想著在死後依然能夠享用各式各樣的現在早已經生銹的小古董、玩偶或是那些讓人毛悚然的彩虹色的水瓶。但我認為，就算是鬼魂，倘若每天對著這些東西的話，也會感到無比厭倦的。在父母的牽引下，我被拉到了一處異教徒的墳墓。不過，這些乏人問津的地下墓穴同樣也讓我感到陰森恐怖。我沒有看到地下教堂的標誌，就像一位沒有接受過任何教育的新英格蘭人去閱讀古埃及人的圖畫一樣，簡直是一頭霧水。在燈火的映照下，一些僧侶的頭蓋骨以及其他沒有露出的骨頭，在我看來只能代表著一種愚蠢。天主教所傳遞出來的永恆生命力，顯然是我們這些人所無法理解的。在很多時候，我只是認為，倘若將死亡加入到一種信仰當中，那麼這樣的信仰肯定會以很多種形式表現出來的。我們沒有去理會這種永恆生命到底是以什麼樣的形式表現出來的，只是認為我們還活著，但這些埋在這裡的人已經死了。我們無法將這些死人的頭蓋骨去與具有

生命力的活人所具有的精神去進行對比,然後再將這些過去的東西稱為一種裝飾或是某種象徵。

一些穿著棕色服裝的人與僧侶經常穿過羅馬的大街小巷,他們看上去是那麼的勇敢與真實。我的家人跟我說,要將這些僧侶視為假想的魔鬼,說這些魔鬼會吸掉我智慧的血液。事實上,如果這些懺悔者能夠穿著乾淨整潔的淺黃色衣服,或是頭上戴著頭巾的話,那麼他們給人的形象肯定會更好一些。這些僧侶經常是腳步匆忙地穿過大街,似乎與這個紛擾世界的俗事毫無關係一樣。我的母親跟我說,這些僧侶在某種程度上是不迷信什麼的,因為他們要是迷信的話,肯定會更加注重自己的儀表與形象。有時候,這些僧侶經過大街的時候,會唱著一些歌曲,將一些逝去的人送去下葬。當時,我不知道這些僧侶口中所唱的正是代表著《聖經》精神的美好祈禱。我當時只是覺得他們唱著一些兒歌,認為這些歌曲雖然較為讓人著迷,卻毫無意義。在教堂裡,一些唱著歌的僧侶與男孩子則給我留下了截然不同的印象。當我們置身於天主教堂的時候,即使是沒有聽到別人說一句話或是表明任何事實,都必然會感受到教堂帶給你的那種莊嚴神聖的感覺。教堂這個地方所傳遞出來的神聖感覺,會讓我的內心產生一種極為平和的感覺。我會腳步輕盈地走過那些雙膝跪地的年老男人與女人的身旁,然後用沉思的目光看著他們沉浸在他們簡單的精神世界裡。有時候,我會不願意離開那個放置著十字架的花園,我認為這座花園會因為這個十字架而變得更加神聖。我們在羅馬生活的這些年裡,我經常會對一些宗教歌曲進行戲劇性的模仿,這經常引得我的家人哈哈大笑。他們都說我應該加入教堂的唱詩班。有時候,我也會幻想自己有一天在聖彼得大教堂的唱詩班裡歌唱著讚美上帝的歌曲。

在大齋期的時候,在我們窗戶下面的那個廣場擺滿了貨攤,還有很多商販製作著烤薄餅。他們戴著白色的帽子,圍著一條圍裙,用手用力地搓著生麵團,然後放在裝著橄欖油的鍋裡油炸。眨眼之間的功夫,這些烤薄餅就做好了,很多路人都會購買這些薄餅來吃。我看著很多人來來往往,慢慢地覺得大齋期是一個非常無聊的儀式。在品嘗了一些蛋糕之後,我發現自己吃不出這些蛋糕的味道,因為這些蛋糕表面都是淺黃色的,這些廚師用雙手將麵

團扭曲之後，然後放在油鍋裡炸，接著再撈上來。如果這些蛋糕的味道還不錯的話，說不定我會對變成一名天主教徒產生濃厚的興趣。但是，這些蛋糕的味道確實令人不敢恭維，這更加堅定了我的一個想法，就是義大利人就連在食物製作方面，都缺乏足夠的心靈能力，因此很難得到上帝的救贖：雖然我母親最為重視的一位朋友沃德夫人在那段時間加入了天主教會，但這依然無法改變我的想法。沃德夫人的丈夫就曾用調侃的口吻說：「無論安娜加入了哪個教會，那個教會就將會擁有一位名叫聖安娜的信徒。」也許，這是沃德夫人的丈夫說過的一句最讓沃德夫人感動的話吧！

在這個地方有烤薄餅貨攤之前，也就是我之前談到的大齋期還沒到來的時候，我印象最深刻的事情就是參加狂歡節的活動。我們經過了很多穿著色彩豔麗的人群。每個人臉上都笑意盈盈，穿著華服，圍著圍巾，帶著帽子。當我站在陽臺上看著狂歡節遊行的隊伍，我的內心感到無比喜悅。科爾索這條彎曲的街道看上去變得非常狹窄，街道兩旁的房子都非常高，一條美麗的藍色條狀絲帶在人們的頭頂上飄揚著，讓我們感覺到原來還是有很多空間的。人們會從窗戶邊向街道上拋灑花朵，這會落在下面人群的肩膀上或是馬車上。會讓馬車上的人感到非常高興，他們也會做出相應的有趣回應。在這場歡樂熱鬧的狂歡節上，突然遇到了一些親切的朋友，這也是非常有趣的事情。在每條街道的轉角處都會有一名騎著馬的警衛，他頭戴著閃亮的頭盔，表情顯得非常沉著。

在這場狂歡節開始之前，站在窗戶邊或是坐在窗戶邊，都能給你帶來非常棒的感覺。如果窗戶與下面街道上擠在一起的人群是平行的話，那麼你就能夠在享受到其中樂趣的同時，又不需要與那些人擠在一起。你可以輕易地挑選某位美麗的女性，或是一位英俊的帥哥，然後將你的花束拋給他或她。總之，你可以看到很多充滿活力的狂歡者，這些人的手上都拿著鮮花，靠近高高的窗戶邊，然後透過一些可以伸縮的木製發明物，上下地移動，看上去就像一把不切實際的梯子。要是雅各的梯子足夠長的話，就能夠與下面街道的人握手了。但即使他無法與下面的人握到手，他的臉上還是露出了迷人的笑容。與此同時，很多比較大的花束以及一些比較小但非常美麗的花束都被

人們從高處扔到街道上，街道彷彿變成了鮮花的海洋。有時候，這些花束在落到街道之後沒有人拿到，一些衣衫襤褸的人就會隨時將這些花束抱在手上，然後以最快的速度賣給那些沒有花了的人。總之，這樣的情況在狂歡節這天變成了很正常的事情。因為總有一些人希望透過扔花束的方式表達他們內心的喜悅。因為要是某人特意將一束花扔給某個人，那麼這會給對方帶來極為快樂的感受，很多時候，他們都會交換著愉悅的眼神。要是一位與我們素不相識的人送給我們一束花，並且不在乎我們不是義大利當地人的話，我們的內心也會感受到巨大的歡樂。也許，只有上帝才知道，我們內心的美好感覺不單單是停留在狂歡節當天，而是會持續一輩子。

這些都是我喜歡回想與之後思考的事情，因為我意識到這些事情對我來說，都是極為親切與極為重要的事情。

第十三章　義大利的歲月二

霍桑一家在佛羅倫斯度過了半年。霍桑夫人的信件持續地捕捉了每處景點所具有的特點。蒙塔古托城堡讓霍桑一家人為之陶醉。雖然天主教在歷史上導致了許多戰爭，但天主教的思想還是深入到了霍桑夫婦的心靈。史黛拉謙卑而安靜地表達了自己柔和的宗教思想。在白朗寧夫婦面前，精神主義的思想以病態的方式呈現在霍桑夫人面前。一個孩子根據自己鮮活的記憶，對白朗寧夫婦進行了一番描述。莫特里寫了關於《蒙特貝尼的浪漫》一書的信件。

我們在羅馬度過了兩個冬天，卻在佛羅倫斯度過了夏天。在前往佛羅倫斯的旅途中，我們搭乘的馬車所經過的道路沿途的景色，就像一幅美麗的圖畫。道路兩旁生長著很多藍色、紅色或是黃色的義大利銀蓮花，在這些銀蓮花的中間還有一些黑色花朵。在我的印象中，這次旅程中充滿了陽光與休閒的時光。在沿途中，我們曾在特拉西美諾湖[145]停留了一段時間。我的母親在一封信裡這樣寫道：

1858 年 5 月 29 日
我親愛的伊麗莎白：

我剛剛看到一輪明月從湖面上升起，月亮出來的位置剛好就在我所在客廳的窗戶對面。今天，當我看到地平線上出現的曙光時，我就立即想到今晚的天空肯定會出現一輪皎潔的明月，但我從未想過今晚的月亮會這麼圓，月光是如此的柔和，這讓我產生了想要走出客廳，去外面看看的想法。此時，天空上漂浮的雲團似乎都閃耀著光芒，月亮漸漸地從高山上的邊緣上升騰而起，而這些高山則似乎是一些勇士手上所持的盾牌，彷彿正與月亮進行著一場類似於弗拉米尼烏斯[146]與漢尼拔之間的戰鬥。最後，月亮還是悄悄地越過了高山，灑在廣闊的大地上。在這片遠離故鄉的他鄉上，看到此情此景，我

---

145 特拉西美諾湖（義大利語：Lago Trasimeno），位於義大利翁布裡亞大區境內，水域面積為 128 平方公里，是波河以南最大的湖泊。西元前 217 年著名的特拉西美諾湖戰役中，迦太基將領漢尼拔曾在此處全殲羅馬三萬主力軍並擊斃了敵方主帥。

146 弗拉米尼烏斯（Gaius Flaminius Nepos, ？～西元前 217 年），古羅馬政治家。曾擔任群眾領導人與元老院發生對抗，西元前 223 年以執政官的身分率軍於今波河以北與因蘇布利人作戰並將其成功驅逐。弗拉米尼烏斯大路與弗拉米尼烏斯競技場等建築物為其西元前 220 年前後擔任監察官時所建。西元前 217 年陣亡於與漢尼拔所統領的迦太基人交鋒的特拉西梅諾湖戰役。

竟然想像到了戰爭與恐怖的場面。今天下午三點鐘，我們搭乘馬車離開了佩魯賈，當時的天氣非常好。我們沿途的旅行非常有趣，因為沿途有很多美麗的山谷與綿延起伏的高山。當我們的馬車攀登高山的時候，不得不必須加上兩頭公牛才行。這些公牛的眼睛就像深井那樣深不可測，卻又閃爍著平和的目光，似乎在盼望著能在一片田野上吃草，在純淨的小溪邊喝水。附近生長著很多棕櫚樹與藤蔓，還有一些農民在耕種著土地。可以說，美好安靜的鄉村生活就在這樣的靜謐中慢慢地度過。拜倫曾將這樣的生活稱為「這是最為純粹的人生清泉」。

7月7日。我們終於來到了無比美麗的佛羅倫斯！我應該將已經來到了這裡的布萊恩所寫的日記寄給妳看看。白朗寧夫婦就住在我們附近，我們打算很快就前去看望他們。可以說，我無法用語言來描述佛羅倫斯這座城市的美麗，空氣中彷彿彌漫著甘露的味道，還夾雜著淡淡的芳香。這裡有著平整的道路，拱形的橋樑以及其他美麗的景物……

我們是在炎熱之時來到佛羅倫斯的。唯一讓我感到安慰的是可以吃到數不清的漿果與杏子。雖然這裡也有很多無花果，但我當時是不怎麼喜歡吃無花果。我的哥哥朱利安有時候會跟我一起用手擠著漿果與杏子，然後大口大口地吃著裡面的果實，這會讓我們滿嘴都是紅色的果漿，看上去就像臨死時的可怕樣子。我認為我們在德爾貝羅公寓居住逗留的經歷並不有趣，幸好我們沒有在這裡逗留很長時間。我的母親則對這段逗留的時光有著不同的體驗。她在寫給美國親人的一封信裡談到「在這裡生活是非常愉悅的。」毫無疑問的，這座房子裡面的裝飾都是比較華麗的，有三個客廳，還有一個花園，其中這個花園是我父親進行「研究」的主要地方。我的母親則非常喜歡這座公寓裡十五張舒適的椅子，這可以讓她在欣賞這裡風光的時候，可以隨時選擇坐下來。在這裡居住期間，更讓我的內心感到不滿或是懊惱的是，房子後面的地方對我來說非常潮溼，那裡長滿了許多綠色的青苔以及一些垂下來的樹木，這些樹木顯然會遮擋住陽光照射進房子。當時，給我最大感受的一點，就是天氣非常炎熱。當然，大家都處於非常休閒放鬆的狀態。就算是我的內心對此感到些許不滿，但炎熱的夏天似乎也能將這些不滿情緒驅趕

走。更糟糕的是，我的哥哥朱利安在那座但丁式的花園裡捉到了一隻棕色的小鳥，至於這隻小鳥是因為受傷還是生病了而被他捉到的，我則不是很清楚。朱利安將這隻小鳥關在一個籠子裡，這個籠子就像一座監獄一樣，我能夠看到這隻小鳥那讓人心碎的眼神。我的父親反對朱利安捉這隻小鳥，並把小鳥關在籠子裡的做法。他不同意朱利安以這種方式來延長小鳥生命的好心做法，說小鳥在大自然的環境下會更加自在與安全。現在，這座在花園裡被朱利安捉住的小鳥已經死去，這讓我感覺到佛羅倫斯這座城市簡直是讓人難以容忍。我經常會沿著一條又長又黑的走廊走來走去，就這樣在我們的房子裡從頭走到尾。有時候，我能夠感覺到自己內心的苦悶讓眼前的景色都變得失色了。在這個時候，我的母親再次發揮了她欣賞大自然美感的能力。她對我說：「這個花園裡種植著美麗的玫瑰、茉莉花、柳丁樹、檸檬樹，還有在噴泉附近的很多柳樹。」在階梯附近的地方，有一排排大理石半身雕像。這個地方始終都會讓我露出像貓咪一樣好奇的眼神。我敢肯定，父親一定會在他的筆記本裡提到這些半身雕像裡肯定存在著瘧疾的感染風險。當別人吃著碟子裡新鮮採摘的無花果時，我則滿心失望地對著這些無花果。我看到父親從一個酒瓶裡倒出金黃色的美酒，然後美滋滋地品嘗起來。我驚訝地發現，父親竟然露出了微笑，雖然他在抿了一口之後說：「品嘗這種酒，彷彿就是在感受著蒙特貝尼的陽光。」

　　沒有什麼事情能夠讓我擺脫內心苦悶的狀態。我唯一能夠去看望的人就是鮑爾斯一家人，他們當時就住在我們的對面。鮑爾斯先生總是擺出一幅冷靜沉著的面孔，然後對著一些事情指手畫腳，這讓我時常感到恐懼。偉大的藝術家總是善於從更為宏大的視野中去觀察事物。但在我看來，鮑爾斯先生似乎以一種違背藝術的方式去展現出他在機械方面的天賦。儘管如此，他還是能夠很好地表現出自我。為了證明任何事物都無法阻擋到他，他會從一間工作室走到隔壁的房間，從他所發明的一個鐵製儀器上做出一塊像鈕扣的東西。我認為他發明的這臺機器做出來的既不是鈕扣，也不是維納斯。不過，至於這臺他所吹噓的機器能夠做出什麼，他顯然不是那麼關心的。

　　這段生活對我來說是灰暗的，但對我母親來說卻是非常光明的。她喜歡

這裡美麗的風景，喜歡那些大理石半身像，因為按照她的說法，這些大理石半身像的歷史可以追溯到麥地奇家族處於鼎盛時期的歷史。當我回想起孩童時期聽到米開朗基羅曾以國王的氣勢坐在麥地奇家族的身旁，他表現出來的態度似乎是對當時那個世界的一種高傲鄙視。

清晨的陽光照射進來了，世間萬物似乎又重新恢復了活力。一個面容清秀且充滿自尊的年輕人蒙塔古托伯爵似乎處在很飢餓的狀態，但他依然非常有禮貌地來到我們所住的地方。我聽到父母說，我們即將要搬到貝雷瓜爾多地區的一處別墅居住。這座別墅位於距離這座城市中心十五分鐘車程的高山上，在夏天的時候去那裡度假是非常棒的。這位伯爵就擁有著這座別墅，我也慢慢對他產生了敬畏之情。多年之後，我才開始思考一個問題，當我們享受這裡別墅帶來的舒適與休閒時，這位伯爵是否暗地裡下了很大工夫呢？我之前不知道他在這裡還有這座別墅。他那憂鬱而有趣的眼神似乎給我透露出這樣的資訊：「難道我的生活條件真的比不上我的爵位，真的要出租別墅來給別人參觀嗎？」

在非常開心的一天裡，我們搭乘馬車外出，經過了淺色的城牆 —— 有時候這些城牆實在太高了，讓人根本看不到之外的事物 —— 這些城牆曾讓我的母親白走了三個小時的路，就是因為她走錯了路口 —— 在這裡炎熱且充滿灰塵的道路上，我們一直搭乘馬車前行，目的地就是那座別墅。父親與哥哥之前已經步行前往那裡了。當我哥哥站在一道高高的鐵製通道門前，他顯得非常高興，為自己能夠親眼看到這樣的事物而感到高興，而我也將內心長久以來壓抑的不滿情緒全部消除了。朱利安在那道鐵製大門前一邊大聲叫喊，一邊手舞足蹈。我聽不清他到底在說些什麼，但我知道他是真的感到非常高興。

我們對蒙塔古托這個地方的第一印象是非常美好且多樣化的，首先這個地方沒有古代遺跡所表現出來的那種自負，同時也將歷史沉澱下來美好的一面展現出來。大廳的牆壁遺跡樓梯都是用灰色的石頭砌成的，因此當我們走樓梯上二樓的時候，都會感覺到石頭發出的聲音在大廳裡迴盪。我的姐姐烏娜曾用愉悅的口吻描述這個場景：「這座別墅 —— 妳根本不知道這座別墅是多麼的有趣！我認為這座別墅大約擁有一百個房間，每個房間的大小、形狀

與高度都是不同的。這裡牆壁的厚度不足五英尺，因此夏天的時候待在室內非常涼爽。要是我能夠一輩子都住在這裡的話，肯定會感到非常開心的。現在，我就坐在涼廊裡，呼吸著清晨的空氣。我真的是非常喜歡這裡的每一寸風景！」這裡的高塔以及附近的涼廊都是最具本土特色的，也能夠滿足我們對別具一格建築的好奇心理。這些建築與景色，成為了我們每天生活與社交活動時吹噓的主要話題。在別墅裡，我們可以一眼看到之前高高的路牆，還能看到遠處的山谷。一眼望過去，就是一片青綠色的景象，而每棵樹的枝葉都處於暗淡的陰影下。這座高塔的內部（就像圓桌時代的國王一樣，還有開牒眼的）到處都布滿了灰塵，顯得有點破爛，因此攀登起來會有一些危險。貓頭鷹似乎對這座高塔瞭若指掌，因為牠們經常會發出絕望一般的叫聲，然後在這座被廢棄的高塔上找尋適合牠們生存的地方。高塔的整體構造與監獄沒有什麼區別，很多應該裝窗戶的開孔都沒有裝窗戶。在過去，這座高塔肯定是有窗戶的，用以防止那些頑固不化的隱士們悄悄地爬進來。這座被廢棄的高塔都是前人堆砌出來的，後來經過風雨的沖刷，就變成了現在這個樣子。與高塔內部的破舊荒涼相比，高塔外面的世界則顯得充滿了生機。藍色的、金黃色的與綠色的花朵以及丁香花都在義大利的天空與鄉村小道上肆意地綻放著。

當我們說起這些樓梯可能帶來的危險時，我的父親哈哈大笑起來。他總是以哈哈大笑的方式面對自己能夠感受到的危險（當然，父親的大笑是充滿激情的，但卻不會給人一種唐突的感覺）。即使當他面臨著難以抉擇的道德困境時，他都始終堅持著自己的立場，勇敢地對抗他認為不公平的事情。父親從來不會為我們表現出來的人性弱點而感到遺憾，因為他知道這樣的弱點源於我們對很多事情的無知，而這是每個人都會犯下的錯誤。但在面對那些搖搖晃晃的梯子，父親允許我們冒著跑上梯子的危險，同時提醒我們不要從梯子上那些洞中掉下來。當他看到我們有人跌倒了，他會再次哈哈大笑起來。

「一個昏暗的晚上，我們在這些黑暗的梯子中摸索著。我把鼻子頂在牆壁上，這讓朱利安看了感到非常高興。」他後來在日記裡就曾證實了這點。哪一位國王不願意看到像我這樣的人去親近他這座古老塔樓的壁壘呢？特別是

如果他有足夠寬廣的心胸，不會對別人發出的笑意感到冒犯的話，那麼這就是皆大歡喜的事情了。當我們走到了石梯的最頂端，看到上面長滿了黃色的苔蘚，看上去非常的粗糙。我們急切地想要前往防衛牆，想要看看那裡到底有什麼。最後，我們看到了佛羅倫斯這座城市彷彿就在我們的眼皮底下，涼風吹過我們的臉龐，我們房子的那邊窗戶發出微弱燈光 —— 此時，我們才明白了長期棲息在這裡的獵鷹所感受到的樂趣。站在頂端，我們認真地觀察著下面的風景。

在塔樓的一邊是一塊草地，草地四周都被一堵較高的半圓形石牆圍住了。在石牆前面那個小山谷後面，就是佛羅倫斯這座城市的市中心了，城市有很多尖塔式建築與密集的居民樓房。這裡距離伽利略當年所居住的那座塔樓不是很遠，據說那座塔樓到現在都還居住了一兩個人。在塔樓的另一邊則是微微有點下沉的城堡主樓。在城堡主樓的前面就是一大片青綠的草地，草地附近長滿了樹木，最後被一堵矮牆隔開成了一個別墅草坪。有時候，我的父親與母親會從那裡買回一些葡萄、無花果、石榴以及李子，當地的果農也非常樂意出售這些水果。這些果農種植了很多水果，他們所販售的這些水果都很新鮮，因此要是他們賣的價格稍微貴一些，我們也不會說什麼。在塔樓的後面則是一座房子，這座房子的拱門彷彿皺著眉頭面對所有前來這座房子的人。在房子的更遠處，則是一大片水果花園與棕櫚樹，山丘上還稀疏種植著一些葡萄樹。我們經常會在晚上坐在草地上，有時候還會在這裡接待一些客人。我們會仰望著星空，看著天上的月亮、彗星與星星（我的母親曾將星星稱為會發出光亮的花朵），彷彿這些星星就與剛剛採摘的花朵沒有什麼區別。任何人要是來到這片地方，都絕對不會忽視頭頂上這一片美麗的景色。義大利的夜晚呈現出天藍色，顯得那麼的壯麗與美好。我的母親經常會用非常激動的情感讚美頭頂上的這一片星空。

關於彗星，我的長輩經常說，彗星的出現經常代表著人類會爆發戰爭或是出現痛苦。在我幼小的心靈裡，我始終認為這是鐵一般的事實。因此當我看到如此美麗的夜空竟然出現彗星的時候，我首先是感到無比的驚訝，因為我覺得這可能意味著不好的事情即將發生。雖然義大利是在「上帝的微笑」

之下的美好土地，但我擔心這片土地可能會遭遇一些讓人悲傷的事情。父親
與母親就經常在他們的書信裡提到關於彗星的事情，每次都會對彗星的出現
表現出擔憂。在他們看來，這樣擔憂的理由似乎是源於天主教所帶來的「沉
重負擔」，雖然他們都相信天主教最後能夠放下這些沉重的負擔，變得越來
越好。美麗的自然風景始終都會紓解人類的悲傷情感，諸如此類的景象是無
法在教堂之外的其他地方找到的。在聖靈教堂的長方形會堂裡，我的母親就
感受到了這種虔誠的情感所帶來的美好。她經常會認真觀察那些虔誠信眾流
露出來的表情，然後在日記本上記錄下來。某天，她進入教堂，只想要感受
一下清涼與休息一下，但發現了教堂所具有的「高尚」美感。正如我母親在
日記裡所寫的：「在一個小禮拜堂前面，正在進行著下葬一個孩子的儀式。
那個棺材上覆蓋著白色的緞子，緞子上面鑲嵌著白色與紅色的緞子，孩子身
上還穿著白色的長袍。這樣的教堂走道上的場景，可以說只有在教堂這個地
方才會變成一幅動人的風景。當管樂器演奏出悅耳的音樂時，彷彿如珍珠般
的海浪那樣舒緩地翻滾著，慢慢地占據著一大片空間，讓整個教堂的圓頂似
乎都充斥著這些海浪所翻滾起來的泡沫與水花。在我看來，這一切似乎都意
味著天使正在敞開懷抱迎接這個年幼的孩子進入天國。」要是在私人的客廳
或是某個破爛的房子裡進行這樣的祈禱儀式，肯定無法如此強烈地觸碰到人
類敏感的心靈，因為這無法讓我們強烈感受到天國與天使的存在。只有在教
堂裡舉行這樣的儀式，才能讓人們感受到虔誠的情感所帶來的那種美好，讓
人們能夠更好地記住每一個動作與表情，都是在表達著對上帝以及宗教歷史
的敬意之情。在聖靈教堂裡，我的母親還觀察到了勤勉的崇拜所具有的尊嚴
感。「當我們走路的時候，聖奧古斯丁教堂的牧師與僧侶都會從聖器安置所
走出來，穿著黑色長袍，分成兩列跪在大理石的路面上，大家都靠在一起，
大聲地歌唱著讚美萬福瑪利亞的聖歌。這是一個多麼美好的場景啊！」我的
母親在宗教觀念上，始終都堅持著清教徒的理念「上帝教導我們要懷有敬畏
之心，去追求美好的事物……當僧侶假裝去生活的時候，天使卻在過著真正
意義上的生活。」但是，我母親的行為則違背了這樣的理論。當她親眼感受
到了這些僧侶做出的犧牲所具有的神性之後，當她意識到自己之前一些想法

存在謬誤的時候，沒有誰比她更願意迅速改變自己的觀念。她最為親密的朋友以及最有思想共鳴的人就是喬治‧布拉德福德先生。布拉德福德先生經常讓我想起一個真正意義上的牧師形象。霍爾夫人有著純潔的靈魂，經常會在回憶中懷念著她已經去世的未婚夫，這讓她給我一種修女的形象。有時候，我的母親也看到了一些嚴格遵守教義的男修道士所表現出來的自我奉獻精神。在菲耶索萊，「一位年輕的僧侶就為我們展現出了一幅圖畫，這位僧侶非常有禮貌，並且給人一種不同尋常的善意與真誠的感覺。他就是那些『親眼目睹』的人之一。事實上，我表示要給他一筆錢來幫助他解決這些困難，但流露出悲傷神色的他卻做出了一個果斷的手勢表示拒絕。這讓我大感驚訝。因為誰也無法反駁他的做法。當時，我感到非常地尷尬，因為我認為在黃金面前，任何的教義與對神聖的追求都會變得無足輕重。我希望他知道他之前所經歷過的歷史。」我同樣希望母親她能夠知道這點，因為這能夠讓她感受到我們這個時代的那些追求神聖宗教精神的年輕人所表現出來的美好精神 —— 這些年輕人表現出來的專注與虔誠精神，甚至可以與米開朗基羅在藝術創作上所追求的純潔性相提並論。我希望我的母親能夠在不受任何外在影響的情況下，懷著謙卑之心去感受這樣的美好。據我觀察，我母親在這方面所持的觀點以及固定的信仰與我父親是非常吻合的。他們都不相信義大利是處在「天主教沉重負擔」的枷鎖之中，他們能夠感受到天主教或是十字架帶來物質上的壓力，但是他們認為這對於天主教徒來說是一種永恆的精神力量。

在蒙塔古托別墅裡，我經常會故意遠離一些地方。一個被廢棄的客廳與宴會廳，都是我不敢靠近的地方。當然，還有一些地方是那些具有美好心願的人不願意看到的。沿著牆壁看過去，就是一些固定的座位，就與那些在道德層面上淪喪的道德拱點一樣。這些座位上都覆蓋著藍色的苔蘚，似乎依舊在暗暗地訴說著往日的榮光。房子中間的位置擺放著一些沉重的桌子。當我進入看了一眼之後，馬上就嚇得逃之夭夭了。對我來說，演講臺是最激動人心的地方。因為從這裡能夠前往我姐姐烏娜的房間，這是一個寬敞卻有點陰沉的房間。據說，這個地方每當到了拂曉的時候，就會出現一些鬼魂。除此之外，這個地方在歷史上還發生過很多悲傷的事情。我的姐姐是一個足夠勇

敢的人，她表現出來的勇氣能夠嚇退所有的鬼魂，因此她對自己所住的這個
房間感到非常滿意。但沒過多久，烏娜似乎就失去了往日的活力、一些人就
開始說，烏娜肯定是在那個房間裡見到了某個可怕的女人，無法忘記這個女
人在臨死前所感受到的痛苦，從而產生了嚴重的心理陰影。在我父親所著的
《蒙特貝尼的浪漫》一書裡，就曾對那個演講臺進行了非常細緻的描述，「這
個演講臺就在十字架下面……擺放著一個頭蓋骨……在灰色的雪花石膏上雕
刻著一些圖案，這些雕刻都顯得非常的精美…頭蓋骨上連牙齒都雕刻的非常
精細，每個縫合位置都顯得天衣無縫，最讓人驚嘆的就是那雙空洞的眼睛。」
在蒙塔古托的每個地方，似乎都能夠展現出這種給人強烈感受的景色或是畫
面，這深深地滿足了我父親內心強烈的浪漫情感。父親將史黛拉這個人加入
了這本書中，甚至連她的名字都沒有更改。在我那些驚慌與孤獨的日子裡，
父親這樣做會讓我的內心感到深深的安慰。我將她稱為「一個物體」，因為
我根本聽不懂她說的任何一句話。當我們在一起的時候，她幾乎不開口說
話。她看上去是那麼友善，雖然她的臉龐有著義大利人特有的冷峻氣息。當
我的情緒處於最低點的時候，她卻經常會給我帶來一些乾西瓜籽吃。有時
候，我發現她來到了一個靠近門廊的井邊。陽光灑在她的身上，讓我可以清
楚地看到她那黑色的辮子與她臉上的許多皺紋，看到她的耳朵掛著一個金色
的耳環，看到她那如羊皮紙一樣的手臂，上面是光滑的棕色葉子所具有的顏
色。有時候，她會腳步輕盈地走到我的房間，讓我從憂鬱的情緒中走出來。
她佩戴著一個黑色的十字架，她一直非常珍視這個十字架帶給她的意義。我
有時候會認為，她如此頻繁地進行祈禱，肯定是有些精神上失望的事。但我
也知道她會對此做出一些柔和的反駁。我非常喜歡她做出這樣的舉動。不管
她所信仰的事情是否是正確的，但她這樣的精神始終都讓我感到非常敬畏。
一個大約十六歲左右，非常美麗的義大利少女就經常與她一起雙膝跪在十字
架面前。史黛拉有時候不得不幫這個少女祈禱，讓她能夠擺脫內心的苦悶。
如果我發現了她，我就不會感受到她所感受到的敬畏心理，但我總是會不厭
其煩地想要打斷她低聲細語的祈禱聲。史黛拉對我的調皮搗蛋做出的懲罰，
就是給了我一個蠟製的睡眠小孩玩偶，這個玩偶的四周都是由鮮花圍繞著。

這個小孩玩偶的臉上流露出了天使般仁慈的微笑，似乎在原諒著我的一切搗蛋行為。我感覺即使是在他沉睡的時候，上帝肯定也是愛著他的。我非常喜歡觀察史黛拉流露出來的眼神，她的眼神經常能夠讓我從沉睡的思想中醒過來。

為了讓讀者對這座別墅有更好的了解，了解這段對於我們來說充滿了美好回憶的歲月，更好地了解發生在我父母身上的事情。我在下面節選我母親所寫的一封信內容：

1858 年 8 月 14 日

我親愛的伊麗莎白：

烏娜與蘿斯有生以來第一次出現了臉色蒼白的情況，霍桑也顯得非常倦怠，對城市的生活表現出了厭倦。一位英國女士，白朗寧夫人的朋友跟我們說了這座別墅，蒙塔古托伯爵也能在這個夏天出租這間別墅。於是，我們就前去詢問，並且最後租下來了。這座別墅位於一個非常好的地方，別墅內非常寬敞，布置的也很整潔。我們終於來到了這座充滿著濃郁中世紀氣息的地方，當年薩佛納羅拉[147]就被囚禁在這個地方。從這座別墅上，我們可以看到夢想中美麗的景色，但沒有看到什麼人煙。不過，因為這座別墅所處的地勢較高，因此我們在第一層就能看到遠處的景色，從西面的窗戶能夠欣賞到山谷美麗的景色 —— 那裡有一片廣闊的平原，種植著一排排的葡萄樹、棕櫚樹與其他水果。這些果樹都在美麗的山丘上茁壯生長，遠處的亞平寧山脈正掛著即將下山的夕陽。我們經常能夠看到白色的公牛緩慢地沿著山谷兩旁種滿樹木的道路前行，這裡的農婦還是像辛辛納圖斯時代[148]的人一樣勤勞。這裡的生活環境與自然景色讓我們產生了一種無限平和與安靜的感覺。我們能夠聽到小鳥發出的婉轉歌聲，在晚上的時候還能夠聽到貓頭鷹唱著優雅的曲調。空氣裡彌漫著最為清新的氣息，柔和的風夾雜著香氣緩緩地吹過這片地

---

147 薩佛納羅拉（Girolamo Savonarola, 1452-1498），義大利道明會修士，從 1494 年到 1498 年擔任佛羅倫斯的精神和世俗領袖。他以在虛榮之火事件中反對文藝復興藝術和哲學，焚燒藝術品和非宗教類書籍，毀滅被他認為不道德的奢侈品，以及嚴厲的講道著稱。

148 辛辛納圖斯時代（the days of Cincinnatus），古羅馬共和國的一個時期。

方，這裡還有農民辛勤耕種的田野，還有連綿起伏的山丘。在我們附近就是
別墅與奧蘿拉·利的塔樓，這座塔樓是我們所租的地方最遠的建築了，更遠
處的塔樓就是伽利略塔樓了，伽利略當年就是在這個塔樓上研究天文學的。
在我們的東北方向就是美麗的佛羅倫斯市區，那個位置剛好在山丘低部的地
方，可以看到許多圓頂屋、鐘樓、宮殿以及教堂。據說是佛羅倫斯這座城市
發源地的菲耶索萊從東邊的高地上清晰可見，還可以看到聖米尼亞托，那裡
有許多柏樹的花園，一直延伸到南端。這裡的景色實在是太美了。每當我們
面向不同的方位，就能感受到不一樣的景色。當太陽慢慢下山的時候，這裡
的景色則處於最佳的狀態，給人充滿詩意的感覺。因為這裡的玫瑰與紫色的
霧氣此時彷彿籠罩在整個山丘上，這裡的高山 —— 包括平整的土地 —— 都
彷彿變成了紫水晶、黃水晶、藍寶石以及任何語言都無法描繪出來的乳白色
的天空。太陽的光芒似乎都無法穿透山谷下面的一切。當夕陽照在山谷上方
的霧氣時，就像珍珠閃耀著光芒一樣。沒錯，我所說的就是珍珠的光芒，而
且還會隨著夕陽光線的慢慢推移，而呈現出不同的變化。這樣美好的輪廓是
我們根本無法用畫筆去勾勒出來的，因為光線看上去是充滿生命力與吸引力
的。有一天晚上，在太陽完全沉下山之後，藍色與玫瑰色的光線似乎以半齒
輪的形狀升騰出來，那樣的景致根本無法用任何言語去表達。要是我們想用
窺探式的目光去深入觀察的話，就會發現這樣的光線似乎根本是不存在的。
但是，如果我們以一種隨意的方式去看的話，就會發現它們是真真切切存
在的。當然，更有可能的是，這只是我們所想像到的一種景象，而非真實的
存在。在這個夏天，我們第一次欣賞到了義大利的夕陽，因為我們非常肯定
一點，倘若我們繼續留在羅馬生活的話，肯定也會感染羅馬熱病的。我們認
真觀察著夕陽慢慢地從亞諾河邊的橋樑下沉，這樣的景致也許是最能夠打動
我們的，因為河流為這樣的景色增添了幾分別樣的美感。河流的流水慢慢地
自東向西流淌，因此我們無論站在哪個角度去觀察這條橋樑，都能夠欣賞到
一派榮耀的景色。這裡的拱橋倒影在河流上，城市的宮殿與教堂，遠處的山
丘，這一切都構成了眼前這幕雄偉壯麗的景色 —— 可以說，這是上帝所能創
造出來最美好的一片土地了。

烏娜的房間就在塔樓上（可以從房子裡直接去那裡），那是一個寬敞、舒適且有拱頂的房間，房間外面還有一個演講臺，牆壁上懸掛著許多聖母像，還擺放著一些聖體容器等宗教類的東西。塔樓附近還有一座很小的教堂。霍桑擁有一間可以進行創作的書房、客廳、衣帽間以及房間，住的地方距離家人有一點點的距離。

　　8月25日。昨晚，亞達・夏帕德小姐與我一起前往附近的一間別墅，想要見識一下轉桌子，這不是與神靈相關的東西。法蘭西斯・布特[149]先生就在那裡，另外還有一個佛拉蒙人，他是烏娜的繪畫老師。我們在桌子上耐心地嘗試了兩個小時，雖然這張桌子在不斷地晃動與搖擺，但還是沒有轉出什麼來。於是，夏帕德小姐就拿出一張紙與一支鉛筆，讓神靈將想要說出來的話寫出來，前提是這些神靈真的會將他們想說的話說出來。（夏帕德小姐的嘗試無論在當時還是現在都是成功的，我的母親也會莫名地談論著一些世俗的情感，這經常給她帶來強烈的愉悅感）。接著，亞達感覺到一種異乎尋常的全新力量彷彿控制著他的雙手，她馬上寫道：「妳是誰？」「母親。」「誰的母親？」「霍桑孩子的母親。我正與妳在一起，我想要跟妳說話，我就在妳的身旁。我與妳在一起的時間超過了任何其他人。」亞達的雙手似乎被一種強制性的力量控制著，不由自主地在「身旁」這句話下面劃了重點線，她是以極為迅速的方式寫下這些字眼的，據說只有這樣的速度才能迅速激發起精神的媒介。不過，我在心底對這樣的事情始終有些反感，因為霍桑就對這樣裝神弄鬼的事情非常討厭。白朗寧夫人是一個精神主義者。白朗寧先生同樣極力反對這樣的事情，但他現在表示，自己願意接受這樣的想法。白朗寧夫人是一個非常有趣與愉悅的人。可以說，她是我見過心靈最為敏感細膩的人。一天晚上，我們在白朗寧夫婦居住的房子裡，我們就進行了一場關於神靈的對話。他們跟我講了一個非常神奇的故事，說白朗寧夫人透過休謨先生的通靈能力，竟然直接把一頂花環戴在了她的頭頂上。白朗寧先生宣稱，他相信這兩隻手就是休謨先生創造出來的，並且受到休謨先生腳趾頭的控制，

149　法蘭西斯・布特（Francis Boott, 1813-1904），美國古典音樂作曲家。

因此休謨先生只需要移動腳趾頭，就能將花環戴在白朗寧夫人的頭頂上。白朗寧夫人總是嘗試用柔和的聲音去打斷白朗寧先生的話，但白朗寧先生的話匣子一旦打開了，就會像一根飛箭一樣根本停不下來。他不顧白朗寧夫人柔聲細語的反對，繼續談論著自己對這方面的看法。白朗寧夫人無法清楚地解釋這到底是怎麼一回事，也不知道那雙精神之手到底是從哪裡來的。當然，她在接下來的冬天肯定會繼續留在羅馬生活，前提是她不前去埃及旅行。要是妳能夠與白朗寧夫人見面，妳肯定也會被她強大的個人魅力所征服。白朗寧先生對這個問題則顯得比較靈活，經常會將自己對此的看法寫在紙上，而白朗寧夫人則保持沉默與沉思的狀態。毋庸置疑，白朗寧先生給予她的愛意，拯救了她的人生。我與妳一樣認為，白朗寧夫人所著的帶有自傳性質的《奧蘿拉·利》一書濃縮著她深刻的思想。我認為其他文學作品都不能像白朗寧夫人的作品那樣，就像露珠那樣的純潔，那麼的柔軟與清新。霍桑在紹斯波特[150]的時候就曾為我閱讀了這本書，但當我此時坐在涼廊上再次閱讀這本書的時候，我的眼前彷彿呈現出奧蘿拉的塔樓……

　　涼亭的兩邊是敞開通風的，乳白色的橢圓形緣石很自然地映入我們的眼簾。就在緣石的陰影下方，我們欣賞著遠方充滿著拉斐爾風格的風景，度過了很多美好的早晨時光。很多遊客會來到這裡，與我們一起靜靜地欣賞這番景色。在這些遊客當中，就有伊麗莎白·布特[151]小姐，也就是後來的杜文尼克夫人。當時，她經常會帶上她那本很小的素描簿前來寫生。她為我父親畫了一幅水彩肖像畫。現在，她已經是一位年輕的藝術家，而當時的她還是一個小女生，長著獅子鼻，粉色的皮膚，蓬鬆的頭髮，活像一個小天使。當我看到她以前畫的那幅肖像畫時，強烈的憤怒情感差點讓我暈眩過去，因為她將我強壯的父親畫成了洋娃娃的古怪形象。當然，那時候的布特小姐還只是一個尚未成熟的藝術家，在四不像的畫作裡還是隱約能夠看到怪誕的相似之處。可以說，這是我們見過最讓人震驚的畫作了。我真誠地希望這位年輕的

150　紹斯波特（Southport），英國塞夫頓地區愛爾蘭海海濱城市。

151　伊莉莎白·布特（Elizabeth Boott, 1846-1888），美國藝術家，後嫁給其老師，美國肖像畫畫家弗蘭克·杜文尼克，移居義大利佛羅倫斯。

女孩依然保存著那份激情與熱愛，堅持畫下去，那麼她的作畫技巧可能會大有進步，透過畫作向世人展現她誠實的品格與深刻的洞察力。另一位年輕女士也經常前來這裡，欣賞遠處這一片拉斐爾風格的風景。從各個方面來看，她都是一位非常美麗的女性。我的母親喜歡與她一起聊天，說幾句讚美她的話。她有著一雙圓圓的棕色眼睛，這雙眼睛散發出的魅力是無法用語言描述的。她臉上露出活潑與善於表達的表情。她的臉比較圓，略顯蒼白，似乎被那位一名叫「遺憾」的著名雕刻家塑造過一樣，顯得有點悲傷。她坐在那裡，表現出活潑的態度，她的手托著臉頰，手肘放在椅子的扶手上。不過，她的坐姿始終不會顯得與眾不同，而是顯得非常淑女。她之前曾在情場中失意。我們知道，她並不是與年輕人談戀愛。她實在太美了，肯定不捨得就這樣死去。不過，她看上去很悲傷。但我們都喜歡和她一起欣賞風景，更願意感受她這種充滿魅力的悲苦情感。

這條道路是在一堵堵圍繞著這片鄉村地區的奶油色石牆中延伸出來的，因此當人走在這條道路上，就會感覺到非常的炎熱。直到現在，我依然還記得當時炙熱的陽光照在我身上，讓我不得不要將頭髮綁起來，然後像一些被烤焦的植物那樣耷拉著身子。當我看到那些婦女走過來的時候，我想要彎下身子，躲在她們所背負的木柴所形成的陰影裡，從而讓自己涼快一些。如果她們沒有背負著什麼東西的話，那麼炙熱的陽光就會讓我大口地喘著氣，觀察她們所戴的帽子，這種帽子就像車輪子那麼圓，能夠將她們整張臉都遮住，避免太陽的照晒。她們不時會用手挪移一下帽子，但似乎仍然無法完全遮住陽光。通往佛羅倫斯的道路似乎是走不完的，這趟旅程也給我留下了極為不好的印象──一路上，我只感受到了炎熱，聞到了灰塵的味道，也許這是我第一次有這樣的感受。不過，這裡風景還是非常多姿多彩的，顯得很美麗。遠處的田野彷彿散發出蒸汽，如果你能聚精會神地認真觀察，就會發現高高的路牆後面，還有一條大道沿著斜坡延伸下去。沒過一會兒，我們就看到了一些散落的村莊。一些老婦人坐在家門口處編織衣服，她們嫻熟的動作就像紡織機那樣靈活。她們唯一所使用的輔助工具就是紡錘。一些小女孩看上去也熟練地像是非常經驗老道的農婦了，只是她們的年齡小很多，體型沒

有我之前見到的那些農婦那麼豐滿。但是，她們也在家門口出編織著藍色的襪子。顯然，她們也為自己的心靈手巧以及刻苦耐勞的品格而感到高興。她們看上去是那麼幼小，表情是那麼的恬靜與自如，但卻蘊藏著一股猶如火山一般的巨大能量，只是這股能量暫時沒有被釋放出來而已。總之，我非常著迷地看著她們。來到了這座城市中心之後，卻看到了與此截然不同的景象。一些人住著豪華的房子，而一些人則過著罪惡且潦倒的生活，還有一些身體殘疾的孩子在街道上乞求食物與金錢。人類所犯下的錯誤在這座城市得到了極為充分的證明，我也始終不會忘記這樣的印象。那一群人腳步匆忙、衣衫襤褸的人想要從這座城市裡獲得商業上的貪婪，享受自私的欲望，但卻因為走得太快了，跌倒在街道上，滿臉都是塵灰。在我看來，那些沒有人性的父親不應該讓他們殘疾的孩子做這樣的行乞的事情，因為這會讓孩子的母親們為之傷心落淚。我的父親在美麗的佛羅倫斯生活期間，沒有忘記自己的藝術創作。雖然在他的《蒙特貝尼的浪漫》一書裡，對這些讓人感到傷心的景象沒有過多的進行描述，但是悲傷的情感還是像靜默無聲的和音那樣傳遞給了讀者。

　　有時候，當母親前去白朗寧夫人居住的卡薩古伊迪時，我都會跟著她一起去。我一直有一個固定的想法，就是認為伽利略應該屬於她們的家人圈子裡。在我的想像世界裡，我彷彿感覺自己清楚地看到了伽利略，就與我看到白朗寧夫人一樣，都是真切存在的（雖然我曾坐在白朗寧夫人的膝蓋上）。我想像著伽利略在自家的後院裡，將太陽玩弄於鼓掌之中。就算當他身陷囹圄的時候，依然會在自己的想像世界裡研究著天文學。我還記得，白朗寧夫人居住的這座房子是一棟兩層樓的房子，每個房間都有很多陰影，因此走進這座房子馬上就會有一種涼爽的感覺。即使在這棟光線不足的房子裡，白朗寧夫人還是露出了如陽光般的笑容。白朗寧夫人所具有的愉悅性情始終讓這座房子充滿了陽光，讓每個走進這座房子的人都感受到溫暖。接受過高等教育的英國人在說話的時候，聽上去總是給人一種愉悅的感覺，但是白朗寧先生在這方面遠超過其他英國人，因為當他在表達自己內心洶湧的思想時，說話的聲音是那麼的抑揚頓挫，臉上的表情是那麼的愉悅。白朗寧夫人安靜地

坐在房子裡，你可以看到她有著濃密的黑色捲髮，白皙的臉頰。當你與她的目光相遇時，這會讓你產生一種夢幻的感覺，會讓你懷疑自己是否真的還活著，不知道到底是你活著還是她活著。她經常會把手放在臉頰上，看上去就像幽靈一樣。她的體型很小，經常背靠在躺椅或是沙發的一個角落裡，看上去非常不起眼。已經死去的伽利略要是還活著的話，肯定也不敢相信自己的鄰居竟然是一位如此睿智與聰明的人。如果伽利略這位貧窮的科學家要是還在這裡的話，他肯定會無法相信白朗寧夫人所散發出來的氣息，肯定會讓他懷疑自己之前所觀察到的一切。我的母親在第二次前往羅馬的時候，就談到了白朗寧先生的拜訪帶給她的思想震撼。母親說，與白朗寧先生的這次突然相遇，讓她能夠從我姐姐烏娜生病以來的緊繃神經中鬆弛下來。白朗寧先生帶給她內心安慰，與她在我姐姐身旁照顧的感覺是相似的。根據母親的說法，白朗寧先生有時候會直接與你直接個人交談，談論著這座城市的圖畫與雕像，談論著他所見到過的景象。我開始學會了要對藝術與廢墟產生敬意的念頭，前提是這些藝術與廢墟要像羅馬這座城市如此的集中。因此，在這之後的一段時間裡，我都將這樣的念頭埋在心裡。但在我看來，白朗寧先生就是一個完美之人，一個始終充滿著無限活力的人！多年來，他一直會出現在我的腦海裡，帶給我一種無限美好的感覺，始終讓我想起在義大利的美好時光。當我們再次回到了缺乏藝術氣息的新英格蘭地區的小村落裡，白朗寧先生留給我的美好印象，幫助我度過了許多孤獨的歲月。他經常會在梵蒂岡欣賞美麗的《戴安娜》畫像，還會認真欣賞著拉斐爾的聖母像、珀爾修斯的雕像、貝亞特麗切‧倩契的畫像以及我們之前搭乘四輪馬車沿途所看到的景象。他的腦海裡似乎儲存著許多充滿美感的藝術畫面，這點是我深深敬佩的。我們都注意到白朗寧先生透過事情表面，直抵事物核心的能力。更讓我佩服的是，他這樣做的時候似乎不需要耗費什麼能力一樣。

我的母親在她一篇關於羅馬的日記裡這樣寫道：「我見到了白朗寧先生。或者說，是他專門走了很遠的路程前來見我。他大概是搭乘馬車過來的。」這有點像白朗寧先生希望教會人們如何按照他的詩歌思想去觀察事物，不要奢望著站在山頂上去觀察風景，而要專注於自己在每個時刻都能見到的事

物，這才是最為重要的。在所有的大師裡面，並不是每個人都能像白朗寧先生這樣始終露出陽光的笑容，有著飄逸的捲髮或是甜美的表情。他有著最讓人感到愉悅的性情，但卻給人一種雖然他距離你很近，卻又非常遙遠的感覺。這就是他的個性。我有時候會想，要是白朗寧先生沒有以如此愉悅的方式進入我父親的視野內，他的作品是否能夠以愉悅的筆調去描述當地存在的一些悲傷情感呢？我的父親寫道：「白朗寧先生所說的一些話，是非常真誠且具有思想深度的。這是一個睿智且具有能量之人所噴射出來的思想泉源。他就像一個天真淳樸的孩子那樣，在朋友面前將自己內心真實的想法表露出來。」

　　在父親的作品中，能持續給我帶來快樂和刺激的是《格里姆肖醫生的祕密》這部小說，有一點我非常確定的是這部小說的寫作背景可以追溯到我們在貝洛斯瓜爾多山丘上的生活。因為在蒙塔古托這個地方居住時，讓我們最驚心吊膽的一樣東西就是這裡的大蜘蛛。我根本無法用語言去描述這些蜘蛛的體型或是可怕程度，也許只有《格里姆肖醫生的祕密》小說裡才能對此進行一番論述。這裡的蜘蛛會讓世界各地的人們都心驚膽戰。在蒙塔古托這個地方，這些蜘蛛真的會大搖大擺地移動著，似乎不懼怕任何人。我們只敢遠遠地看著牠們，要是我們稍加不注意的話，肯定會釀成大禍的。每當見到這樣的蜘蛛時，我的內心就會產生一種預感：「那隻蜘蛛爬過來了！」然後雙眼堅定不移地盯著正確的方向，然後我肯定這是一隻蜘蛛。我可以很輕易地創作出一個糟糕的故事，但卻無法寫出一本好的小說。因為我無法用語言描述這些蜘蛛的可怕程度。牠們流露出來的目光似乎在尋找著床帷的裂縫，然後像幽靈那樣穿過壁爐或是爬過窗戶，我能夠猜到我父親肯定會喜歡看到這些蜘蛛。這裡的蜘蛛就像李子那麼大，有很多條腿，想要數清楚它們到底有多少條腿，這幾乎是不可能完成的任務。難怪一些浪漫主義者會幽默地說，每一隻蜘蛛都是一名醫生，因為牠們擁有著像煙管那樣的龐大網路。

　　我父親所著的《蒙特貝尼的浪漫》一書受到了莫特里先生與他夫人的欣賞。他們是我父母多年的好友。下面，我將莫特里先生寫給我母親的一封信完全引述下來：

泰晤士河邊的瓦爾頓，1860 年 4 月 13 日

親愛的索菲亞：

　　妳還記得，在年輕的時候，我始終都不願意忍受提筆寫信所帶來的甜蜜折磨。但在閱讀了妳的來信之後，我懷著愉悅的心情給妳回覆信件了。妳的來信似乎會對我產生一種魔力，我還是像之前那樣非常欣賞妳這樣的能力，並且將妳在羅馬寫給我的每一封信都珍藏起來了。我喜歡妳在信件裡表現出的女性特有的熱情，每當我感受到妳的熱情之後，總會產生一種更加美好與快樂的感覺……我很高興看到妳非常喜歡拉思羅普的那封讚美與感謝的信件。當我們在閱讀霍桑先生所著的那本充滿著浪漫情感的作品時，任何表達感謝的想法都會顯得蒼白無力……現在，我不會再為霍桑先生的這部作品說什麼好話，因為我知道無論我說什麼都是蒼白的，都無法表達我在閱讀時內心所感受到的深沉愉悅與無限滿足。我想妳肯定也會非常欣賞自己丈夫所具有的文學天才吧！當得知霍桑願意在回到倫敦之後與他們會面，這讓我們每個人都感到非常高興，因為這是我們之前所不敢奢望的……至少，我承諾一點，只要霍桑什麼時候回到倫敦，我務必都會登門拜訪他。目前這個季節，我們居住在哈特福德大街 31 號，這座房子是屬於拜倫夫人的，她與她的孫女安娜貝拉·金一起生活在這裡……最年長的兄弟奧卡姆爵士是一名機械師，現在在布萊克沃爾島上的一間機械工廠裡工作。我認為，他選擇這樣的工作，似乎是想要追求自己所感興趣的工作，而不是像彼得大帝那樣要有一番大作為。他的父親是一位典型的貴族，曾經拋棄了他。拉思羅普先生也為妳讚美他的話語而感到高興，我同樣如此。因為妳的讚美對我們都很有意義，因為這些都是妳發自內心的讚美。聽說妳的丈夫霍桑又準備寫一卷書……請告訴他，在他手頭上這卷出版前不要開始動筆。

　　永遠忠誠於妳的朋友

莫特里

　　莫特里在上面那封信裡所提到的「讚美與感謝」的信件，就是指莫特里所寫的下面這封信件：

我親愛的霍桑先生：

　　我無法抑制住內心的衝動，必須要寫信感謝你這本新書給我帶來的愉悅感受。我覺得，凡是你的作品，我都讀了很多次。當我第一次在報紙上讀到你的《尖塔之光》時，我就開始欣賞你的才華了。我現在回想起來，彷彿那已經是好幾百年前的事情了。當時，我們都比現在年輕許多。後來，我同樣非常喜歡你的《老蘋果販子》，我認為你在這部作品裡開始嶄露頭角了，現在你已經變成了一名如此偉大的作家。但是，你剛剛出版的《蒙特貝尼的浪漫》一書卻給我帶來了不同於以往的閱讀感受，因為這是我在有幸認識你之後，第一次閱讀你的作品。當我閱讀這本書的時候，我的記憶彷彿立即回到了我們一起沿著台伯河與平原地區散步的情景（當然，這樣的情形其實也出現得不多，但我具體也記不清楚了）。在那段讓你為烏娜的健康憂心如焚的日子裡，你依然表現出足夠的睿智與冷靜。現在，當我手上拿著你的這本書，我感到非常高興。因為我知道這本書裡飽含著你的思想，你無法再像之前那樣不告而別地離開我們了，因為有你這本書的陪伴，你彷彿就在我們身邊。我真的非常喜歡你的這本書。我認為我是否喜歡這本書，對你來說都是不起什麼作用得。但我認為自己有必要說，這就是我內心的真實想法，至於我的真實想法是否已經將我全部的敬意表達出來了，我就不敢保證了。我覺得你的耳朵可能對別人的這些讚美已經厭倦了，但我希望在別人的這些讚美聲中，你不會忽略像我這樣一位真誠的崇拜者所說的讚美之詞，當然這包括我的妻子與女兒的讚美。我不知道我們三人中誰是對這本書最為熱情的，因為我們三人經常都在搶著看這本書，至少在我們第一次拿到你的這本書時，都迫不及待地想要閱讀。我只是以一種模糊、嘮叨與缺乏批判性的方式來給你寫信，表達自己內心真誠的敬意與感恩之情，絕對不是要表達任何批評的意見。如果我現在是要寫一篇評論文章的話，我肯定也會覺得有必要表達對你的敬意。但我此時只是在遵循內心的衝動。不過，請允許我冒昧地說一句，你的寫作風格似乎比之前更加完美了。到底是哪一位教母賜給了你如此的天賦，讓你可以透過文字來表達出珠寶與鑽石一般的思想呢？當別人苦思冥想都寫不出來的時候，你似乎輕而易舉就能做到。請相信我，我在這封

信裡所說的讚美之詞，根本沒有將我在其他人面前對你的讚美之詞的一半那麼多。我已經說了好多次了，在英語系作家裡，任何人都無法與你相比。關於這本書的故事本身，雖然遭受到了一些人的批評，我只能說對我來說，這本書的一切都是來得恰到好處。霍桑派的寫作風格已經非常成熟了，整個故事的情節就像一根金線那樣貫穿始終。我喜歡你講故事時那種朦朧的感覺。這本書從一開始到結束的故事輪廓都是非常明確的，只有那些擁有豐富想像力的人才能夠與你一起進行天馬行空的想像之旅。對於那些抱怨這本書寫的不夠好的人，我只能說即使是更加直白的書籍，也會讓他們反感的。這些人在閱讀任何書籍的時候都帶著一種先入為主的成見，帶著一種過分沉思的態度，似乎只有他們的耳朵完全被一頂睡帽蓋住的話，他們才會完全感到滿意。

　　請原諒我的冒昧，但是一些人認為你應該將你作品中那種朦朧與不確定的因素去掉，從而轉向講述普通日常生活的小說故事，這些人的說法是讓我火冒三丈的。你的這本書，正是我想要找尋與閱讀的那種類型的浪漫小說。就算你將書中所設置的背景或是人物名字從古代變成了當代的麻塞諸塞州，但依然讓本書散發出濃郁的義大利風情。可見，你的作品是極為成功的。之前，我還不知道自己特別喜歡書中米里亞姆與希爾達這兩個人物，或者說，我可能更加關注多納泰羅的命運。但是，真正讓我喜歡的，是你在書中將人們熟悉的情景變得陌生起來之後所產生的非現實感。書中那兩名受害者在狂歡節那天的舞蹈是震撼心靈的。這就像一幕活生生的古希臘悲劇發生在眼前，同時不會讓人思想到任何與古希臘相關的念頭。正如我之前所說的，我無法單獨挑選出某個場景、某段描述或是某個人物形象，從而證明或是闡述我對這本書的喜愛之情。當然，在我第二次閱讀這本書的時候，我肯定會有更深的感悟。到時候，我對這本書的評價可能會更加客觀公允。我是在一口氣閱讀了三卷你的作品之後，給你寫信的。如果我給你寫信的口吻顯得過分興奮或是狂喜的話，我只能說這可能是因為你的作品如美酒那樣的醇厚濃郁。我所欣賞是你這本書整體所傳遞出來的情感與思想。我希望你會原諒我絮絮叨叨地給你寫了四頁紙的內容，而不是用簡單的四句話來表達自己的想法。

今年夏天，我們是否還有機會見到你呢？下個月，我們應該就會在倫敦了。要是你不讓我們見見你的話，這肯定會讓我們感到非常難過的。但我知道你在這方面是有分寸的。不管怎麼說，你都可以確信一點，你的這本書給我們全家人帶來了莫大的愉悅。如果我這封信讓你感到厭煩的話，你可以完全置之不理，不用回覆。我知道你現在每天肯定都會收到如紙片飛來的讚美之聲，我也沒有想過要收到你的回覆。當然，要是我能夠收到你的回覆，這肯定會讓我喜出望外的，畢竟你我都是老（新）朋友嘛！

永遠忠誠於你的

莫特里

關於《蒙特貝尼的浪漫》一書的討論，我記得當時聽到很多人說過。我的母親當時還笑著朗讀了一些批評父親這本書的部分信件內容，這些批評信件指責霍桑的這本書存在著過分模糊與缺乏良知的包容性。我的父母一直都對讀者的評論保持著寬容的態度，對很多人的毀譽都不是過分地放在心上，因為他們也知道很多人根本沒有能力去體會到書中所包含的思想。我的父親就從來不期望自己的作品能夠得到大眾讀者的理解，雖然他的內心還是希望讀者，至少是部分讀者的肯定。他在創作這些作品時，肯定也是刪除了部分過分注重分析推理的內容，從而迎合大眾讀者的閱讀品味。父親給我的感覺，就像一個被公開審判的無辜之人。如果我不是他的家人的話，我肯定會為他感到難過的。正因為他是我的父親，因此我感覺父親有必要對那些批評或是貶低的聲音保持沉默、耐心與冷漠。現在，他的作品已經達到了一種完美的境地。我的母親對大眾喜歡那些廉價小說的做法表達了極為憤慨的態度，但她也知道那些廉價小說的存在只是暫時的，無法真正感染到讀者。與此同時，莫特里先生在來信中所表達的溢美之詞，足以給我的父親產生繼續進行創作的動力。

也許，在談到莫特里的那封充滿著溢美之詞的信件時，在我當時尚未了解父親的作品時就做出這樣的評價，是有失妥當的。我們可以看到，莫特里

就像奧瑪·開儼[152]那樣將自己的真實情感表達出來了，幾乎沒有任何保留。聽到諸如莫特里這樣的人不過分注重一本書字面上的意思，而更加關注這本書能否刺激我們想像與心靈的內容，這的確是讓人感到共鳴的。雖然我不敢說莫特里是否真的了解了我父親想在那本書所要表達的意思，但是他的讚美之詞對我的父親肯定是一種鼓勵。莫特里先生按照自己對現實的理解去認知父親作品的那種夢幻般的鮮明特色。我認為他所感受到的魔力源於一種威嚴的道德現實。因為現實中存在著罪惡與神聖，但是我們完全可以透過沉浸在日常普通的生活中，而忽視掉那些美好的時刻。米里亞姆與多納泰羅乍看起來可能像是虛構出來的人物形象。但我從小就認識到，他們其實與我們一樣，都是有血有肉真實存在的人。真理之酒一開始品嘗起來是讓人頭暈目眩的，慢慢才會讓我們體會到其美味。

---

152 奧瑪·開儼（Omar Khayyam, 1048-1131），波斯詩人、天文學家、數學家。代表作：《柔巴依集》等。

第十四章　威賽德

霍桑一家人回到了威賽德，重新感受到了這裡的簡樸、歡樂與犧牲。為人類的進步作出努力的有趣之人所獲得的最大獎賞，就是過上安靜的生活。對愛默生、奧爾柯特、梭羅與錢寧的一番描述。霍桑一家拜訪在波士頓的菲爾茲一家，見到了一些難得見到的人。雖然威賽德是一個比較安靜的地方，但卻沒有脫離外面的世界。外面的朋友經常會過來拜訪霍桑，很多信件也會寄到這裡。露意莎・奧爾柯特的一首有趣的詩歌。霍桑夫人提到了希區考克將軍，她認為希區考克將軍是非常優秀的人。霍桑夫人在日記與書信裡對康科德的生活進行了一番描述。霍桑的健康狀況出現了大問題，這讓全家人都感到非常擔憂。林肯總統成為了一個值得認可的理想人物。

為了讓讀者更好地了解我們全家為何從歐洲返回康科德的原因，我有必要首先描述一下我爸媽所認識的那座小村莊的美麗景色所具有的魅力。之前與他們經常交流思想的那幫人士依然在等待著他們。他們知道我們無論去到哪裡，最後都是要回到康科德，完成最後的一站。儘管在康科德生活期間，他們遇到了許多慕名的拜訪者，但這樣的打擾還是無法影響他們對這片土地的深愛，無法改變這座小村莊對美國歷史與文學界所產生的重要性。這個地方產了很多重要的人物，以至於當地人在談論起來的時候，都會將自己稱為波士頓人。愛默生、梭羅、錢寧與奧爾柯特等人所散發出來的美感吸引著很多人，他們所說的話散發出寬容與勇氣。

愛默生是第一個敢於站出來表達個人自主性的人，他的地位就像美國國旗一樣。他在康科德的領袖地位，與我們所見到的一般光榮的象徵是不太一樣的，而是那種來自朋友的光輝。多年以後，我一直盼望著能夠重新回到愛默生所居住的那座房子裡看看。我最早關於他的記憶是，當他來到我身邊的時候 —— 他是一個個子較高的人，身子有一點傾斜，用一種略帶疑惑的眼神看著我的臉龐，但是他臉上卻掛著笑容，這讓我產生了一種奇怪的感覺。但是，他穿著一件黑色的外套，戴著一頂黑色的帽子 —— 走在康科德的大道上。這條黃色的大道一直延伸到萊辛頓這座充滿著歷史意義的城市。一開始見到他的時候 —— 因為比我大的人總是會擺出一副尊貴的模樣 —— 我深感敬畏。當我經過他的身旁時（當時我還只是一個小女孩），我就想自己是

否還能活著，但這只是我錯誤的感覺，我之後對他的印象越來越好。後來，我才發現在路上遇到愛默生先生，這是最有趣的事情。當我看到他那張洋溢著笑容的臉龐，總是會讓我內心感到欣喜。但是，我還是對他表現出來的自我意識以及笑容有點吹毛求疵。我經常會抱怨說，愛默生應該等到真正有什麼好笑的事情發生之後再笑。當然，我不知道他是否暗地裡偷偷地為一些希臘笑話而發笑，因為我記得他在康科德的一棵榆樹下就獨自發笑過。經過一段時間之後，我發現他始終是一個喜歡笑的人，而不是要等到有什麼好笑的事情發生時才會笑。漸漸地，我發現他始終都能找到一些可以令他發笑的事情。正如他對我們說的：「最好的笑話，就是我們站在哲學家的角度，透過自身的認知去對事物產生一種共鳴的沉思。」但我當時只是一個愚昧無知的女孩，根本不懂得這麼高深的道理。當我看到他回答別人問的一些瑣碎的問題時，臉上會以一種極為緩慢且不易被人察覺的方式露出微笑，直到他的臉龐完全露出燦爛的笑容（整個過程就像是太陽從東邊升起來那樣讓人感覺極為美好）。有時候，我認為愛默生有點樂觀過頭了，不應該整天都露出這樣燦爛的笑容，而應該留到某個特殊的場合再給別人一些驚喜。但是，愛默生根本不管這些，依然經常發出爽朗的笑聲——他將這些發笑的時間稱為休閒時光，說這些都是他所喜歡的個人感受，是一種「愉悅的身體痙攣」或是「肌肉撓癢癢」。

當我長大之後，我認為愛默生先生的微笑會讓每個見到他的人都感受到一種自在、舒適與激勵的感覺。可以肯定的是，愛默生先生的表現會帶給人們一些疑惑感，有時候甚至是讓人覺得古怪的，會被人們視為是自我保護的一種防衛。但是，愛默生所表現出來的善意，卻是任何人都無法去懷疑的，也是任何人都無法去效仿的。他的每個舉動都沒有表現出任何高人一等的行為。他會表現出一些愉快的舉動，其他人也都會慢慢習慣他這樣的舉動，而不會感到大驚小怪，直到大家最後適應了他這樣類似於菲力浦·西德尼爵士[153]一樣具有禮貌的舉動。他那雙弓形的暗黑色眉毛有時候看上去是那麼的不怒

---

153 菲力浦·西德尼爵士（Sir Philip Sidney, 1554-1586），英國伊莉莎白時代的大臣、詩人、學者和戰士。騎士精神的典範。

自威，但他很快就會舒展自己的眉毛，讓自己流露出一種善意。隨著他年齡的慢慢增長，原本看上去威嚴的眼神現在卻充滿了極大的善意。

若想對威賽德這個地方有更加深入的了解，就必須了解這個地方的主人所具有的恬靜與不喜歡社交的習慣。正如奧爾柯特先生經常被人們看到獨自一人沿著我們的房子與他的房子之間的那條兩旁都種植著樹木的拉爾克小徑[154]行走時的情形。但是，我能夠察覺到每個看到他的人似乎都在表達對他的認可——也許，即使是他的一個微小的舉動，都能給人帶來這樣不同的感受。我還記得，我的一些觀察會引起他的好奇心理。每當他到來我家的時候，我母親的眼神總是會變得柔和起來，而不像她在進行自我思考的時候變得那麼眉頭緊鎖。我非常清楚奧爾柯特先生是一名受人尊敬的人，但他有時候會隨身攜帶一些詩歌手稿，這些都是他個人靈感所誕生出來的「孩子」。在我看來，他的這些詩歌要比一些給大人難堪的孩子更加不受歡迎。他還曾經特別為我的父母朗讀了一首特別冗長的詩歌，這看上去是一件無傷大雅的事情，但這首詩歌卻給我的父母帶來了持久而深刻的印象。透過觀察大人們對這首詩歌的看法，我了解到奧爾柯特先生的這首詩歌就像柔和的月光灑在一片平坦的平原上，給他們一種安靜柔和的感覺。奧爾柯特先生的臉上經常表現出激動、自信與柔和的神色，他的聲音是那麼地抑揚頓挫。我認為，即使他昨晚做了一些充滿幻覺的夢境，他也不會感到絲毫的震驚，這些充滿幻覺的夢境似乎只是在告訴他應該去追求更加崇高的夢想，鞭策著他繼續去努力。他經常露出快樂的面容，有時候甚至會像一個孩子那樣跳著高興的舞蹈。他有時候也會像天真稚氣的孩子那樣露出傻笑，迅速抬起自己的頭顱，接著微微地彎著腰——這種迅速且愉悅的身體動作是那麼的有趣，讓每個與他說話的人都感到非常震驚，每個人都為見到他這樣的表現而感到非常有趣。但是，我注意到他的臉色是那麼的蒼白與憂傷，彷彿他那位高尚的女兒沒有取得輝煌的成功一樣。但是，這樣的行為並不能代表他的品格，環境也無法奴役他的身心。他始終都表現出一種超越於環境限制的決心，不會像一

---

154 拉爾克小徑（the Larch Path），位於美國麻塞諸塞州康科德威賽德奧爾柯特、霍桑故居前的一條著名小徑，曾出現在他們的文學作品中。

頭被枷鎖所控制的羔羊。當我某天看到他緩慢走路或是慢慢地建造充滿鄉村氣息的柵欄時，他可能會被人們視為一名已經是年過百歲的老人了，彷彿他正在聽命於某位古代法老的命令。但在十年之後，他變成了一個與此相反的人，變成了一個「巨人」：為人愉悅，頭髮花白，舉止優雅，隨時都準備重新開始自己的生活。

對我來說，奧爾柯特就是我們這座村落裡一個神奇的存在，我經常會在村裡見到他。我曾聽說他專門前往樹林裡尋找一些奇形怪狀的樹根與樹枝，這讓我覺得他是一個天生在鄉村建築方面有著獨特天賦的人。據說，在我們村落附近的地方，任何人所擁有的古玩或是古董都會去找他認真地鑑賞。如果你在那時候擁有一棵形狀奇特的樹木，那麼人們就會說這棵樹在奧爾柯特手上會更加安全一些。我想像著他微微彎著高大的體型，穿著黑色的衣服，戴著一頂別有風味的帽子，在森林的小徑裡來回地走動，或是在回家的時候，背著一些諸如石雕形狀的樹根回家。他這種有趣的愛好，可以從他所製作出來的一些手工製品中看的出來。當然，他這些手工製品現在已經原本的銅色變成了蒼白的顏色，但這些製品似乎依然具有生命力。簡而言之，他的熱情一旦滿足之後，就很容易消退，就好像詩人創作出來的詩歌在理論學家面前，會立即變成打油詩一樣。事實上，奧爾柯特是一個喜歡沉浸於自身思想當中的人。他總是習慣一個人去做自己喜歡做的事情，不太願意去面對更加困難的現實。我還記得，當別人跟我說，當他的女兒露意莎在內戰期間照顧受傷的士兵而感染了斑疹傷寒去世之後，他打斷了一名叛軍士兵的下巴，當時我整個人都驚呆了。當時，他的目標就是帶著自己的女兒回家，但人們很難相信，即使當他面對這些痛苦不堪的結局，他都依然能夠勇敢地面對。我從未期望過能夠再次見到他。基本上來說，他在這個世界上唯一想要追求的東西，就是他對蘋果樹的喜愛之情。在他的果園裡，他是一個非常有趣的人，整個人的性情都會變得非常隨和。當他看著一大堆採摘下來紅彤彤的蘋果時，他的臉上也會閃耀著光芒，他的整個身軀都會變得更加柔軟，彷彿自己就與他所種植的水果一樣，都是非常成熟的。他的果園就在道路旁邊，很多樹木都從一個盆地形狀的草地上生長起來（這片土地之前可能是沼澤

地）。在我看來，他是一個有著完美靈魂的人。當我們在這個小鎮上來回走動的時候，見到他的身影總是會讓我們感到開心。這也難怪，在他人生事業開始的階段，在花園裡玩耍的孩子能夠給他帶來那麼多的靈感。當他置身於果園的時候，他整個人似乎都表現出來一種柔和的渴望與仁慈心理，他會對那些年輕的孩子露出微笑，展現出無限的愛意，這顯然是會讓他的那種幻想力得到一些充分的發揮。

在很多時候，他說話的時候都是非常謙卑的，但他從來不會讓別人認為他是故意擺出謙卑姿態的。在我看來，他的弱點是非常荒唐可笑的，有時候也會讓我感到非常生氣——當然，他是一個勇敢的人，但就算是勇敢的人也會存在著自身的缺點——但我後來發現了一個永恆的事實，那就是一些毫無價值的事物對於那些具有鮮明特點的人來說，是非常自然的存在，也許正是這些毫無價值的事物在抵禦著來自各方面的攻擊。我認為，人們肯定會慢慢地認識到一種飽含著認真精神的潛意識愛好所具有的價值。當然，這樣的愛好並不是一種過分聰明的百眼巨人的形象，更多的只是一種充滿著天真稚氣的輕信與自發性而已。這種未被玷汙的天真稚氣以及柔和的自信特點，其實都是他應該得到的一種自我讚美。當奧爾柯特沒有從他的蘋果園或是他自身的靈感中走出來的時候，他是一個心智絕對健全的人，充滿著簡樸的人性，對造物主賜給他的個人能力充滿著無限的自信。因此，他給我的留下的印象是充滿尊嚴的，雖然他的性格中存在著反覆無常的特點。當然，他所表現出來的反覆無常的性格特點，與《國父》[155]一書裡講到的那些反覆無常之人是有區別的。他始終都為堅持自己的立場而感到驕傲。他經常穿著綠色的外套與紫色的褲子，但他對此卻絲毫不在意。他知道即使別人對此有任何其他的看法，這些都只是他人生的插曲，而他則不需要為此付出太多的關注力。

埃勒里·錢寧先生可以說是整個城鎮上最受人們歡迎的人。我的父母對他充滿著敬佩與友好之情。要是我在本書裡不提到我父母的這位好朋友，那麼這肯定是我犯下的一個巨大錯誤。毫無疑問的，要是康科德這個地方沒有

---

155 《國父》（*The Father of His Country*），美國作家、教育家奧爾柯特（Amos Bronson Alcott）的作品。

埃勒里‧錢寧先生的存在，那麼這個地方在世人的想像空間方面，肯定會少幾分重量的。正如我看到老年時期的他，他當時是那麼的柔和與寬容，有時候會像一個孩子那樣喜歡做出一些古怪與滑稽的動作，給人帶來一種非常有趣的感覺。我很高興能夠見到他那雙散發出光芒的藍色眼睛，他總是會優雅地微微低下頭。對我來說，他的眼神似乎能夠穿透厚厚的牆壁，能夠超越任何障礙，彷彿就是一種天空俯瞰地平線的感覺。當然，他這樣的眼神並不會給我帶來任何困擾。可以說，錢寧先生實在是太友善了，因此任何人都不忍心去批評他，也許這只是我個人的想法而已。但毫無疑問的是，錢寧先生在去世之前，也曾表達了自己的一些遺憾情感，但這是他在表達對身邊朋友的眷戀之情。當我說到友情這個問題，雖然我認為真正觸動他（一個男孩連續失去他的大理石玩具）放棄自己所有忠誠的朋友，同時沒有說半句解釋的話語，也沒有做出任何代表著理智的行為。對此，我們唯一的解釋，就是這個充滿魅力的男孩在年老之後，失去了他在年輕時期最為愉悅且強大的那種功能。當他經過我們身邊的時候，再也不會向我們點頭問好了。接著，他再次找到了他所謂的「大理石玩具」，然後將這些東西放在自己的口袋裡，彷彿什麼事情都沒有真正發生，依然露出覥腆的微笑，與別人進行著友善的交流。一個人最強大的標誌就是他所具有的能力。當錢寧先生的「大海」對我們來說是充滿浮力且灑滿陽光的時候，那麼這就代表著一股巨大的力量，會讓人們充滿著強烈美好的情感。在那些歲月裡，他幾乎每天都要外出呼吸新鮮的空氣，他對大自然的感慨是我們當時這些小孩所根本無法理解的。就算當我們想要按照他的想法去進行思考的時候，也無法獲得真正有價值的思考。他總是會邀請他的好友與他一起散步，我曾有幸與他一起攀登一座高山，然後看著夕陽西下的情景。當時，我才意識到，這樣的景色是這個世界上最為美麗的。

另一個經常困擾我們的特殊人物，他就像松樹那樣流露出悲傷的情感。這個特殊人物就是梭羅。梭羅有著一雙圓圓的眼睛，有著深厚的宗教情感與智慧，同時有著不羈狂放的一面，但整體來說，他還是一個非常溫順的人。他的臉上經常流露出一種奇怪的表情，但這樣的表情似乎是各種力量交織起

來之後形成的力量。一開始，他這樣的表情讓我感到非常恐懼。但是，他在不經意間所做出的一些讓人無法反駁的回答，卻經常讓我對他充滿著仰慕之心。在他長期生病期間，我的母親經常會拿出我們家那個古老的音樂盒借給他。我的母親在老屋居住的時候，就曾經一邊聽著這個音樂盒發出的美妙聲音一邊跳舞。即使是到了現在，這個音樂盒依然會發出非常柔和的美妙聲音。當梭羅去世的時候，他就像一朵最為美麗的銀蓮花，被人們移植到了一個安靜的樹林裡，埋葬在一片荒蕪的蕨類植物與苔蘚之間，再也不會受到路人任何的侵擾了。梭羅是一個追求自由與機會的人。他就像聖人那樣去親近自然，感受自然的平和，然後他將自己感受到的思想透過書籍的形式表達出來，帶給了美國讀者對大自然的全新認知。他就像一個懂得自我克制的人，始終都以一種隱士或是旁觀者的角度觀察這個世界的一切。他為自己所踐行的嚴格禁慾主義而感到驕傲，正如每個追求權力的人都會為最終獲得權力而感到極為自豪一樣──不同的是，梭羅所追求的這種能力，是一種能夠激發起人們對最需要關注的事物的感知能力。他展現出來的形象就像四月的花朵那般地沉思。你絕對不會猜到他會以如此詼諧的方式去描述貓頭鷹這種動物。他描寫大自然的文字，似乎能讓讀者們認為他會與這些大自然的生物一起感到悲傷或是哭泣。當時，我從未攀登過康科德地區的任何一座高山或是穿越一片廣闊的田野，從未想過他竟然是廣闊大自然如此親密的朋友，是一個如此喜歡畫眉的人，同時還是一個如此與印第安人有著親密關係的人。每當我們前往瓦爾登森林的時候，整個森林發出的沙沙聲響，似乎都在呼喚著梭羅的名字。

　　當我們離開歐洲，回到美國之後，就立即從火車站搭乘馬車前往威賽德。我還清楚地記得，這些讓我備感陌生的非英國式的風景與那間就是我們家的破爛房子給我帶來的難受感覺。我的內心馬上產生了一種憂鬱的情感，感到以後將要過著壓抑的日子了（至少，這是我當時的一些個人感受）。但後來，我驚訝於花園裡竟然有那麼多沙子以及我們在這裡的僕人的服務竟然那麼不周到。

　　多年來，我一直都想要憑藉自己的語言能力，去和我在英國或是其他地

方的女性朋友進行交流，這與在康科德的生活是存在著很大區別的。也許，下面這兩封信 —— 其中一封信是在英國的巴斯所寫的，另一封信則是在康科德所寫的 —— 雖然從來都沒有寄出去，但其中的部分節選內容還是被我的母親保存下來了，沒有被大火燒掉。也許，這兩封信的部分內容能夠將我們全家人當時的一些想法呈現出來：

英國巴斯，查爾斯大街 31 號
親愛的漢娜（雷德卡・漢娜）：

當我要回家的時候，我認為沒有比即將回到故鄉更讓我感到開心的事情了。因為我在故鄉會擁有一個面積龐大的花園，我的一些閨蜜們會經常過來看我。我認為，在我的人生裡，沒有比我在家鄉的時光更讓我感到開心的了。

在度過了那段過渡期之後，下面的這封信這樣寫道：

麻塞諸塞州康科德

現在，我已經回到了康科德，非常急迫地想要再次見到妳，但我認為這樣的想法是毫無意義的。在我完成了自己的功課後，我會走出家門，度過美好的時光 —— 可以肯定的是，這將是非常美好的時光，我眼前所看到的全是一片冰封的土地，我必須要想辦法找點事情來做，從而讓自己的身體保持溫暖。因此，我必須要在外面運動一下，然後再回家。事實上，我也不知道該怎樣做才能讓身子感到暖和。妳現在在英國，即使是在冬天，妳也會感到無比溫暖的，妳應該對此心存感激。這裡的冰霜都已經出現在我們家的窗戶上了，妳無法透過窗戶看到外面的景象。

我想著要透過創作一些故事來為我在康科德的生活帶來一些樂趣，我只向我的一兩位閨蜜透露了這樣的想法。我的父親聽到了我說出的這些充滿虛榮心的話，因為他就坐在我房間外面客廳的沙發上，而我的房間沒有關門，我的兩個閨蜜在房間內認真聆聽著我的計畫。她們在聆聽了我的想法之後，雙眼都驚訝到睜得圓圓的，我也為自己這一項激動人心的聲明而感到無比自豪。我感覺自己就像站在一張三葉草鋪成的床，絕對無法想像自己的這番雄

偉目標會遭到當頭一棒。幾分鐘之後，我的父親就走了進來，他的眼神中似乎散發出怒火。「永遠不要讓我聽到妳提到這些創作故事的計畫！」他說話的口氣顯然是有點惱怒了，因為我之前也聽過父親說出類似話語的時候的口氣。「我不允許妳去創作這些故事！」但我認為，父親的這種反對，只會讓我產生了更為強大的要成為作家的願望。尤其是當我在腦海裡思考著成為作家的各種美好情景時，我更是無法抵抗內心的衝動。

　　當我們前去波士頓拜訪菲爾茲夫婦的時候，原本的一片荒地變成了綠洲。我的母親就曾用文字記錄了當我呼吸到了大自然的味道時，內心感到喜悅的情形。我的母親曾懷著愉悅的心情寫下了這段話：「我親愛的爸爸，當我來到波士頓之後，我們肯定會立即給你寫信的。我們已經安全抵達這裡了，也為我們終於再次回到這裡而感到無比高興。當我們到達之後，就能吃到美味的蛋糕與喝到雪莉酒了。（我的母親接著寫道）安妮一個箭步地衝向我們，她看上去是那麼地可愛。菲爾茲先生在晚餐前才出現。他表示，霍桑在領事館工作的這段經歷是極為出色的。當然，我在這裡是使用了他的詞彙中比較帶有感情色彩的一個詞語。我們一路上頂著猛烈的陽光，來到了教堂。菲爾茲先生走在陽光下時顯得非常愉悅。菲爾茲夫人（我們經常將她稱呼為『草地夫人』這個綽號）就詢問菲爾茲先生為什麼要走在太陽下面，而不是躲在陰影裡。菲爾茲先生有趣地說：『因為太陽的光線會讓我們每個人都不斷生長哦！當我置身於陽光下，我就感覺自己似乎不斷地生長！』菲爾茲先生說前往教堂會讓他產生睏意，他之所以會產生這樣的想法，是因為教堂執事的緣故 —— 他說這個世界都因為你創作的《利明頓溫泉》而充滿了歡喜的情感。他不知道如何表達對這部小說的喜愛之情。當我們在畫廊裡見到阿爾普頓 [156] 先生時，他顯得非常的有教養。畫廊裡掛著一幅亨特所畫的傑出畫像。阿爾普頓先生將這幅畫稱為『偉大的藝術』。這幅畫也深深吸引著我。我之前聽到了太多人談論著所謂的『偉大的藝術』，但這幅畫的確給我帶來了不同以往的感受。畫廊裡還掛著一幅亨特本人的自畫像，畫像上描繪眉毛的手

---

156 阿爾普頓（Tom Appleton, 1812-1884），美國作家、藝術家。他的妹妹蘭西斯後來嫁給了美國詩人亨利·朗費羅。

法與米開朗基羅有點相像。有一點向米開朗基羅致敬的感覺。弗雷蒙特畫廊的負責人是一個面容英俊的人，但他表現出來的能力似乎不足以去管理好這樣的畫廊。他看上去就像一隻老鷹，為人忠誠老實，但卻缺乏足夠的智慧。我們為當時政府軍在戰場上取得的勝利而感到驕傲，也為了見到一些美國國旗在飄揚感到非常開心。我們與戴西先生一起吃早餐。能夠聽到戴西先生英國式的口音——他的口音要比亨利·布萊特先生那種特有的蘭開夏郡口音更有意思——真是讓我們感到開心。我們與巴托爾夫婦一起喝茶，菲爾茲先生也是一個極為睿智的人，我們在茶桌上都被他逗得差不多要笑死了。巴托爾夫人則因為笑的太開心了，喘著氣對菲爾茲先生說，他是專門想出這樣的『陰謀』，好讓我們無法吃更多東西，而且想要透過讓我們不斷地發笑來殺死我們。安妮帶著一個紅色的冠狀頭飾，這讓她看上去更加具有魅力。菲爾茲說，安妮小姐就像置身於大火燃燒之中的苔蘚。接著，菲爾茲先生說，千萬要等到他過來之後，再讓刺槐綻放出花朵！請將我的愛意傳達給烏娜與朱利安！」

父親也在菲爾茲先生與草地夫人（即菲爾茲夫人）家裡感受到了無盡的快樂，度過了愉悅的時光。

在威賽德，我們同樣度過了愉悅的時光。雖然我們過著簡樸與避世的生活，但是這裡有到處都是沙子的花園、茂盛的野草以及猛烈的陽光。康科德這座城市在天氣晴朗的六月到十月分之間是極為美麗的。我們還能在這裡感受到露意莎·奧爾柯特夫人的友善對待。她總是能夠讓我們露出燦爛的笑容。在我看來，她過著一種最為勇敢與最為美好的生活。當我們為她寄去生日禮物之後，她也同樣寄給我們一首詩作為回贈禮物。我從她的這首詩歌裡節選出部分內容：

> 「山楂樹 [157] 是一棵優雅的樹木，
>
> 從剛剛抽出的新枝到那些粗壯的老根，

---

157 山楂樹（Hawthorne），這裡是雙關語，亦指霍桑，因為霍桑的名字在英文中本身就有山楂樹的意思。

當其他樹木已經凋落了葉子，孤零零地站著時
它依然歡快地擺動著葉子，結出果實。
在某個時刻，一陣輕柔的風吹過，
讓跳躍的樹枝微微地顫動著，
一份精美的禮物似乎就在風中跳動，
就如雪花悄悄堆積在鄰居的大門口。」

「那位年過三十的老姑娘終於碰上了運氣
找到了自己一生中的如意郎君。
最好的證明，就是她那顆原本枯萎的心
重新煥發出生命的活力。
她變成了一個更好的女人，
成為了一個更好的母親！」

「友誼之樹可能需要很長的時間，
才能在春秋兩季生長。
謙卑的小鳥在樹蔭下鳴叫著。
盼望這些小鳥安靜地唱著優雅的歌曲
時間會給它一個永恆的名字。
斧頭無法傷害到它，冰霜無法殺死它。
在愛默生種植的松樹與梭羅種植的橡樹下，
山楂樹將會永遠受到人們的愛戴！」

母親在寫給我父親的一些信件裡，就曾提到了辛勤的工作幾乎占據了她多年的人生（她的女兒也嘗試學習她的榜樣）。這些記錄也表明了我們在歐洲與回到故鄉生活之後的差異性：

當蘿斯看到了花園裡盛開的番紅花之後，她歡呼的尖叫聲在整個鄉村裡迴盪。美麗的春天景色就像「醇厚的美酒」那樣讓她的心靈為之陶醉。她不斷地擁抱我、親吻我，表現的非常熱情。就算是一處綠色的草地都會讓她感受一種難以言喻的快樂。

1860 年 9 月 9 日。在喝茶之前，朱利安的心情非常好。在喝茶後，我為他與蘿斯閱讀了《聖經·馬太福音》的一節，然後與他們談論了關於保羅的事情。現在，蘿斯的畫已經畫得很好了，她經常會在黑板上描繪出本諾赫先生的畫像，還有她喜歡的夏洛特·馬斯頓（Charlotte Marston）與朱利安等人的畫像，這些畫像都畫得有點像了。本·曼恩（Ben Mann）先生帶來了一封來自烏娜的信件，還有另一封是來自英國的一封信。他們在信中以謙卑的口吻詢問著你即將要出版的那本書 —— 花園裡瘋狂生長的野草簡直超乎你的想像，野草已將將甜瓜、胡瓜、南瓜乃至大豆都全部遮蓋住了。那些野草的高度已經完全超過了其他農作物的高度了，就像阿納金斯覆蓋了整個以色列一樣。這些不請自來的「客人」是我之前所根本沒有想到的。我應該嘗試去做點什麼，但我擔心自己瘦弱的身軀無法將這些野草全部剷除掉。花園裡潮溼悶熱的氣溫讓這些野草得以繁茂的生長，我之前只有在古巴才看到過這樣的景象。在我們的房子與階梯之間的後門地帶，幾乎變成了一個真正意義上的原始森林。這樣青綠的景象帶有英國與愛爾蘭地區的特色。今天，我採摘了四十條玉米 —— 我們全家人都前往奧爾柯特先生家裡喝茶。當我們在日落時分出發的時候，天空是晴朗的，但似乎彌漫著許多霧氣。我們的這趟旅程非常愉悅。奧爾柯特先生是一位非常友善且仁慈的人，奧爾柯特夫人看上去就像朱比特·奧林帕斯那樣的人 —— 希區考克將軍已經提前一個小時到達了那裡。孩子們送給我從布林先生那裡採摘來的一些美麗玫瑰花，這些玫瑰花的顏色各異，有的是深紅色的，有些是淺粉色的。我看到了一張帶有羅馬氣息的桌子上擺放著一個玻璃器皿，這張桌子與霍桑放在家裡的茶桌很相像。而花瓶裡那株番紅花則顯得非常美麗，大麗花與虎百合這兩種花則放在基督變容畫像的下方。整個客廳看上去是非常美麗的，散發出芳香的玫瑰味道。所有的窗簾都拉上來了，因此房間裡顯得很明亮。窗外是一片綠油油的青草，遠處還有一些種植著樹木的山丘與草地，整個景象讓我們感到非常愉悅。在寬敞明亮的客廳裡，我見到了希區考克將軍。當我表示認可他的思想之後，他的臉上露出了最為燦爛的笑容。我也露出了與他的表情一樣的神情。希區考克將軍那雙平靜的眼睛一看就是見證過許多世間風雨的人，他會以客觀的

角度去觀察世間的一切，這讓他的許多看法都是非常沉穩的（他之前已經對煉金術師以及所有的神祕哲學進行過一番研究了）── 昨天，伊麗莎白．霍爾女士與我一起度過了整個上午。我們談論著在羅馬以及佛羅倫斯的見聞。霍爾女士認為我們的房子是所有房子中最為美麗的，她的身上始終都散發出聖保羅那般的高尚品格。在一張羅馬桌子上，擺放著一個玻璃花瓶，花瓶裡面裝著美麗的睡蓮花，這株睡蓮花是烏娜今天早上從河邊採摘過來的。在桌子中央位置，一株百合花也被放在一個高腳玻璃杯裡，顯得非常美麗。在白色的桌子上，擺放著一個繪有鳳仙花的玻璃瓶，玻璃瓶裡放著從深紅色到淺桃色的花朵，還有一些紫色與白色的花朵。今天，烏娜從波士頓回家了。她在這次旅程中玩的非常開心，看到了很多不同的人，每個人都表達了對她的喜愛之情。「媽媽，為什麼每個人都那麼地喜歡我呢？」烏娜問道。當然，每個人都肯定會喜歡烏娜的。今天，烏娜的舞蹈老師前來拜訪我，他是一名個性愉悅之人，臉上總是掛著微笑，見到我的時候總是會鞠躬問好。我希望你能夠見到這個人，這會讓你真正感受到什麼才是優雅的行為舉止。你肯定會說，這是多麼有趣的事情啊！我聽過你曾經說：「自然是讓人好奇的！」── 我參加過伊蒂絲．愛默生的聚會，她在樹下擺放著一張很大的桌子，桌子上面擺放著鮮花、蛋糕與糖果，十幾個小孩在樹下跑來跑去地玩耍，每個人都圍繞著一個「大人」繞來繞去，大人們則是責備這些孩子不要亂跑。愛默生夫人以一種女修道院院長的姿態走了出來，她穿著有花邊的頭巾與黑色的絲綢衣服。我在昨晚收到了你的來信，你的這封來信給我帶來了極大的樂趣 ── 我已經將你的衣服都拿去修補了。哎呀，你的衣服就跟在舊衣市場上看到的那些破爛衣服沒有什麼區別啊！為什麼你之前不早點告訴我呢？奧爾柯特夫人給我買來了一些用雲杉釀造而成的啤酒，這些啤酒的味道非常不錯。當你回家的時候，應該同樣擁有屬於你的啤酒。巴布前去看望奧爾柯特夫人，我則繼續著除草工作。在七點鐘的時候，我聽到了十三發炮彈發出的聲響，但不知道到底是發生了什麼事。接著，我一個人待在威賽德的家裡，直到晚上八點鐘。在這段時間裡，我只聽到了鳥叫的聲音，除此之外，沒有聽到任何其他的聲音。這樣的感覺是那麼怪異卻又那麼美好。我每

天都在思念著你，每天都在為你祈禱。在人約八點鐘的時候，我聽到了有人的腳步聲從拉爾克小徑上傳過來，我終於見到孩子們的身影了。烏娜為我讀了你的《演奏家的收藏》[158] 部分內容，然後懷著愉悅的心情上床睡覺了 —— 我還收到了來自本諾赫先生的一封信。他就像耶利米那樣為我們國家所出現的這場戰爭而感到無比焦慮，同時希望能夠盡快得到你的回信。他將他本人以及他妻子的照片都寄過來了。照片上的他看上去有點猶豫，一雙濃密的眉毛看上去特別的顯眼，但他臉上的表情卻是那麼的溫和。

（來自我母親的日記）1862 年 1 月 1 日。我收到了來自皮爾斯將軍的信件與寄來的美酒。我聽說愛默生先生發表了關於戰爭主題的演說。今天的風很大，晚上出現了一輪全新的明月，河邊上還漂浮了一條金色的小船。晚上，霍桑大聲閱讀了《密得洛西恩監獄》（*The Heart of Mid-Lothian*）—— 我想要知道我所寫的文字是否與托瑪斯·布朗爵士[159] 的文字相似 —— 我的丈夫還曾用易位構詞的方式對我的名字進行了一番調侃：「暴風雨中的希望！」皮爾斯將軍在中午的時候來到我們家。我當時前往城鎮大廳聆聽五重奏俱樂部演奏的貝多芬的第五交響曲。奧爾柯特先生與我們一起前去。在午夜時分，一輪皎潔的月光懸掛在空中。皮爾斯將軍在我們家待了一個晚上 —— 我的丈夫同樣對皮爾斯將軍的名字進行了一番易位構詞法的調侃：「普林斯理·弗蘭克」—— 我的丈夫大聲為我朗讀了《蘭斯洛特·格雷大斯爵士的生平和歷險記》[160] 這本書，還有《迷霧中的少女》[161] 這本書 —— 我正在為朱利安準備一個藍色的鬍子，艾倫·愛默生答應借給我這樣的道具。我們整天都在努力的工作。我們收到了烏娜與我本人的照片。當然，照片上的我看上去不是很美麗。蒂克諾先生今晚過來一起用餐。布林摩爾先生（史蒂芬·布林摩爾先

---

158 《演奏家的收藏》（*Virtuoso's Collection*），霍桑的一部小說。

159 托瑪斯·布朗爵士（Sir Thomas Browne, 1605-1682），英國作家，對醫學、宗教、科學和神秘學都有貢獻。他的作品揭示了他廣泛的學習領域，對科學和醫學、宗教及西方秘契主義均有貢獻。他的作品展示了他對自然世界的深層次好奇心，並且受到培根派科學革命思想的影響。這些作品還經常引用經典和聖經，並且具有自我風格。

160 《蘭斯洛特·格雷夫斯爵士的生平和歷險記》（*Sir Launcelot Greaves*），蘇格蘭作家托比亞斯·斯摩萊特（Tobias Smollett）作品。

161 《迷霧中的少女》（*Anne of Geierstein*），蘇格蘭作家華特·司各特（Walter Scott）的小說。

生的兒子，他所寫的關於海關辦公室的故事是無法模仿的）同樣過來了。我
丈夫今天感覺不是很好。我一直對他的身體健康狀況感到很憂慮，但謝天謝
地，他今晚的狀態還算可以。我的右手感覺不是很舒服，只能將右手放在金
山車花的水中浸泡。因為我的右手之前一直忙著製作鞋子（這些都是為孩子
們準備的道具）。

　　（母親在寫給父親的信件裡接著說）艾倫‧愛默生、伊蒂絲‧愛默生與烏
娜一起喝茶，他們很早回家了，時間大約是八點鐘左右。在十點鐘的時候，
我聽到一個男人的腳步聲，然後聽到了門鈴的聲響。我走到門前，但沒有立
即開門。我用一種命令式的口吻大聲說：「誰啊？」沒人回答。我接著用更大
聲的口吻說：「誰啊？」「艾倫在這裡嗎？」我聽出來了，這是愛默生先生
那柔和的聲音，這讓我感到非常驚喜。我立即開了門，然後用一個女人最柔和
的聲音說話，希望愛默生這位聖人能原諒我剛才的粗暴無禮。這個面具舞會是
值得我為此花費如此多的時間去準備的。烏娜在穿上那間閃耀著銀色與金色的
刺繡衣服之後，顯得非常美麗，她佩戴的女用頭巾上也鑲嵌著好看的石頭與珠
寶。她的臉頰就像一朵嬌豔的玫瑰慢慢地綻放，她的雙眼就像兩顆散發出耀眼
光芒的星星。她與來自蘇格蘭的肯尼斯爵士一起跳舞，然後巧妙地將自己偽裝
成了愛德華‧愛默生，她的表現是那麼的完美。（我的姐姐與我的母親一樣，
都是一位非常優雅得體的女性）「哦！父親，我在面具舞會上所感受到的快樂
肯定是超過任何其他人的。整個舞會就像一千零一夜裡面的景象。謝赫拉莎德
公主[162]（我母親飾演的角色）最後看到了一個場景，那就是她那洋溢著光芒的
美感都呈現出來了。此時，她不需要去面臨著死亡的威脅，她的心智完全沉浸
於這樣美好的精神力量當中，然後才回歸到正常的狀態之中。也許，她比之前
看上去顯得更加的疲憊了。但不管怎樣說，她在那樣的狀態都沒有去創作一個
全新的故事，這完全是超乎了大家的想像。很多人都跟我說，我穿的裙子非常
的美麗。媽媽也為我能夠穿著這件黑色的天鵝絨衣服而感到高興，她為我買了
這樣一款衣服，還用一些小珍珠來裝飾。當然，製作這件衣服的帳單肯定已經

---

162 謝赫拉莎德公主（Princess Scheherezade），《一千零一夜》一書中那位蘇丹公主。

擺放在你的桌子上了。在我的餘生裡，我都會去找尋這樣的女王。如果你還想將我稱為洋蔥的話，那麼你必須要幫我找到那隻波斯貓。」

（我的母親在日記裡接著寫道）我的丈夫給我閱讀了他在前往華盛頓途中所寫的一些文章。喬治‧貝利‧羅林博士[163]與帕克先生（他也是塞勒姆人）晚上過來一起喝茶。梭羅先生在今天早上去世了——他的葬禮儀式在教堂裡舉行。愛默生先生在葬禮儀式上發表了演說。奧爾柯特先生朗讀了梭羅生前所寫的一些文章。梭羅的遺體被擺放在前廳裡，上面覆蓋著野花。我們都前去他的墓地，送他最後一程。之後，我的丈夫與我一起步行來到過去的老房子與紀念碑。之後，我前去愛默生先生家裡見到了安妮‧菲爾茲[164]小姐——大家都顯得比較沮喪與陰鬱——彷彿大人國（《格列佛遊記》中的地名）從屋簷上掉落下來了——但今天早上的天氣卻非常不錯。我的丈夫將一些向日葵移植到其他地方種植（他非常喜歡這種花，雖然他也一樣喜歡鈴蘭花）——我的丈夫與朱利安一起前往波士頓，朱利安後來步行了八個半小時回到家裡，（全程大概是二十里路左右）烏娜的聚會在今晚舉行。霍桑的出現讓烏娜感到非常高興。整體來說，今天還是非常愉悅的。霍桑精心採摘了一些草莓——我和他一起前往山頂（在六月的一個週日）——因為今天是我們的結婚紀念日。今天的天氣非常炎熱，天空中瀰漫著很多煙霧。我們還以為這些煙霧是戰鬥中產生的——幸好戰鬥沒有蔓延到這裡。奧爾柯特先生今天忙了一整天，只休息了三個小時，他將大部分時間都用於在我們山腳下的地方修建一座房子。我與霍桑在山頂上逗留了很長時間。對我來說，這段時間代表著一種不可言喻的幸福——今天也的確是讓人感到非常愉悅的一天。我閱讀了《基督的靈》[165]一書的部分內容。蘿斯也朗讀了《山上寶訓》[166]中關於要幫助別人的四句詩歌。我們一起進行了非常有趣的交談。烏娜前往教堂——喬治‧布拉德福德先生則前來看望我們。烏娜與朱利安在晚上的時

---

163 喬治‧貝利‧羅林博士（George B. Loring, 1817-1891），美國政治家、眾議院議員。
164 安妮‧菲爾茲（Annie Fields, 1834-1915），美國女作家。出版家、作家詹姆斯‧菲爾茲第二任妻子。
165 《基督的靈》（*Christ the Spirit*），南非作家慕安得烈（Andrew Murray）的作品。
166 《山上寶訓》（*Sermon on the Mount*），《聖經》馬太福音的五張到第七張中耶穌在山上所說的話。

候前去愛默生先生的家裡——再次閱讀《利明頓溫泉》。終於到了感恩節這一個充滿著無限力量與讓人感恩的日子了。我們邀請了埃勒里‧錢寧先生前來，但他因為有事無法過來。當我回家的時候，我發現我的丈夫看上去患了很嚴重的疾病。朱利安已經外出前往菲爾茲先生的家裡。我的丈夫看上去病的很重。當他生病的時候，我看到任何事物都會感到非常悲傷。今天，我的丈夫看上去好點了。他今天爬上山。霍桑與孩子在晚上的時候玩了一下惠斯特牌，而我則閱讀著查爾斯‧雷德[167]的作品——賽麗亞今天打掃了陳舊的閣樓。我發現天空上掛著明亮的星星，照亮了我丈夫過去在老房子的那間書房，還照亮了烏娜那雙小時候穿過的襪子。霍爾大法官前來邀請我的丈夫與尤里提斯（Eustis）、畢米思（Bemis）以及愛默生先生一起喝茶。但是，霍桑沒有應約。我閱讀了關於戰爭的一些不幸消息，這些消息讓我感到非常的難過與悲傷。我閱讀了《基督的精神》，還閱讀了關於煉金術師以及史威登堡的一些書籍。埃勒里‧錢寧先生在晚上過來喝茶，並且與我們度過了整個晚上。他詢問我是否可以邀請巴洛將軍[168]在週二的時候一起喝茶。

　　幾乎在我們從歐洲回到美國之後，我父親的身體就開始每況愈下了，當然這個過程還是持續了一段時間。我的父親就是從那一年開始，身體開始慢慢走下坡，精力也大不如前。

　　在我母親的許多日記與信件裡，都記錄著父親過著一種強制性的單調生活，還記錄著他的健康狀況越來越差了。但是，父親總是本能地展現出他的愛意，因此我們始終都沒有認為父親所面臨的健康問題是致命的。若是從父親臉上的神色來看，我認為父親肯定也是非常了解自己的狀況。在他的身體機能尚未完全影響到他的生活方式之前，死神就已經坐在他的右手邊了。他試圖去壓制這樣的衰老過程，但這樣的努力徒勞無功。他經常會步行很遠的路，登上家後面的那座高山上。他那安靜移動的身軀在昏暗的天空與樹枝的交叉下，顯得那麼的滄桑。當時，我在一片開闊的草地上看到父親的身影，

167　查爾斯‧雷德（Charles Reade, 1814-1884），英國小說家、劇作家。代表作：《修道院與壁爐》、《可怕的誘惑》、《設身處地》等。

168　巴洛將軍（Francis C. Barlow, 1834-1896），美國律師、政治家，美國內戰期間聯邦軍的將軍。

而那些樹木圍繞起來的草地看上去就像一個圓形劇場。一位住在附近農場的朋友告訴我，他有時候會看到我父親坐在山丘上的一個地方，似乎正在努力地恢復著自己的健康。山上的一些樹木已經被砍掉了，父親還是每次都要借助繩索將兩塊大木頭搬運下來。沿著山脊線走下來，然後經過兩旁都是松樹的道路，他緩慢地走了出來，臉上的表情似乎在沉思著什麼，有時候還會停下來思考一些關於人生或是道德層面上的事情。與此同時，這些木材慢慢地被搬下來了，就像滴水穿石那樣子，只要肯堅持去做，就一定能夠做到。但是，我父親的活力似乎不復存在了，他的頭髮變成花白。我的母親經常在日記裡記錄著關於父親的事情。當時，父親離開了家，到其他地方調養身子。

1860 年 9 月 9 日。今天早上，我一覺醒來的時候看到外面一團厚厚的烏雲，天空下著雨。但是，我對此並不關心，因為你並不在這裡，因此你不需要忍受這樣陰鬱的天氣。到了傍晚的時候，天空出現了美麗的晚霞，夕陽照射在草地以及門前的那條小路（這條小路在冷杉木之間）。接著，星星就在天空中開始閃閃發光了——康科德人進行齋戒的方式，就是以懶散的方式在大街上遊蕩，或是搭乘馬車來回走動。總之，就是以遊手好閒的方式去做。似乎沒有人會為他們自己或是他們國家所犯下的罪惡而感到悲傷。現在這些人的行為肯定會讓我們信仰清教徒的祖輩們感到非常不安。在晚上的時候，朱利安給我帶來了一封信。他說：「這是一封從紐約寄過來的信件，但這不是爸爸寄來的信件。」雖然我不認識這封信上的字跡，但我知道這封信是來自誰的。我馬上拆開信封，看到了「N.H」（指的就是納撒尼爾·霍桑），裡面還寫著「我一切安好！」的字眼。感謝上帝！今天沒有出太陽，現在還掛起了一陣狂暴的大風，呼呼的風聲就像一頭野獸在捕獲著牠的獵物一樣。我認為這是代表著不祥預兆的聲音。

1862 年 3 月 15 日。當我得知你的胃口變好的消息之後，我感覺自己彷彿也獲得了新生，這也讓我的胃口變好了。

7 月。在現在這樣的下雨天氣，我擔心你會感到非常的恐懼。這裡下著傾盆大雨，並且還伴隨著猛烈的轟鳴聲。但我還是抓住了雨停的間隙到花園裡除草。在這樣溫暖的雨水中，我能夠看到萬物皆在慢慢地生長。玉米彷彿

從之前耷拉的狀態中重新恢復了生命的活力，黃色的百合花也慢慢地伸展著花朵，開向天空……你現在每天只能吃到乾燥的蘋果派以及瓶裝的糖漿，這真是讓我感到難過。這實在是太糟糕的食物了！我認為，你應該多吃點新鮮的水果與蔬菜。我真心希望你能夠住在一間更好的房子，吃上更好的食物。我知道，你的這次旅程肯定會給你的健康帶來幫助的。你以後應該更多地進行這樣的旅行，那樣的話，你就會以更好的心境去看待其他事物。當你在某個地方待了太長時間，就無法保持旺盛的精力。我很高興洛伊茨[169]會讓你待在他那邊（因為洛伊茨正在給霍桑畫肖像畫）。你還是等到九月中旬再回家吧！你要記得我們這邊在目前的季節還是非常炎熱的，你無法忍受這樣的高溫酷暑。當我意識到你不在我的身邊，我始終無法在這個地方感受到更加純粹且完美的滿足感。接著，我會坐下來，透過對你的思念來讓自己放鬆下來。放心吧！所有的憂慮都會結束的。要是你昨天能在這裡的話，即使給我整個英國，我都不會要。昨天的天氣太熱了。要是我們一動不動或是不說一句話，都會感到非常的燥熱。但是，你現在身在波士頓，沒有在這裡的山丘之下。如果你希望我感到快樂，你就必須答應我，一定要在海邊度過這樣炎熱的日子。在每個清涼的早晨之後，接下來都是炎熱的一天。以你現在的身體狀況，根本無法抵禦這樣的天氣狀況。相比於室外的溫度，屋內就像是一個的冰箱。我們之前也曾一起度過了很多讓人難以忍受的潮溼天氣。如果你現在不是在海邊修養的話，這肯定會讓我感到無比難受的。你之前在一個地方待了太長時間了，卻沒有改變過自己的生活環境，我肯定你能在目前這樣的生活狀態下有所受益。畢竟，霍雷肖·布里奇夫婦在那邊會好好地照顧你的。你同樣可以在華盛頓那裡看到美麗的紅花半邊蓮，依然可以呼吸到清新的空氣，在清晨的時候感受到泥土的芳香。因為昨天下雨的緣故，家裡附近的那條小溪變成了一條小河，這讓我們這裡的風景變得更加完美。在我看來，我必須要為這樣美麗的景象而唱歌跳舞。現在，我才發現原來我能有那麼好的心情，完全是因為你給我寫信的緣故。蘿斯與我沿著一條直路行走

---

169 洛伊茨（Emanuel Leutze, 1816-1868），美國歷史畫畫家，代表畫作：《華盛頓橫渡德拉瓦河》等。

（這條直路後來被稱為教堂大道），準備去看一眼這條剛剛形成的河流。因為今天的天氣很好，因此我也推遲了刺繡的時間。我在塔樓的大門口停下了腳步。在這裡我看到了非常美麗的景色，塔樓充滿歷史感的脊樑仍在古老的房子上清晰可見。我帶上了鋸子，前去那裡逛一圈，但我只看到很多死去的枝條散落一地。能夠在這樣的時刻走進森林，感受到森林的真諦，這樣的感覺實在太美好了！這給我帶來了無限美好的感覺。我可以肯定一點，要是能在這樣美好的日子呼吸這樣清新的空氣，我們肯定會做出更加勇敢與柔和的行為，就像人類歷史上出現的各種偉大的英雄人物一樣，終究青史留名。你的來信就像一盞明燈那樣照亮了我的整個心靈。但是，我對你現在所居住的房子感到非常不滿意，那裡有太多失聰的女人，還有小提琴發出的嘈雜聲音。我希望你能夠盡快更換居住的地方，讓自己的內心變得更加平和。如果你連續三週都在這樣喧囂的環境下生活，那麼你肯定要詛咒自己的幸運星了。瑪麗給我送來了一封信，說一份報紙上的某個段落上談到了你在華盛頓的生活情況，還說林肯總統非常優厚地接待了你。你想在那裡待多長時間就待多長時間，直到你的健康狀況有所好轉。我不能讓你在目前的健康狀況下回到這裡。林肯總統與一個黑人代表團進行了非常友善的談判，他跟他們說話時的口吻就像和孩子說話時一樣柔和。我可以猜想，林肯總統本人肯定是一個非常和善的人，我非常喜歡他。如果不是擔任總統需要處理那麼多繁重的事務，我真的希望你能夠成為我們國家的總統，幫助我們國家度過這次危機，向全世界展現出你所具有的洞察力、深刻的智慧以及執行能力。我相信，只要你在華盛頓那裡居住一段時間，那麼你所散發出來的道德感召力與精神力量，肯定能夠帶來諸多的改變。如果你也同樣喜歡林肯總統，請將我的愛意與祝福轉達給他。林肯總統所發表的許多意味深長的演說，都讓我的內心感到無比興奮。有時候，我甚至會認為，天使會從天上降落下來，始終保佑著林肯總統。林肯總統肯定是一個誠實且真誠的人，否則天使是不會這樣庇佑他的。瑪麗‧曼[170]說，她認為報紙上的那段話沒有說到重點。但是，我認為當

---

170 瑪麗‧曼（Mary Mann, 1806-1887），美國教師、作家、教育改革家和政治家。

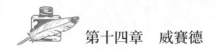

一個人能夠做出如此謙卑的評論，其實就已經展現出了他的理論了。你還是將我的敬意與愛意轉達給林肯總統吧！我之前也想過要給他寫信的，但現在給他寫信的時機已經過去了。我想要對他所傳遞出來的智慧表達由衷的感謝。

第十五章　工作狀態中的藝術家

霍桑的女兒蘿斯對父親的工作習慣以及心靈的態度進行了一番描述。《北英評論》引述了霍桑對藝術的看法。霍桑想要透過鍛鍊與堅毅的精神繼續工作。

　　有人曾希望我能夠闡述一下我父親的「文學創作方法」，這樣的要求讓我覺得非常有趣，但我又覺得是不大可能做到的。我也希望知道父親的文學創作方法到底有哪些——這樣的話，我就也可以借用這樣的方法去創作出一個浪漫小說。但是，正如一隻在樹枝上停留的小鳥，只能偶爾看到人們在做什麼，雖然小鳥本身可能不願意像人們那樣在田野上辛勤的勞作，或是希望直接透過不勞而獲的方式去獲得自己所需要的東西。為了解決一些別人這樣的疑問，我認真觀察了父親在進行文學創作時表現的一些行為與做法，並收集了相關的資料。

　　我父親的文學創作方法的一大特點，就是他始終都專注於寫作，不管寫作這樣的行為本身是否可以他帶來金錢，這不是他首先在乎的事情。他可能沒有一直在進行創作，但會將大部分休閒的時間都投入到鄉村或是城市街道的散步當中。即使是一隻小鳥可能都沒有我父親那般的洞察力，旁人可能會錯誤地認為他是在浪費著時間。我父親的另一個明顯的特點，就是相比於他所鄙視的人，他更加熱愛與憐憫著人類，因此他創作出的每個人物形象都必定首先要強烈地震撼著他的心靈——即使是他要描寫一根稻草，都會在最後的結尾讓讀者感受到這根稻草所具有的靈魂力量。他取得創作成功的另一個方法，就是他始終都會盡自己最大的努力去刻畫他感興趣的事物。在這個問題上，他會充分調動自己的腦細胞去進行思考，不達到自己滿意的標準之前絕對不會感到滿意。他要追求自己所寫的每個字眼都能經受住他最為嚴格的自我審查，必須確保這些文字是真實可靠的。他熱愛他的藝術要超過他所處的那個時代，超過他所感受到的安逸。倘若他認為自己寫的一些文字過度誇張或是詞不達意的話，他會毫不猶豫地將這些文稿燒掉。

　　我父親在創作時避免失敗的一種方法，就是他始終在日常生活中保持著充沛的活力。對他來說，懷著一種無聊的心態去面對生活，或是經常被別人打斷自己思路的生活狀態，這對他來說是不可想像的。他不會與傻瓜交流，

也不會刻意去迎合別人，討別人的歡心。我認為，要是當他置身於一群討厭之人之中，他肯定會認真地研究這些人的特性。很多人都會說，我的父親總是顯得那麼緘默，不愛說話。但是，我的父親在沉默之中並沒有浪費自己的時間，他同樣會很有禮貌地與那些討厭的人交談，但他不會在他們背後嘲笑他們，或是像他們那樣完全沉浸在這樣愚蠢的行為當中。因此，我的父親有很多充裕的時間可以進行思考。當他在清晨呼吸著清新的空氣，在書房裡來回踱步的時候，他會進行深刻的思考。很多成功之人都討厭靜止的行為。對這些人來說，思想的靜止要比行為的靜止更加讓他們感到難以忍受，因為要是他們停止了思考，就彷彿在那個時候變成了死人。因此，當我的父親在沉思的時候就算沒有走出家門，他也始終會保持著警覺的狀態，將雙手交叉起來放在後背上，安靜地進行著思考，他會微微地低下頭，然後再突然抬起頭來，露出一雙炯炯有神的灰色眼睛。

他的寫作時間主要是安排在早上。只有在早上這段時間裡，他才能將更好的專注力以及精神狀態投入到創作當中。當然，這也是每個成功之人的一個共同特點。從 1861 年開始，當他的健康狀況開始出現問題的時候，根據一位親人的描述，我父親的意志能量、思考方式以及活力依然沒有出現什麼衰退，他只需要一張比較高的桌子，然後他在寫作的時候站著，就可以恢復到他之前所擁有的那種能量。他對很多事情都抱著較為寬容的態度。即使當我們在威賽德的家裡，他也只是提出了這個同樣的要求。但是，他從來不允許自己做出錯誤的判斷，這點是他始終堅持的一個原則。他所使用的一張是用核桃木做成的簡樸桌子，他對此沒有任何抱怨之詞，因為這張桌子剛好能夠滿足他的寫作需求。但是，我父親所用的東西都是非常簡單的，比如一個非常好看的義大利銅製墨水瓶，墨水瓶的瓶蓋上印有年幼的海克力斯的畫像，似乎在掐死一隻鵝，我父親使用的是鵝毛筆。有時候，他也會用一支金筆寫字。我現在還記得，父親經常會用這支金筆在雪白的紙張上寫字，直到將這張紙的空間都寫滿了。在寫作的時候，他的整個身體會微微傾向左手邊，寫完之後再用左手拿起這張紙認真地檢查，看上去就像一個淘氣的男孩。在寫完了句子之後，他有時候會無意識地低著頭，似乎向在自己表達出來的一些

想法告別。

在寫作的時候，他從來不會在乎什麼紙張或是墨水。可以肯定的是，他那張長方形的手稿是緊緊地貼著封面的，而所用的紙張的背景顏色通常都是藍色的。當我說他對這些外在因素不是很關心的時候，我的意思是他從來不會擔心這些信紙會給別人帶來什麼樣的感受。因為我相信他本人非常喜歡這樣的手稿。他似乎對這樣的做法有一種幽默的看法，他經常會大氣地進行寫作，而不會在意表達方面的一些細節。當他寫完之後，他會煞有其事地將這些手稿重新整理好，然後放好。他所寫的文稿有時候會在順序方面出現了一些錯誤，他似乎也對自己這樣做會給排字工人帶來更多工作量的事實不是很在乎。父親似乎對司各特與巴爾扎克的作品沒有特別狂熱的喜愛。如果說他在這個世界上做出了什麼比較新的改變的話，那就是他會用自己的雙手寫出更能代表無所畏懼精神的文字，讓每個讀者都會認真地閱讀，並從中得到一些思考。在父親所追求的藝術理念中，是絕對不允許存在亂寫或是過分的自我批評的。每天，他都會在寫作之前進行一番深入的思考，預先給自己提出一些問題。只有在他解決了這些問題之後，他才會動筆寫作。如果他認為寫下的某個詞語是不恰當的話，他會在墨水尚未乾之前，就進行改正。我認為，《格里姆肖醫生的祕密》的手稿從某種程度上來說是一個意外。因為這份手稿有比較多的自我交流以及改動的痕跡。在這個過程中，父親的健康狀況開始走下坡路了。儘管如此，他還是憑藉著巨大的意志力創作出了《多利佛羅曼史》。這本書是他在身體健康完全崩潰的情況下完成的，我們可以看到他的意志精神所具有的巨大能量。可以說，這是他所創作出來最具美感的一本書，因為他的心智狀態在這個時候比以往任何時候都要更加強大。因為死神無法讓他感到懼怕，他勇敢地面對死神每天的注視，依然傾注著自己最大的心血去完成這本書，就像臨死的士兵依然堅持奮起作戰，完成生命中最後的一個舉動，為他心愛的事業付出自己的生命一樣。雖然這本手稿上的手跡是很難辨認的，不過我們可以猜測到這是他拿起筆之後雙手顫抖的一種表現。我不敢肯定，我的父親有時候是否會毀掉他的初稿。關於這方面，我們是知之甚少的。事實上，我們對此還有一個專門的說法：「他在白天寫下了一

個故事，在晚上卻將它們燒掉了。」儘管如此，我們還是可以了解到他對自己的構思、設置的場景以及人物形象刻畫的要求是多麼的嚴格，倘若他寫出的故事無法達到他內心的要求，他會斷然選擇放棄。

因為父親提筆寫作，並不是完全為了享受創作性寫作所帶來的愉悅感受，而是需要進行道德與完美藝術和諧方面的考量。因此，他無法完全沉浸於那種自發而產生的激烈情感，他會對這樣的情感進行一番自我控制，不會任由這樣的激烈情感控制他的內心，從而影響到他的寫作風格。因為他知道，倘若他完全順從了這樣的情感，那麼他創作出來的作品就與其他小說家的作品沒有什麼區別了。他經常訓練自己的心智去進行反思與判斷，因此他從未品嘗過天馬行空的思考與油然而生的激烈情感所帶來的那種感受。在他所設置出來的歷史場景裡，他會充分地感受這其中的美感與樂趣，然後在這樣的場景下描述他想要刻畫出來的人物形象，因為他所描述的內容有時候是非常有趣的。在他的作品裡，我們可以看到許多描述現實生活的有趣段落，因為他知道生活是一門需要每個人都需要去專注的學科，而專注於這門學科要比單純研究地理學或是化學更為重要。他喜歡感受生活中充滿著愛意與陰謀的場景，喜歡讓讀者透過他的作品去感受生活 —— 他不希望自己的作品中表達出一種極端的情感，他希望自己的文學作品可以變成讀者美妙的精神食糧。他在寫作的時候非常節制。即使是在表達他對人性的憐憫摯愛，或是表達希望幫助人們了解與救贖本能的希望方面，他都表現的非常節制。他的寫作風格是哲學化的，他的最大風格就是寬容。為了創作出這樣帶有節制精神、符合邏輯以及文字簡明的作品 —— 他寧願放棄在寫作過程中的任何樂趣，而是以一種置身事外的審判角度去描述，讓每個讀者都能感受到他選擇放棄了任何藝術層面上的討好或是追求固有的創作原則 —— 為了實現這個目標，他需要一套獨特的心靈思考方法，然後認真地加以運用。這可以讓他像煤炭檢驗員那樣對煤炭的重量進行測量。當他完成了這番測量之後，他就會用鋼筆在紙上將自己認為適合的文字寫出來。即使當他在作品中要描述一個魔鬼般的人類的個性時，他首先也會看到這樣的魔鬼所具有的人性，並且證明真正的魔鬼是完全另外一回事。事實上，他也許從來不允許自己表達上述

這樣的稱號。我母親在一封信裡就曾這樣寫道：「我認為，任何人都不應該被稱為魔鬼，除非此人是一個誹謗者。」

　　雖然他所創作的大部分都是小說作品，但他從來不會在小說裡描述任何怪誕的巫術或是一些單純滿足人們幻想的古怪事物 —— 在他看來，對這些事物的描述只會讓人們的心智陷入一種麻醉狀態。他最為擔心的就是我們的心靈是否保持在一個足夠理智的狀態。他表現出來的好玩天性就像陽光那樣給人溫暖。簡而言之，他是一個在藝術層面上追求神聖的人，他運用自己的能力去追求真理。他之所以能夠做的這麼好，是因為他能夠與一幫基督教的朋友一起交流，這讓他更好地管控著自己的品格。如果他已逃避了許多毫無必要的打擾，從而讓他的藝術生命不會出現什麼雜音的話，那麼他同樣會懷著友善的心態去面對一些他無法逃避的應酬。如果他無法將自己的目標定得太高的話，那麼他就會陷入精神的泥潭之中，任何人都無法將他拯救出來。他從來都不會畏懼任何可能玷汙他雙手的事物，因為他知道這一切都是上帝對他的考驗。

　　「靈魂知道自身感受到的痛苦，任何外來者都無法影響到這樣的樂趣。」進行創造性工作所感受到的歡樂與痛苦，這些都是外人的任何讚美或是難以理解都無法影響到的，前提是藝術家本身要始終保持著足夠的個人自尊。我認為，我的父親非常享受自己對已有成就的冷漠之情，他知道這些作品的價值與鑽石的價值差不多。有時候，他也會對自己的一些想法提出挑戰，然後聆聽內心的正確回答。同時，他也知道任何人的觀念都無法理解超人所創造出來的奇蹟。我認為，在少部分具有偉大心智的人當中，我們最為崇拜的人往往都會有兩面 —— 一方面，他們欣賞自己；另一方面，他們會鄙視自己。因此，我的父親能夠懷著冷靜的心情聆聽內心的讚美，同時也能懷著愉悅的心情去聆聽別人對他能力的批判。

　　1851 年，愛丁堡出版的《北英評論》雜誌[171] 就曾刊登了一篇文章。這篇

---

171 《北英評論》雜誌（North British Review），蘇格蘭的一份著名和有影響力的文化學術期刊，1844 年創刊，首位編輯就是蘇格蘭著名學者大衛·威爾士（David Welsh）先生。

文章曾讓一位妻子的內心感到喜悅，我的母親就曾引述了這篇文章的一個段落：「霍桑在這些作品中表現出來的傑出文學才華是讓人震驚的。他有著高超的寫作技能，同時在創作中能保持一如既往地高水準……要是我們從每一頁的文字裡刪去一個文字，都必然會影響到原本的意思。可以說，霍桑的作品是當代藝術中不可多得的傑作……他所使用的語言是極為精確的，但卻又那麼的輕盈與自由……我們認為，沒有什麼作品可以與他的作品相比。在整個英語文學當中，我們看不到可以與霍桑的作品相媲美的作品。可以說，霍桑的作品處在另一個高度。」

　　但是，如果我的父親能夠像運煤工人那樣精準地對自己的藝術成就進行衡量的話，那麼他肯定不會過分在意自己的這些寫作方法或是寫作哲學。在他看來，這些都是他自然而然養成的一種寫作習慣與藝術目標。至於這樣的寫作習慣與藝術目標會帶來多大的影響力，這些都不是他所要考慮的問題。對他來說，一切的寫作方法或是目標，就像陽光那麼溫暖，就像大自然五彩繽紛的顏色、閃電、烏雲等事物一樣，雖然可能會將生活中一些熟悉的事物遮蔽住，但卻無法長久地掩蓋這些事物所帶給我們的那種激勵的精神。在遵循他的寫作方法與習慣上，我的父親始終不遺餘力地發揮自己的文學天才，將自己內心的很多思考與想法都透過作品表達出來，透過刻畫一些深刻的人物形象去表達他對現實的思考。

　　我父親的另一個特點，就是在面臨爭吵或是辯論的時候，始終會保持沉默，不浪費自己的能量。他始終表現的非常冷靜。他絕對不是一個沒有激情的人，只是將這樣的激情限制起來而已。他不允許自己對別人的反感或是敵對的念頭消耗他的活力，不允許自己因為憤怒而高談闊論，生很長時間的悶氣。可以說，世界上沒有誰在這方面比他更加具有天才的了。他不願意像埃德加·愛倫·坡或是憤怒的瓦特·薩維吉·蘭德[172]那樣在這樣的爭吵中浪費自己的精力。節制代表著對自身激情的控制。在每個能夠控制心中怒火的人當中，我們都可以感受到這樣的美好與尊嚴。

172　瓦特·薩維吉·蘭德（Walter Savage Landor, 1775-1864），英國詩人、作家、散文家。代表作：《假想對話錄》、《羅馬人》、《希臘人》等。

　　當父親面對罪惡的事情時，這對他而言會變成一場徹底的悲劇。當他要面臨庸俗的時候，正如在《追求美的藝術家》[173] 一文裡，他就會感受到無法避免的哀婉之情。當他要面對別人的猜疑時，正如《胎記》[174] 與《拉伯西尼醫生的女兒》[175] 一文裡，這能夠激發出他忠誠的信任。

　　很多人認為，霍桑會從他的家人或是朋友那裡獲取關於描述人性方面的素材。提出這些問題的人證明了他們對文學藝術的不了解。從文學角度來看，刻畫出一個人肖像畫一般的形象並不是藝術，雖然很多偉大的藝術家都會這樣做。如果我父親選擇這樣做的話，他肯定也能做到。但對於像我這樣從小深受藝術薰陶的人來說，要是真正的藝術作品就是對個人形象的真實模仿的話，那麼這會讓我感到非常不可思議。文學形象與真實的形象之間必須要保持一定的距離，就好比藍天白雲與地面上的距離，或是在夜晚看到的星星與地面上的距離。只有這樣的距離感才能讓我們對這樣的事實有更加清晰的認知，也才能讓我們產生一種愉悅的情感。在閱讀《紅字》一書充滿著憐憫情感的引言以及這本書本身，我們可以感受到荷蘭式的現實主義與充滿想像力的作品所帶來的激動情感之間的鮮明區別。我們可以利用上帝創造出來的美好事物去讓人們對這些事物有更好的了解。當然，這些物質本身必須要透過一種距離感的方式去呈現出來。只有這樣，才能讓每個聽到或是看到的人都能感受到一種愉悅的情感。我的父親從來不會刻意地描述他所遇到的男女。在他看來，這樣的創作方式會讓我們走向一個永遠走不出來的茂密森林。

　　在下午時分，如果情況允許的話，他會投入到大自然的懷抱當中，或是至少外出呼吸一下新鮮的空氣，為接下來的創作吸收一些靈感。他最好的幫手，莫過於清新的空氣、美麗的風景，當然還有他手上的那根雪茄菸。但是，我的父親在抽菸方面是非常克制的，我確定他每天只有在完成了一定的寫作任務之後，才會拿出雪茄菸來抽一下，這也算是他對自己的一種犒勞。

　　在 1861 年，正如之前所說的，他經常會前往房子後面的那座山丘。想要

---

173 《追求美的藝術家》（*The Artist of the Beautiful*），霍桑的一部短篇小說，發表於 1844 年。
174 《胎記》（*The Birthmark*），霍桑的一部短篇小說，發表於 1843 年。
175 《拉伯西尼醫生的女兒》（*Rappaccini's Daughter*），霍桑的一部短篇小說，發表於 1844 年。

到達那座山丘，他需要經過許多條小路，並且還要經過落葉松木與松樹林，也要經過就像山羊那樣凹凸不平的蘋果樹林。我們可以看到他經常在山路上走來走去。天空偶爾會發出淡藍色的光芒照在樹木上，他的身影是那麼的清晰。當他沿著這條路慢慢前進的時候，他構思著《塞普蒂米烏斯·費爾頓》[176]這齣悲劇。費爾頓這位年輕的英國軍官就埋在英國的一座小山丘上，他在英國的時候會路過那裡。而在我們房子後面的山丘道路的盡頭，是一片茂密的樺木與楓樹。在路的西邊盡頭看過去，整個村子就像山丘下的一道寬闊的眉毛，坡度沿著萊辛頓大道迅速地下降，可以看到一大片草地與遠處山脈上的樹林。也可以看到一些普通人家的房子，還能看到奧爾柯特先生家的草地上那棵榆樹上的貓頭鷹巢穴。在春天的時候，當我們沿著條路行進的時候，就會看到一大團淡藍色的紫羅蘭，面向著太陽的藍色紫羅蘭花，就像父親的眼睛那樣純淨。在這一大片紫羅蘭花的旁邊，生長著許多香蕨木，還有一大片棕色的松樹生長在香蕨木的兩旁，更遠處則是一大片的黑莓樹與一些普通的花朵。我父親採摘下來的紫羅蘭花多年來都一直讓我們感到驚訝，因為他拿回家的這些花朵都非常美麗。我們從來沒有見過如此美麗的花朵。直到他去世的那一年，當我們將他埋在沉睡谷的時候，我們也將這樣的紫羅蘭花朵放在他的墳前，讓他在威賽德的山丘上可以有個陪伴。

　　能夠與世界各地那些懷抱著希望與高尚精神的人相處，這是非常美好的一件事。這樣的人可能過著貧窮的生活，或是始終無法得到同輩們的讚美，但是他們能夠輕易地感受到來自上帝帶給他們的歡樂與讚美——只有在精神層面上取得了一些小小勝利之後，這樣的感受才會像炎熱一天裡的清泉一樣，能夠讓他們懷著高尚的精神去做他們想做的事情。要是這些人能夠懷著客觀的思想去激發他們的想像力，並且堅持這樣去做，那麼他們就會像高山火絨草那樣突然綻放開來。即使是那些長年累月為整個家庭而努力的機械師，也從來都沒有埋怨過自己的妻子或是孩子，反而還比那些內心敏感或是勇敢之人做的更好。他們能夠從最簡單卑微的祝福中感受到精神的祝福，這

176《塞普蒂米烏斯·菲爾頓》（*Septimius Felton*），霍桑的一部小說，發表於 1872 年。

樣的精神祝福能夠幫助他們抵禦最為熟悉的誘惑。父親所描述的蝴蝶在他的每頁紙上彷彿翩翩起舞，只有當他失去了品格或是內心的靈魂之後，罪惡才會侵擾他們。內心的這隻蝴蝶會一直飄飛，吸引著我們去追求更加高尚的事情。我可以肯定的是，這種展翅扇動的生物會為《大衛·斯旺》[177]裡描述的美麗花朵而感動，因為它不會懼怕任何邪惡的侵擾。

　　我父親會懷著飽滿的情感將內心的每一種觸動都表達出來。他想要讓我們去真正地感受到上帝的仁慈之心。無論是在他沿著大道或是小徑長時間地行走，或是來到了沒有任何汙染的開闊鄉村，他始終相信著人性的希望。貧窮、煩惱、罪惡、欺騙性的乞丐行為、愚蠢與自負——任何存在的現象都無法讓他放棄內心的憐憫心。如果堅持這樣的憐憫心會給他帶來不便，那麼他也會想辦法從中獲得另外的收穫。但是，他始終堅持著男人的氣概，絕對不會屈服於任何傲慢的行為，絕對不會逃避說出任何帶有樸素真理的話語，絕對不會昧著自己的良知去做自己認為錯誤的事情。但是，他從來不會侮辱別人，因為他沒有任何自私的目的。作為一個與人為善的人，他每時每刻都在追求著更高層次的感知與心靈狀態。那些在塞勒姆海關辦公室與他打過交道的人，那些在利物浦領事館與他交流過的人或是在其他地方遇到他的人，都會認可一點，即我的父親是他們認識到最為豁達且最為正直的人。這些都代表著他的為人。那些懶散之人喜歡在酒宴上喝得酩酊大醉，認為這個世界都是屬於他的。但是，我的父親卻始終保持著冷靜理智的頭腦，他思考著如何以自己的方式去影響別人。在我們看來，他在精神層面上似乎是死氣沉沉的，但他會告訴你，他相信人與人之間真切的友情，希望得到別人的陪伴。我們不知道如何才能觸動他的心靈，也不知道該說什麼話才能讓他真正聽得明白——他似乎就是一個生活在火星上的人。但是，他可能表現得就像哨兵那樣嚴肅與不苟言笑，或是像大理石那樣死板，但是他卻像一臺保養良好的機器那樣，從來不會對抗任何法則——他憑藉著自己的精力、勤勉的工作激勵著我們。他對別人的關心，讓別人覺得似乎他要為別人放棄自己的人生一

---

177 《大衛·斯旺》（*David Swan*），霍桑的一部短篇小說，發表於 1837 年。

樣。他就像一名真正的士兵，已經將個人的自私與懦弱都放在了帳篷裡，勇敢地衝鋒，就像一尊雕像那樣給人無限的精神力量。他始終都在最擅長的方面發揮自己的力量。他就是一個如此偉大的藝術家。他對那些紳士與鄉下人一視同仁。他從來沒有任何鄙視別人的不良思想。正如之前所說的，即使他不喜歡那些愚蠢之人，也會原諒他們。

父親除了用手創作之外，還喜歡用雙手做一些手工。無論他做什麼手工，都能顯示出足夠的技術。他的手工製作水準可以從下面這個事實得到證明。在他還是一個年輕人的時候，他就學會了用刀子慢慢地將書桌上的木屑弄去，同時一邊思考自己要創作的故事。在這個過程中，他不會感到任何的不悅。他在這個過程中肯定是感受到了很多樂趣。想像一下他當時腦海裡所想像到的有趣場景，想像到的人、微妙的動機以及一些有趣的事實。他會思考著如何將一些讓人著迷的景象變成具有神聖美感的存在。每當他拿著鋒利的小刀在桌子上切割的時候，他的腦海裡肯定進行著一番激烈的思考。當他在創作《紅字》一書的時候，根據朱利安的保姆朵拉的回憶，我的母親當時每天都在忙著為朱利安縫製好看的亞麻布衣服，有一天她將一些布料放在桌子上了。當時朵拉看到我父親當時正在閱讀，之後他放下他的書，開始了用剪刀裁好了剛好適合朱利安穿的衣服。

「我親愛的，我之前做好的那件衣服的袖子去哪裡了？」我的母親問道。父親（當時正在認真思索著故事的情節）只聽到了母親說的前半句。在父親的書桌上還擺放著裁剪好了的亞麻袖子。這證明了父親在手工方面也是有一定技術的。

他的那把大折刀給他帶來了許多歡樂。如果有機會的話，他都會拿出來用用。有時候，他會用大折刀割下一段樹苗，然後做成哨子，或是做出其他有趣的小玩意。比如他會用大折刀切下一些甘草，讓黑色的煤炭看上去比較美觀。

父親的心智幾乎不會處於一種過分驚訝的狀態。他往往都在認真地觀察，或是耐心地看著什麼。當然，他在散步的時候，也會經常迷路，有時候在思考的時候也會破壞一些東西。但當他的大腦進行思考的時候，整個世界

加在他身上的枷鎖似乎都消失了。

　　據說，我的父親在很小的時候就經常動腦思索問題了。他的姐姐艾比·霍桑給了我一尊約翰·衛斯理[178]的半身雕像。雕像上的約翰·衛斯理穿著牧師那樣的白色長袍，面容與奧爾柯特很相像，同樣有著又長又白的飄逸頭髮。這尊雕像似乎在以慷慨的口吻說：「我的布道演說還沒有講完呢！」

　　艾比姑媽有時候會彎著腰，笑著對我說：「你父親總是非常討厭這尊半身雕像。」

　　為什麼我的父親會不喜歡呢？在他四歲的時候，他就已經看膩了衛斯理的這尊雕像。我的阿姨經常笑著描述著他的弟弟是多麼討厭這尊表情憂鬱且帶有色彩的雕像。根據阿姨的說法，有一年冬天的時候，我父親透過雕像底座的一個孔，將水灌滿了這座雕像，證明了這座雕像裡面是空的。當時，他將這尊雕像倚著牆壁倒放在一個比較冷的地方，認為這會讓雕像裡面的水結冰。然後，他希望衛斯理這尊傳道者形象的雕像會像一個裝滿水的水罐那樣破裂。但是，約翰·衛斯理這尊半身雕像沒有破裂，這讓我父親大感失望，讓他當時那雙充滿稚氣的眼睛露出了難以置信的神色。

178　約翰·衛斯理（John Wesley, 1703-1791），英國國教神職人員、基督教神學家。

第十六章　告別

愛默生與朗費羅都表達了希望與霍桑成為朋友的意願。霍爾姆斯博士在談到霍桑的個性時表現的那麼愉悅與深沉。伊麗莎白·霍桑小姐前去威賽德，她的侄女蘿斯想要認真地觀察她。烏娜對伊麗莎白·霍桑終身的愛意與崇拜。霍桑始終關心著她，他也將這樣的愛意給了家人。霍桑夫人在給某位朋友的信件裡，表達了他的一些充滿活力與宏大的想法與行動原則。霍桑是在妻子不在身邊的時候去世的，但她能夠感受到霍桑的存在。

在我父親去世之後，愛默生寫給我母親的這封簡短的信件，能夠讓讀者感受他們這兩個惺惺相惜之人之間的友好情感。雖然他們平時沒有太多見面的時間，但是他們可以說都有著一個共同的目標。

康科德，1864 年 7 月 11 日
親愛的霍桑夫人：

昨晚，很多客人與來訪者都勸告我暫時不要給妳寫信，但是，我必須要給妳回信，感謝妳給我寄來的那封極為大度的信件，我得要告訴妳那封來信給我的內心所帶來的安慰情感。即使在面臨如此嚴重的悲傷時，妳依然能夠從那麼純粹與高尚的情感中獲得慰藉，這是極為難得的。對霍桑先生遺像的選擇，證明了雅各·波墨[179] 既是一名詩人，也是一名聖人。但他首先還是一名聖人，然後透過自身的聖潔來成為詩人。霍桑先生是一位經受了漫長歲月考驗的人，他經常會在孤獨的思考感受著人生的存在意義，但他總是能夠從思考中走出來，懷著愉悅的心情與我們見面。至於妳在來信中所談到的那些想法與體驗，能夠讓我們暫時擺脫這個世界的桎梏與束縛，回歸到一種安靜美好的狀態。最近，我有兩次都想要去看望妳，一次我已經走在路上了，卻被別人攔住了。當我聽到霍桑先生去世的噩耗之後，我的內心也感到無比悲痛。對我來說，他始終都是一個能夠給我帶來無限希望的人。我曾經想過，要是我們當年都不那麼專注於嚴格的研究或是執著於彼此不同的習慣的話，我們應該能夠一起度過更加美好愉悅的時光。因為與妳的丈夫每一次進行毫無保留的交流，都能為我的思想與精神帶來極大的提升。我之前還認為，我

---

179 雅各·波墨（Jakob Behmen, 1575-1624），德國基督教神秘主義者、神學家、詩人、哲學家。

可以等到他有閒暇時間的時候，再與他好好地聊大一番。對我來說，他做出的實際成績總是要比他表現出來的形象更加偉大。要是他能夠再多活幾年的話，我敢肯定他會取得更大的成就。我對霍桑先生的去世感到無比哀痛，也為無法再與他見面而感到悲傷，但我必須要好好抓住剩下的時光，多前去看望妳，與妳做更多的交流。

拉爾夫·沃爾多·愛默生

　　如果我的父親能夠像愛默生在信中所談到的那樣，與當時美國文學界更多的傑出人物進行交流的心願，也會因為當時的環境所限而無法做到。內戰的爆發並不是讓他過上了比在歐洲期間更加隱居生活的主要原因，而是因為他的內心感到沉重的悲傷。也許，我應該說，當他出現的時候，已經無法給人們帶來一種他在英國生活時期的那種愉悅情感了。特別是對他在文學界的一些朋友們來說，更是如此。在他完成了《蒙特貝尼的浪漫》一書之後，他在很長時間內都沒有進行文學創作了。我還記得他經常會參加週六俱樂部舉行的晚宴。這些晚宴活動有一張帳單的時間是早在 1852 年的。帳單上這樣寫著：「特雷蒙特家裡，帕朗·史蒂文斯，業主。共有十二個人在下午三點鐘的時候開始用餐。接著，帳單上寫著豐盛的菜式，其中包括北美帆背潛鴨與馬德拉白葡萄酒，就證明了當時參加晚宴的人都對這樣的酒水感到非常滿意。我父親的名字也依照賓客的名字排列出來。其中包括愛默生先生、克拉夫先生、埃勒里·錢寧先生、查爾斯·索姆奈先生、希歐多爾·派克（Theodore Parker）先生、朗費羅先生、羅威爾先生、格林夫先生、賽繆爾·沃德先生以及其他幾位知名人士。可能是因為我父親希望保存自身的精力，因此他都沒怎麼經常拜訪他的那些最為友好的朋友。如果他全身心地投入到工作之後，或是需要付出比平常更多的身體能量時，他一定會拒絕所有的社交活動。即使在那個時候，我父親也開始感覺到精力不濟了。羅威爾曾經試圖透過透過一封名為『關於霍桑的研究』的有趣信件，希望邀請他參加社交活動，但是我的父親還是拒絕了，之後朗費羅與其他人也進行了類似的嘗試，但都沒有成功。

　　我在不經意間發現了父親給霍爾姆斯博士留下的印象。五十年前，我們參加在波士頓紙莎草俱樂部舉行的晚宴，我們坐在隔壁。在那天晚上回來之後，我逐字逐句將我們之間的對話記錄下來。下面，我將這段記錄的部分內容節選如下。

　　霍爾姆斯博士將他的名片遞給我，然後收下了我的名片。他說：「這是認識別人最簡單的方法啊！」

　　「我正準備進行自我介紹呢。」我說。當時，伊麗莎白‧斯托達德夫人[180]就坐在我旁邊，我就轉過身與她聊天。

　　過了一會兒，霍爾姆斯博士再次看著我的名片，然後說：「再讓我看看。」

　　「你還不知道我是誰嗎？」我問道。

　　霍爾姆斯博士臉上露出了微笑，然後戴上眼鏡認真地看了一遍，接著有點猶豫地靠過來我這邊，說：「名片上就是妳的名字？」他問道。

　　「蘿斯‧霍桑！」

　　他慢慢地讀出我的名字，臉上露出了笑容。「對啊！我還認為 —— 但是，妳應該明白 —— 如果我剛才犯了什麼錯誤 —— 如果妳不是的話，那就太糟糕了。妳知道嗎，我一開始看到妳的時候，就覺得妳很臉熟，但卻又不敢確定。」

　　「是我很像你的熟人嗎？」我打斷了他的話，希望能夠幫他整理一些思路。

　　霍爾姆斯博士接著說：「當然，我不敢說自己與妳的父親很熟，只能說與其他人一樣，只是見過妳父親幾面。但是，即使僅是那幾次見面交流，都給我留下了極為良好的印象。當時，我並沒有機會經常見到他，但每當我有這樣的機會，我在與他進行交流的時候總是感到非常自在。我與妳母親的交流也是非常有趣的。」

　　我回答說，我的父母也曾表達過對他的欣賞。

180　伊莉莎白‧斯托達德夫人（Elizabeth Stoddard, 1823-1902），美國詩人、小說家。

「我為自己曾經與妳的父親交流過許多思想而感到高興。」霍爾姆斯博士接著說。他說話的方式總是那麼的優雅，展現出充沛的活力，臉上愉悅的表情有時會讓我們所有人都感到驚訝。「有時候，他在一段時間裡不會回覆妳的來信。有時候，他會隔很長一段時間才回信，但是他的每次回信都會給我帶來不同的感受。不管怎樣，我每次給他寄去的信件，總能收到回信。你知道，這樣的感覺就好比在高山的回音一樣 —— 妳看那邊的牆壁，要是有人大聲說一句話，馬上就能聽到回音。但是試想一下如果妳在高山上大叫一聲，肯定要隔一段時間之後才能聽到回音。前不久，我還曾前去塞勒姆地區的海關辦公室裡轉了一圈，妳父親當年就是根據在那個地方的一些有趣的記錄，最後創作出了《紅字》這部傑作。妳的父親是一個多麼具有文學天才的人啊！他似乎能夠將平常人都忽略的細節以一種全新的方式呈現出來，然後給所有讀者帶來全新的感受！可以說，塞勒姆海關辦公室不再是因為其地理位置或是靠近大海而聞名了，而是因為這是妳父親曾經創作出《紅字》一書的地方而聞名！他為塞勒姆這個地方的名聲做出了巨大貢獻。哦！那是一道紫色的光芒穿越了柔軟的薄霧，始終停留在新英格蘭的這個地方！他做到了！塞勒姆地區因為有妳父親的存在，再也不是一個荒蠻之地了！妳父親對塞勒姆這個地方的了解是多麼地深刻啊！」

「塞勒姆當然是一個好地方！」我回答說。

「是的，當然是一個好地方。」霍爾姆斯博士點頭說，「那裡住著一群有趣而奇怪的人啊！塞勒姆這個地方就是這群人的一個完美避風港。美國很多輪船在唐納這個港口都慢慢退出歷史舞臺了，最後在長年風雨的洗禮下，最後變成了碎片，最終回歸了大自然。但是，這個地方卻慢慢迎來了一個全新的時代。可以說，塞勒姆所面臨的情況同樣如此。正是因為這個緣故，塞勒姆地區是讓人感到非常愉悅的地方，因為這個地方始終保留著過去歷史所遺傳下來的那股精神，依然擁有霍桑所著的《帶有七個尖角閣的房子》那樣的氣氛。」霍爾姆斯博士露出了微笑，知道那座所謂的凶宅只是我父親虛構出來的。

我說：「那裡的人們的確是有點奇怪的。當你走在每個路口，連一個陌生人都會因為表現出來某些強烈的特點而讓你驚訝。在這個地方，你始終能夠

感受到不同的氛圍。」

「這是因為那裡的環境與歷史促使很多人變成那樣子的。」霍爾姆斯博士大聲地說，就像一個興奮的男孩那樣臉上泛著紅光，有點手舞足蹈的樣子。「到底是什麼讓這裡的一切都閃耀著燦爛的光芒，就像玻璃酒杯閃耀出來的光芒呢？多年來，這樣的光芒始終都在閃耀著，就像溫暖的陽光一樣灑在這片土地上，灑在棕櫚樹上，灑在花園裡，正如我們手上拿著散發出芳香的酒瓶一樣！妳知道嗎？」他以反問的方式希望我能夠跟上他的思路，我似乎知道他想要我說出的話。「我希望妳沒有領會錯我的意思，」他接著說，「我想知道在妳父親的那些書裡，妳特別喜歡那幾本書。假設他的書妳都閱讀了之後，我相信妳肯定會對此有更加深刻的了解。」

「霍爾姆斯博士的話讓我感到驚訝。在十五歲的時候，我已經讀了父親除了《紅字》之外其他所有的書籍，因為當時一些人告訴我，只有等我到了十八歲之後才能去閱讀《紅字》這本書。事實上，直到幾年前，我才認真研究了《紅字》這本書，這給我帶來了全新的感受。至於霍爾姆斯問我的特別喜歡父親的哪一本書，我覺得應該是《玉石雕像》這本書。」

霍爾姆斯博士說：「我認為妳父親的《紅字》一書是最為傑出的。在我看來，你父親在文學界的歷史地位將會由這本書來確立。」

我承認我也認為《紅字》一書是父親創作出來最為傑出的作品。

在上面這段對話裡，我體驗到了之前經常感受到的那種入迷的感受：別人對我父親的個性或是作品（很多人都是與我父親素未謀面的）的讚美。他們的這些讚美並不單純是一種出於禮節的讚美，而是延伸到他的家人。他們就像一個個對文學充滿了熱情的愛好者，紛紛表示我父親的作品影響到了他們的人生，而且我父親的思想也變成了他們的一部分。其中一人對我說，希望能夠親自握住我父親的手，一些人表示希望能夠與我的父親進行交流，與他成為朋友。但他們都說，因為時間與空間的關係，他們這樣的願望在我父親去世之前都沒有實現。很多人都對我說：「我深愛著他！」當我父親的一些讀者說出這樣充滿情感的話語時，我總是低著頭，忍住自己的淚水，同時希望能說出感謝他們的話語。在這些讀者當中，幾乎沒有誰親自見過我的父

親，但我很高興能夠替父親感謝他們的支援！霍爾姆斯對我父親表現出來的真誠熱情，讓我久久不能忘懷。他說的每一句話就像一種充滿魔力的激情，讓我們感受到了超過自身的完美與獨特，並且會持續到永遠。

關於讓我母親產生莫名恐懼感的那種想法，可能就預示著我父親即將去世的事實吧！下面這篇日期署名為 1864 年 4 月 4 日的日記裡，也就是我父親去世前六週時的日記。我母親在日記裡這樣寫道：

「我很高興得知你現在的健康狀況恢復良好。但為了你的健康得到持續的恢復，我認為你在健康完全恢復之前最好留在那裡。我之前收到了蒂克諾先生來信，知道你的健康狀況不是很好，但是朱利安向我解釋說，蒂克諾先生在信中的每一句話都是說你的狀況越來越好。他不知道你現在的具體情況是怎樣的，我也不知道。」

我們從歐洲返回美國的第一年裡，來自國外的信件與拜訪者就經常打斷我們平靜的生活。很多慕名的朋友都是專門過來看望我父親的。但是，長達一週沉悶無聊的生活對我來說是非常漫長的，與幾個小時的有趣時間相比來說實在是太短暫了。我們重新回歸到了大自然，過上了隱居的生活，必須要向歐洲期間那種旅行生活告別了。每當我們想到倫敦這座城市，就會回憶起在英國生活的情景。但是，我的父母認為，倘若一個人總是為很多事情煩心或是被外界過多的打斷，很容易會讓一個人錯失真正的機會。當我們還在智趣層面上進行思考與摸索的時候，靈感的花朵會突然綻放，閃耀出無限的光芒。這是一種愉悅且又不總是讓人徹底滿足的情感。不過，在我父親的這個例子裡，我認為他的生活因為太多世俗的事情而遭受到了嚴重的傷害，因此他會選擇過上一種克制的隱居生活，始終追求著自己想要去過的生活。毫無疑問，他的腦海裡儲存著許多人生的閱歷與體驗，這些都是他可以去利用的。他可以安靜地坐著思考，或是獨自前往樹林裡散步，年復一年地過著這樣看似單調沉悶的生活，但他依然感覺到自己與整個世界、自己的祖先之間的交流，而這樣的交流激動著他的心靈。他告訴我們，這是一種可怕的休閒時光。但正是這樣的遺產，才讓一個人始終保持做好準備，懂得自力更生。當很多重要人物終於認識到我父親存在的價值時已經太晚了。他們之前一直

輕視我父親的作品，懷疑他作品的價值。我的父親沒有主動去接觸這些人，詢問他們是否願意去與他交流，或是他們是否堅持任何偉大的作家都應該透過無限的想像力與現實的感知去創造出獨特、純粹且傑作的作品。若是忽視我父親這種追求真理的至簡原則，就必然會忽視他在觀察人事方面所付出的努力。我的父親從來沒想過要以自身的想法去影響別人，因為他知道這是智慧的一大禍根，這必然會讓他不敢邁出應該邁出的步伐。在時機成熟的時候，所有一切都會變得更加清晰。與愛默生先生的例子一樣，他經常談到當年沒有與父親交流的所帶來的遺憾。朗費羅在一封寫給我母親的信件這樣說：

劍橋，1864 年 6 月 23 日
親愛的霍桑夫人：

　　我一直以來都想給妳寫信，以感謝妳給我寄來的那封充滿善意的來信，感謝妳給我寄來了戈德史密斯[181]的作品。但我一直都沒有這樣的心情給妳回信。因為，我知道有些事情是無法用信件去表達的。我無法表達我是多麼珍視妳給我寄來的禮物，我經常看著扉頁上那熟悉的名字 —— 那不單純只是一個名字，而是一個與我青年時期連結起來的名字。

　　在 5 月 23 日，我就嘗試寫過一些文字，想要表達自己的想法。我將隨信寄去我當時的一些想法。我只希望妳一個人看到這樣的文字。此外，我還將這段文字寄給了菲爾茲先生，讓他發表在《大西洋期刊》上。我感到這段文字是不完整且不充分的，但我相信妳肯定會原諒我所存在的不足，而只會感受到我對妳丈夫霍桑的無限愛意。我也為自己日復一日推遲前往康科德看望妳的做法感到遺憾。但請妳放心，我遲早都會出現在妳家門口的。

　　永遠忠誠於妳的朋友

亨利·華茲華斯·朗費羅

　　還是談談我們在康科德遇到的一些趣事吧！在我們從歐洲返回美國沒多久，布萊特先生就發來了他的問候：

---

181 戈德史密斯（Oliver Goldsmith, 1728-1774），愛爾蘭詩人、作家、醫生。代表作：《威克菲德》、《廢棄的農村》、《屈身求愛》、《兩隻小好鞋的故事史》等。

西德比郡，1860 年 9 月 8 日

我親愛的霍桑先生：

　　當然啦！我當然知道你不會給我寫信的，雖然你口頭上說你會給我寫信。也許，在這個時候，你已經將我們這幫人都忘掉了，或是將我們與米里亞姆以及多納泰羅都遺忘在那一片迷霧之地了。也許，在你看來，整個英國就是一片迷霧之地，你看到的只是康科德這個地方以及那些白色的房子，還有你家附近的紫菀屬植物以及山丘，還有山谷下面的南瓜。好吧！不管怎麼說，我都沒有忘記你以及你的家人。你現在離開了我們，我也感覺好像失去了許多的樂趣。你還記得我們在你那間有趣的辦公室裡的有趣交談嗎？還記得我們一起前去洛克菲里那個地方遊玩嗎？還記得我們冒著大雪前去紹斯波特的事情嗎？還記得我們前往威爾斯遠足，穿越倫敦的街道，前往魯格比以及劍橋嗎？還記得當你在亞丁森的畢爾頓家採摘月桂花，在威廉博士家裡發現人的殘骸嗎？還記得你在聖三一教堂那些黑暗的房間裡丟失了你的雨傘嗎？還記得我們一起在里奇蒙用餐，看到了一個很像夏綠蒂皇后時代伴娘的年老女性嗎？還記得我們在很多地方交流的對話嗎？還記得我們一起聆聽湯姆‧休斯歌唱著「一個很小的島嶼」這首歌嗎？但是，我必須要就此打住，現在你回憶起我的存在了嗎？記得你當初承諾過，要給我寫一封長信，跟我講述你回到美國之後所見所聞。《玉石雕像》（手稿）正在裝訂當中。當我渴盼著這份手稿的時候，終於收到了你的手稿了，我馬上將你這份珍貴的手稿交到裝訂工的手上。我已經在特利斯頓過了一週的假期了，遇到了你之前在這邊的好幾個朋友：包括湯姆‧休斯夫婦、普魯克特夫婦以及米爾尼斯夫人。米爾尼斯夫人以極為深情的方式談論著你。還有我在兩天前遇到的安斯沃思夫人，她同樣說了你的很多好話。但是，她也說你答應過給她寫信，談論關於血腥的步伐（或是祖先的足跡）這個故事的內容，但你卻始終沒有這麼做。我非常喜歡安斯沃思夫人，她喜歡經常說一些非常有趣的話。某天，她以非常嚴肅的口吻對我們說，德魯斯要比馬龍派教徒更加有趣，因為德魯斯教徒這個名字聽上更像德魯西斯與羅馬，而馬龍教派聽上去就像糖炒栗子。

H 夫人目前在諾里斯格林，H 夫人現在變成了一個非常虔誠的人，會在每週週三與週五前往教堂禮拜。我希望收到你那邊的消息。朗費羅現在怎樣了？跟我說說《草葉集》這本書是怎麼回事？我是在米爾尼斯夫人家裡看到這本書的。告訴我這本書的作者是誰，有什麼樣的背景。告訴我誰會購買這樣充滿無畏精神的書籍來閱讀？現在，我必須要放下筆了。愛默生肯定已經忘記了我是一個非常謙卑的人，但我無法忘記與他一起度過的時光是多麼地愉悅。請你幫我問候一下朗費羅，希望他能夠盡快過來這邊。當然，我也希望你能夠盡快給我回信。

　　永遠忠誠於你的朋友

亨利·布萊特

　　布萊特先生在一封寫給我母親的信件這樣說：「感謝妳給我寄來如此珍貴的親筆信件，還有很多目前參加戰爭的許多傑出將軍的簽名……你在來信中對朱利安的描述讓我感到非常愉悅。請將我的愛意轉達給他。他現在肯定已經成長為一個強壯的男人了，看上去肯定是非常威武。我真誠希望他已經放棄了『終有一天，一定要殺死一個英國佬』的念頭。千萬不要忘記我們，因為我們始終都思念著你們。」布萊特先生在這封信裡還談到，他與我父親之間的友情「是他一生中最值得驕傲的財富。」

　　布萊特的一位朋友在一封來信裡，原諒了我父親始終沒有給他回信的冷漠之情：

沃特漢姆十字街沃特漢姆大樓，1861 年 8 月 10 日
親愛的霍桑先生：

　　雖然我對你與布萊特先生在去年未能如期赴約，過來我這裡一起抽雪茄的事情感到非常失望，但是我選擇原諒你。我希望你能夠好好招待即將要前往美國旅行的安東尼·特洛勒普先生，能夠與他會面並握手，看在你我都是好朋友的份上，請你幫我這個忙。

　　永遠忠誠於你的

W. W. 辛格（W. W. Synge）

下面，我要引述喬利[182]先生所寫的兩封信，這兩封信都是他在我們離開英國之前寫的。這兩封信表明了，即使是作家與朋友之間，都會出現一些讓人煩惱的瑣碎評論。有時候，母親會跟我講述她與這名著名評論家之間的衝突（當然，這位評論家也是我父母所重視的一位好友）的有趣故事。當時，這位評論家就《蒙特貝尼的浪漫》發表了一篇專題論文，但這篇論文根本沒有抓住這本書的核心內容。但是，他在論文的補充章節裡表示，要是這本書能夠補充一個浪漫故事，肯定能夠激發出更多人的觀看意願 —— 在我父母看來，這樣畫蛇添足的做法是毫無用處的。

韋斯特伊頓大街 13 號，1860 年 3 月 6 日
親愛的霍桑夫人：

我只能急切地盼望妳還能記得我，感謝妳有足夠的耐心閱讀我的來信 —— 如果我沒有就我所談到的增加『浪漫故事』的情節收到任何回信 —— 這可能是源於妳個人的一些看法，或是妳們所持的不同看法所導致的。還有那些從一開始就歡迎新生命的出現，最後讓這樣的生命變得圓滿 —— 當然，每個人對一些問題的看法都是不一樣的。如果我們三個人坐在一起交流的話，我認為這樣的交流也是無法將我們內心的想法全部表達出來的。順便說一下，我們對這個問題所存在的分歧是客觀的。當然，我必須要承認一點，我同樣非常喜歡妳丈夫的這本書，深受這本書的感染（更別說我過去所認識的一些人以及個人的偏好了）。我從來都不會以一種吹毛求疵的態度去閱讀一本書或是寫評論。只有當我真的喜歡一本書，並且認為這本書深深打動了我的時候，我才會這樣做。對於那些我不太重視的人，我是絕對不會浪費這樣的心思的 —— 如果在妳看來，我是一個膚淺或是輕浮的人 —— 我只能說，這絕對不是我的本意。可以肯定的是，最為優秀的作品必然能夠接受最為嚴苛的審視 —— 無論是對美感還是瑕疵來說，都是如此。

我必須再次重申，我非常感謝妳願意費心地勸告我要改正這樣固執的做法 —— 我也非常關注我的那些文章是否會給妳們帶來什麼不便之處。但是，

---

182 喬利（Henry Chorley, 1808-1872），英國文學、藝術及音樂批評家，也是作家和詩人。

當我再次回頭看的時候（從我開始寫這封信到現在，我已經被打斷了不下二十次了）── 難道我沒有將希爾達說成是「表妹」── 也就是說，這代表著一種家庭的喜好，而不是身分的認同 ── 雖然這個詞語是這樣的意思。我的意思是，這代表著同一種的純粹與優雅，可以讓救贖陷入一種迷惑的狀態，然後透過某種叮噹的聲響來實現 ── 我完全抵制任何矯揉造作的寫作方式。至於親愛的霍桑先生，我認為，當他在創作這個故事的時候，這個故事也必然會融入到他的靈魂當中。我敢說，這樣的情況在他之前的創作中也會出現的。最為美好的創作往往都是在不經意間呈現出來的。如果霍桑只是想要創作出羅馬田園詩的話，那麼他肯定不會對此產生太多興趣的。問題是，為什麼我們要去探尋那些屬於地下墓穴之類的事情呢？

恕我冒昧（就像莫里哀所描述的那些年老的女人），我是多麼希望這本書能夠有第二個版本，讓這本書在結尾處能夠留有更多餘地，給讀者更多思索的空間？

妳一直非常友善地忍受著我的評論 ── 在倫敦的時候，妳也曾專門過來與我交流。我還記得，妳的到來讓我感到非常榮幸，我認為妳是一位非常友善且善良的人。正因為如此，我才冒昧地給妳寫這封發自內心的信件 ── 如果妳認為我的這封信是胡言亂語，或是妳認為這只是一些戴眼鏡的迂腐之人所寫的，我只能相信妳會有著寬容的心去包容。

妳還會再次來到我們這座城鎮嗎？如果妳過來的話，可以允許我邀請妳們前來吃一頓豐盛的晚餐？我只能祈禱，親愛的霍桑先生，千萬不要再次讓我等待太長的時間。我必須要再次祈禱，希望妳能夠明白，我始終都是妳們真誠的文學朋友。（或許，我應該以其他方式來展現出自己的友情）

永遠忠誠於妳的

亨利・喬利

附注：這是我一些比較零散的想法，很多時候只是用「他」或「她」來指代 ── 請妳再次原諒我在信中寫的一些語無倫次的話。我現在的疾病依然沒有康復，每天都感覺沒有真正屬於自己的時間。

韋斯特伊頓大街 13 號，1860 年 3 月 10 日
親愛的霍桑夫人：

　　我向妳保證，我的文章絕對不是故意挑毛病的。對於一位評論家來說，能夠得到像妳這樣友好的回覆與問候，這是非常罕見的。不過，我所寫的一切內容都是出自於內心真實的想法，當然，至於我的想法是否公正客觀，這是我無法保證的。最為重要的是，我感覺妳們理會到了我所提出的建議。我認為，當我的信件寄出去之後，我感覺自己的那封信是一種奇怪且零散的方式去寫的。因此，我當時就預計自己肯定會得到「管好你自己的事」之類的回信。因為，我這樣的做法可以說算是一種閒著沒事做。當妳在信中告訴我這本書所取得的成功之後，我感到由衷的高興。但是，我們等待這本書的第五個版本的時間不應該這麼長的？

　　我將自己所寫的《義大利故事》透過快遞寄給妳了。我正在忙著尋找一個願意出版這個故事的出版商，因為我之前在這個領域沒有取得任何成功。當然，這只是我創作的第一個故事。這個故事發生的時間設置在 1848 年，在義大利戰爭爆發之前結束。我的一些讀者（大約十來個）都為我只在書中談論少許關於義大利愛國主義而感到悲傷 —— 我在書中之所以談到這樣的愛國主義，只是將其視為一種要素而已，而不是將其視為一種政治層面上的東西。我不希望他們從這份手稿中感受到階級方面的思想，而是希望他們能夠了解到真正的自由與更加高尚的道德意味著什麼。我之前應該給妳寄去一封手稿的，妳就像特蕾莎・潘札（Teresa Panza）一樣，知道什麼樣的作品才是好作品。

　　聽說妳將會過來我這座城鎮，因此我希望在妳離開之前，請務必來我家吃上一頓美餐 —— 也許，我可以在復活節那天前去拜訪妳。因為我在那天有可能會在伯明罕。

　　有一座叫康普頓・溫尼亞茨[183] 的古老房子，我非常想過去參觀那座房子，霍桑是否已經見過那座房子了？

183　康普頓・溫尼亞茨（Compton Wynyates），英國華威郡的一處鄉村別墅，建於英國都鐸王朝。

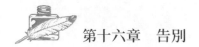

　　我要再次深情地感謝妳 —— 妳是一個歷經了生活艱難與痛苦的人，因此妳培養出了寬容大度的心靈。我可以向妳保證，能夠在 1859 年見到妳，這是我最大的榮幸。

　　永遠忠誠於妳的

亨利・喬利

　　在歐洲生活了大約十年之後，霍桑最後還是決定回到美國，就是為了讓他的孩子能夠培養對美國的愛國之情。同時，他也希望能夠回到故鄉過上安靜的生活，感受著故鄉獨特的美感。但是，這樣的決定在很大程度上都是一種自我說服的過程。在他返回美國之後所寫的第一本書的書名就是《我們的老家》[184]，這是霍桑內心世界的一個精確的告白。他認為，要是在美國國內爆發戰爭期間，選擇生活在國外的話，這是一種非常卑鄙懦弱的行為。他認為，在美國國內出現戰爭的情況下，在國外撫養他的孩子，無論他的孩子成長為多麼強壯的人，他都不會感到快樂。因為他知道一點，必須要讓自己的孩子從小感受美國這個建國沒多久的國家的歷史，只有讓他們親自在這片土地上感受到了這點，才能讓他們有更加深刻的感受。對霍桑來說，這樣的愛國之情是不能有任何瑕疵的。即使一位朋友非常粗魯地對待他，他依然會讓你認為，他本人可能在觀察力方面存有缺陷，或是對金錢方面不是那麼重視，但是他會讓你覺得真正應該譴責的是他的那位朋友。懷著對國家忠誠的愛意，他選擇回到新英格蘭，這片讓霍爾姆斯博士為之神迷的地方。此時，他發現家鄉的景色不再像以往那樣吸引他了，因為只有家鄉人們的美德與善意才能讓這樣的景色變得更加美麗。在經歷了倫敦與牛津的有趣生活之後，他毅然選擇回到故鄉。

　　回到康科德之後，他選擇疏遠了之前的很多朋友，幾乎與他們都斷絕了來往。當然，在我父親看來，這樣做有助於他更好地進行文學創作。在這個時候，他能夠專注精神去進行觀察。在這段時間裡，他終於將之前一直擱置

---

184 《我們的老家》（*Our Old Home*），霍桑的一部旅英遊記。

的《多利佛羅曼史》[185]完成了。這個故事閱讀起來是那麼的純粹與美好，因為裡面透露出來的精神與思想會讓每個讀者的內心都感到安靜。對很多擁有偉大靈魂的人來說，當他們似乎值得擁有更加美好的獎賞時，卻遭受到了自身的毀滅。當我父親的心智體力開始衰退的時候，他依然憑藉著意志力去堅持創作。他雖然對我們日常生活中那些局限視野與充滿惡意的事情感到厭煩，但他依然會微笑著去應對，並且始終以不屈不撓的精神去使我們愉悅，指引我們繼續前進。雖然在很多時候，他會表現出更長時間的沉默。當父親坐在那張安樂椅上思考的時候，我從來都不擔心自己跑過去會影響到他。有時候，當我看到父親安靜地躺在那張椅子上，我感覺到他思考的形象會持續到時間的盡頭。我知道，當父親見到我跑過去之後，臉上肯定會露出燦爛的笑容，這會讓我的內心充盈著無限快樂。但是，父親臉上短暫的笑容似乎就像教堂塔樓的鐘聲那樣，很快就消失了。一開始，響亮的鐘聲會吸引住小鳥的興趣，但是小鳥對展翅高飛有著更高的願望。

在這段時間裡，給我父親帶來最大的愉悅的事情，就是他的姐姐艾比‧霍桑長途跋涉前來看望他。我父親給他的姐姐起了這個名字，而不是像之前使用其他簡稱來替代「伊麗莎白」那個名字。我是日後才慢慢了解艾比姑媽的。我對她與父親在很多方面的相似之處感到非常驚訝。我始終都還記得她展現出來的那種不容置疑的能量。她是一個有著世俗智慧的人，雖然她在很多時候都過著一種修道士般的隱居生活，只是允許自己在兩個領域去觀察——一個領域是森林，另一個領域就是文學了。她從報紙上了解到最新的新聞，也知道報紙上刊登的一些最為經典的作品。我們都認為，她可能是一個有著潛在危險或是精神扭曲的人。但是，我無法用任何語言去解釋她這個人。她的弟弟似乎也從來沒有意識到這點，但是他們顯然都明白一個事實，那就是我父親的天性似乎也在他姐姐的身上閃耀著。艾比姑媽在面對一切事物上都表現出一種排斥宗教的想法。但除了這些之外，她是一個有著健全心智、充滿智慧以及仁慈心靈的人，給人一種藝術家的氣質。也就是說，她是

185《多利佛羅曼史》（*The Dolliver Romance*），霍桑的最後一部小說。

一個堅持自己人生理念的頑固不化之人，但她同樣是一個非常卓越的人。她就像那些很少被世人看到的珍貴木材，沒有受到任何玷汙。我的姐姐非常喜歡艾比姑媽，曾經與她進行了一百多次的信件交流。後來，她將這些信件交給我。

我親愛的姑媽：

　　妳這週寄來的來信讓我感到非常高興。妳的來信是多麼具有魅力啊！妳千萬別笑，認為我是在胡說八道，我是說真的。妳描述事情的方式，能夠讓最簡單的事物都顯得那麼的有趣。妳的觀察力是那麼敏銳，又是那麼地幽默，我經常會為世人不了解妳而感到遺憾。我從不記得妳有跟我講同一件事講了兩次的。雖然很少人了解妳的才華，但是至少有少數人肯定妳的才華。我最親愛的姑媽……

　　我第一次見到艾比姑媽的時候，她看上去不是一個浪漫之人，也不是一個嚴格意義上的神祕主義者，但她還是讓我感到非常困惑。她有時候會在我們家的圖書館裡編織一些很沉重的藍色襪子，她手上拿的針非常粗，閃耀著光芒。我不知道為什麼她會願意做這樣無聊沉悶的事情。可以肯定的是，在那個時候，家家戶戶都有女性在為正在前線作戰的士兵編織襪子。但不管怎麼說，艾比姑媽給我的感覺都不是那種絕對仁慈的人，我有時候甚至懷疑她是否真的在為她從未見過的某位士兵編織這樣的襪子。她想要教我編織襪子，因為我那個時候非常害怕她，所以我只能裝成很急切地想要學習的樣子。

　　有人跟我說，若想讓艾比姑媽走出家門幾里外的地方，這幾乎是不可能的事情。外面世界的喧囂與吵鬧、擁擠的人群、蒸汽火車以及馬匹所帶來的危險，都會讓她渾身顫抖，感到非常難受。艾比姑媽有時候表現出來的顫抖給我留下了深刻的印象，因為我知道她其實有足夠的意志能量去影響這個國家，前提是如果她選擇這樣做的話。她可以透過發表一些諷刺文章去改變民眾對局勢的一些看法，從而改變他們的一些固有思想。在我看來，任何事物都無法逃脫她那雙洞察一切的眼睛，任何事物都會在她的視線下無法遁形。試想一下，當她面對蒸汽火車的時候渾身在發抖的樣子，這的確是她所面臨

的一個嚴重問題。她經常穿著淡棕色的馬海毛織物，因為這樣的織物不容易出現褶皺。就這樣，艾比姑媽經常坐在我們家那間小小的圖書館裡，不厭其煩地編織著襪子。我會孤獨地坐在她身旁，跟著她學習如何編織襪子，感受著姑媽帶給我的那種相互矛盾的印象。我感覺她應該穿上柔軟的黑色絲質衣服，並在嘴唇上塗上唇膏。

艾比姑媽很快就察覺到我也是一個不怎麼愛說話的人，於是就帶著我前去森林裡散步。這是我第一次與她獨自外出的經歷。

她緩慢地沿著兩旁生長著樹木的小徑走著，手上拿著那件一成不變的馬海毛織物襯衫，似乎這間衣服能夠抵抗住任何狂風的吹襲。當她聽到了小鳥的鳴叫或是看到松鼠的跳躍，她的目光都能迅速地轉過去。她那雙明亮的眼睛會睜得圓圓的，然後似乎又被眼皮覆蓋住了。她有著深棕色的長長睫毛，還有著看上去比較有威嚴的眉毛，這與她蒼白的臉色形成了鮮明的對比，給我留下了極為深刻的印象。我感覺她的目光就像月亮發出的光線一樣，即使當我沒有直接看著她眼睛的時候也是如此。漸漸地，她的臉頰上會出現如晨曦一樣的粉紅色。在她生病之前，她都是一個極為健康的人。她與我在樹林中散步時候臉上的表情，就可以證明這點。

在我們來到某一朵特別美麗的花朵或是一片苔蘚之前，她都知道應該在哪裡找到這些東西，並且像不可逆轉的命運那樣終究會到來的樣子，她將這些東西採摘下來。與艾比姑媽一起前往樹林散步，如同我與我跟父親一起去森林散步一樣感到愉快。艾比姑媽即使是保持沉默的時候，似乎也在表達著很多的情感。當她開口說話的時候，她表現出來的憐憫心能夠讓每個人都感覺得到，就像一把豎琴那樣能夠觸動著每個渴望聆聽音樂的人的心靈。不過，艾比姑媽對這些苔蘚與枝葉的喜歡，似乎與某些人熱愛靈魂一樣。我認為她會選擇那些最不具有危險性的東西視為自己喜歡的事物。我的父親似乎是最看重靈魂的，因此他為了拯救我與其他的靈魂，寧願放棄前往這片森林或是葡萄樹林裡散步的念頭。

在一封寫給皮博迪小姐的信件裡，我詳細地描述了這次與艾比姑媽的散步經歷給我留下了的深刻印象：

我親愛的莉茲阿姨：

　　收到妳的來信，真是讓我感到非常高興，因為妳在信中告訴了我其他人不會告訴我的消息。今年夏天，我與艾比姑媽一起度過了多麼愉悅的時光啊！在今年夏天，當時所有美麗的花朵似乎都在向我們點頭，太陽似乎也在不遺餘力地將陽光灑在地上。我與艾比姑媽各自提著一個籃子與一本書，然後前往樹林裡待了一天的時間。我們帶著一些花朵與綠色的葉子回家了。在樹林裡散步的時候，我從未像與艾比姑媽的這次散步如此開心。在英國的時候，我的保姆芬妮與我經常在週日沿著小路走上很遠的路程，或是前往公園裡散步。當時，我們也是提著籃子，採摘了滿滿一籃子的粉紅色與白色的雛菊。之後，我們就走上了那條看上去沒有盡頭的小路，這條小路上沒有標明什麼地方有房子或是村落（直到我們走了足夠遠的路程，才看到了一座小村莊。）沒有人搭乘會發出噠噠聲的馬車經過這裡。在週日的時候，妳在這條小路上不會遇到其他人。這條小路的兩邊都有一條很深的溝渠。如果妳跳進溝渠與裡面的野草比誰更高的話，妳會發現野草肯定比妳還高。但是，我經常在溝渠兩旁跳來跳去，採摘一些野生的山楂、玫瑰花與金銀花，直到手上捧著大大的一束花為止。之後，我們還會在綠色的草地上看到金鳳花、雛菊與紫百合。在那些小路上，看不到一條泥土路的蹤影，只能看到一大片綠色的草地。當時的陽光是那麼猛烈，妳只要穿上家常便服就可以了。但是，我無法向妳解釋我所看到的景象，妳也無法想像那樣的情景。妳只有親自前來這個地方，然後親自去體驗一番，才能知道那樣的感受。那裡的公園不是一大塊平整的土地，而是有很多起伏的高山。親愛的阿姨，在這些山丘上來回跑動或是滾來滾去，或是跳繩，都是非常有趣的。

　　我的父親開始對艾比姑媽交代一些後事，以防止他突然去世。父親對艾比姑媽說，在他去世之後，要燒點過去的信件，告訴母親與烏娜他想要對她們說的話。父親最反對他的家人在他去世之後為他寫傳記，他不允許在自己去世後的一段時間內，家人為他寫傳記。父親去世前的這個指令，我們遵循了很多年。但是，父親的這個指令一直以來都是我們想要去違背的，直到最後被徹底遺忘了。要是讓我解釋自己從一開始強烈反對給父親寫傳記，到現

在主動為父親寫傳記的心路歷程，這需要太長的篇幅了，我在此不再贅述。事實上，我個人心路歷程的改變根本不重要。像我父親這樣重要人物，理應得到世人的完全了解，正如偉大的聖人遲早都會被世人所知的一樣，任何想要隱藏這些人物的神聖與仁慈都是徒勞無功的。當然，我的父親也不想去世，雖然他現在希望自己能夠在平靜且沒有痛苦中去世。我的母親後來為了安慰我們與她自己的時候，說父親非常害怕年老時那種無助感。母親也為滿足父親在他年老體弱之前離開家裡去修養的決定感到高興。但是，母親這樣明智的決定卻並不是我們所願意看到的。我父親從歐洲回到美國之後，整個人的健康狀況似乎就發生了突然的改變，就像從原先陽光明媚的溫暖地帶回到了一個寒冷陰沉的地方。關於這方面，我在理解起來是沒有任何難度的。

我父親這輩子另外一個比較大的遺憾，就是他始終過著比較拮据的生活。我父親曾經也考慮過，要是將威賽德的老房子裝修成一間新房子，使之變成英國式風格的建築，這需要一大筆錢，我的父母都無法承擔這樣的費用。因此，他們只能滿足於這樣比較簡樸的房子。我父親之所以始終過著拮据的生活，很大程度上是因為父親相信別人，願意對那些向他借錢的人伸出援助之手。但是，其中很多人在這之後都沒有將所借的錢還回來。在我父母原本收入就不多的情況下，這無疑會讓我們家的經濟狀況變得更加糟糕。

我的母親卻始終都以高貴的姿態面對著人生的各種逆境。在她的丈夫去世後，她這樣寫道：「我一直非常享受自己的人生，人生的艱難歲月始終無法腐蝕我的心靈。我之所以會有這樣的想法，不僅僅是因為我天生是一個有著樂觀精神與不屈不撓意志的人，更因為我個人的秉性加上我以安靜沉默的方式去面對各種痛苦。讓我變成了一個更好的人，讓我始終相信上帝的旨意是正確的，相信上帝帶給我永恆的愛意、耐心與美好。在我的一生裡，我從未質疑過上帝的安排。這是因為我絕對不能因為要面對自己不願意面對的一些事情而感到失望。我必須要勇敢地面對一切事情，去做自己內心呼喚我去做的事情，最終讓自己擁有更多智慧，成為一個更好的人。我會始終聆聽內心那默默發出的聲音。要是人們不那麼經常喋喋不休的埋怨，那麼我們就能經常聽到上帝賜給我們的指導。我這輩子最大的經驗就是要保持耐心。這樣的

念頭讓我變成了一個更加謙卑的人，因為我知道上帝對我的仁慈遠遠超乎我的想像。我從小就是在充滿柔和愛意的環境下生活。我的母親可以說是世界上最好的母親，她始終是我人生中最美好的天使。她的面容與說話的口吻以及她高尚的女人氣質，都對童年時期的我產生了極為深遠的影響，塑造了我的品格。之後，上帝讓我遇到了我的丈夫，讓我們倆的命運緊緊地聯繫在一起了。當我遇到了我的丈夫之後，之前經歷的一切苦難都結束了。相對於快樂的家庭生活，任何貧窮與痛苦都變得輕如鴻毛。我的世界不再會出現任何烏雲了，因為陽光始終會照在我的身上，讓我感到無限溫暖。只有當我們各自閉上眼之後，烏雲才有可能出現在蔚藍的天空上。我並不將這一切的恩賜都視為是我理所應當得到的，而是上帝的恩賜。因此，我也必須要順從上帝要奪走這些恩賜的決定。」

　　在我看來，最讓我感到可怕且給我留下極為深刻印象的事情，就是我的父親會慢慢變老，失去往日的活力，最後變成了一個頭髮花白，行將就木的人。當他的步伐開始變得踉蹌，身軀開始變得像幽靈那樣柔弱的時候，依然保持著個人驕傲的自尊，依然像威武的軍人那樣控制著自己，腰板甚至比之前挺得更直。他始終會穿著那件最好的黑色外套前來餐桌吃飯，不會給家人任何異樣的感覺。父親憎恨失敗，憎恨依賴別人，憎恨混亂以及缺乏自律，正如他一直以來憎恨懦夫一樣。我無法表達父親在我眼中是一個多麼勇敢的人。我最後一次見到他的時候，他正準備離開家，前往一趟有助於恢復他健康的旅程，但他卻在這趟旅程中突然離開了人世。當時，我的母親送他前往火車站。據說，就在我父親去世的時候，雖然母親與父親相隔兩地非常遙遠，但她似乎也預知到了這樣的消息。她踉蹌著腳步，發出一聲呻吟的慘叫，這似乎消耗了她所有的能量。在安葬父親的那一天，我不忍心看到母親那佝僂彎曲的身影。父親在離開家的時候當然知道，他這一次是不可能再回來了。當然，母親也已經隱約感受到了這點。

　　這就像在外面飄飛著大雪的時候，一個意志堅定的老人站在窗外，目不轉睛地看著我。母親將父親的靈柩送到墓地的時候，一直悲傷地啜泣著。在

日後的歲月裡，無論是在陽光下、風雨裡還是在黎明與黃昏，我們都會永遠思念著他。

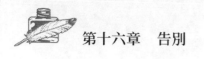

第十六章　告別

霍桑大事年表

1804 年 7 月 4 日，納撒尼爾‧霍桑出生於美國麻塞諸塞州賽勒姆鎮。在三兄妹中排行第二。

1808 年，當船長的父親在霍桑四歲的時候死於海上，撇下三個孩子，霍桑母親投靠娘家親戚。

1819 年，年輕的霍桑返回塞勒姆，為上大學做準備。

1821 ～ 1825 年，就讀於緬因州的鮑登學院，與朗費羅和後來成為美國總統的富蘭克林‧皮爾斯是同學。

1825 ～ 1837 年，畢業後，回到故鄉賽勒姆，隱居 12 年，潛心閱讀和寫作。

1828 年，匿名自費出版第一部長篇小說《范蕭》，幾乎沒有引起任何社會反響。霍桑後來將沒賣掉的小說全部付之一炬。

1830 年，開始發表短篇小說，首先刊載於塞勒姆的報紙。

1836 年，霍桑在海關任職。

1837 年，他出版了兩卷本短篇小說集《重講一遍的故事》，開始正式署上自己的名字。其中〈教長的黑紗〉一篇最為人稱道。

1837 年，遇見並愛上索菲亞‧皮博迪。

1839 年，與索菲亞祕密訂婚。

1839 ～ 1840 年，任波士頓海關督察員。

1839 ～ 1842 年，霍桑寫給索菲亞的情書超過 100 封。

1841 年 1 月，由於共和黨執政，他辭去海關工作。

1841 年 4 月 12 日～ 1842 年 10 月，曾加入超驗主義者創辦的布魯克農場。

1842 ～ 1845 年，與索菲亞結婚後遷居康科德，與愛默生、梭羅、布朗森‧奧爾柯特為鄰。

1846 年，出版短篇小說集《古宅的苔蘚》。

1846 ～ 1849 年，任賽勒姆海關督察員。

1849 年，由於共和黨執政被解職，同年 7 月母親去世。開始其多產創作時期。

1850 年，出版《紅字》。

1850 年，霍桑在野餐中偶然遇到了居住在附近的梅爾維爾並成為好友，梅爾維爾對霍桑的《古宅的苔蘚》讚賞有加，並且在給霍桑的信裡提到了自己的小說《白鯨》的寫作。愛倫‧坡也對《重講一遍的故事》和《古宅的苔蘚》非常感興趣，

寫了很多評論。

1851 年，出版《帶有七個尖角閣的房子》與《雪影》。

1852 年，出版《福谷傳奇》和《皮爾斯傳》。

1853～1857 年，皮爾斯就任美國總統後，霍桑獲任命為駐英國利物浦的美國領事，攜全家前往英國。

1857～1859 年，攜全家僑居義大利羅馬和佛羅倫斯。創作了另一部討論善惡問題的長篇小說《玉石雕像》。

1860 年，出版《玉石雕像》。霍桑一家從歐洲回美國，當時霍桑 56 歲，索菲亞 50 歲，烏娜 16 歲，朱利安 14 歲，蘿斯 9 歲。回國後的四年時間裡，霍桑努力完成另一部羅曼史，但沒有成功。去世時留下四部未完成的作品《祖先的足跡》（*The Ancestral Footstep*）、《格里姆肖醫生的祕密》（*Dr. Grimshawe's Secret*）、《塞普蒂米烏斯‧費爾頓》（*Septimius Felton*）、《多利佛羅曼史》（*The Dolliver Romance*）。

1862 年，霍桑為了獲得第一手情況，在出版家威廉‧提克諾的陪同下到華盛頓旅行，見到了林肯總統和很多高層人物，寫成了《關於戰爭問題》，其中的反戰態度遭到各界的批評。回到康科德之後，霍桑的身體每況愈下，飽受胃痛困擾。

1863 年，出版英國遊記《我們的老家》。

1864 年 5 月 19 日，霍桑與皮爾斯結伴前往白山山脈旅遊途中，在美國新罕布夏州普利茅斯去世，葬於康科德的睡谷基地。享年 60 歲。

1976 年，美國成立「納撒尼爾‧霍桑學會」，學術刊物《霍桑評論》（*Hawthorne Review*）每年春季、秋季各出版一期。

霍桑主要作品索引

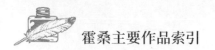

《美國筆記》（*The American Notebooks*）

《縈繞心頭》（*The Haunted Mind*）

《富蘭克林·皮爾斯傳》（*The Life of Franklin Pierce*）

《帶有七個尖角閣的房子》（*The House of the Seven Gables*）

《幻想大廳》（*The Hall of Fancy*）

《生活的行列》（*The Procession of Life*）

《聖誕宴會》（*Christmas Banquet*）

《堅毅之人》（*The Man of Adamant*）

《尖塔的景象》（*Sights from a Steeple*）

《通天的鐵路》（*The Celestial Railroad*）

《一個溫和的男孩》（*The Gentle Boy*）

《我的親戚，莫利紐克斯少校》（*My Kinsman, Major Molineux*）

《我們的老家》（*Our Old Home*）

《來自城鎮水泵的小溪》（*A Rill from the Town-Pump*）

《新亞當和夏娃》（*The New Adam and Eve*）

《雪影》（*The Snow-Image, and Other Twice-Told Tales*）

《雨傘下的夜間速寫》（*Night Sketches Beneath an Umbrella*）

《演奏家的收藏》（*A Virtuoso's Collection*）

《伊坦·布蘭德》（*Ethan Brand*）

《英國筆記》（*The English Notebooks*）

《預言的圖畫》（*The Prophetic Pictures*）-

《星期天在家》（*Sunday at Home*）

《情報局》（*The Intelligence Office*）

《重講一遍的故事》（*Twice-Told Tales*）

《蒙特貝尼的浪漫》（*The Romance of Monte Beni*）

《格里姆肖醫生的祕密》（*Dr. Grimshawe's Secret*）

《多利佛羅曼史》（*The Dolliver Romance*）

《追求美的藝術家》（*The Artist of the Beautiful*）

回憶我的父親霍桑：

從相戀到相伴，直至最終的告別，成堆的信件記錄著《紅字》作者納撒尼爾‧霍桑平淡卻不平凡的一生

作　　者：[美] 蘿絲‧霍桑‧拉思羅普（Rose Hawthorne Lathrop）

翻　　譯：孔謐

發 行 人：黃振庭

出 版 者：崧燁文化事業有限公司

發 行 者：崧燁文化事業有限公司

E-mail：sonbookservice@gmail.com

粉 絲 頁：https://www.facebook.com/sonbookss/

網　　址：https://sonbook.net/

地　　址：台北市中正區重慶南路一段六十一號八樓
　　　　　815 室

Rm. 815, 8F., No.61, Sec. 1, Chongqing S. Rd., Zhongzheng Dist., Taipei City 100, Taiwan

電　　話：(02)2370-3310

傳　　真：(02)2388-1990

印　　刷：京峯彩色印刷有限公司（京峰數位）

律師顧問：廣華律師事務所 張珮琦律師

定　　價：550 元

發行日期：2023 年 03 月第一版

◎本書以 POD 印製

國家圖書館出版品預行編目資料

回憶我的父親霍桑：從相戀到相伴，直至最終的告別，成堆的信件記錄著《紅字》作者納撒尼爾‧霍桑平淡卻不平凡的一生 / [美] 蘿絲‧霍桑‧拉思羅普（Rose Hawthorne Lathrop）著，孔謐譯 . -- 第一版 . -- 臺北市：崧燁文化事業有限公司，2023.03

面 ； 公分

POD 版

譯自：Memories of Hawthorne

ISBN 978-626-357-223-2(平裝)

1.CST: 霍桑 (Hawthorne, Nathaniel, 1804-1864) 2.CST: 書信 3.CST: 傳記

785.28　112002793

電子書購買

臉書